海德格

其人及其時代

Ein Meister aus Deutschland.
Heidegger und seine Zeit

呂迪格．薩弗蘭斯基 Rüdiger Safranski ——著

【編輯人語】
一個來自德國的大師

一九九三年春天，法蘭克（Franco Gilli）邀我一起到托特瑙山（Todtnauberg），去找尋海德格的哲學小屋和林中路（Holzweg）。明明遠遠看到斜坡上的屋子，我們還是東張西望，難以相信那就是海德格和哲學家、學生、記者涵泳於屬己哲學的屋子。我們兜了好幾圈，剛好一對老夫婦走過，於是向他們問路，他們慈祥笑指眼前那棟不起眼的屋子，就在「那裡」。這時候也看到屋子裡走出一個人到後面的儲水槽提水。閒聊中老夫婦說他們也是海德格的學生，應該也遇過許多來此朝聖的人了吧。

講二十世紀哲學而不講海德格，那就等於沒有講。關於海德格的哲學評論、注解、生平和批評汗牛充棟，薩弗蘭斯基的《海德格：其人及其時代》可以說是其中最膾炙人口的作品。德文原著書名叫作：「一個來自德國的大師」（Ein Meister aus Deutschland），語出策蘭的詩，同時也是影射艾克哈特大師，「馬丁．海德格——一位來自德國的大師。他真的是一位出自神祕主義大師艾克哈特門下的『大師』，沒有人能像他一樣，在宗教沒落的時代為宗教經驗保留了一片天地。他找到了一種思想方式，既能保持貼近事物，又能免於陷入平庸。」

薩弗蘭基斯的敘事全面而深入地從世紀之交的德國講到戰後的社會文化背景。要講海德格，就要了解那個時代裡的尼采、狄爾泰、柏格森、李克特、布倫塔諾、胡賽爾、韋伯、齊美爾、佛洛伊德、湯瑪斯·曼、穆齊爾、卡爾·巴特、曼海姆，那是那個時代的思想背景，更要講到卡西勒、謝勒、布爾特曼、雅斯培、鄂蘭、沙特、馬色爾、阿多諾，他們相互輝映、機鋒處處的思想激盪。薩弗蘭斯基既精準掌握了海德格的思想梗概及動機，更交錯著時代思潮的層巒疊嶂，讀起來履險如夷、淋漓暢快而沒有絲毫滯礙淤塞。

他筆下的海德格是來自鄉村的樸實孩子，才華橫溢，直率好戰，不留情面，自視甚高又容易受傷，情緒反覆而孩子氣，既有魅力又熱情洋溢，野心勃勃想當哲學的救世主，卻又孤獨地走向萬里無寸草處。關於海德格，他的摯友雅斯培寫道：「同時代人中最激勵人心的思想家，專橫、有說服力、充滿神祕——最後卻會空手而返。」同時代的學者懷疑他的哲學是否符合學術，他究竟是大眾哲學家或是江湖郎中。他的哲學與其說是一座高山，不如說是眼前退無可退的深淵，唯有起大疑情才有領悟的機會。但是有一點是可以確定的：直下承擔、勇敢地活出自己，回到自身，面對虛無，而不是像「抬頭仰望天空因而跌入井中的泰利斯」。

關於海德格捲入的政治樊籠和轉折，薩弗蘭斯基有持平的看法。就算有黑色筆記本，就算用放大鏡去看，海德格究竟是不是反猶主義者，恐怕不是什麼政治八卦評論可以三言兩語下定論的。關於鄂蘭和海德格在一九二四年的相識，薩弗蘭斯基也相當含蓄地點出他們之間不平等的愛情。關於海德格的妻子艾弗里德，薩弗蘭斯基則認為她是海德格一生的支柱，忠實的妻子。他沒有提到的是，兩人在一九一七年結婚，艾弗里德在一九一九年生下了約爾格，第二年又懷孕，父親卻不是海德格。關於這段故事，可見於《魔法師的年代》（商周出版，2020）。

關於海德格哲學術語的翻譯，哲學界一直是一人一把號，各吹各的調。就讓海德格自己向各位道歉吧：「如果我們不得不引入繁瑣而且不美觀的說法，這絕不是我的怪癖，也不是對於自創術語的特別偏好，而是因為現象自身而不得不然……當這種說法屢屢出現時，大家不要反感。科學中沒有美麗的東西，哲學也許更加不美麗。」薩弗蘭斯基說：「特殊的術語是一種異化的技巧，因為這裡要研究的並不是陌生且未知的事物，而是很靠近的事物，並且因為太靠近了而容易被看錯。」不管是《存有與時間》、《康德與形上學問題》、《尼采》、《林中路》，或是神祕莫測的《哲學論稿》，在開卷時不妨先想想：「如人以手指月示人，彼人因指當應看月。若復觀指以為月體，此人豈唯亡失月輪，亦亡其指。」

商周出版編輯顧問　林宏濤

目次

「海德格的思想掀起的風暴並非來自這個世紀，而是像柏拉圖的著作一樣在數千年後向我們迎面襲來。它來自古老的年代，它留下的東西是完美的，如同所有完美的東西都可以追溯自遠古時代。」

——漢娜．鄂蘭（Hannah Arendt）

「如前所述，真理必須有時限，否則它將無世界。世界之所以如此貧瘠，是因為如此多被構造出的思想在遊蕩，居無定所且無形無狀。」

——埃哈特．卡斯特納（Erhart Kästner）

「如果沒有人，存有會變得瘖啞；它會在那裡，但不會是真實的。」

——亞歷山大．科耶夫（Alexandre Kojève）

獻給吉賽拉・瑪麗亞・尼克勞斯（Gisela Maria Nicklaus）

並且感謝以關心和好奇與各自勘查幫助我的朋友們：

烏爾里希・伯姆（Ulrich Boehm）、漢斯佩特・漢佩爾（Hans-Peter Hempel）、赫爾穆特・勒騰（Helmut Lethen）、策斯・諾特鮑姆（Cees Nooteboom）、佩特・斯洛特迪耶克（Peter Sloterdijk）、烏爾里希・萬納（Ulrich Wanner）。

[13]

前言

海德格、他的人生以及他的哲學是一段很長的故事，包含著整個世紀的激情與災難。

在哲學上，海德格來自遠方。他與赫拉克利特、柏拉圖和康德，就像是同時代的人，他與他們相忘江湖，以至於能聽見他們未說的話，並把它們表達出來。在海德格那裡，偉大的形上學尚存，但是存在於形上學沉寂的時刻，亦即形上學向其他事物開顯的時刻。

海德格的激情之處不在回答而在提問，他將自身追尋的東西稱為存有（das Sein）。在其哲學生涯中，他不斷對存有提問，這個問題的意義無非要恢復在現代可能消失的生命祕密。

海德格以天主教哲學家起家。他接受了現代的挑戰，發展出此有（Dasein）的哲學。此有身處在虛無的天空下、暴力吞噬一切的時代，它是被拋的，但同時又擁有籌畫自己生命的能力。這是個探討個人自由和責任感並且嚴肅看待死亡的哲學。對海德格來說，對存有提問意味著照亮此有，如同船隻起錨自出航向大海。這個歷史影響卻是個悲傷的諷刺，海德格存有的提問在其中失去了自由光明的特性，反而嚇阻並侷限了思想。那麼，重點便是要打破這種侷限，然後人們或許也會有足夠的自由，讓色雷斯女僕的嘲笑回應哲學天才某些導致意外的沉思。

海德格與政治的糾葛也侷限著思想的發展。出於哲學的理由，他曾經短暫成為納粹革命者，但同時也是哲學將他從政治的歧途中解放出來。當時的行為對他而言是一個教訓。從那時起，他的思考便一直著眼於透過權力意志對精神誘惑提出的問題。海德格的哲學之路始於決斷，經歷偉大歷史時刻的形上學，終於到達泰然任之和對世界體貼關懷的思想。

[14]

馬丁．海德格——一位來自德國的大師。

他真的是一位出自神祕主義大師艾克哈特（Eckhart）學派的「大師」，沒有人能像他一樣，在宗教沒落的時代為宗教經驗保留了一片天地。他找到了一種思想方式，既能保持貼近事物，又能免於陷入平庸。

他的確非常「德意志」，像湯瑪斯．曼（Thomas Mann）筆下的阿德里安．勒沃庫恩（Adrian Leverkühn）那麼德意志。海德格的一生及其思想史是另一個浮士德的故事，原本應該成為歐洲事件的德意志特殊道路，在哲學中顯露其可愛迷人及高深莫測。最終，他在政治上的糾葛也使他成為保羅．策蘭（Paul Celan）詩中提到的「來自德國的大師」。

這就是馬丁．海德格，這個名字代表了本世紀德國思想史上最激動人心的一章。無論如何，人們必須講述它，不管是好的、壞的以及超越善惡的。

第一章

ERSTES KAPITEL

被拋

梅斯基希的天空

地方教派分裂

關鍵人物

敲鐘男孩

唯一的兄弟

此、此、此有

雙親

教會的庇護

康斯坦茲

世界與他者

弗萊堡文科中學

差一點成為耶穌會會士

[15] 一九二八年，已經成名的海德格致信過去工作的康斯坦茲教會寄宿學校時的長官說：「**也許哲學以最有說服力且最持久的方式指出，人類多麼不上手。哲學思考終究只是個初學者。**」

海德格對於開端的讚頌有許多含意。他想當個開端的大師。他在希臘哲學的開端中尋找已經逝去的未來，而現在他想在生命中找到哲學持續湧流之源。這些都發生在「**情韻**」（Stimmung，心境、基調）之中。他批判那些規定哲學必須始於思考的哲學。海德格認為哲學始於「**情韻**」，始於驚異、畏懼、牽掛、好奇和歡呼。

對海德格來說，是情韻將生命和思想連結在一起；然而諷刺的是，他並不去探究自己生命和思考之間的關聯。在關於亞里斯多德的演講課上，他簡要地做了開場：他「**出生、工作然後死去**」。海德格希望後人也能如此談論自己，因為他最大的夢想就是「為哲學而活」，甚至是消失在自己的哲學之中。這也與他的情韻有關，他的情韻也許急於在現存者之中發現糾纏不休的東西，並追查出其中隱蔽著的東西。糾纏不休的也可能是生命本身。海德格的「**情韻**」使他說出：「**此有是被拋**」的，存有則被視作重擔，因為「**此有可曾有自由決定，或者將有自由能決定，是否願意進入『此有』？**」（SuZ, 228）

[16] 海德格喜歡誇大，所以人們始終不太清楚，他是在談歐洲，還是在談他自己？是在探討存有還是自己的存有？但是，如果「哲學不源於思想，而是出自情韻」的這個原則有效，那

便不能僅將一種思想和其他思想較量，然後置於思想傳統的高原之上。海德格當然也與傳統有所連結，但這是為了回到自己的生命。那種情韻顯然不允許將自身的入世體驗為贈禮，或是前景看好的到來。進入世界必然是一次墜落，如此便是他的情韻。

然而他感覺自己「**被拋入**」的那個世界，並非上個世紀末的梅斯基希（Meßkirch），他出生於一八八九年九月二十六日，並在那裡度過童年，那個魂牽夢縈一直想回去的地方。直到讓他免於現代性苛求的故鄉將他拋出，他才感覺自己是「**被拋的**」。人們不該忘記，出生並不意味著進入世界。人們在一生中必然有許多次誕生，也有可能永遠不能真正進入世界。但我們還是先來看海德格的第一個誕生。

他的父親，腓特烈．海德格（Friedrich Heidegger）是一位桶匠，並且是梅斯基希鎮上的天主教聖馬丁教堂的執事，於一九二四年逝世。他經歷過兒子與天主教的決裂，卻未能參與到他在哲學上的突破成就。他的母親卒於一九二七年。海德格在她臨終的床前致上了剛出版的《存有與時間》。

他的母親來自鄰村格京根（Göggingen）。每當寒風從史瓦本山的高原上襲來，梅斯基希的人們會說：「這風是從格京根颳下來的……」母親家族的祖先好幾代住在「雄偉的莊園」。一六六二年，海德格的一位外高祖，雅各．肯普夫（Jakob Kempf）把從普富倫多夫（Pfullendorf）附近的熙篤會教會的林子開墾成農莊，以務農為生。一八三八年，海德格的外

[17] 祖父以三千八百古爾登（Gulden）❶買斷；但是信仰上還是在教會的庇護下。

海德格父系的祖先都是農人和工人，他們在十八世紀從奧地利移居至此。梅斯基希的文史學者發現他們與麥格勒家族（Mägerles）和克羅采家族（Kreutzers）有遠親關係。十七世紀最著名的佈道者聖克拉拉的亞伯拉罕（Abraham a Sancta Clara）就是出自麥格勒家族，而克羅采家族則是出了作曲家康拉丁・克羅采（Konradin Kreutzer）。海德格在康斯坦茲教會寄宿學校的神師，亦即之後的弗萊堡大主教康拉德・格勒伯（Conrad Gröber）也是海德格的遠親。

梅斯基希是個位在波登湖和史瓦本山與上多瑙河之間的小鎮，位在阿勒曼尼地區和史瓦本地區邊界處貧瘠且窮困的地區。阿勒曼尼人天性遲鈍、性情憂鬱、好沉思冥想，史瓦本人性格爽朗、坦率、愛作夢；前者傾向嘲諷，後者偏向熱情。海德格兩者兼具。阿勒曼尼人約翰・彼得・赫貝爾（Johann Peter Hebel）和施瓦本人腓特烈・賀德林（Friedrich Hölderlin），他們都曾被海德格稱為主保聖人。對海德格而言，這兩人都受到各自家鄉地區的影響，然後在大世界嶄露頭角。他也是這樣看待自己：向天空的遼闊開展，並根植於大地的幽暗之中。（D, 38）

一九四二年，海德格在演講課上詮釋賀德林的多瑙河頌歌《伊斯特河》（*Der Ister*）。他

❶ 譯注：德語國家或地區的一個貨幣單位。

的演講稿中夾著一張沒有收錄在發表的文本裡的筆記，上面寫著：「**也許詩人賀德林成為一位思想家是命中註定……在『伊斯特河』創作之時……思想家的祖父誕生於上多瑙河激流之畔、岩壁之下的牧場羊圈中。**」〔注1〕是自我神化嗎？無論如何，這是幫自己設定一個想要的出身的嘗試。梅斯基希鎮的威爾德斯坦堡（Burg Wildenstein）下，一間矗立於多瑙河畔的房子閃耀著賀德林的光輝。十八世紀海德格家族曾居住在此。這棟房子依然佇立在那裡，屋主說以前有位戴著貝雷帽的教授總是頻頻來訪。

在多瑙河畔房子和威爾德斯坦堡附近座落著小鎮博伊龍（Beuron），以及以前是奧古斯丁修道院的本篤會修道院。這個靜謐的修道世界有圖書館、牲口欄和穀倉，即便在海德格與教堂決裂之後，仍一直吸引著他。在二十幾歲時的寒暑假期間，他有時會在宿舍裡待上數週。一九四五年至一九四九年間，他被禁止從事任何教職，博伊龍的修道院是他當時能公開踏足的唯一場所。

[18] 十九世紀末的梅斯基希有兩千個居民，其中大部分是農人和工人。這裏還有一些地方工業、一間釀酒廠、一間紡織廠和一間乳製品加工廠。鎮上還設有區域辦事處、職業學校、電報站、一個火車站、一間二等郵局、一間地方法院、合作中心、領域管理機構和城堡管理機構。梅斯基希屬於巴登邦，這對於小鎮的思想氣氛意義重大。

自十九世紀之初，巴登邦就有著強大的自由傳統。這裡在一八一五年頒布了代議憲法，一九三一年廢除了新聞審查制度。巴登曾是一八四八年革命的中心。黑克（Hecker）和斯特魯維（Struve）在當年四月於康斯坦茲附近號召武裝起義，革命部隊聚集在多瑙艾辛根（Donaueschingen），但他們打了敗仗。一年後，他們短暫奪權，大公逃往亞爾薩斯，後來只能依靠普魯士軍隊的幫助才得以恢復舊有的社會狀況。巴登邦的人們對於普魯士並沒有好感，甚至在一八七一年之後的德意志帝國仍有著普魯士的氣味。但是巴登邦的自由主義最終還是與德意志帝國和解了，因為它遇上了一個新的對手：天主教會。

自一八四八年以來，天主教會與自由主義向來勢不兩立。但是出於自身利益的需求，教會巧妙利用了自由主義的精神：它要求國家獨立和宗教自由、取消國家對中小學和大學的監管、倡議神職人員的任命自由以及管理教會財產的自由。教會主張人們更應該要服從神，而非服從人。政府在一八五四年逮捕了弗萊堡主教區的大主教，導致教會和政府間的衝突日趨激烈。最終政府讓步，因為教會的影響顯然根植於人們的生活和思想方式之中，特別是在鄉村和小鎮。德國西南部的這種天主教民粹主義對教會虔誠，但對國家不滿；擁護教內的階級制度，但主張對國家政權的自治。它反對普魯士，但與其說是出於宗教的理由，不如說是出於民族主義的動機。它是反資本主義的、重農主義的、反猶的、愛國主義的，在底層社會尤其根深柢固。

［19］

一八七〇年，羅馬的大公議會決議通過教宗無謬論信理之後，國家與教會之間的衝突再度加劇。如果教會在民族主義盛行的時代已經無法恢復全面統治，那麼至少天主教世界也應該得到國家和世俗社會的有力庇護。

另一方面，德國南部形成了一股反對勢力，即所謂的「舊天主教」運動，該運動的社會根基是南德國家自由派天主教教育資產階級。在這個教會和國家對立的氛圍中，人們不想過於「親羅馬」，因而將天主教與國家連結起來。一些「舊天主教徒」甚至追求教會現代化：廢除教士獨身主義、限制對聖人的崇拜、主張教區自決、神職人員自由選舉。

這個運動創建了自己的教會組織，選舉了自己的主教。儘管它得到了政府的支持，特別是在舊天主教運動大力發展的巴登邦，它的成員從未超過十萬人。梅斯基希在一八七〇和八〇年代是它們運動的重鎮，有一段時間裡，這裡有一半的居民是天主教徒。

這場梅斯基希的「文化鬥爭」一直延續至海德格的童年時期，羅馬天主教的官方代表康拉德．格勒伯曾描述了這場鬥爭的慘淡景象：「藉由我們自己的痛苦經歷，我們清楚地知道，有多少青年的幸福在那個艱難的時代裡被摧毀了。富裕的舊天主教孩子排擠貧窮的天主教孩子，替他們的牧師和他們取綽號，毆打他們並將他們浸入水槽中為他們再洗禮。我們還從自己的經驗中遺憾地知道，舊天主教教師們將綿羊和山羊加以區分，給天主教學生取了『黑病鬼』的綽號，並讓他們切身體會到走羅馬之路必遭責罰。除了一個人之外，幾乎所有人都叛教了。如果他們想在梅斯基希找一份穩定的工作，就必須加入舊天主教徒。即便在很久之後還是能看到這個現象，只有改宗才能在阿伯拉赫施塔特（Ablachstadt）謀得一職。」（注2）

海德格的父親就是那個堅定不移的人。他一直是「羅馬天主教徒」，儘管這對他只有壞處。

政府同意梅斯基希的舊天主教徒擁有城鎮教堂聖馬丁教堂的共同使用權。然而這對「羅馬天主教徒」來說不啻對教堂的褻瀆，所以搬離了聖馬丁教堂。一八七五年，在距離城鎮教堂不遠的地方，他們在博伊龍修士們的積極協助下，將一處舊水果倉庫改建為「臨時教堂」。教堂執事腓特烈的箍桶工作坊也在那裡，馬丁·海德格也在那裡領洗。

[20]

「羅馬天主教派」和「舊天主教派」的對立將城鎮分裂為兩大陣營。舊天主教是「比較好的圈子」、「自由派」和「現代派」。在他們看來，「羅馬天主教徒」是進步的阻礙，狹隘又落後的小民堅持著尚存的教會習俗。當「羅馬派」外出進行春季或秋季祈福時，舊天主教徒都待在家裡，而家中的孩子們則向聖龕扔石頭。

在這種衝突之中，小馬丁首次感受到了傳統與現代的對立。他經歷了這個現代的屈辱。舊天主教派屬於「比較高級的」，而「羅馬天主教派」雖然佔大多數，卻感覺自己是劣等的。正因如此，使他們在社群中更加緊密地團結在一起。

到了上個世紀末，梅斯基希的舊天主教人數也急劇下降，文化爭鬥的氣氛日趨緩解，「羅馬天主教派」收回了城鎮教堂連同其財產和地產。海德格一家得以搬回教堂廣場的執事房。一八九五年十二月一日，一場莊嚴的禮拜儀式確立了對「叛教者」的勝利。小馬丁意外地扮演了關鍵角色：舊天主教的執事覺得將教堂鑰匙交給他的繼任者相當尷尬，所以便將鑰匙交給了在教堂廣場上玩耍的執事兒子。

海德格的童年世界便是教堂廣場上巍峨聳立的聖馬丁教堂對面低矮的小執事房，教堂廣場通向建於十六世紀的菲爾斯滕貝格（Fürstenberg）城堡。孩子們能夠穿過大門戶進入宮內庭院，並進一步進入宮殿花園，到達另一端的花園大門，那裡是始於田間小路的開闊景色：**「他從花園大門跑到恩里德（Ehnried）。宮殿花園中的老菩提樹探出高牆俯視他，他喜歡它無論是復活節時光在新苗抽芽和茂盛的草地喚醒的草地之間閃耀，或是聖誕節時在下一座山丘後的雪堆消失。」**（D, 37）

［21］

在舉行教堂儀式時，「執事男孩」馬丁和他的弟弟弗里茨（Fritz）必須幫忙。他們擔任輔祭，為裝飾教堂摘採鮮花，為神父當信使，也必須敲鐘。正如海德格在《鐘樓的祕密》（*Vom Geheimnis des Glocken*）中回憶的，塔樓裡掛著七個鐘，每個鐘都有自己的名字、自己的聲音和自己的時間。在下午四點曾敲四下所謂驚醒之聲，驚醒小鎮中睡覺的人；而敲三下的則是喪鐘。宗教課和念珠禱告曾敲童鐘，結束上午課程的十二聲鐘響是克朗乃鐘（die

Klanei），聲音最美的是大鐘，只在重大節慶的前一夜和早晨敲響。濯足節和聖週六之間不鳴鐘。在那之後才能再擊鼓，一個活動把手會讓一組小錘在硬木上敲打。這種鼓置於塔樓的四個角落，敲鐘男孩們必須輪流轉動把手，使莊嚴的鼓聲得以向天空四個方向飄揚。最美的鐘聲當然還是在聖誕時節。大約清晨三點三十分，敲鐘男孩便會來到執事房，桌上有母親擺放好的蛋糕和牛奶咖啡。早餐後，走廊上的燈籠會點亮，人們踏過雪地和冬夜，走進教堂，爬上漆黑的鐘塔，來到結冰的鐘繩和覆滿冰霜的鐘錘旁。馬丁．海德格寫道：「**在教堂的各種節日、慶典前夕、四季更迭時，以及每日早晨、中午和傍晚的時刻神祕的賦格曲接連響起，連綿不斷地穿透青春的心、夢想，祈禱和遊戲。鐘聲藏著鐘塔中最迷人、最神聖以及最悠久的祕密……**」（D, 65-66）

[22] 這就是十九世紀初於小鎮中教會庇護之下的生活。在《田間小路》（*Feldweg*）中，海德格回憶當時在學校的井中玩自製的小船：「**這類航行的夢幻隱匿在當時還幾乎無法辨識、籠罩一切事物的微光之下。母親的眼與雙手劃定了這個王國的界域……這種遊戲的航行當時還對於那永不靠岸的漫遊一無所知……**」（D, 38）

這種「**當時還幾乎無法辨識的微光**」，籠罩著海德格所有在梅斯基希的童年回憶，這可能不僅僅是對遊戲的美化，因為他弟弟弗里茨對於那些年也有類似的經歷。「我們之中的多數人透過惡作劇享受著不斷失重的快活，這種體驗在成人之後便再也沒有了。」（注3）海德格的弟弟弗里茨終其一生都留在他度過童年的小鎮，他在當地一間信貸銀行任職，並在那裡逝世。

對於梅斯基希的人來說，弗里茨．海德格才是「真正的在地人」。他在這裡很受歡迎，所以後來世界知名的哲學家也只是被視為「弗里茨的哥哥」。弗里茨．海德格有口吃，不過梅斯基希的人們說，他只有在認真的時候才會「有話說不出來」。海德格的「此有」從他口中說出就是「這……這……這裡」。當他開玩笑的時候就不會口吃，譬如在著名的狂歡節上談話的時候，他對這個場合可一點也不緊張。在希特勒時期，他甚至和當地知名的納粹份子爭吵，他在當地的聲望保護了他。弗里茨沒有上過大學。這位銀行行員有時會自稱為「探照燈」。他以打字機為他的哥哥謄打了三萬頁手稿，並在戰時把它們保存在銀行保險箱中。他說，等到二十一世紀，「當美國人早已在月亮上開了超大賣場」（注4），人們才能看懂這些手稿。據他自己說，他也協助了校對和修改文本。他無法容忍一句話中有兩種想法。他對他哥哥說，你必須把它們拆開。在他心中的窄門只能一個接著一個地通過。此時他更偏好條理分明的關係，在其他情況下，沒什麼混亂能難得倒他。他常說的一句話是：人們可以忽視我，但不能一眼看透我！他欣賞哲學傻氣的一面，但是當哲學家們對自己太過嚴肅時又表示遺憾。能夠保持這種傻氣精神的人，就能和這種「此、此、此有」相處得很好。他常說：「在我們內心深處的角落有個歷經一切困難的東西，那就是我們幾乎察覺不到的歡樂，最初

[23]

那股傻勁的最後殘餘。」（注5）弗里茨・海德格善於自嘲，這是他哥哥馬丁・海德格所缺乏的。他比馬丁晚五年出生，對此他評論：「生命的痛苦對一個人來說是從今天開始，對另一個人來說是從明天開始。他在一個聖灰星期三出生於在宮殿街上的平凡人家：碎裂、鞣製、可怕的偏離。如同尋常的聖灰星期三那樣。」（注6）

馬丁・海德格把他的一本書獻給弟弟以表謝意。謝辭中以雙關語寫道：「**致唯一（獨一無二）的弟弟。**」

弗里茨・海德格說，他們的父母很虔誠，但是並不狂熱，也沒有嚴格的宗派主義。天主教徒的生活滲入他們的全身上下，以至於他們覺得無需捍衛自己的信仰，或是對抗其他人來貫徹自己的信念。所以當他們的兒子馬丁背離了對他們來說是不言而喻的「正道」時，他們更是茫然無措。

母親是一個性情開朗的女人。弗里茨・海德格說：「她常說，生活總有美好的安排，我們總有一些事情能期待。」（注7）她做事果斷，有時有點驕傲，也不隱藏自己農民出身的自信。大家也認為她很勤勞，人們看到她時，她幾乎總是穿著圍裙、戴著「頭巾」。父親是個內向的人，他可以好幾天都不說話。他低調、勤奮、公正。他沒有給兒子們留下太多的記憶。

海德格一家既不富裕也不貧困，有兩千馬克的不動產，年所得稅估計九百六十馬克（在

[24]

一九〇三年），意味著屬於低水平的中產階級。一家人可以維生，但還不足以自費送孩子去昂貴的中學讀書。此時教會提供了幫助，而教會歷來也是在促進人才培育的同時招募年輕的神父，尤其是在農村地區是如此。

堂區神父卡米洛·布蘭德胡伯（Camillo Brandhuber）建議海德格的父母，在他從梅斯基希的市民學校（當地沒有文科中學）畢業後，將他們有才華的兒子送去康斯坦茲教會學校，那是一所培養年輕神父的寄宿學校。布蘭德胡伯會免費為他的學生輔導拉丁文，讓他們能順利接軌文科中學的課程。康斯坦茲教會學校的長官是康拉德·格勒伯。布蘭德胡伯和格勒伯為馬丁找到當地基金會提供的獎學金，父母對於兒子能夠受到教會庇護而感到相當自豪。這對馬丁意味著，他開始了在經濟上依賴教會的時期；此時的他滿是感激。

從此時直到一九一六年，這種經濟上的依賴持續了十三年之久。海德格（自一九〇三至一九〇六年）接受了魏斯（Weißschen）獎學金的資助，在康斯坦茲教會學校就讀；其後靠著埃林（Eliner）獎學金的資助，他讀完了文科中學的最後一年，以及在弗萊堡神學院修習神父教育的前四學期，此時是一九一一年。一九一三年到一九一六年的學業是藉由謝茨勒（Schätzler）的捐助完成的，該基金會的宗旨是為了維持聖多瑪斯（Thomas von Aquin）的哲學和神學。在他的內心已經開始叛離天主教之後，他仍然依賴著天主教世界。但是他不得不迎合，這因此讓他感到羞恥，屈辱使他無法原諒自己所稱的「**天主教體系**」。他厭惡這種制度體系及其在公眾社會中的利益政策，爾後他轉為同情納粹運動的原因之一，正是因為納粹運動反對教權。

一九〇三年，海德格進入康斯坦茲教會學校以及那裡的文科中學。即便與舊天主教徒的對立仍然持續發生影響，梅斯基希當時仍然是一個封閉的天主教世界。然而在五十公里外的康斯坦茲，已經清楚感受到了現代的到來。

康斯坦茲是當時的帝國城市，在那之中宗教是混合的。城市悠久的歷史仍活生生地存於古蹟之中。那裡有一個曾在十五世紀舉行過天主教大公會的老商舖，還有胡斯（Hus）曾在裡頭等待判決的房子。曾因禁異端的道明會修院改建成「島嶼飯店」，它的會議廳是城市精神生活的中心。這裡會舉行音樂會和講座，中學生們都很喜歡參加。他們在這裡向「現代精神」致敬。人們在這裡談論尼采、易卜生（Ibsen）、無神論、哈特曼（Hartmann）的《無意識哲學》（*Philosophie des Unbewußten*），費英格（Vaihingers）的《彷彿哲學》（*Philosophie des Als-ob*），甚至討論精神分析和夢的解析。進步的精神在康斯坦茲飄揚，自一八四八年黑克暴動的時代起，這個城市就是巴登自由主義的中心。與海德格同時就讀康斯坦茲中學的根特．德恩（Günther Dehn）在他的人生回憶中說過，當他和同學們聽到四十八歲的游泳池管理員參與過巷戰時，他激動地渾身顫抖。當地發行量最大的報紙《晚報》（*Abendzeitung*）是民主的、反教權的，同時還小心翼翼地反普魯士，儘管正是因為這座城市有巴登步兵團駐守，所

[25]

以整個帝國的軍官都喜歡來這個波登湖邊的城市度假。

寄宿學校叫做聖康拉德書院，或是稱為「康拉德書院」。它曾在文化鬥爭那幾年關閉，直到一八八八年才重新開放。這所文科中學以前是耶穌會學校，受到國家的監督。天主教學校的學生也在「世俗」學校上學，學校中盛行適度的自由和反教權的教育人文主義。那裡有一位教授現代語的老師帕丘斯（Pacius），他是民主主義者、自由思想家、和平主義者。因為能言善道，學生們都很喜歡他。對寄宿學校裡這些未來的神學家們而言，他們在課堂上特別重視亞里斯多德，帕丘斯想試圖激怒他們，所以說：與柏拉圖的博大精深相比，亞里斯多德算什麼。而新教徒也無法倖免：「根據我的研究，『占星術』這種迷信來自墨蘭頓（Melanchthon）。」（注8）對於德語和希臘語老師奧拖・基米（Otto Kimmig）來說，萊辛（Lessing）的《智者拿單》（*Nathan der Weise*）是他唯一能接受的神聖文本。這些老師的影響力相當大，海德格也是受教於這些人。根特・德恩總結道：「直到後來我才清楚意識到，正是這兩位老師的影響，我脫離了對他們來說根本不存在的天主教思想世界。」（注9）

教會會盡量讓在康拉德書院的學生避免在學校受到自由思想的影響。他們會接受護教學訓練，以準備好應對「世俗」。他們輪流寫報告，並在報告中展現出他們對抗世俗的準備。這些報告涉及的問題如：人是否能憑藉自己的力量陶冶人性；以及寬容是否有極限。還會討論自由和原罪，以及歌德的伊菲革涅亞（Iphigenie）究竟是異教徒和基督徒、基督徒和德意志

[26]

人，或者僅是異教徒。學生們可以在鄉土課程主題中暫時擺脫這些爭論，把它當作休息時間，並且了解賴興瑙（Reichenau）修道院的歷史、黑高（Hegau）的風俗習慣、波登湖區中世紀來住在城堡外居民的歷史。有時候學生們會進行年輕人的的活動：在陽光明媚的日子裡，帶著吉他、唱著歌漫步到野外，或是登上邁瑙島（Mainau），進入波德曼（Bodman）的伯爵公園和下湖區的葡萄園。他們練習方言短劇、為它們配樂。當非教徒的同學和藝術家都對戲劇侃侃而談時，這些學生也可以報告他們演唱耶穌降生劇的情況。這些學生當然也不是「卑躬屈膝」之人，他們選出了一個對學院管理有話語權的代表機構，並發行了一份自己的報紙。這份報紙的定期出版提醒著一件事，即巴登是德國第一個廢除新聞審查制度的地方。

這些寄宿生生活在嚴密的監督之下，但顯然不是不能忍受。至少海德格回首康斯坦茲的那幾年是不帶惱怒的。一九二八年，他在給當時學校低年級的監牧馬太．朗格（Matthäus Lang）的信中寫道：「**我很樂於回想起在康拉德書院學習的時光，並且很感激那個時期，而且清楚感覺到，我的所有努力都與家鄉的故土密不可分。我仍能清楚回憶，當時我對您這位新任長官十分信賴，這份信賴感使我在家鄉的期間十分愉快。**」（注10）

對寄宿生來說，與非天主教徒的同學交往並不怎麼愉快，尤其如果他們是來自於比較好的家庭。律師、公務員和商人的孩子總覺得自己比那些他們稱之為「閹雞」的教會寄宿生更優越。寄宿生們大部分跟海德格一樣來自農村清寒或甚至非常貧困的家庭。郵政局長的兒子根特回憶道：「我們總是居高臨下的對待那些『閹雞』。他們穿得很寒酸，我們覺得他們沒有真正洗過澡。我們覺得自己比他們強。但這並不妨礙我們澈底利用他們，他們被要求要謹慎地完成作業，並在休息時間心甘情願把答案告訴我們。」（注11）

[27]

寄宿生們常常自成一群，這讓他們更能主張自己是一個團體，一個會被其他人嘲笑的團體。他們經常被排拒在世俗同學的許多消遣活動之外，可能是因為沒有零用錢，又或者是被嚴格禁止。狂歡節的時候，街道巷弄和酒館中笑鬧歡騰整整三天，他們只能在外觀望待在自己的團體中。夏天的時候，絡繹不絕的外地遊客來到城裡，繽紛彩旗裝飾的遊船航向梅爾斯堡（Meersburg），傍晚再載回一群搖搖晃晃的遊客，他們在老城的街道上歌唱叫囂，也有許多文科中學的學生戴著彩色帽子一直在那。第二天，他們在休息的時候誇耀自己的經歷，這些都會傳到寄宿生的耳裡。在葡萄收成的時節，到處都有令人陶醉的新酒。某些小店允許文科中學的學生待到晚上十點。他們在那裡會遇到拿著半公升葡萄酒的老師們，此時正是拜師、增進師生關係以及獲得權力的好機會，然而這些都與寄宿生們無緣。

畢竟他們屬於另一個世界，而人們也讓他們感覺到，他們必須和自己低人一等的感覺對抗。這種對抗的態度發揮了作用：這種排擠也能讓他們感覺自己是被選中的。寄宿生與外面生氣蓬勃的城市生活之間、天主教世界和市民自由的氛圍之間緊張的關係中，讓還是學生的海德格有了對於兩個世界的印象：這裡是嚴格、沉重、一成不變、緩慢的世界，而那裡是步調很快、膚淺、追求刺激的世界；這裡默觀深思，那裡只是庸庸碌碌；這裡向下扎根，那裡無依無靠；一個不畏艱難，另一個尋找捷徑；一個深思熟慮，一個漫不經心；一個忠於本心，另一個在玩樂中迷失自我。

這個架構後來以「屬己性」和「非屬己性」的概念在海德格的哲學中成名。

一九〇六年秋天，海德格從康斯坦茲的康拉德學院轉到弗萊堡的聖格奧爾格（St. Georg）大主教寄宿學校，並且就讀知名的貝托德文科中學（Bertoldgymnasium）。梅斯基希地方基金會的獎學金不再擔負他寄宿學校的費用，於是教堂執事之子的熱心老師格勒伯和布蘭德胡伯又為他開闢了另一個經濟來源：埃林獎學金。這個獎學金是由梅斯基希的神學家克里斯多
[28]
夫・埃林（Christop Eliner）於十六世紀所捐贈。他們願意資助本地的神學候選人，條件是必須在弗萊堡的文科中學和大學就讀。

從康斯坦斯搬到弗萊堡是個榮譽。海德格沒有絲毫不滿地告別了康斯坦茲，對此他一直記憶猶新。直到晚年他都還會參加那個時期的同學會。然而他沒有對弗萊堡的寄宿學校發展出這種歸屬感。他的一生幾乎都在弗萊堡度過，因此他必須與之保持距離。他在這裡背棄了那個在弗萊堡留下了巨大陰影的天主教，它以哥德式的大教堂高聳在城市上方。弗萊堡像一艘巨大的船坐臥在黑森林的山腳下，彷彿即將駛入布賴斯高灣（Breisgau）。

直到二次世界大戰之前，教堂周圍的舊城區幾乎都完整地保存著。有數不盡的巷道以星

芒狀的方式從教堂廣場向四處延伸，有些小巷還有小溝渠環繞。寄宿生被安置在一座教會的莊園大屋附近。

當年輕的海德格來到弗萊堡時，還能看到一百年前舒皮茲・波瓦西耶（Sulpiz Boiseré）寫給歌德的信中描繪的樣子：「關於弗萊堡我本該可以寫一整本書給你，用愛保存了各處各種古老的東西真是太美了。這裡環境優美，每一條小巷中都有清澈的小水溝，還有古老的噴泉，……周圍都是葡萄架；堡壘圍牆上都布滿葡萄藤。」（注12）

海德格在貝托德文科中學是個很上進的學生。他當時的抱負與追尋仍是教會的事務：他想在高中畢業之後加入耶穌會。他的老師也支持這個計畫。一九〇九年，寄宿學校的校長在海德格的畢業證書上寫道：「天資聰穎、勤奮努力、品德高尚。他的性格已相當成熟，學習期間也獨立自主，有時會犧牲其他科目，只為了更精進他顯現豐富學識的德國文學。他選擇以神學為志業，有意願過宗教生活，極有可能申請加入耶穌會。」（注13）

[29]

與他的同學不同，年輕的海德格沒有被那個時代的「現代」精神潮流所吸引。自然主義（Naturalismus）、象徵主義（Symbclismus）、新藝術運動（Jugendstil）的青年作家們並沒有出現在他的閱讀清單之中。他的思想訓練相當嚴格。一九一五年，他為教職論文所撰寫的簡歷中寫到他在學校中獲得的啟發：「**七年級的數學課從單純的解題轉向理論的探究，我對這個學科的純粹偏愛進一步變成了實際的興趣，這個興趣也擴展到物理學。在宗教課的啟發**

下，促使我更廣泛地閱讀生物演化論的文獻。十三年級的課程中主要是柏拉圖的課程……，儘管當時還沒有以嚴格的理論去探究哲學問題。」（注14）

宗教課激發了他對當時特別反宗教立場的生物學演化論的興趣。它顯然把海德格引導至屬靈的危險領域，使他的梅斯基希信仰經歷了艱難的時刻。他並不畏懼思想的冒險，因為他仍然感覺得到自己立基之處：信仰的存在。一九〇九年九月三十日，海德格在費爾德喀希的堤希斯（Tisis bei Feldkirch，福拉爾貝格〔Vorarlberg〕）加入了基督會修士見習。但在兩週試驗期滿後，他便被解除了見習資格。胡果．歐特（Hugo Ott）說，海德格顯然有心臟病，並且因健康因素被送回家。這個病症在兩年後又復發，於是導致他的神父培訓中斷。也許當時正是他的心在阻止他腦中的計畫。

注1：O. Pöggeler, *Heideggers politisches Selbstverständnis*, 41。

注2：C. Gröber, *Der Altkatholizismus in Meßkirch*, 158。

注3：引自：A. Müller, *Der Scheinwerfer*, 11。

注4：引自：L. Braun, *Da-da-dasein*。

注5：引自：A. Müller, *Der Scheinwerfer*, 32。

注6：引自：A. Müller, *Der Scheinwerfer*, 9。

注7：引自：同前揭，頁11。

注8：G. Dehn, *Die alte Zeit, die vorigen Jahre. Lebenserinnerungen*, 37。

注9：引自：同前揭，頁38。

注10：引自：H. Ott, Martin Heidegger. *Unterwegs zu seiner Biographie*, 55。

注11：G. Dehn, *Die alte Zeit, die vorigen Jahre. Lebenserinnerungen*, 39。

注12：引自：W. Kiefer, *Schwäbisches und alemannisches Land*, 324。

注13：引自：H. Ott, Martin Heidegger. *Unterwegs zu seiner Biographie*, 59。

注14：同前揭，頁86。

第二章

ZWEITES KAPITEL

反現代主義者之中

聖塔・克拉拉的亞伯拉罕

生命的超越價值

崇高的邏輯

海德格發現布倫塔諾和胡賽爾

十九世紀的哲學遺產

疏通德國觀念論

彷彿哲學

托庇於文化價值

價值與貨幣

[30] 然而海德格並沒有因此動搖：在被耶穌會拒絕後，他轉而申請弗萊堡神學寄宿學院。這可能是出於經濟因素。因為他的父母無法支付他的學費，而那個他自弗萊堡中學時期就開始領取的埃林獎學金僅提供給神學教育。

一九〇九年冬季學期，海德格開始修習神學。他在一九一五年的簡歷中寫道：「**當時的必修課我並不是很滿意，因此我改以教科書自學。這些書讓我獲得某種程度的形式邏輯訓練，但在哲學上卻沒有我想要追求的東西。**」（注1）

此時他只特別在意一位弗萊堡的神學家，後來也總是尊稱他為自己的老師，那個人就是卡爾・布萊格（Carl Braig）。海德格在中學高年級的時候就已經讀過布萊格的概論著作《論存有：存有學概要》（一八九六）（*Vom Sein. Abriß der Ontologie*, 1896），藉此掌握了存有學傳統的幾個基本概念。也是布萊格激發了他與黑格爾和謝林的第一次交鋒；在陪著布萊格散步的過程中，他也見識到布萊格透徹的思考方式（Z, 82）。五十年後，海德格仍然說，布萊格懂得如何讓思想活生生地存在在當下。

卡爾・布萊格是反現代主義的神學家。

自從一九〇七發佈了通諭《應牧放主羊》（*Pascendi dominici gregis*）對「現代主義」宣戰——《論現代主義的假教義》（*De falsis doctrinis modernistarum*）——「現代主義」與「反現 [31] 代主義」便成了精神思想鬥爭的戰場，而且不只限於天主教的信理之爭。反現代主義不僅只是捍衛教會信理（如聖母無原罪始胎）和聖品階級（教權制度）的原則（如教宗無謬誤論）。他們的反對者喜歡這樣描繪他們的形象，也因此在反現代主義中只能看得見蒙昧主義者的危險或可笑陰謀，他們反對當代的科學精神、啟蒙、人文主義和一切形式的進步思想。

然而卡爾．布萊格的例子顯示，一個反現代主義者並不必然是蒙昧主義者。他聰明的頭腦揭露了現代科學中各種未經反思的信仰前提，把那些自以為無信仰和無前提的人從他們「獨斷論的迷夢」中叫醒。他說：所謂的不可知論者也是一種信念，儘管那是一種特別原始而且平庸的信念：對於進步、科學、據說對我們有益的生物演化、經濟以及歷史法則的信仰……布萊格認為，現代主義「被一切不是其自身或不為其自身服務的事物所蒙蔽」（注2），而主體的自主權也作繭自縛。布萊格批評現代文明對於有無盡祕密的現實缺乏敬畏，而我們都是現實的一部分，並且也被包圍著。如果人類狂妄地以自我為中心，那麼最後與真理之間就只會剩下實用主義的關係：「真」就是對我們有用，並能以此取得實用成果。與此相反，布萊格主張：「歷史的真理如同所有的真理，數學的真理閃耀著最勝利的光芒，永恆真理最嚴格的形式是先於主體且沒有主體的……如同理性地自我觀看事物整體的合理性，事物也不在真理之中……即使是康德也不能……改變那些要求人們依循事物的法則。」（注3）

事實上，布萊格想要追溯康德背後的東西，卻是和批評康德謹小慎微的黑格爾一起追溯的。黑格爾認為，害怕犯錯本身就是一種錯誤。布萊格鼓勵人們超越先驗的界線：我們發現

[32]

了世界，就只是這樣嗎？為什麼不是世界發現我們？會不會正因為我們被認識，我們才能認識？我們能夠思考神，為什麼不說我們是神的思想？布萊格看見現代人被困在鏡廳之中，於是粗暴地砸碎它。布萊格在信仰和經驗上公開倡導一種看來是現代化之前的現實主義。他所依據的是：我們對界線的知識本來就跨越了那個界線。透過認識了認識，感覺了感覺，我們原本就是在絕對現實的空間中行動。布萊格說，我們必須擺脫主體的專制，獨立思考絕對者的現實性。

接著年輕的海德格就在現代主義之爭的戰場上初試啼聲。他現在是「聖杯盟」（Gralbund）的成員，這是天主教青年運動中一個強烈反現代主義的團體，其精神領袖是維也納人理查·馮·克拉里克（Richard von Kralik）。他熱中於重建純粹天主教信仰和德意志民族古羅馬天主教帝國，並且認為帝國中心應該在哈布斯堡（Habsburg）而非普魯士。這也與中歐的政治政策有關。在這個圈子裡，人們夢想著諾瓦利斯（Novalis）的浪漫中世紀，並信賴這種創始人的觀點，忠實地維護著起源的「溫柔法則」。這個圈子裡的人也為了捍衛起源，堅決地對抗現代強行帶來的、現代的誘惑。一九一〇年八月，鄰近梅斯基希的小城克連罕斯特騰（Kreenhainstetten）舉行聖克拉拉的亞伯拉罕紀念碑落成慶祝活動，這讓年輕的海德格有了嶄露頭角的機會。

聖克拉拉的亞伯拉罕是一位令人景仰的佈道者，他於一六四四年在克連罕斯特騰出生，

[33]

並於一七〇九年在維也納去世。梅斯基希的地方主義一直惦記著他，在他生日之時會在當地媒體發表文章，也會有小型的慶祝活動。但到了本世紀初，這種溫馨且在地的傳統活動被置入明顯的意識形態性質。南德的「反現代主義者」將聖克拉拉的亞伯拉罕選作他們的精神領袖，在對抗天主教內部自由主義思潮的論戰中經常引證他。在這位著名的奧古斯丁修士那裡，人們能夠找到有力的言詞以反對追求享樂、腐敗的城市生活，反對不再服從於教會天啟精神的傲慢，反對有錢人的揮霍，也反對「放高利貸猶太人」的貪婪。這位傳道者以自己出身低為傲，並深得庶民和貧苦人民的黨派的支持。一句他經常被引用的話這麼說：並不是每個在茅草屋中出生的人都是草包。聖克拉拉的亞伯拉罕信仰基督教、關心社會，深受受大眾喜愛，個性直接，虔誠但不狂熱，充滿祖國情懷並且反猶太的——這些特質恰好好符合了反現代主義的組合。

一九一〇年八月十六日的紀念碑落成典禮是一場盛大的群眾慶祝活動。海德格從梅斯基希過來參加。

鮮花妝點了整個村莊，窗戶掛出佈道者語錄的橫幅，橫跨村莊街道。傳令官身著聖克拉拉的亞伯拉罕時代的歷史服飾，騎著馬在遊行隊伍的前方，接著是來自博伊龍的修士、教會和世俗世界的達官顯貴、帶著彩色小旗的年輕學生、戴著花飾的女孩，和著傳統服飾的村民；樂隊演奏，演講致詞，梅斯基希的中學生們背誦著亞伯拉罕的詩句箴言。

海德格為在慕尼黑出版的天主教保守黨週刊《評論匯報》（*Allgemeine Rundschau*）寫了一篇文章，報導此次的活動。海德格的兒子赫曼・海德格（Hermann Heidegger）認為這篇文章很有價值，值得收入作品集之中。

「自然、清新、有時帶點粗獷的口音，使這個活動別具特色。儉樸的克連罕斯特騰小鎮與其堅韌、自信、孤僻的居民猶如在低谷中沉睡。教堂的尖塔也特別古怪。它不像其他兄弟那樣能自由瞭望大地，它笨拙地隱沒在黑紅色的屋頂之間……揭幕儀式如此樸實無華、清晰而真實的舉行。」（D, 1）

人們不該忘記：海德格在寫下這段話時，已經在康斯坦茲和自一九〇六年以來的弗萊堡呼吸過城市的空氣。他知道自己和那些充滿自信、自在穿梭於資產階級間、穿著時尚、通曉新文學、藝術和哲學的人們的區別。海德格清楚看見自己的世界——梅斯基希與克連罕斯特 [34] 騰——與那個世界之外的區別；此處已經預示了「屬己性」和「非屬己性」的區別。在關於紀念碑揭幕的文章中也可以看到作者的自述。教堂的尖塔特別古怪，他也一樣。當其他人瞭望大地時，他「**笨拙地**」縮回他出身的大地，如同那裡的居民一樣「**堅韌**、**自信**、**孤僻**」。他想要像那裡的居民一樣，也想要像聖克拉拉的亞伯拉罕那樣。聖克拉拉的亞伯拉罕的身心總是繫著人民的健康，他身上那股「**原始的天主教力量**、**堅定的信仰**以及**對神的愛**」令人印象深刻，他也通曉那個時代狡猾的思想文化，能掌控那個文化而不被其掌控。因此，依照海

[35]

德格的說法，他能「**無所畏懼地打擊世間被高估的此岸人生觀**」。聖克拉拉的亞伯拉罕知道自己談論的是什麼。他不是那種吃不到葡萄說葡萄酸的人。

年輕的海德格也批判了自己時代的墮落。他提出了哪些指責？那「**令人窒息的壓抑氣氛**」。這是個「**文化膚淺**」的時代，「**追求快速、本末倒置的創新浪潮，追求短暫的刺激、這種瘋狂的跳躍凌駕於生活和藝術深刻的精神底蘊之上**」。（D, 3）

這是守舊人士常見的文化批評；不只是「聖杯盟」的人會這麼說、這麼想，朗本（Langbehn）和拉加德（Lagarde）也有類似的主張，即對於膚淺、譁眾取寵、追求快速和創新浪潮的批判。然而值得注意的是，守舊人士那裡也常出現惡名昭彰的反猶太主義，在年輕的海德格那裡則是看不到。更加值得注意的是，克連罕斯特騰紀念碑資金的籌措，全都歸功於因反猶太主義而受歡迎的維也納市市長卡爾・盧格（Karl Lueger）。值得注意的還有，海德格此處仍以自我確定性來談論生命的超越價值，他認為所有的這些時代現象背叛了生命的超越價值。在一九一〇年至一九一二年間，海德格在為天主教學術協會的月刊《學者》（*Der Akademiker*）所撰寫的幾篇文章（由法里亞斯〔Víctor Farías〕發現）中，解釋了這該如何理解。

在一九一〇年三月的那一期月刊，海德格介紹了丹麥作家和散文家約根森（Johannes Jørgensen）的傳記《生活的謊言與生活的真理》（*Lebenslüge und Lebenswahrheit*）。它描繪了從達爾文主義到天主教的思想發展過程，呈現了從絕望到安全、從驕傲到謙卑、從放縱到生氣勃勃的自由之路。對年輕的海德格來說，這是一種典範，一條具有啟發性的道路，因為它跨越了現代性的所有愚蠢和誘惑，以在最終實現教會信仰的寧靜與救贖，即「**生命的超越價值**」。在那裡，人能夠從那個「**自我希望能充分開展的**」現代巨大幻象中掙脫，最終能以自己的生命和身體證明，那個把自我奠基於自身的其實是奠基於虛無。我們今日「**時常談論的『名人』……藝術家們引起了注意。人們常會聽到許多關於有趣的人的事。花花公子奧斯卡・王爾德（O. Wilde）、天才酒鬼保爾・魏爾倫（P. Verlaine）、流浪漢馬克西姆・高爾基（M. Gorky）、超人尼采等這些有意思的人。然而，若是有人在神的恩典下意識到自己吉普賽人式的生活只是一個騙局，因而粉碎了假神的祭壇，並且成為基督徒時，人們卻說他們『無聊、噁心』**」。（注4）

一九三〇年，海德格在他著名的演講《論真理的本質》（*Vom Wesen der Wahrheit*）中說：「**自由為我們造就真理。**」但在他這些青年時期發表的文章中則恰好相反：真理使我們自由。這個真理並非人類可以以自己作為基礎、並從自己發展出來的，而是由生機勃勃的宗教社團及其傳統中獲得的。唯有這裡才有擁有真理的滿滿幸福，這是任何人都無法憑一己之力獲得的。年輕的海德格思想中展現了他的老師布萊格深信的實在論。對他來說，新教虔敬主義的虔敬太主觀了。在對腓特烈・威廉・福斯特（F. W. Foerster）《權威與自由——對教會的

[36]

文化問題的觀察》（*Autorität und Freiheit. Betrachtungen zum Kulturproblem der Kirche*）的評論中，他反對自我沉溺的體驗，反對世界觀的印象主義，批判印象主義只表達了「**個人的情感**」，而沒有表達客觀的內容。海德格反對這種「**世界觀**」的論據在於：他們視生活的需要而定。與此相反，想要達到真理的人，必須強迫生命服從他的理智命令。對年輕的海德格來說，對於真理決定性的判準就是說，它是無法輕易獲得的，唯有在「**自我掠奪和自我外化的技術**」中才能獲得。人們認識的真理就在於真理會抵抗、挑戰並改變我們。唯有那些能不考慮自己、「**對抗本能世界得到精神自由**」的人才能找到真理。這是對「**無節制的自律主義的嚴峻挑戰**」。真理閃閃發光，但不會自發地顯明。驕傲自負必須屈從於宗教道德的權威。「**大多數人無法靠自己找到真理，或是不想得到真理，甚至寧可將真理釘上十字架。這個沉重的事實消除了個人主義道德基礎的可能性。**」（注5）

人們應該牢記這個海德格始終堅持的論述：這種嚴苛和難受是真理的判準。但是後來他認為，在信仰的庇護之下擁有似真的真理是一條捷徑，也因此是對真理的背叛。相較於捷徑，人們應該遭遇的沉重和艱辛就是先前受到懷疑的自由，這種自由承受形上學的流離失所，不允許自己被信仰實在論的現成真理掩蓋。

海德格對名人崇拜的攻擊並非不帶怨懟，因為他無法掩蓋自己缺乏那些他所褻瀆的名人的文雅教養。這位受教會資助的神學候選人在文科中學以及大學裡的中產階級文化氛圍中顯

[37]

得相當笨拙。在非哲學的場合中，他總覺得不踏實的「小人物的氣味」纏繞著他，揮之不去。一九二〇年代在馬堡（Marburg）時，海德格已經是德國哲學的地下祕密國王，但有些不認識他的同事和學生會將他誤認為暖氣工人或工友。他仍缺乏這個被他攻擊的吸引力。因為他還未找到適合他發揮的角色，他懼怕社交舞台，即便此時登上舞台很快就能產生影響。年輕的尼采主義者在各個城市咖啡館裡的傑出表演，海德格鄙視地稱之為博吉亞狂熱（Cesare-Borgia-Enthusiasmus）。那些唾手可得的、輕易獲致的，對海德格來說就有膚淺的嫌疑。這就是那些尚未替自己的自發性找到合適的環境的人的想法，因此那個人的「本性」在外成為一種他人的負擔。當海德格以沉重、艱辛以及抗拒的光環包圍著「真理」，反射出的是他在「世俗」中感受到的抵抗，而且對之他必須堅持反抗。在家裡，這個信仰的真理失去了一切的負擔和沉重。所以在他所寫的約根森評論中，他以讚頌天主教傳統家鄉的安全感（Geborgenheit）作結：「**他（約根森，作者按）在老城區看到陰暗的飄窗，熟悉的聖母聖像在房屋的一角，朦朧中他聽見潺潺泉水聲，聆聽著憂傷的民歌。就像德國的六月夜晚消逝在夢一般的沉寂中，棲身在他所愛的書本上。改宗者對神的追尋以及他的思鄉之情，可能是他藝術上的強大動力。**」（注6）

天主教的真理在這世上仍然很普遍。這個世界和梅斯基希極其相似。信仰在這裡仍然是生活秩序的一部分，不必強迫「**自我掠奪**和**自我外化**」。但當人們帶著信仰遭遇他者，便需要教條和邏輯的支持。在所有信仰之前都有一道深淵開展。人們要如何跨越？年輕的海德格依靠傳統和教條，後來是決心（Entschlossenheit）、決斷主義（Dezisionismus），再後來則是泰然任之（Gelassenheit）。

一九一〇年前後，海德格仍然認為教會的真理寶藏是一種禮物，那不是我們透過積累而能自由運用的資產。對真理寶藏的信仰也不僅僅是一種感覺。對布萊格和他的學生海德格來說，詩萊瑪赫（Schleiermacher）僅僅以情感為基礎的宗教是對現代主觀主義的一種妥協。信仰並不是情感上的安慰，而是艱鉅的挑戰。啟蒙世界把它視為一種苛求並不奇怪，因為信仰確實是一種苛求。例如，為了「真理」放棄盡情享樂的心理邏輯。年輕的海德格說：「**如果你想過屬靈生活，獲致永福然後死去，你就必須消除內在低下的東西，讓超自然的恩典降臨，你便會得到重生。**」（注7）

然而，轉向神並不帶有任何家鄉的溫情。這種轉向使生活更艱難，它既不想要詩萊瑪赫式的溫柔趁虛而入，也不想墮落為純粹內在的庇護。在此期間，海德格想要在別處尋找人間
[38] 的神的精神。布萊格的名言為：「數學的真理閃耀著最勝利的光芒，是永恆真理最嚴格的形式。」這替海德格指明了方向，因此海德格在《學者》中寫道：「**嚴格冷酷的邏輯與細膩敏感的現代靈魂背道而馳。『思考』再也不甘禁錮於邏輯原則永恆不變的框架中。我們已經在框架之中。嚴格的邏輯思考完全封阻了各種情感的影響，而所有真正無前提的知識工作需要**

道德力量的基礎、自我掠奪和自我外化的技術。」（注8）

對他來說，這種力量也屬於信仰的自我超越。對他而言，信仰的權威主義和嚴格邏輯的客觀性是一樣的。他們都是永恆的不同方式，也涉及於情感，並且是非常崇高的情感。唯有在信仰和邏輯嚴格的培育下，才能實現對「**存有的最終問題完成最終答案**」的追求，「**有時答案會突然閃現，有些時日則懸而未決，像受折磨走投無路的靈魂重負著鉛塊。**」（注9）

當海德格於一九一五年在他的簡歷中提到「**形式邏輯訓練**」時，好像那僅只是基礎知識，但這是他過於輕描淡寫了。因為對他而言，當時的形式邏輯和數學邏輯實際上是一種禮拜的方式，從邏輯可以將他帶入永恆的學科訓練，在這裡他才找到了生命動盪的基礎的支點。

一九〇七年，格勒伯送給他的學生海德格一本法蘭茲·布倫塔諾（Franz Brentano）的論文《論亞里斯多德關於存有者的多重意義》（*Von der mannigfachen Bedeutung des Seienden nach Aristoteles*）。海德格在書中找到了他所謂的嚴格冷酷的邏輯，適合不依靠意見和情感生活的堅強靈魂。

值得一提的是，作為嚴格遵守教堂紀律的神職人員格勒伯，他卻選擇了這一本書。因為，浪漫主義者克萊門斯·布倫塔諾（Clemens Brentano）於一八三八年出生的姪子——法蘭茲·布倫塔諾是一位哲學家。儘管他曾是神職人員，並且最初主張哲學應服從信仰，但是在一八七〇年羅馬的大公議會決議通過《教宗無謬誤論信理》後，他與教會高層產生歧見，最

[39]

終退出了教會，然後結婚，並不得不辭去維也納的教授職位。他擔任講師直至一八九五年，之後隱居威尼斯，此時他幾乎失明了。

布倫塔諾是現象學創始者之一胡賽爾的老師。困擾著布倫塔諾的是關於神的存在方式的問題。如果有神，那這裡的「有」是什麼意思？那是我們腦中的一個表象嗎？他是外於世界作為世界整體，作為最高的存在嗎？在仔細分析之後，布倫塔諾發現在主觀表象和物自身之間存在第三種東西：「意向對象」（intentionale Objekte）。他認為，表象並非某種純粹內在的東西，而總是「某東西」的表象。它們是存在著的某物的意識，或者精確地說：對我給出或對我呈現的。這些內在的「意向對象」是某種東西，也就是說它不會在我們面對意向對象的主觀行為中被解消。如此布倫塔諾準備了一個獨特的存有者的世界，處於傳統主體和客體架構之間的世界。在這個意向對象的世界裡，布倫塔諾將我們和神的關係也置入其中。這裡「有」神。在我們的經驗所及的客觀實在並無法驗證對於神的意識，但對於神的意識也不是奠基於像是「最高善」、「最高的存有」等抽象的一般概念。布倫塔諾研究亞里斯多德的存在概念，以說明我們所信仰的神不是我們從存在者中憑藉抽象獲得的那個神。布倫塔諾藉著亞里斯多德指出，這種整體嚴格來說並不存在。只有個別事物才存在。擴延自身並不存在，只有擴延物才存在。愛不存在，存在的是許多個別的愛的事件。布倫塔諾警告說，不要錯誤地將實體歸因於概念性的東西。實體並不在普遍概念之中，而是在具體個別事物中。它們具有強大的無限性，因為在它們在無盡的關係之中，因此可以用無盡的面向來確定它們。世界在細節以及在存在形式的各種類型多樣層次中展現，永不枯竭。在布倫塔諾的思想中，神存在於細節之中。

繼亞里斯多德之後的這個研究測定了可思考者的領域，從而保護了仍然約束著布倫塔諾的信仰，使其免於令人迷惑的邏輯化。但基於其他的理由立論，布倫塔諾在他的論文中指[40]出，未來可能可以準確描述，在信仰活動中究竟發生了什麼事，使信仰能有別於判斷、表象和感覺。這就是接下來幾年的現象學活動概要。

對海德格而言，布倫塔諾的文章是一項困難的思想訓練。他描述了他在梅斯基希的學期假日時如何與之奮戰。「**當困惑不解、找不到出路時，田間小路幫了我。**」在那裡的長椅上，對他來說一切就又都簡單了。「**小路周圍的所有事物生長得廣闊茂盛，豐富了世界。在其無法言說的言語中……神就是神。**」（D, 39）

透過布倫塔諾，海德格接觸到了胡賽爾。他的《邏輯研究》（*Logische Untersuchungen*）正好在世紀之交出版，成為了海德格個人的另類經典。

海德格從大學的圖書館借出以後，兩年來一直放在自己的寢室，而在此期間也無人問起，這激起他一股孤獨又與眾不同的熱血感。五十年後，當他回想起這本書，依舊念念不忘：「**胡賽爾的著作對我影響甚深，以至於在接下來的幾年中，我總是反覆閱讀……這本書**

有一股魔力，延伸至頁面和封面之外……」（Z, 81）

海德格在胡賽爾那裡發現了邏輯有效性相對於心理學的相對化的有力辯護。在一九一二年的一篇文章中，胡賽爾定義了辯護的要點：「**認識心理主義的荒謬，及其理論的貧乏基礎，就在於心理行為和邏輯內容之間的區別，在於時間之中現實的思考過程以及時間之外的、理念的、同一的意義之間的區別，總之就是其所『是』和其所『視為』什麼的區別。**」（GA I, 22）

憑藉著心理行為以及邏輯內容之間的區分，胡賽爾在二十世紀初突破了心理學爭論的僵局，不過它們的戈耳狄俄斯之結（der gordische Knoten，指難解的問題）相當細微，因此僅有極少數人注意到這裡所發生的事，當中也包含了年輕的海德格。從表面上看，這是關於一個專業的哲學問題的討論，但在這場爭論之中使得當時對立的趨勢和緊張關係得到了緩解。

［41］

一九〇〇年前後，哲學正面臨著艱困的處境。自然科學與實證主義、經驗主義和感官主義聯手起來，要置哲學於死地。

科學的勝利感是基於它對自然的精確認識和技術上對自然的掌控。可控制的經驗、實驗、科學假設、驗證和歸納的過程，這些已然成為科學研究邏輯的組成部分。人們對於歷史悠久的哲學問題「什麼是什麼」棄之不顧。眾所周知地，這個問題會導向漫無邊際的空談，並且因為人們不再能理解無限的事物，因此也想擺脫那些漫無邊際的空談。對於有些開始把自己當作研究過程的工作人員的現代科學家而言，「某某東西如何作用」的問題可能更有前途。因為人們能從中得到一些具體成果，甚至還有可能讓事物或是人能依照自己的想法運作。讓我們能夠設定整個研究過程的知性也是自然的一部分。所以依照這個野心勃勃的計畫，人們必定能以研究「外部」自然的相同研究方法來研究人的知性。於是在上個世紀末，心理學和大腦化學相結合，產生一種心理學的「科學」：實驗心理學。

這個研究起點的原則是，假定人們無知地行事，假裝對心靈一無所知；人們必須並且可以從外部觀察，並且是實證主義的和經驗主義的觀察。人們想解釋而非理解，想要尋找的是它的規則而非它的意義。因為理解會讓我們和研究對象變成同夥，理解會阻止我們將研究對象與我們澈底分開。在心理學中，如同在其他領域一樣，經驗科學的起點需要超然的對象，不是要分析該心理的「意義」，而是要分析心理的「機制」（Mechanismus）：先是分析表象的刺激的轉化規則，最後分析出有思考本身的這個規則，即「邏輯」。

[42] 以這個觀點看來，「邏輯」似乎是心理中的自然現象。這正是「心理主義的問題」。因為心理學的自然主義者把「邏輯」這種思考規則當作思考的自然法則，他們忽略了：邏輯並非以經驗的方式描述我們如何思考，而是我們應該如何思考。前提是我們以真理的要求進行判斷，這也是科學本身所要求的。科學將思考視為心理的自然現象分析，這使科學陷入了棘手的矛盾之中：科學把思維視為有規律的事件，如果科學反觀自己，它必然會發現它的思考

[43]

並不是規律的過程。思考並不受法則支配，而是受特定的規則約束。

在可以思考的事物的廣闊領域內，邏輯並不是自然法則，而是我們使其有效、它便有效的東西。

眾所周知，法則的概念有雙重意義：它指的是有規律地發生以及必然依照規律發生的事情，同時也會規定事件特定程序的規則結構。在第一種情況是實然的法則，第二種是應然的法則；前者描述其所是，後者規定其所是。

胡賽爾的研究旨在將邏輯從自然主義中解放，並重現其規範性的特徵，即精神特徵。當然邏輯工作是在心理過程中進行，但它是心理活動的規範性產物，而非心理活動過程的自然法則。

但這個澄清立刻產生了下一個問題：心理活動及其產物之間的關係，以及思考的生成和思考內容的有效性之間的關係。

「二乘以二等於四」的計算過程是一種心理活動，但即便不進行心理活動，「二乘以二等於四」也有效。這個運算結果要求的有效性並不受限於究竟是哪一個大腦進行運算。誰計算了或是誰進行了邏輯推演，就參與了精神的超主體領域——聽起來很柏拉圖。當進行可描述為心理事件的思想活動時，那裡蒐集的意義和有效性便會被更新和使用。

但是邏輯不是思考的自然法則，而是屬於有效性理念的範疇。這個說法具有誤導性，因為它會導致「這可能僅是一種實用上的協議」的推測。舉例來說，三段論法的邏輯並非經由我們相互同意、然後宣布它是「正確的」，而是它本身就是正確的。所有的人都會死，蘇格拉底是人，於是蘇格拉底會死：這個推論形式顯然正確；它是有效的。至於所作的判斷是否與經驗事實相符，並無法確定，這取決於前提（「所有的人都會死」）是否正確。因為即便是正確的形式，也能推導出錯誤的論斷（若所有的人都是公務員，那麼蘇格拉底也會是一位公務員）。因此不能說，因為邏輯推理形式幫助我們獲得知識，所以我們習慣了邏輯推理。從經驗上來看，知識的獲取根本無需邏輯推理的幫助，它們其實更常誤導我們。結論沒有經驗證明，而是如同所有邏輯運算一般，單純不證自明。

人們越是想深究邏輯的這種明證性，它就越是令人困惑。從簡單的三段論分析出發，人們到達一種精神的幻境，實用主義、生物主義、自然主義、社會學主義，所有領域都想嘗試還原它，但是精神戰勝了所有這些嘗試。

正好在十九世紀中葉以來的這一段時期，人們在經驗科學成果實用的印象下，發展了對於化約（Reduzieren）的狂熱，將精神驅逐出了知識的領域。

尼采曾經對這個世紀進行診斷，他說這是個「正直」且「真誠」的年代，不過是一種粗暴的「正直」和「真誠」。它「在所有現實之前都更順從更真實」（注10）。它已經擺脫了「理念的統治」，並本能地尋找能為「服從真理」辯護的理論。尼采針對的是畢德麥雅時期

[44]

軟弱的實在論觀點。事實上，實在論自十九世紀中葉以來就取得了勝利，它只服從於事實，以便能完全控制並改變它的意義。尼采賦予「自由精神」的「權力意志」，並未在「超人」這個頂峰取得勝利，而是在螞蟻般勤奮的市民階級中追求實踐理性「科學化」的努力中取得勝利。這不僅適用於資產階級世界，而且也適用於勞工運動，他們強而有力的口號便是：「知識就是力量」。教育應該帶來社會進步，並且能抵禦各種幻想：有知識的人就不再容易被愚弄。知識最令人印象深刻的是，人們不再需要被知識打動。人們能獲得主權，能按照自己的需求提取事物，如果可能的話，就將其放入自己缺乏的部分。

十九世紀中葉以來，在絕對精神展翅高飛後，突然間四處瀰漫著做「小」人物的風氣。從那時候起，思想界的人物都以這樣的方式開始發跡：那個人無非是……當人們說出那個咒語，世界就會開始為浪漫主義歌唱。上半世紀的詩和哲學是誘人的計畫，不斷尋找和創造著咒語。時代要求激動人心的意義。

在這個心靈的魔幻舞台上，反思選手獲得了勝利，但是時間相當短暫。當實在論帶著他們的事實意義，並武裝著「無非是」的形式站在門口，他們就像天真的孩子，嬉鬧玩耍把所有東西亂丟亂放。但是現在要開始整理了，現在要開始嚴肅地生活，而這部分實在論者會負責。在十九世紀的下半葉，實在論將會展現他們的技藝，把人看得渺小，並將人和偉大事物連結在一起，如果我們願意稱讚大家都能受益的現代科學文明為「偉大」的話。

[45]

人們以一種想法開啟現代計畫：厭惡一切誇大不實及不切實際的空想。但即使是最誇大的幻想，在當時也無法想像實證主義幻滅的精神會產生什麼嚴重的後果。十九世紀中葉，德國觀念論的枯竭造就了一種強大的唯物論。讓人覺醒的書籍在當時突然成為暢銷書，譬如卡爾・福格特（Karl Vogt）的《生理學書簡》（*Physiologischen Briefen*, 1845）以及他的論戰作品《盲從與科學》（*Köhlerglaube und Wissenschaft*, 1854）；雅各布・莫勒休特（Jakob Moleschott）的《生命週期》（*Kreislauf des Lebens*, 1852）、路德維希・畢希納（Ludwig Büchner）的《力與物質》（*Kraft und Stoff*, 1855）和海因里希・蕭博（Heinrich Czolbe）《感覺主義新釋》（*Neue Darstellung des Sensualismus*, 1855）。蕭博界定唯物論的特質是由力和碰撞與腺體功能構成：「這僅僅證明了……狂妄與虛榮，發明一個超感官的世界來改善可認識的世界，並透過賦予人類超感官的部分，使人類成為高於自然的存在。當然——超感官世界形成最深層的原因，是對表象世界的不滿……一種道德的缺陷。」蕭博以這個要求作結：「滿足於現有的世界吧。」（注11）但這種思考方式沒有「給出」的是什麼！變動和存有的世界——無非就是分子的飄移跟能量的轉換。那是原子論者德謨克利特的世界。人們不再需要阿那克薩哥拉（Anaxagoras）的「睿智」（Nous）以及柏拉圖的理型（Ideen），人們也不需要基督徒的上帝、斯賓諾莎（Spinoza）的實體、笛卡兒的「我思」、費希特的「我」、黑格爾的「精神」。人類的精神無非是大腦的功能。思想和大腦的關係就如同膽汁和肝臟、尿液和腎臟。

[46]

曾經蓬勃發展的形上學家族中少數倖存的形上學家之一，赫曼．洛策（Hermann Lotze）表示，這些想法是「某些未經過濾的東西」。洛策也指出，唯物論者愚蠢的孤注一擲是失敗的。他想起萊布尼茲（Leibniz）在與霍布斯（Hobbes）爭論時已經解決了整個唯物主義的問題，特別是意識與身體之間的關係：當某物以另一物為基礎，那並不表示兩者是同一的，因為若它們是同一的，它們之間就沒有差別；當它們之間沒有區別，其中之一就無法立基於另一個。萊布尼茲說，人的生命是建立在呼吸的基礎上，而生命絕不僅僅只是空氣。

機智的反駁並未阻擋唯物主義勝利隊伍的行進，原因在於它混雜著一種特殊的形上學：對於進步的信仰。如果我們將事物和生命分析至最基本的組成元素，這個信仰將會使我們發現自然運作的祕密。當我們弄清一切是如何發生之後，那我們也有能力加以模仿。

這裡有一種意識在運作，它想識破包括自然在內的一切詭計，藉由實驗讓它無所遁形。人類如果能知道他們如何運行，便能指揮調度。

這種觀點在十九世紀下半葉也鼓舞了馬克思主義。在艱難瑣碎的工作中，馬克思解析了社會整體，並剖析出它的靈魂：資本。但最後也弄不清楚，是否無產階級的救世使命（馬克思在一八五〇年之前對德國觀念論的貢獻）對上資本的鐵律（馬克思在一八五〇年後對決定論精神的貢獻）是否有勝算。馬克思也想識破一切詭計，進行意識形態批評使之可能。對於意識形態批評家來說，思想並不像那一大群哲學化的生理學家和動物學家所說的從大腦中產生，而是從社會中產生。批判意識形態的社會科學家也想解開精神的特殊地位之謎。唯物論的征戰關注的焦點則是有效性的問題。

一八六六年出現了對這種立場的致命批評，朗格（F. A. Lange）的經典著作《唯物論史》（*Geschichte der Materialismus*）。我們不能說它沒有發揮影響。尼采就受過它強烈的影響，儘管他後來的哲學作為「生命哲學」爆炸開來，並炸毀了唯物主義特別笨重的幾處，但那確實就是朗格放下的導火線。還有新康德主義也受朗格引領，這部分稍後會再作討論，因為年輕的海德格便是在新康德主義的氛圍中活動。

朗格的基本思想是想恢復康德對於兩個世界間的工整劃分：我們能依據法則加以分析的現象世界有兩個，一個是我們以及我們的一部分也在其中的事物所屬的世界；另一個則是深入我們的內部世界，過去稱之為「精神」。就康德的觀點，內在於人的稱之為「自由」，外在世界稱之為「物自身」。朗格回顧康德對自然的定義：自然並不是適用我們所稱的自然法則的地方，而是恰恰相反。當我們由這種「法則」的角度觀看，我們把它構想成現象的「自然」；當我們以自發和自由的角度觀看，所涉及的則是「精神」。這兩種觀點都是可能且必
[47] 要的，最重要的是：它們不可置換。我們可以將自己看作事物中的事物來分析，如霍布斯所為，將我們視作機器；但我們選擇這種觀點，我們是自由地將自己作為機器。我們是現象世界的構成部分、依照法則運行的自然、諸事物中的事物，與此同時，每個人都能感受到自身

內在自由的自發性。自由是世界在我們之中揭露的祕密，它是現象之鏡的背面。「物自身」——是我們在我們的自由之中，我們能對自己加以規定的領域、所有規定的核心。

朗格重新介紹了這種康德式的雙重觀點——人是物及自由之間的事物。他說，唯物主義作為自然科學的研究方法，完全是可以肯定的。自然科學的經驗過程中，表現的只有物質實存。當自然科學無法以原有的解釋繼續進展，它並不被允許使用「精神」來填補這一空缺。「精神」不是因果鎖鍊中的一環，而是整個鎖鍊的另一端。人們可以科學地處理心理生理學，但不該忘記，它無法把握靈魂，僅能把握相應的物質。朗格並未批評自然科學的研究方法，僅是批評隨之而生的錯誤的意識和不良的哲學，即這種看法：對「擴延物」（res extensa）的分析便能窮盡人。當人們在空間範疇中思考，那個說法便很好理解，所有存在著的必然被指出在空間中的位置，或在一個能以空間表述的結構之中。

[48] 朗格的最大貢獻在於他指出：正如唯心論有個沸點，使一切精神蒸發；唯物論也有一個冰點，使一切都不再能運動，除非人們匿名偷偷置入精神，例如以「活力」（Vitakraft）的形式，但是沒有人確切知道那究竟是什麼。對於唯心論的蒸發和唯物論的冰點，朗格主張既要有精神也要有物質。朗格削價為形上學進行辯護。對他來說，形上學是概念的詩，是詩和知識令人讚頌的融合。宗教亦同。當宗教聲稱它具有關於神、靈魂、不朽的知識，那麼它就要接受科學的評判，並且無法再站得住腳。劃定陣線是必要的。「理念的立場」不允許它將它

的驕傲建立在對真理的認識之上，而是應該建立在價值的形成以及因而改變的現實。經驗中有真理，精神中有價值。而後尼采直接跨了一大步，並重新考慮了真理的價值，終結了由朗格構想的真理與價值共存。朗格想要從真理衝擊中拯救價值，尼采則相反，價值評估的活力論吞噬了真理。於是真理僅僅只是我們自我感覺良好且對我們有用的幻象。相反的，其他人認為價值僅僅只是文化中的事實：李克特（Rickert）稱之為「價值事實」（Wertverhalte）。人們能從文化科學角度描述，並能從歷史角度講述。只有當有效性成為事實，它才生效，只有曾經生效的才有效。這將是歷史主義的重點。

朗格正在尋求一種平衡——唯物論應該與精神世界分享它的力量：「誰會去駁斥帕雷斯提納（Palestrina）的彌撒曲？又或是誰會指責拉斐爾（Raffael）的聖母像是一個錯誤？榮歸主頌維持著世界歷史的力量，只要人類在崇高之下仍受撼動，榮歸主頌就還會再迴盪幾個世紀。通過將自己的意志奉獻給引領著全體的意志，以救贖個別的人的那些基本想法，那些死亡與復活的觀念表達了人類胸懷最動人和最高尚的東西……那些教導命令我們把麵包剝開分給飢民，對貧苦的人宣告福音——如果依憑他們的理智能有更好的警力，並且依憑他們的洞察力通過發明滿足新的需求，他們將不再需要為實現目標的社會讓出空間。」（注12）

這種理想主義應該使得以科技和技術發展起來的文明達到某種平衡。這是「彷彿」的理想主義，因為它建議的價值都已經失去了原有的尊嚴和存在的力量，因為人們在其中認出了

[49]

那是自製的。理想實際上就只是一個偶像，閃爍著人工贗品的光。理想主義者顯然只能以非自願的膚淺思想（精神）堅持善與美，帶著預言家的微笑闡述著那些要讓人相信而非他們自己相信的教條。十九世紀末有一本哲學暢銷書生動地闡述了受過教育資產階級的膚淺，即漢斯·費英格（Hans Vaihinger）的《彷彿哲學》（*Philosophie des Als Ob*）。價值在這裡被稱為有用的假定。它僅僅是發明，但若是他們在理論和實踐上幫助我們完成畢生使命，那它們就有了我們慣稱為「客觀」的意義。

整個威廉二世時期都充滿著這種彷彿主義，處處瀰漫著對於虛假的興致。人們印象深刻的是，那看起來像是什麼。每種被使用的材料都想呈現得比它原先的樣子更為豐富。那是個仿製物質的年代：大理石是塗色的木材、閃閃發光的雪花石其實是石膏；新的東西必須看起來古色古香，證券交易所門前有希臘式的柱子，工廠建得像是中世紀古堡，而新建築修築得像是廢墟。人們維護著歷史的聯想，法庭總讓人想起威尼斯的總督宮，平民的起居室中放著路德椅子、錫杯和古騰堡聖經，但那其實是指甲修容組。威廉二世本身也並非貨真價實，他所謂的權力意志，其實意志更甚於權力。「彷彿」要求表演，它以表演為生。沒有人比理查·華格納（Richard Wagner）更清楚這一切，他用盡劇場的魔法要拯救他的時代，暫時的拯救，「彷彿」的拯救。這一切都與現實思想相符。正因為這種感覺如此深刻，所以必須對其進行點綴、美化、裝飾和雕琢，以使整體像某種東西而有某種東西的價值。最後，連德國官

[50]

方政治也適用了：德國的全球地位。因為當一個人有某項東西的價值，便省去了成為那個東西所要耗費的氣力。

深刻的現實感和彷彿思想的混和，為威廉・詹姆斯（William James）和查爾斯・皮爾士（Charles Peirce）的英美實用主義開闢了一條通往德國的道路。眾所周知，實用主義主張在真理的事務上裁軍。真理和理念領域的關係被阻斷了，真理被降級為一種行為過程自我調節的社會原則。真理的判準在於實際的成果，這也適用於所謂的價值。價值的現實性在可疑並且永遠無法達到與理想存有的一致中無法得到證明，而是在影響中。價值的精神就是其所產生的影響，實用主義用效果論取代了真理符應論。人們不再需要害怕錯誤，因為：首先，由於取消了真理的客觀標準，錯誤失去其存有學上的原罪，現在人們可以將「真理」定義為一種有用的錯誤；其次，錯誤屬於試驗。當狗想叼著長棍穿過門，牠會不斷轉動牠的頭直到終於通過。這就是「試誤法」，人類通過真理的小門就如同狗通過那個門。真理已不再是過去的它，它已失去了往日令人崇敬的情操。它不再追求確定性，只關注實際的利益，這種眾所周知的心態其中還有許多宗教內容隱匿其中。實用主義用實踐取代了形上學嚴格的檢驗，它動搖了條頓人的緊張感，這種緊張感經常與整體相關，並且能幫助他們對道德原則保持冷靜：我們錯了！威廉・詹姆斯說：「我們的錯誤最終不是那麼重要的事。在一個儘管已經處處小心的世界，仍無法避開，看來某種瀟灑的輕率比過度緊張的恐懼更為健康。」（注13）

[51]

這種瀟灑的態度受到當時另一種強大的趨勢支持，也就是以達爾文的發現為基礎的演化生物學。演化生物學教導說，不僅是我們，連大自然本身也依循著試錯法。遺傳訊息的錯誤傳遞造成突變。物種鏈中出現分化，這是出於偶然的變異。物競天擇，適者生存。這種方式——通過偶然突變加上生存競爭中的天擇——就是自然，它不需要目的。自然也會有錯誤。此外，透過突變和天擇的法則，讓康德無目的的自然目的論難題也得到解決。盲目的偶然使自然發生，結果看起來彷彿是在追求某一個目標。神不擲骰子——可能是吧，但人們相信他們抓到大自然在玩骰子。演化生物學是當時作為該方法的最大認可，它從混亂到秩序，通過錯誤抵達結果，並給出了一個基本原則。真理無非就是實際的成果，幾乎無法挑戰的明證性結果。

在十九世紀末，維爾納・馮・西門子（Werner von Siemens）在柏林的最大禮堂倫茨馬戲團，為他稱之為「自然科學時代」的精神進行了令人印象深刻的回顧，替想要喜迎新世紀而齊聚一堂的自然科學家舉辦了一場盛大的活動：「如此，我的先生們，我們絕不懷疑我們的信念，我們的研究和發明活動將帶領人們步入更高的文明階段，使人類更完美，並讓理想的目標更容易達成。自然科學的時代降臨，減少了人類生命的苦難和疾病，提升了生活的享受，讓人類變得更好、更快樂，更滿意他們的命運。儘管我們並不總能清楚認出通往更好階段的道路，但我們堅信，我們所探尋的真理之光不會將我們引入歧途，真理之光能帶給人類

力量，不會降低，反而必會將存在提升至更高的層次。」（注14）

心靈上的節制以及對更有意義的事物的好奇，對不可見但並非超越的、而是在世界上的不可見的東西的好奇——即細胞微觀理論和電磁波的宏觀理論，都屬於成功的先決條件。這兩種情況都是強行進入不可見領域的研究，並產生可見的結果，例如對抗微生物病原體或建立全球無線電報網。形上學的某些夢想——得到身體的主權，克服時間和空間的限制——都在技術上實現。保羅．納托普（Paul Natorp）在一九〇九年曾將哲學的任務定義為：它無非是為了增加科學方法的透明性。在哲學中，科學對自己的原理、程序和價值取向有了意識。[52] 這就是納托普所說的「科學的道路指引……不是從外部，而是透過科學一直以來描述的，並且會堅持不懈繼續下去之道路的內在規則去進行引導說明。」哲學承諾要達到的目標與其一開始所設想的完全相反：「起初，哲學孕育所有科學萌芽，在生下它們之後，以母愛養育它們，讓它們在保護下長大成熟。它並不樂於看到科學進入廣大的世界征服它。哲學忠誠的關懷目送了它們一段時間，有時也輕聲給予忠告，但哲學不想或不能限制它們的獨立性；最後它退回到自己的老位置，以便有一天無人想起且無人掛念地從世上消失。」（注15）

文德爾班（Windelband）、納托普，李克特和科亨（Cohen），被人稱為「新康德主義」，因為他們向現代自然科學力薦康德方法論的反思，並在道德規範的論證問題上也建議回歸康德。在這個直到一次世界大戰都仍然強大的哲學思潮之中，其中也不乏思維敏捷者與

[53]

好戰之人，但總的來說，新康德主義面對當時科學精神的優勢是處於防守的立場。這種哲學希望能夠在哲學終結之後，能在它的「孩子們」即諸科學中繼續生存。但是納托普承認，看來「哲學在科學中」還並非「很有希望」。事實上，在經驗科學家和精密科學家的行囊中，仍然還有大量未經反思過的世界觀的舊貨、思辨性的走私貨，以科學的威信維護他們天真的想法和盲目的信仰。例如，動物學家恩斯特·海克爾（Ernst Haeckel）就是這種科學家。他從達爾文的演化生物學中精鍊出一種一元論世界論及宇宙論，假裝解決了所有「世界難題」，這也是海克爾一八九九年暢銷書的標題。

新康德主義者想在雙重意義上堅持科學的良知：即方法上的良知和倫理上的良知，因為價值問題是他們的第二專長。他們的問題是，如何以科學分析這個過程，而不像自然科學中那樣著眼於某物變成某物的過程，而是某物的意義問題。對新康德主義而言，文化是價值領域的縮影。透過物理化學等方法對一個雕塑物進行分析，但人們還是不知道雕塑是什麼，因為雕塑是其所具有的意義。這個意義有效並且被每個人意識到，他們不將雕塑視為一堆石頭，而將其視為藝術品。李克特說：「在所有文化過程中都體現著某種人類所承認的價值。」（注16）自然和文化是不可分割的領域，自然依據其與價值關聯的程度成為文化對象。例如性是一種無價值的生物學上的自然事件，但從文化上講，性就成為很有價值的事件，因為為了愛。人類的現實總是充滿了價值創造的過程。這裡頭沒有什麼神祕的東西，價值世界並非高高在上，一切與人類相關的都賦有價值的色彩。事實關係同時也都具有「價值關係」。我們能夠解釋事實關係，但對於價值關係，我們僅能理解它。整個人類社會就像米達斯王（König Midas）：凡事被他觸摸、進入他魔法範圍的東西，即使沒有成為金子，也獲得了價值。

新康德主義著迷於價值哲學。這些學院派的哲學家們在深入有效性的祕密時忽略了對一切都有效的：貨幣。一位圈外人齊美爾（Georg Simmel）在本世紀初發表了整個價值哲學的天才傑作：《貨幣哲學》（*Philosophie des Geldes*）。

[54] 齊美爾描述了從掠奪到交換的過度，將它比作人類文明中有決定性意義的大事，所以他稱文明的人類為「交換的動物」（注17）。交換活動吸收了暴力，貨幣使交換普遍化。原本是物質的貨幣成了在交換中一切物品的真實符號。一但有了貨幣，所有與它接觸的東西都有了魔力：現在可以根據價值估價，無論是珍珠項鍊、墓前悼詞或性器官的交互利用。貨幣是真實存在的社會化過程的先驗範疇。貨幣建立的等價關係確保了現代社會的內在聯繫。貨幣是某種咒語，它將整個世界轉化為一種可依其價值估價並使用的「財產」。

但事物如何成為貨幣？一個簡單但結果難以預測的答案：成為具有價值效力的東西。這個有價值的東西，可以用以彌補人對其他事物欲望的追求。這種交換尺度可以精確地計算，但這個尺度從何而來仍不清楚。有人認為來自勞力，其他人認為來自市場，另外有些人認為來自欲求，更還有一些人認為來自匱乏。無論如何，貨幣的有效性並不在於它的質料本身，而是在於已轉變成物質力量的社會精神。貨幣流通的力量已經超越人們以前說過的精神，精神能飄向它所意欲的地方。

齊美爾所說的精神就像貨幣一樣，滲透到社會生活的每個隱密角落。齊美爾把一切連結了起來。當貨幣是截然不同的東西，如一本聖經和一瓶蒸餾酒創造了一個共同的價值，齊美爾從中發現了庫薩努斯（Nikolaus von Kues）和神的概念的連結，神就意味著「對立的統一」（coincidentia oppositorum），即所有對立物的統一點。「當貨幣越來越是所有價值絕對充分的表達以及所有價值的等價物，它在物體整體廣泛的多樣性中抽象高度提升，它作為中心，在一切相互對立、最不相關、最遙遠的事物的整體中能找到它們的共通性，並能以它為依據；貨幣事實上也維護了它高於個別事物的地位，對其全能的信賴，如同信賴一個最高原則。」（注18）

如齊美爾所指出，即使在貨幣的情況下，對價值有效力量的分析顯然也離不開形上學的概念的支持。

在一九一四年之前反形上學的時代，有效性的諸領域，包括貨幣的有效性範圍是形上學殘餘的避難所。在胡賽爾那裡——為了回到起點——也是如此，他致力於捍衛邏輯學的非心理學的有效性，例如柏拉圖的理型王國與自然主義的心理學之爭。年輕的海德格也曾在類似

[55]

的立場捍衛邏輯學。他也以他的形上學殘骸，與胡賽爾（和埃米爾・拉斯克〔Emil Lask〕）在有效性的神祕之中、純粹邏輯的領域中，反對一切透過生物學和心理學達到相對化的誘惑。對他來說，每個領域都保持著「**生命的超越價值**」。但是邏輯和靈魂生活之間的連結還不清楚。在他一九一二年發表的《邏輯新探》（*Neuere Forschungen über Logik*）中，海德格把心理的東西稱為邏輯的「**運算基礎**」，但整體而言仍存在一些「**也許永遠無法完全解決的問題**」。

海德格相信以邏輯可以把握超越個別的有效性，這對他來說意義重大，因為他想相信精神的客觀實在性。精神不該僅是我們大腦的產物。海德格也想承認外在世界的獨立實在性。外在世界不該被化為主觀精神的妄想，這對他來說即是他痛斥的自我無限制的自律性在知識論上的翻版。海德格既不想直接落入唯物主義，也不想錯誤的升上主觀觀念論的天空。他的首次哲學嘗試導向了「**批判實在論**」（der kritische Realismus），這個理論認為：只有相信實在自然的可規定性的人，才會將他的力量用於自然的認識（Ga I, 15）。他自己則致力於客觀精神之可能性的研究。

他在教會的啟示性真理寶藏中找到了這種精神，不過這並不能使這位哲學家滿足，因此他有了第二個發掘地：邏輯和它的客觀有效性。

我們可以在海德格讀大學的第一學年中觀察到他如何探尋哲學，以致他能夠在現代的競技場上大顯身手，並同時讓他以某種方式停留在梅斯基希的天空下。

注1：H. Ott, *Martin Heidegger: Unterwegs zu seiner Biographie*, 86。

注2：C. Braig, *Was soll die Gebildete von dem Modernismus wissen?*, 37

注3：同前揭。

注4：引自：V. Farías, *Heidegger und der Nationalsozialismus*, 88。

注5：引自：同前揭：頁89。

注6：引自：同前揭：頁83。

注7：引自：同前揭。

注8：引自：同前揭：頁86。

注9：引自：同前揭。

注10：F. Nietzsche, *Sämtliche Werke* Bd. 1, 245 ff。

注11：引自：A. Lange, *Geschichte des Materialismus*, Bd. 2, 557。

注12：引自：同前揭：頁897 ff。

注13：W. James. *Der Wille zum Glauben*, 146。

注14：引自：A.Hermann, "Auf eine höhere Stufe des Daseins erheben", 812。

注15：P. Natorp, *Philosophie und Pädagogik*, 235。

注16：同前揭：頁237。

注17：H. Rickert, *Kulturwissenschaft und Naturwissenschaft*, 18。

注18：同前揭：頁305。

第三章

DRITTES KAPITEL

橄欖山時刻

生涯規畫

博士論文

虛無存在嗎？

「爆炸了」

向聖者祈禱

生命哲學的彼岸

哲學生活的開始

狄爾泰的生活體驗和尼采的享受生活

柏格森的巨流

馬克斯・謝勒茂盛的花園

[56]

人們無法從海德格的第一篇哲學論文《現代哲學中的實在性問題》（*Das Realitätsproblem in der modernen Philosophie*）及《邏輯新探》（*Neuere Forschungen über Logik*）中察覺到，這是他於危機四伏的動盪時期撰寫的。他努力要證明可以信賴且認識的實在界以及邏輯的形上學的可靠性，然而此時他的個人生活計畫也陷入動盪中。那時是一九一一年。

在寄宿學校修習三學期的神學後，海德格的心臟病復發。也許像他在一九一五年的簡歷中所寫的那樣，是因為過勞，又也許是身體抗拒錯誤的工作。他依照校醫的建議，在一九一一年二月離開學校，回到了梅斯基希「**好好休養**」幾週。於是他上頭的人得到了一個印象，覺得這個神學的天才學生身體狀況不夠穩定，往後可能無法負荷教會的職務。

海德格待在梅斯基希的父母家，度過了整個夏天。他不知道自己接下來該要走哪條路，鎮日心情鬱悶，嘗試寫詩試圖抒解壓力。在他的詩中，他對職業的迷惘得到昇華，變成了「**橄欖山時刻**」（Ölbergstunden），這是海德格在一九一一年四月發表於《評論匯報》的詩作標題：

我生命中的橄欖山時刻：在陰鬱的表象中／膽怯畏懼／你們時常見到我。／我流淚喊叫從未白費。／我年輕的存在／已厭倦了抱怨／只相信天使的「恩典」。（注1）

[57] 歐特發現了這首詩，同時還發現了恩斯特・拉斯洛夫斯基（Ernst Laslowski）的信。他是弗萊堡大學歷史學系的學生，師事天主教教席海因里希・芬克（Heinrich Finke）。海德格視拉斯洛夫斯基為最忠實的朋友，他來自上西利西亞（Oberschlesien），在弗萊堡大學就讀了幾個學期，很早以前就非常欽佩海德格。他在給海德格的信中寫道：「若是你父親能夠資助你四至五或是三至四個學期，讓你完成博士論文或是準備教職論文，那你就有辦法了。」（注2）但是海德格的父親根本無力支付，所以這個普通人家的兒子將繼續在教會的庇護下拿獎學金，或是不得不在其他路上艱苦度日。

海德格在與拉斯洛夫斯基的通信中不斷討論著替代方案。他是否應該繼續學習神學以便之後當神父？拉斯洛夫斯基建議他，只要不理會上頭對於他健康狀況的疑慮，他的生活還是有保障的，他仍然可以不受干擾地完成博士學位，並且準備教職論文。在這期間，他或許能在鄉村教區作為過渡，讓自己變「成熟」。之後他肯定能成為一名神學家，成就輝煌。

這種看法是一種恭維。此時海德格已經意識到，他之所以嚮往神學並非因為神學的內容，而是其中的哲學。第二種可能性就是專注於哲學，但留在天主教的領域內，不去觸碰「教會的真理寶藏」。哲學甚至可以受到教會的保護。儘管信仰不需要哲學作為基礎，但哲學可以反駁誤解了科學的反形上學斷言。因為當科學家認為其命題具有真值（Wahrheitswert）時，大多沒有意識到他們其實借用了許多形上學的概念。當人們能夠證明在純粹邏輯中有

「生命的超越價值」，那麼教會及其「真理寶藏」就無法維持其地位。如果他想轉向理解天主教哲學和護教學，可能也可以從天主教世界的組織和出版機構得到贊助，像是「大亞伯特協會」（Albertus-Magnus-Verein）或是「戈爾雷斯科學促進會」（Görres-Gesellschaft zur Pflege der Wissenschaft）。拉斯洛夫斯基建議他與在史特拉斯堡（Straßburg）教書的天主教哲學家萊門斯・鮑姆克（Clemens Baeumker）聯繫。鮑姆克是戈爾雷斯學會的主席，也是《哲學年鑑》
[58] （*Philosophische Jahrbuch*）主編，尤其致力於天主教中哲學人才的培育。天主教哲學家的前景並不樂觀，因為哲學界並不十分重視他們，相關的教職也很少。

還有第三種可能，最保守的選擇是：學習教育課程之後，參加國家考試成為老師。海德格認真考慮了這種選項，因為有保障的職業前景很誘人。自然科學也在他考慮的學科之中。

在梅斯基希度過這艱難的一學期後，海德格終於有了決定。他中輟了神學研究。一九一一年的冬季學期，他在弗萊堡大學的自然科學系的數學、物理和化學專業註冊，但是他對哲學研究的熱情始終未減。海德格與鮑姆克建立了聯繫，他的《現代哲學中的實在性問題》的論文就是於一九一二年發表在《戈爾雷斯學會哲學年鑑》（*Philosophischen Jahrbuch der Görres-Gesellschaft*）。除此之外，也和約瑟夫・紹爾（Josef Sauer）往來頻繁，他是弗萊堡大學藝術史和天主教考古學教授以及天主教的《文學評論》（*Literatischen Rundschau*）的主編。同年，海德格在該雜誌連載其《邏輯新論》。

[59]

一九一二年三月七日，海德格在給紹爾的信中談到了自己的研究計畫。紹爾與教會的關係十分密切，因此對這位學生承諾致力於教會宗教文化發展的計畫感到震驚：「**如果想使整件事情不是徒勞地吹毛求疵和學術矛盾的揭發，那必須至少在數學或物理學那裡，找到一個對於時間和空間問題的臨時解決方案。**」（注3）

對哲學並不熟悉的紹爾還不清楚如何以現代物理學的時間問題來幫助教會，儘管如此，他仍對海德格相當滿意，因為海德格關於邏輯的論文在天主教的圈子中引起了相當大的關注。海德格從拉斯洛夫斯基那裡得知了此事，後者在一九一三年一月二十日給海德格的信中寫道：「親愛的，我覺得你將會成為各大學相互爭奪的大人物。你不該屈就。」然而「天主教與整個現代哲學體系完全不合」。（注4）海德格不該將自己藏於天主教的抽屜中，而是應該在非教會的組織發表文章。

海德格在與朋友的書信往來中詳細地討論這種平衡的困難，要繼續保有在天主教環境的利益，但又不沾染教會哲學的氣息。拉斯洛夫斯基寫道：「你必須從天主教徒的身分開始。見鬼了，這真是一個棘手的問題。」（注5）最好讓它再掩護一陣子，這也能有一個有利的附加效果，就是「你長時間被神祕的陰影籠罩，會讓『人們』產生好奇。這樣就比較好辦了」（注6）。

這位積極的拉斯洛夫斯基可能多少有點愛上海德格了，他四處打聽天主教哲學教席的職缺。在參觀德意志人與佛拉第公墓（Campo Santo Teutonico）時，也幫海德格大肆宣傳。他在那裡遇見了講師英格柏・克雷布斯（Engelbert Krebs），後者同時是弗萊堡的牧師和神學家。克雷布斯比海德格長八歲，不過他也幫不上什麼忙，因為他自己也有待發展。一九一四年，克雷布斯從羅馬回到弗萊堡之後，海德格馬上聯繫了他。此後幾年他們都維持著友好的關係，直到海德格和了天主教系統絕裂，他們的友誼才結束。

克雷布斯還幫海德格募資。他在布雷斯勞的天主教同學會中找到了一位老先生，對他保證海德格是德國天主教的希望，並誘使他提供海德格一筆私人貸款。海德格靠著這筆錢以及海德堡大學管理的獎學金的一小筆金額，加上當家教賺的錢，度過了中斷神學學業後的一年。一九一三年夏天，海德格獲得博士學位，論文題目是：《心理主義中的判斷理論》（*Die Lehre vom Urteil im Psychologismus*）。

這本論文證明了海德格是胡賽爾勤奮又好學的學生，其中胡賽爾的《邏輯研究》對他產生很大的影響。他以胡賽爾的思想和心理主義的代表人物進行論戰，反對以心理學內容解釋邏輯的嘗試。這位自信的博士生批評的對象都是令人尊敬的哲學家，像是西奧多・利普斯（Theodor Lipps）和威廉・馮特（Wilhelm Wundt）。和心理主義的爭論迫使他首次反思後來
[60] 主要作品中的核心問題：時間。

思考作為一種心理行為在時間中發生，需要時間。但是海德格以胡賽爾的立場主張，思

考的邏輯內容獨立於時間。邏輯內容是一種**「『靜態』的現象，超越任何發展跟變化，不會變動、不會生成，而是有效；是某個能被判斷的主體『把握』的東西，但不會因為這種把握而被改變。」**（FS, 120）此時海德格的看法和幾年後的看法還不一樣，他的時間還不是涉及一切在運動中的存有力量，現在還是超越於一切的。但是這種邏輯的東西的意義是什麼？海德格提出這個問題並且評論道：也許現在在我們面前的是最終的、不可以化約的、根本無法進一步說明的，任何進一步的提問都必然陷入僵局。（FS, 112）

靜態的邏輯必然與時間性的、動態的、不斷變化的現實形成緊張的局面。海德格以一個對他晚期哲學具有重要意義的問題為例進行研究：這是關於**無**的問題。他研究了判斷活動中的否定。我們可以說「玫瑰不是黃色的」或是「老師不在這裡」。這個「不」意味著，某個我們期待或者與我們有關的確定的東西不在手前（vorhanden）。它缺少——玫瑰的黃色或是老師的在場。從這種缺如中，從這個「不」中我們抽象出「無」，一種僅是思想的物。這種「無」僅在判斷活動中，不存在於現實性中。適用於：當某物不存在，我們不能說：它存在（FS, 125）。

在一九二九年的演講「**什麼是形上學?**」中，海德格將所有形上學的起源，包括他自己的形上學都放入**無**的經驗之中：「**虛無**（Nichts）**比非有**（das Nicht）**和否定**（die

Verneinung）更加原初，它出自於枯燥的深處和此有的深淵。」（WM, 29）他將這種「虛無」描述為，某種將整個存在的世界置入一個可疑的、令人恐懼的神祕狀態的東西。

年輕的海德格也許知道這種情韻，但尚未將這種情韻納入他的哲學中，他還是個有待發展因而還留在學院中的大學生。這個基本原則對他仍然有效，「無」僅在判斷中，無法在現[61]實性中遭遇。他此時使用的論證正是邏輯實證論者魯道夫・卡納普（Rudolf Carnap）日後反對他及其虛無的哲學所使用的論證。

但是年輕的海德格與卡納普不同，他是出於形上學的原因成為邏輯學家的。他斷言，虛無僅在於我們的判斷中，僅能在我們的精神中遭遇到虛無，這個斷言不影響虛無的形上學志業。因為正是偉大的存有的一個面向在我們的精神之中，通過我們，否定才能進入世界，亦即虛無。就這樣，這種否定的簡樸語義成存有與虛無的宏偉存有學。這種虛無就不再是判斷的冷卻了的「虛無」，而是恐懼的「虛無」。但是如同先前注意到的，這種情韻在海德格一九一二年的哲學嘗試中還找不到表達的語言。他相當隨意地處理了實在性令人焦慮的面向，例如在討論無主語句子的無人稱的判斷時。我們說，它閃爍。誰在閃？「**我想以神祕的『它』表達一種性質、一種瞬間狀態，或是這個判斷有完全不同的意義？**」（FS, 126）在那裡閃爍的它是什麼，或它是誰？在海德格後來變得深刻之前，他挑選了一個爆炸的例子，並寫道：例如，當我和一個朋友在軍事演習中追隨砲兵連進入火砲陣地，「**當我們突然聽到隆**

[62]

隆砲聲，我說：『快，爆炸了。』——在這情況下，爆炸了的東西是十分確定的；這個判斷的意義就在於（已經）發生的爆炸之中。」（FS, 127）

海德格之所以研究無人稱的判斷，因為他想指出，在某些情況下，無論是心理學的研究還是對「**詞義的明確規定或澄清**」，都無法揭示判斷的內容。為了揭示判斷的內容，必須認識和理解行為情境的相互關係。幾年後，海德格正是把這種我們日常生活的語用學作為其存有問題的舞台。與此同時，他僅在爆炸的例子上遇到這個問題。我們正處於戰爭前夕。

通過軍事演習的例子，所謂的生活世界短暫地進入了嚴密的分析。

一九一三年七月二十六日，海德格以最優異的成績通過了哲學系博士考試。他的博士指導教授是天主教哲學教席的亞瑟·施耐德（Arthur Schneider）。當年夏天，施耐德已經接受了史特拉斯堡大學的聘任。海德格得到了樞密顧問、系上最有影響力的天主教歷史學家海因里希·芬克教授支持，他支持讓這個二十四歲的新秀遞補施耐德的教席職缺。但是在此同時，神學講師英格柏·克雷布斯正在代行其職，同時也期望得到這個教職。於是克雷布斯和海德格的關係從朋友轉為競爭對手。一九一三年十一月十四日，克雷布斯於日記中寫道：「今晚五六點間，他（海德格，作者按）來找我，告訴我芬克要求他寫一本哲學史的著作作為教職論文，芬克與他談話時很明確地表示，他應該在這教職空缺之際加緊腳步，盡快成為講師。很可能我現在的臨時代理只不過是在幫海德格暖位而已。」（注7）

這場競爭暫時沒有影響他們的友誼。海德格首次來訪之後，克雷布斯記述：「此人頭腦敏銳、謙遜，但態度充滿自信。」（注8）他對與海德格談話的印象深刻，也對海德格毫無嫉妒，並接受了他是施耐德教席當之無愧的後繼者。「很遺憾，」他在一九一三年底的日記中寫道，「他沒有早兩年完成（他的論文）。現在我們正需要他。」（注9）

克雷布斯和海德格在科學研究工作上互相幫助。克雷布斯必須教授邏輯演講課，但他對此了解甚少。於是海德格和他一起備課，「他對我的幫助可能比他注意到的還多，」克雷布斯說。（注10）而克雷布斯則在經院哲學史方面的知識上幫助海德格。

海德格從這個領域挑選了他教職論文的主題。他本來想繼續他的邏輯研究，探討「**數的概念的本質**」，但是因為他現在有機會獲得天主教教席的職位，所以他轉向了經院哲學的研究。除此之外，他為了在一九一三年申請延長獎學金，也必須著墨於這些主題。這裡說的獎學金是由奧格斯堡謝茨勒（Schätzler）工業家族於一九〇一年成立的「紀念聖多瑪斯基金會」提供的。

[63]

為了這份獎學金，海德格於一九一三年八月二日向弗萊堡修士諮議會提出申請，並附有以下幾句話：「**請允許忠實順從的申請者，就授予獎學金事宜向最尊貴的修士會議……致上最恭敬的請求……順從的申請者決心獻身於基督教哲學的研究，並就此投入研究生涯。由於他生活於貧困之中，他將對最尊貴的修士會議表示由衷的感謝……**」等等。（注11）海德格不得不寫下這種令人感到屈辱的信，這也深深地傷害了他。原諒那些你不得不乞求的人是很困難的，儘管或正是因為這些尊貴的人曾幫助過他，所以海德格之後也不曾說過他們的好話。但是梅斯基希的小人物們對他來說則別具意義，那裡是他的故鄉，他一生都覺得自己屬於那裡。每當他在梅斯基希的時候，即便是直到老年的日子裡，他經常會到聖馬丁教堂望彌撒，而且總是坐在他自幼擔任敲鐘男孩時的合唱團座位上。

由於當時海德格還被認為是大有可為的天主教哲學家，所以修士會議提供了他每學期一千馬克的獎學金，可以讓學生無後顧之憂生活的一筆錢。在獎學金的通知書中，副主教克奈希特（Justus Knecht）明確地提醒了海德格基金會的宗旨：「我們相信您將忠於多瑪斯主義哲學的精神，基於這種信任，我們批准……」（注12）

海德格獲得了三年的資助，直到一九一六年夏天。這三年來，他一直受到多瑪斯主義和經院哲學的束縛，甚至他本人也很難區分到底是出於義務還是他個人的傾向。一九一五年十二月，當他第三次申請這個獎學金時，他寫道：「**最忠實的申請者堅信，願終身投入科學研究工作融會經院哲學中的思想遺產，為基督教和天主教徒理想的未來進行精神的戰鬥，以感謝最尊敬的大主教修士會議對申請人寶貴的信任**。」（注13）

當時海德格在哲學上還沒什麼抱負。在一九一五年的簡歷中，他還把詮釋中世紀思想家
[64] 作為終身職志。當然他希望把從中發現的思想用於當前的爭論裡，為基督教和天主教理想生

活而奮鬥。但是人們在他的哲學著作中沒有見到。此時世界大戰已爆發，與此同時已有成千上萬人戰死沙場，生命哲學大獲全勝。

胡賽爾和早期海德格對邏輯的哲學研究是要反對十九世紀後期的唯物主義和機械論。現在，海德格面臨的巨大挑戰則是各種形式的生命哲學。只不過「融會」這個說法說明了海德格當時已感受到的生命哲學動機，因為「**融會**」（Verflüssigen）正是那個時代對生命哲學的狂熱。

在幾年之前，對年輕的海德格來說，生命哲學還是只適合那些現代社會中過於敏感的靈魂，對他來說什麼也不是。他在一九一一年於《學者》撰寫的一篇文章中寫道：「**哲學應是真理中的永恆之鏡，如今它僅能反映主觀的意見、個人的情緒和願望。反智主義使哲學變成『體驗』，人們都成了印象主義……今日是世界觀按照『生命』開展，而不再是按照世界觀開展生命……**」（注14）

海德格對於生命哲學這種嚴格的保留，不僅是受制於他天主教超越生命的價值，還受到了李克特的新康德主義學派的影響。海德格原本想在李克特的指導下撰寫教職論文。海德格也在這次機會下為自己確立了方向，李克特後來為生命哲學做了如下的概述：「作為研究者，我們必須用概念來掌握生活、穩固生活，因此我們也必須擺脫純粹真切的生活躁動，進入系統的世界秩序。」（注15）

[65]

當時學院派哲學和年輕海德格排斥的生命哲學，與此同時早已成為大學以外的精神潮流。「生命」已成為一個中心概念，如同過往的「存在」、「自然」、「神」或是「自我」，「生命」也成了對抗兩條戰線的戰鬥概念。一方面是要對抗新的「彷彿唯心論」，這個唯心論受到德國大學中新康德主義者的維護，當然也受到中產階級道德習俗的維護。於是「生命」對抗著費力演繹或僅是茫然的傳統永恆價值。另一方面，「生命」的口號也對抗著沒有靈魂的唯物主義，即十九世紀繼承下來的遺產。新康德主義的唯心論對於唯物論和實證論有個回應，但是相當無助，即主張生命哲學。如果人們將心靈和物質生活一分為二，這是個很差勁的劃分，這會使人們無法捍衛心靈。甚至現在人們必須將心靈帶入物質生活。

對生命哲學家而言，「生命」的概念很廣闊，並且很有彈性，以至於可以適用一切：靈魂、精神、自然、存有、動力和創造力。生命哲學是狂飆運動（der Sturm und Drang）對抗十八世紀理性主義的歷史重演，當時他們抗爭的口號是「自然」。現在的「生命」概念有著相同的功能。「生命」充滿形式，創造力十足，是可能性的汪洋，充滿變幻莫測和驚險，以至於我們不再需要彼岸了。此岸已足夠豐富。生命是航向遙遠的海岸，也很靠近自我追求形式的生命力。「生命」成為青年運動（Jegendbewegung）的口號，也是新藝術運動、新浪漫主義和教育改革的號令。

一九〇〇年以前，資產階級的青年都想看起來老派。因為青年在職業上處於劣勢，於是

[66]

報紙推薦他們鬍鬚加速生長的方法，眼鏡也被視為身分地位的象徵。他們模仿父輩，身著硬挺的高領服飾，還在青少年時期就穿著男士小禮服，並被教導穩重的步態。過去「生命」被認為是冷靜的，因此青年必須隱藏自己的稜角。現在的生命激烈並且動盪，青年亦是如此。因此青年不再是必須隱藏的缺陷；相反地，老年人必須為自己辯護，因為他們有麻木僵化的嫌疑。整個文化，即威廉二世時期的生活，都被傳喚到「生命的法庭」（狄爾泰語）之前，並被質問：這種生命是活著嗎？

生命哲學被理解為，在主詞所有格（Genitivus subiectivus）意義下的生命的哲學：生命哲學不是生命下的哲學思考，而是生命本身就是在生命學的哲學思考中。作為哲學，生命哲學想成為生命的一個器官；它想提升生命的形式，為生命塑造新的形象。生命哲學不想僅找出適用的價值，也有足夠信心能創造出新的價值。生命哲學是實用主義活力論（Vitalismus）的變體。他不問一種洞見是否有用，而是問它的創造潛力。對於生命哲學來說，生命比任何理論都豐富；因此它厭惡生物學的化約主義（Reduktionismus）：精神在那裡被拉低至生活的層次，但在生命哲學中精神被提升為生命。

一九一四年之前，生命哲學的偉大先驅是尼采、狄爾泰、柏格森和謝勒。

尼采將「生命」等同於創造潛力，並在這層意義下稱之為「權力意志」。生命嚮往其自身，也想要形塑自身。意識與生命的自我形塑原則處於相互矛盾的關係，它可以作為形塑自我的阻礙或是提升的因素。意識能夠產生焦慮、道德的顧慮和放棄的想法，因此意識能夠破壞生命的熱情。但意識也能為生命服務：它可以先設定價值，促使生命自由發揮，走向完善、走向昇華。但無論意識如何作用，它仍然只是生命的一個器官，因此意識為生命所準備的命運，同時也是生命為自己準備的命運。意識提升生命，意識也毀壞生命。但意識是朝向提升還是毀壞作用，並不取決於無意識的生命過程，而是取決於有意識的意志，亦即面對生命意識的自由。尼采的生命哲學使「生命」從十九世紀晚期決定論的枷鎖中掙脫，並歸還生命原有的自由，但這是對立於藝術家作品的藝術家的自由。尼采宣告說：「我想成為我的生命的詩人。」其結論對真理概念的影響是眾所周知的。客觀真理並不存在，真理是被證明服務於生命的幻想形式。這是尼采的實用主義，與英美實用主義不同，他是以酒神戴奧尼索斯式的生命概念為基礎。尼采厭惡以「適者生存」和「物競天擇」這種達爾文的教條作為生命[67]發展的規則。對他來說，這些都是功利主義道德的投影。這個市儈的人想像了一種自然，在這自然中，據聞適應一個職業也會得到酬報。對尼采而言，「自然」是赫拉克利特遊戲的孩童。自然塑造形式並打破它，這是一個不間斷的創造過程，其中勝利的是強大的生命力，而非適應。生存還不是勝利。唯有在揮霍時、盡情享受時，生命才能算是富足勝利。

尼采的生命哲學是積極且具藝術性的。他的「權力意志」並沒有在政治方面產生影響，而是在美學觀點上產生影響。他的生命哲學使藝術重新獲得了強烈的自我意識。藝術曾在科

[68]

學理想的壓力下失去自我意識，屈從於模仿的教條。同意尼采的人可以說：如果藝術和現實無法取得一致，那麼現實的問題就嚴重了！

二十世紀初的重要藝術潮流——象徵主義、新藝術運動、表現主義——皆受到尼采的啟發。美學的「權力意志」被賦予不同的名稱。潛意識在佛洛伊德的維也納格外受重視，神經才是真正至關重要的事物：「當神經完全被解放，人，特別是藝術家，會完全聽任於神經，而不考慮理性和感性，然後曾於藝術中消逝的歡愉會返回……」（赫曼・巴爾語〔Hermann Bahr〕，一八九一）表現主義者則要求：「結合一切藝術方法和藝術力量使社會重生。」（胡果・鮑爾語〔Hugo Ball〕）。格奧爾格圈（George-Kreis）的人和象徵主義者也相信，獨立的藝術精神可以讓國家和社會「重生」。法蘭茲・威爾佛（Franz Werfel）宣稱：「心的加冕」。藝術和藝術家無所不能的幻想持續了一段很長的時間，生命哲學的精神將藝術從服務於現實原則中解放。他們相信，以他們的願景與現實對抗，現實也會隨之改變。「願景、對抗、轉變」——這是表現主義的三位一體。

尼采的生命哲學主要是縱情享樂，狄爾泰的生命哲學則著重體驗。狄爾泰並不關心生物學，他想透過思想的歷史來弄清楚人類究竟是什麼，但他找到的是個別的作品和形象，以及豐富的立場觀點，而精神生命在其中展示了自己豐富的財富。狄爾泰的生命是書籍的宇宙，其中有中肯的語句，也都有一定的意義，但總體來說並未形成一個整體的意義。精神生命產生了豐富的形式，但若是我們無法理解如何在文化固定的形式以及客觀的作品中將僵化的精神喚醒，那麼那豐富的形式看起來就會像是髑髏地一般。這要透過理解。理解是精神體驗他者的精神的客觀化方式，如同精神「融會」已經變得固定的事物。狄爾泰使用了這種表達，海德格從他那裡接收了這種表達。如前所述，海德格說要「**融會**」經院哲學，為天主教生命理想進行戰鬥。理解就是把過去的生命重新找回。理解就是重複。重複體驗的可能性對於時間的轉瞬之間是一種勝利，但是在時間中產生的作品內容並不能被客觀確定或被約束。每一個理解的行為本身都受制於特定的時間點，因此我們被包夾在不斷流動、翻新的時間之中——立場、觀點、幻象、世界觀都在連續不斷地更迭。狄爾泰問道：「有什麼方法能克服這種造成威脅的信念的無政府狀態呢？」（注16）對於這位在德國經濟繁榮時期思維靈敏的德國學者來說，無政府主義是非常可怕的。因此他相信，精神生活一定依循一種祕密的秩序，雖然他也無法明確說明是怎麼一回事，但無論如何他想要當這個人類花園中的園丁。狄爾泰的「生命」有著令人信任的基調，而沒有尼采的「生命」的那種魔性。「生命是基本事實，它必然是哲學的起點。從內部認識它，而且從它那裡再也無法繼續回溯。生命是無法被傳喚至理性的法庭之前的。」

尼采想使他的生命成為哲學，狄爾泰想使精神的作品重生。前者將生命哲學作為一種生存的歷險，後者將生命哲學作為教育體驗。

[69]

尼采和狄爾泰都來自十九世紀。柏格森（Henri Bergson）則是二十世紀生命哲學的天才，他試圖將生命哲學發展為一個體系。他的主要著作《創化論》的德語翻譯於一九一二年出版，並立刻在讀者中得到空前的迴響。謝勒在一九一三撰寫的《論生命哲學》（*Versuch einer Philosophie des Lebens*）中寫道：「柏格森這個名字正以一種侵入的方式滲透至文化世界，以至於聽覺敏銳的人們可能會疑惑，是否應該閱讀這個哲學家。」謝勒說，人們應該讀一讀，因為柏格森的哲學表達了一種「人類對待世界和靈魂的全新態度」：「這種哲學張開指示的手對世界做著手勢，自由且睜大著眼睛對著世界。那不是笛卡兒對事物瞇著眼批判的目光，也不是康德的眼睛，從中射出的精神之光陌生地如同來自『其他』世界，統攝地落在事物之上，逼視著事物……而在柏格森眼裡，存有的流泉順著他的目光流至精神的根源，如此自然，如同存有之流自身……是令人舒心的元素。」（注17）

如同叔本華一樣，柏格森以類似方式發現生命的兩種知識泉源。一是知性，另一是直覺（在叔本華那裡是「意志的內在體驗」）。知性是一種被康德精確分析過的能力，柏格森以此為基礎，認為空間、時間、因果關係和擴延都是知性的範疇。現在柏格森改變了觀點：他從演化生物學的角度觀察知性。在他看來，知性是演化的產物，生活世界中進行定向以及對行為進行控制的器官。知性顯然已通過考驗，並表達了「生物總能更靈活地適應於既定的生存條件。」（注18）

［70］

在生存的實際面向之下，知性是個過濾了存有和變動蜂湧而來的豐富性和多樣性的系統（類似叔本華的「知性是意志的一個工具」）。

至此，柏格森是一位實用主義的生物學家。但是現在，他以一個簡單的想法邁出了關鍵的一步：既然我們能夠窮盡分析知性的界限，那麼我們實際上就已經超越它了，否則我們不可能發現它的侷限性。必然有一個其領域「之外」。柏格森的觀點是：這個「之外」是某種內在的東西，即直覺。在直覺中，即在這種內在體驗中，存有不是一個我們能夠保持距離的對象，而是我們直接體驗自身時，將自身作為存有的一部分：「充滿了世界的物質和生命也同樣在我們之中，我們同樣也在我們之中感覺到在萬物中創造的力量。」（注19）知性在生存意義中是對生命有用的，但直覺使我們更接近生命的祕密。綜觀整個世界，生命像是無盡的浪濤，在直覺的意識中自由激湧：「因此，湧入我們的內心：我們將觸及更深處，更強大的衝擊又會將我們推回到表面……」普魯斯特（Proust）的《追憶似水年華》（*À la recherche du temps perdu*）應該歸功於這種導向自我內在的路標，生命在那裡自我顯露，特別是對時間的內在體驗充滿神祕的、激起幻想。指向外在的知性建構了物理的時間、可測量的、統一的（規律流動的時間〔tempus quod aequaliter fluit〕，牛頓語）內在體驗，也就是直覺，認識了另一種時間。綿延（durée）。生命「綿延」，是說我們的生命在一種持續不斷的流動中，以不同的節奏、密度、停頓和漩渦組成。與此同時沒有失去任何東西，一個持續的生長過程，每個點都是獨一無二的，因為沒有一個點與先前每一個推動我們的點是同一的。因為流逝的當下都進入過去之中，並改變了過去。人在時間中的運動就像在一個媒介中，但在人的生命中，人也「創造」（zeitigen）著時間。這也是說人具有創造性和自發性。人是一個開始。根據柏格森的說法，在時間體驗的最深處，潛藏著創造自由的體驗。自由作為創造的潛能在整個宇宙中驅動。宇宙的創造自由在人類自由的體驗中找到了它的自我意識。直覺將我們帶至世界的心臟。「在絕對中，我們存在、我們徘徊、我們生活。」

如此崇高、如此令人著迷、充滿希望，「生命」主題定調了一九一四年之前的哲學。然而年輕的海德格沒有隨波逐流。他在一九一三年以對純粹邏輯枯燥僵化的展望完成了他的博士論文，藉助此論文人們得以接近**「知識論問題並且以各種實在性模式構造『存有』的整個領域」**（FS, 128）。

[71]

在海德格那裡還沒有感覺到，那種謝勒在同時期的作品《論生命哲學》之中表現出的覺醒痕跡。謝勒寫道：「世界觀的重塑」正在我們眼前發生。「像多年來在陰暗牢獄中的人邁入茂密花園的第一步。這座牢獄就是人類的生活環境及文明，我們僅專注於純粹機械和機械化的東西的知性。那個花園則是神的多彩多姿的世界，它為我們敞開且渴望賜給我們祝福，即使它在遠處。囚徒是今時和昨日的歐洲人，他背負著他的機械論大步走來嘆息悲鳴，他目視地面身負重壓，忘記了他的神和他的世界。」（注20）

更令人驚訝的是，年輕的海德格還沒有完全掌握生命哲學覺醒的情韻，因為外在於那個翻騰於時代的哲學騷動中的東西，許多都是他之後的主題和動機：對時間的其他體驗、融會僵化精神、解消抽象的認識主體，以及將藝術作為真理之處所等。

直到二次大戰，海德格的昨日世界才真的崩潰。直到形上學陷入無家可歸，他才以自己的方式揭示「生命」，並將之命名為事實性（Faktizität）和存在（Existenz）。

注1：引自：H. Ott, *Martin Heidegger: Unterwegs zu seiner Biographie*, 71。
注2：引自：同前揭：頁70。
注3：引自：同前揭：頁73。
注4：引自：同前揭：頁75。。
注5：引自：同前揭：頁76。。
注6：引自：同前揭。
注7：引自：同前揭：頁81。
注8：引自：同前揭。
注9：引自：同前揭。
注10：引自：同前揭。

注11：引自：同前揭：頁80。

注12：引自：同前揭：頁80。

注13：引自：同前揭。

注14：V. Farías, *Heidegger und der Nationalsozialismus*, 90。

注15：H. Rickert, *Die Philosophie des Lebens*, 155。

注16：W. Dilthey, Der Aufbau der geschichtlichen Welt in den Geisteswissenschaften。

注17：M. Scheler, *Vom Umsturz der Werte*, 323。

注18：引自：同前揭。

注19：引自：同前揭。

注20：同前揭：頁339。

第四章
VIERTES KAPITEL

[72]

剛獲得哲學博士學位的海德格，馬上開始撰寫他的教職論文，關於《董思高的範疇論和意義理論》（*Die Kategorien- und Bedeutungslehre des Duns Scotus*）。靠謝茨勒獎學金足夠他無憂無慮地生活一陣子，不過，他也有義務要以多瑪斯主義的形式為教會的真理寶藏進行哲學上的辯護。如果他快一點完成論文，那他還有機會得到那個基督教哲學一直懸缺的教職。一切都還不錯。此時戰爭爆發了。

戰爭開始時的激情當然也席捲了弗萊堡，年輕的士兵在合唱團、花束、莊重演講的伴隨下被送往戰場。海德格於一九一四年十月十日應召入伍，但由於他的心臟病符合條件，所以得到緩徵。於是他回到了他的書桌前，在那裡沉浸於中世紀唯名論的繁瑣爭論之中。

海德格當時也屬於學生中的奇人之一。當時也在弗萊堡讀書的馬庫色（Ludwig Marcuse）在他的自傳中對這類奇特的學生如此描述：「七月底，我在歌德大街上遇到了法肯菲爾德（Helmuth Falkenfeld），他是專題討論課上我最敬佩的同學之一。他失望地對我說：『你聽說發生了什麼事嗎？』我輕蔑又沮喪地說：『已經知道了，塞拉耶佛事件。』他說：『不是，是明天李克特的專題討論停課了。』我震驚地說：『他生病了嗎？』他說：『不是，是因為戰爭要開始了。』我說：『專題討論課跟戰爭有什麼關係？』他痛苦地聳了聳肩。」（注1）

這位朋友為戰爭爆發深感遺憾，因為戰爭使他失去機會向李克特介紹他充分準備的報告。他在應召入伍之後沒幾天就被送去前線，從前線寄回的信寫道：「我一如往常過得很

[73]

好，儘管我參加了十月三十日的戰役，二四分隊的砲彈轟鳴把我的耳朵幾乎都震聾了。儘管如此……我仍然認為，康德的第三組二律背反比整個世界大戰都重要，而且戰爭與哲學的關係就如同感性和理性的關係。我根本不相信這個身體世界發生的事件能夠觸動我們先驗的部分，即使法國手榴彈碎片擊中我，我也不相信。先驗哲學萬歲。」（注2）

嚴格恪守先驗哲學的立場，明顯讓堅定的新康德主義者都變得麻木了。戰爭掀起的激情以及戰爭為個人準備的命運，都被他們判定為粗糙的經驗性事件。知識的先驗和道德人格都不受影響。戰爭的意義和合理性並不因此受到質疑，但這意味著，嚴格意義上的哲學對戰爭無法提出論證，也無法為之辯護。在激情之前充滿了個人的意見和論斷，而哲學應該維持自己的冷靜姿態。即使在戰爭開始時，全體人民都動員起來的情形之下，哲學也應堅持自己的道路，不受時代精神的徵用。如果哲學家們、甚至是嚴格的新康德主義者動搖了的話，那並不是因為哲學的關係，而是因為他們在戰爭爆發時突然發現有比哲學更重要的事情。例如新康德主義的年輕天才埃米爾．拉斯克（Emil Lask）——海德格後來把他的教職論文獻給這位在戰爭第二年倒下的人。拉斯克在戰前就已注意到，知性越是刮垢磨光，生活的材料就會被消磨殆盡，哲學思想唯有遠離生活的多重歧義素材才能閃閃發光。拉斯克認為這是一種缺憾，因此戰爭爆發後幾個月，他從戰場寫信給他的母親：「現在確實是我們要離開的時候了。我的忍耐已到達極限了，這是一種無能為力的感覺，在這個關乎一切的時刻，所有力量

[74]

都無法施展，甚至連參與的機會都沒有，令人難以忍受。」（注3）

海德格似乎對他最初就未能參戰不怎麼感到遺憾。他不需要冒生命危險，還可以繼續撰寫教職論文，為個人的發展努力。他也受戰爭的激情感染，因為他親近的天主教朋友圈和天主教生活圈中都瀰漫著這種激情。他的支持者芬克在一九一五年成立了一個委員會，以在二次世界大戰中捍衛德國和天主教的利益。委員會舉行活動，出版印刷品，企圖賦予戰爭宗教性的意義，以便以現代立場干預戰爭目的的爭論。海德格的朋友克雷布斯就此發表了無數論戰的傳單，並於一九一六年集結成書，以《我們強大的祕密：關於大戰的思想》（*Das Geheimnis unserer Stärke*）為題正式出版。

戰爭初期引發了出版潮流，當時有一百五十萬首詩從德國人筆下流瀉出來。里爾克（Rilke）在上流的社交圈中獻上他的戰爭讚美詩：

「我初次見你崛起／傳說中遙遠不可思議的戰神／……／終於有一位神。我們經常抓不住和平之神，／卻驟然落入戰神之手／我很幸運，看見了激情。」（注4）

教授們也陷在激情之中。一九一四年十月十六日，三〇一六個人簽署了《德意志帝國大學教師宣言》（Erklärung der Hochschullehrer des Deutschen Reiches），宣布：「德國的敵人以英國人為首，他們據稱是出於對我們的好意，企圖在德國的科學精神和他們所謂的普魯士軍國主義之間製造對立，對此我們表示憤慨。」（注5）

[75]

人們不願意與「軍國主義」切割，也不願意將它視為事實，因為人們想以軍國主義做出一些有意義的事情。解釋的熱潮空前地支配了激情：實際上，正是我們的文化、我們的精神和歷史最深的力量，承載並激發了這場戰爭（馬克斯〔Marcks〕，《我們站在何處？》〔*Wo stehen wir?*〕）（注6）。湯瑪斯・曼在他的作品《一個不關心政治者的觀察》（*Betrachtungen eines Unpolitischen*）中，把戰爭說成一起事件，「各個民族的個性及其永恆的面貌」在這起事件中都強而有力地顯現，而且僅能透過「壁畫心理學」（Fresko-Psychologie）（注7）來把握。當時極為堅強性格的民族認同感相當流行。不僅僅是在湯瑪斯・曼那裡，文化哲學類型大規模地被設計為戰鬥目的。因為當時有兩股龐大的對立勢力：深層的文化對抗膚淺的文明；有機共同體對抗機械式社會；英雄對抗商人；感覺對抗感傷；美德對抗算計的思想。

哲學家各有不同反應。有些人冷靜地在學術事業中堅定不移，馬庫色對此做出嘲諷；另外一些哲學家——恰好就是特別流行的生命哲學家——想要藉由特殊的哲學為戰爭作出貢獻，亦即將這場戰爭重新詮釋為精神之戰。為此他們動用了他們形上學的儲備。謝勒口若懸河的慶祝《戰爭天才》（*Genius des Krieges*），這是他於一九一五年發表的一篇長篇論文的標題。他為戰爭設計了一整套人類學。戰爭揭示了隱蔽在人類之中的東西。但是謝勒一直很有教養：他不譴責敵人的力量，而是承認他們戰爭的權利。在戰爭中，他看到文化自我評價的祕密，就像是人與人之間，他們在發現自己獨特的形態之後，必然會相互碰撞。然後他們進

[76]

入烈火裡錘鍊，使形態更加堅固。戰爭直接面對了死亡，迫使人民和個人將自己視為整體，不過是一個能被打破的整體。戰爭是偉大的化學家：他將真實與虛假分開，揭示了真實的本質。戰爭是對國家「嚴格的考驗」，國家必須證明自己僅只是管理著社會，或是確實地表達了共同的意志。戰爭是真理的時刻：「在整體、偉大且廣泛的人類的形象之中，僅能看到和平是中間一小塊灰色區域……這個形象鮮明地出現在我們面前。唯有戰爭才能衡量人類本性的範圍和寬廣，使人類在戰爭中認識到自身的偉大和渺小。」（注8）

戰爭使什麼精神實體出現？有人說：是唯心論的勝利。長期以來，唯物主義和實用主義的思想令它窒息，而如今它爆發了，人類又再度準備為非物質價值犧牲了：為了人民、祖國和榮譽。因此，特洛爾奇（Ernst Troeltsch）說對戰爭的激情是「精神信仰」的回歸，是戰勝了「金錢偶像崇拜」、「猶豫不決的懷疑」、「追求享樂」和「麻木默許自然的規律」。（注9）

另一些哲學家在戰爭中看見了在漫長和平時期幾乎僵化的創造力自由浪潮。他們為戰爭的自然力量慶祝，最後他們說，文化再度找回了與基礎的關聯。奧托・吉爾克（Otto Gierke）認為，戰爭是「最殘暴的文化破壞者，同時也是最強大的文化英雄」。（注10）

戰爭改變了一切，謝勒由衷希望戰爭也能改變哲學本身，使人們將不再滿足於「純粹形式主義的詭辯」，而是日漸增長對「獨立原初性的直觀」的渴望。（注11）

事實上，哲學在戰爭期間並沒有獲得新的「原初性的直觀」。哲學仍是靠著其形上學的固有資產維生，為戰爭的災難事件賦予「深度」和「意義」。真正在思考政治的頭腦，從馬克斯・韋伯到卡爾・施密特（Carl Schmitt）都敬而遠之。馬克斯・韋伯抨擊「文學家的演說和文章」（注12），他們把思想作品和政治思想混為一談。對施密特而言，政治形上學的提升是一種純粹的「機緣論」（Occasionalismus）（注13），這種態度只是將現實事物當作產生自我陶醉的思想產品的機緣。

海德格對上述一切都保持距離。他的哲學狂怒並未宣洩在政治領域，當時他的思想具有哲學的獨特印記，儘管涉及的內容是歷史。

[77] 如前所述，海德格原先想在完成博士論文後，繼續研究數的概念的本質。他的支持者芬克建議他先處理經院哲學領域中的選擇研究範圍。海德格找到了合適的文本，可以讓他在其中研究最為著迷的數的概念：實在性和觀念性。他接下來要研究的是：《關於意義的方法或思辨語法》（*De modis significandi sive Grammatica speculativa*）。在海德格的時代，這部著作被認為是出自董思高（Johannes Duos Scotus, 1233-1308）之手。後來經過研究，人們認定該著作的作者是艾爾福特的多瑪斯（Thomas von Erfurt），董思高學派中的一位哲學家。

董思高是中世紀從事理性批判的哲學家。憑藉非凡的敏銳度（他因此在中世紀被稱為「精微博士」〔doctor subtilis〕），他試圖把自然理性的領域限制在形上學的問題之內。他教導我們說，神真正的本質無法被我們的知性掌握，由於世界是神創造的，因此有了神在理解上的不透明性。我們周圍的事物也是如此，無論我們多麼仔細把握它們，它們總是還保有某種神祕性。這種對於理性的理性批判，在董思高那裡是為信仰服務的。後來康德評價自己的話也適用於這位來自蘇格蘭的經院哲學大師：他想對於理性進行理性批判，而為信仰騰出空間。無論是對康德或是董思高而言，這種批評會對兩個面向造成衝擊：理性的獨斷或是信仰的誤用，此二者都會遭到反駁。真正的信仰超越認識，但不能取代認識。換句話說：我們應該給予信仰和認識取得它們應得的。人們不該想要以其一取代另一。董思高是一位溫和的唯名論者（Nominalist），對他來說，概念最初只是名字（nomen），而非事物的本質。當然，對中世紀的哲學家來說，事物本身最首要的是神和世界。唯名論者從思考與存有的二元性出發，他們想要尋找兩者間的那座橋樑。而海德格計畫研究的這本董思高學院的著作，特別符合這個情況。

他的基本想法是：思維在語言中活動。語言是個符號系統，並且指向事物，就像酒館的標誌意味著酒館裡有供人飲用的葡萄酒。這是對生活充滿情趣的董思高（其實是艾爾福特的多瑪斯）的舉例。思考和存有者之間有著差異的深淵（Heterogenität，異質性），但它們之間也有共性（Homogenität，同質性）。兩者間的橋樑則是「類比」。在我們的思考與存有者之間，存在著如同神和世界之間相同的類比關係。那是整個思想的中心。在這一點上，偉大的中世紀形上學穹頂再度找到了穩固的支撐。存有的所有元素，一直到最高的存在者，都以類

[78] 比關係相互關聯著。神與世界的類比關係意味著：神完全不能與世界同一，否則神就會成為世界的俘虜；但神也不會與世界完全不同，因為世界是祂創造的。世界指向神，如同酒館招牌指向酒，很清楚的是，招牌無法解渴，葡萄酒才能解渴。招牌可能是真實的，但神或葡萄酒又更加真實。對於這種想法，海德格評論說，在中世紀的思考中，「**真實性的等級**」（FS, 202）有一定的強度。他以這個問題進一步提升這個高度思辨性的思想：思考本身究竟處於真實性中的哪一個層次呢？董思高認為，人及其思考與神的距離並不像概念唯實論者（Begriffsrealist）認為的那麼近，那些人甚至相信，人可以再次思考神用以創世的思想。但神也不像激進的唯名論者所想得那麼遙遠，激進的唯名論者讓思考在神之前沉入無知的黑夜之中。

在這座中世紀思想的大教堂中，海德格想要尋找什麼，他找到了什麼？

他要找的是這種思想裡隱藏的現代性，他想將之「**融會**」。首先，他發現了一些胡賽爾現象學方法推進時的一些細節。例如，董思高已經對「第一意向」（prima intentio）和「第二意向」（Secunda intentio）做了現象學的區別。「第一意向」是一種自然態度：專注於感覺的對象和思考的對象。「第二意向」是一種特殊的目光轉移，思考以這種目光來關注自身及自身的內容。這是胡賽爾對「能知」（Noesis）（意向活動）和「所知」（Noema）（意向內容）的區分，關於這點後面會再討論。

海德格藉由將這位中世紀哲學家招募至胡賽爾的哲學之中，進而「**融會**」他。他向我們介紹了一位經院哲學家，他和胡賽爾一樣，探究純粹意識的領域，以便從中建構整個世界。這種對思考的思考、這個觀看著其工作的思考展開了一個宇宙，一個人們無法從這個世界創造的宇宙，並確定它不屬於這個世界。這個世界具有某種意義就足夠了。海德格說：「**董思高揭示了意義領域的存在自由**。」（FS, 243）

[79]

海德格想透過數的本質進行哲學思辨。他可以依循董思高的足跡追隨這種執著，因為這個董思高式的「**思辨語法**」是從個體（Einen）和一（Eins）之中得出一個存有論。

該文本以及海德格的分析都是從基本範疇開始，而現實事物就是在這些基本範疇中對我們顯現。董思高並沒有把基本範疇置於下面的「根基」，而是按照中世紀典型的作法，把它們置於「高處」，並稱之為「超越者」，其中包括：「存在者」、「一」（unum），「真」（verum）和「善」（bonum）。存有者就是「存在者」（ens），一切都始於存在者，這是明證性的。而沒有那麼清楚、但是可以反思推論得到的是：存有者始終是個存有者，是作為特定的「某物」而出現，也就是個「一」。「一」只有在有別於其差異者（diversum）時才是個「一」。海德格說：「**一（das Eine）和他者（das Andere）**，**是作為佔有對象的思考的真正根源**。」（FS, 160）在根源這裡，思考和存有之間細微的裂痕已經出現。因為人們可以問，一的特性是什麼？「不是他者」是它的特性嗎？不是，每個存有者都是其所是，這個「不是

[80]

其他的」並不屬於它的特性。這種「不是」只有透過對於事物的比較思考才能表達出來。事物彷彿被困在自身之中，無法相互比較，也無法主動地相互區別。它們並不相互區別，而是對我們的思考來說才可以被區別。這是個意義深遠的發現。海德格表示說：「**真正存在的是個別的東西**。」（FS, 194）董思高稱作「haecceitas」，直譯為：事物的「此物的此時此地性」（Dieses-jetzt-Hierheit）。每個東西都是某個位在其時空點上獨一無二的東西。

這個發現之所以意義深遠，那是因為它在相當的根本層次上指明，我們的理性可以透過理性的方式從自身中抽象且區分出來，什麼是出自事物自身的，以及什麼是我們的思考加諸事物的。出自事物自身的是：我們的知性運作於許多細節之間，比較、連結和整理。海德格如此表達他與董思高的連結：我們將由不同細節（異質性）組成的存有者，投射在一個「**同質的媒介**」中，對存有者比較、把握和計數。具有「**同質性**」的東西在數列中體現得特別清楚。當我數五個蘋果時，第三個並不是序列中第三個蘋果的屬性，因為當我將這個蘋果從序列中取出，它也不會有任何改變。一方面有異質的多樣性，另一方面有可數性的同質媒介。在諸多存有者中不存在數，但——對於類比關係而言至關重要的是——唯有存有者在多樣性中才有計數。因此，這兩個領域是相互關聯的。類比的關係在於個體的多樣性和數列中的次序之間。

類比的奧祕就在人們單純的計數活動中，這個奧祕直接導向了最大的奧祕：神。神和整個存有處於一個關係之中，如同無限的數列和可計數之間的關係，但字面上看則是存有者「無數的」個別單位。事物是其所是，除此之外，它們以類比的方式使我們概念（此處是數的概念）的理念性意義內容得到充實。但這就是說：事物比其在同質的媒介中所呈現的嚴格概念無窮盡地多，而且不相同。因此，海德格作出了對他進一步的哲學思考極為重要的結論：「**實在的真實性的基本結構就是由同質性和異質性以獨特的方式交織在一起的。**」（FS, 199）那種在概念使用中遵循單義性的理想的科學，不適用上述對象；「**以意義的獨特流動性進行的有生命力的言談**」才能適用（FS, 278）。這個結論對於海德格後來所有的思想發展階段都有著決定性的作用。因為，即使他往後再也不使用經院哲學的類比概念，他也堅信最適合哲學的工具不是單義性的邏輯，而是交談中的語言的歷史性、意義多樣性以及以詩的形式加以使用的語言。

一九一五年春天，海德格完成了他的教職論文，並交給李克特。這位有著獅子鬃毛般的[81]毛髮、備受追捧的男士是當時弗萊堡的學術權威，身旁圍繞著一大群不支薪的助理。他在大學圖書館大講堂的講座課座無虛席，這導致他有了廣場恐懼症。於是後來他在自己的別墅舉行專題研究課，只有他親自挑選的對象才能參加，其中有教授、有教養的紳士、醫生和講師；海德格也參加過幾次。李克特是學院巨頭，很喜歡這種排場。他試圖像總司令那樣，對德國哲學界教席的徵聘政策發揮影響。這個領域的情況相當明確。一旦人們讓他不開心，那

[82]

這就很可能影響了自己的前途。他對年輕的海德格並不特別感興趣，對他來說，海德格是天主教的人。他接受了海德格的論文，但不想費心力去閱讀。於是他請克雷布斯撰寫一份審查報告，不過他可能不知道克雷布斯與海德格的交情。克雷布斯在他的日記中描繪了當時的情況：「我在閱讀論文時，讓海德格坐在一旁，以便隨時與他討論論文中的難題。」由於這份以上述方式完成的審查報告，李克特接受了這份論文。一九一五年七月二十七日，海德格在教師資格授與會上，以**「歷史科學中的時間概念」**為主題進行試教。海德格以艾克哈特大師（Meister Eckhart）的一句話作為座右銘：「時間就是變化而多樣，永恆則保持不變。」（注14）

從此刻起，海德格就是一位講師了，爾後持續任職了幾年。他在寫給朋友拉斯洛夫斯基的信中，分享了尼采的朋友羅德（Rhode）的一句格言，**「給講師們以及那些想要成為講師的人」**的箴言：「沒有一個沼澤比高等學術的傲慢更適合培養自吹自擂的狂妄小子、造就一隻健康的青蛙。」（注15）

海德格痛罵了一頓學術環境，因為當時他的野心受到了打擊。他原先預估自己有機會得到天主教哲學教席的機會，因為芬克曾經暗示過他，並且設法在他完成教職論文之前得到李克特支持，留住職缺。而李克特對這職缺的事感興趣，也是為了維持自己的地位。

自從一九一三年冬季學期起，克雷布斯擔任代理教席。半年後，他很想知道自己究竟還有沒有機會，當然同時也考慮到他的朋友海德格即將取得教師資格。於是在一九一五年三月，他向設立於卡爾斯魯爾（Karlsruhe）的巴登區教育部申訴。他推薦了自己和一些其他候選人，但沒有推薦海德格。這件事並不是陰謀，因為他有告訴他在弗萊堡的同事們，但是海德格仍覺得受到傷害和欺騙。人們漸漸學會對人性的陰暗冷眼以待，海德格在寫給拉斯洛夫斯基的信裡這麼寫道。但是克雷布斯很快就退出了這場競爭，因為他被承諾被聘為神學系的信理學教授，一段時間後他也真的獲得了這份教職。自一九一六年初開始，海德格的情勢漸漸不利，因為教席的徵聘公告清楚表示要徵聘中世紀經院哲學史家。而海德格關於董思高的論文相較於歷史，更著重體系，因此他的前景堪慮。在這個情況下，拉斯洛夫斯基建議他的朋友，不要過於追求經院哲學的現代化。他寫道：「若不是你在上一封信表明你會認真聽，不然我不會給你這種長輩式的建議。而且你自己也知道，神學圈非常敏感，而且『對新人的不信任感』也會導致互生嫌隙。你的批評很快就會引起相關學圈的關注。」（注16）

顯然，海德格在這個時期開始在信件及私人對話中表達對天主教哲學的批評，但是在公眾場合還不敢公開他的立場。

一九一六年初，海德格為他的董思高論文付印稿寫了最後一章。這篇文章由一種新的基調主導。並不是對經院哲學的批判，而是一種新的不耐、激動急切的情緒，特別是至此第一次罕見的強調「生命」。

我們回想一下：在論文主要部分的結尾，海德格論及「**以意義的獨特流動性進行的有生**

[83]

命力的言談」。在最後一章的短短幾頁中，共出現了二十三次關於「**生命、有生命力的精神、有生命力的行動**」，以及有生命力的言談。回顧他所完成的研究，無法避免某種「**致命的空洞**」的印象，現在那「**至此一直遭受壓抑的精神的不安**」（FS, 341）終於現身了。

在他最後一章的不耐中，海德格對自己並不公正。他假裝自己還沒有開始強烈追求以超邏輯的關聯來闡明邏輯。中世紀形上學的精神形成了這種關聯。在新的最後一章中，這種精神強力被置於生命哲學的洪流之中。對於「**有生命力的精神而言，理論的思維方式並不是一切，把握一切可知的並不足夠**，因為**重點在於如何闖入真正的現實以及現實的真理**」（FS, 348）。這個旅程應往何處前進，哪裡可以找到真實的生命？無論如何，不是在「**草率的內容和膚淺的生命態度**」中，而是在強度的提升中，是在中世紀透過超越的關係使強度提升，那現今透過什麼來達到強度提升？

這裡指出的「**形上學觀點**」並不足為奇，新奇的是這個形上學的依據。它不再僅是依靠「**教會的真理寶藏**」，而是源於「**有意義和能實現意義的行動**」。這樣的形上學從天上降下，成為歷史行動的內在邏輯。海德格在他關於董思高的論文最後一章中，揭示了生命的歷史精神。換句話說，他發現了黑格爾，判定他已經發展了「**一個歷史世界觀的龐大體系**」，過去「**所有先前基本哲學問題的動機**」在這個體系中都被揚棄（FS, 353）。

董思高論文最後對黑格爾歷史主義的看法，掩蓋了一個海德格在進一步的思想發展中完全不同的選擇。

海德格理解到，董思高是如何以「類比」克服人類精神和外在實在界之間的二元論——神和世界之間巨大差異縮影——的威脅。在這個概念中，精神與現實的差異與統一被放在一起思考，而人類的精神被賦予更高程度的真實性，因為從神那裡往下的一系列現實性類比中，人類是最接近神的。為什麼？因為人類的精神類似於神的精神，有能力掌握理解類比的技巧，其中也透露了一些創造的祕密。據此，人類的意識仍停留在神之中。在最後一章中，海德格回顧了這種體驗超越者以及一個沉沒的世界的魔法。歷史記憶仍在。如果人們如同黑格爾一樣，可以相信歷史裡的神，那將會非常引人注目。這正是海德格在最後一章的嘗試。[84]但如前所述，這並不是唯一的觀點。透過對於「個體」（此物的此時此地性）的特殊範疇思考，形成了另一種觀點。海德格對這個概念耗費了不少時間，這個唯名論者稱之為現實事物的單一性（Singularität）奇蹟的概念。海德格對這個概念很著迷：「**真實存在的是個體……一切真實存在的都是一種『如此的此時此地』**（Solches-Jetzt-Hier）。**個體的形式是為了給實在的現實性一個原初的確定性。**」（FS, 195）

海德格把這種唯名論的思想表述為一種早期嘗試，不僅是將聖祕（das Numinose）轉移至彼岸的神性，而且是在近處，在直接具體現實性裡找到它。每個存有者就其自身而言，都是源泉不竭的。如果我們將之視為「對象」而思考，就無法窮盡它的財富。實際去思考這個

[85]

「如此的此時此地」意味著克服對象化的思考。只有如此，存在才能在其獨特的豐富性中顯現。對此，海德格在之後會以「**在場**」（anwesend）談及以這種方式相遇的存有者。**在場性**（Anwesenheit）突破了**對象性**的狹隘。

以這種方式走向現實的個別性是思考黑格爾的另一種選擇。對黑格爾而言，「個體性」是哲學上的虛無，它無法給思考任何東西，它是雜多的；它唯有被置入概念的同質環境裡，也就是在普遍且可普遍化的關聯之中，它才具有意義。

海德格想要「**更自由的流動性**」，並且批評經院哲學沒有能力「**以某種確定的精神動力來超越自己的工作**」（FS, 141）。但是，人們不只是像黑格爾那樣透過投身到歷史精神裡才可以自我超越，也能透過克服各種普遍主義（包括歷史），直接面對現實的個別性以及「個體性」。在一九一六年胡賽爾應聘至弗萊堡任教之後，海德格嘗試與現象學的奠基者暨大師建立起密切的工作關係，最終他也成功了。然而，當他在一九一五年撰寫教職論文的最後一章時，在那期間他仍然很重視黑格爾的「**歷史世界觀體系**」（FS, 353）。

一九一八年底，在寫給他的神父朋友及神學家克雷布斯的辭別信中，海德格把他在黑格爾和狄爾泰那裡認識到的有生命力的歷史精神描述成一股力量，這股力量使他「**質疑天主教體系，甚至無法接受它**」（注17）。

這是以現象學的方式看待歷史性的觀念。在這種歷史中，「**生命的彼岸價值**」就像是回到家。形上學的垂直面向開始橫躺到歷史和現象學的水平面。

教職論文完成後，軍事當局再次徵召他。他的心臟病症狀復發，在一九一五年秋天被送入米爾海姆巴登（Müllheim/Baden）的軍醫院，接受四個星期的治療，然後以預備役軍人的身分到弗萊堡的郵政監檢站報到。該單位負責信件審查，可疑的信件會被拆開檢查，特別是與敵對國家和中立國家往來的信件。在這裡工作的都是被徵召的婦女和無守備能力的男子。海德格並非自願參與這個工作，但在戰爭情況下他對這個工作也不反感。這是一份舒適的工作，他一直做到一九一八年，這讓他有足夠的時間從事研究工作。

一九一六年七月二十三日，懸缺了兩年的天主教哲學教席終於有了任命決議。兩年來一直在談論海德格的任職問題，但這個決定卻令年輕的海德格大失所望。委員會決議讓明斯特（Münster）的教授約瑟夫·蓋瑟（Joseph Geyser）接任，理由令海德格感到十分屈辱：「由於目前人選中欠缺甄選考慮的特質，因此系方經過審慎考慮後僅推薦一名候選人。」（注18）
[86] 海德格根本沒有出現在名單上，即使蓋瑟不接受聘請，他也並不在考慮之列。他們只給了他一個臨時的教職。

遠在西利西亞的朋友拉斯洛夫斯基安慰他道：「他們怕你。一切純粹只是個人原因。他們根本無法判斷。」（注19）

儘管海德格在委員會的會議上被提議，並且被視為「教派適合的候選人」（注20），但對這個聘任有決定性發言權的天主教派可能將他視為不可靠的新手。海德格的年輕可能也對他不利。他取得博士學位才三年。除此之外，當與他同齡的人都在前線奮戰，甚至其中有些人已經喪生，如果讓他這麼快地晉升，別人也不太能接受。所以他們選擇了經得起考驗、而且再也不適合使用武器年紀的長者：蓋瑟比海德格大了二十歲。

海德格首次試圖登上教席的希望落空。他必須再等待七年。

[87] 一九一五年秋天，海德格認識了他後來的妻子艾弗里德·佩特里（Elfride Petri），當時她是弗萊堡大學政治經濟學系的學生。此時海德格與一個小海關人員的女兒，一位史特拉斯堡的女孩，解除婚約已經半年。這名年輕女子有嚴重的肺疾，不過我們並不清楚這是不是他們分開的原因。對無論如何想把海德格看作尼采的超人的拉斯洛夫斯基來說，他認為這個分離有重大意義：「我看到你如何一天天成長，長到如此高大，超出了只能蓬勃發展『愛情』和『幸福』的領域；我早就知道，你必然會走上這條路——以接近你的目標——走上這條『愛情』必會凍結的路。」（注21）

然而，現在又有新的愛情了。

艾弗里德是薩克森邦高官的女兒，來自北方、新教徒而且得到解放——當時有女學生讀政治經濟學是很不尋常的事。她是與青年運動有關的自由主義女權主義者格楚德·鮑默（Gertrud Bäumer）的追隨者。海德格和艾弗里德兩人在大學相識，學期假時一起與朋友們到賴謝瑙島上待了幾天。

海德格的一首詩〈賴謝瑙島上的夜間漫步〉（*Abendgang auf der Reichenau*）就是對這個夏天的紀念：

銀色的光／流淌到遙遠的昏暗海岸，夜晚／如低沉的情話沉入／夏日的疲倦與傍晚的濕溽／的花園中。／白月光映在山牆之間／古老塔樓屋頂／傳來最後的鳥鳴——／明亮的夏日賜給我／結實纍纍／——來自永恆的感性的負載／我彷彿在極為單純的灰色沙漠之中（D, 7）。

一九一六年底這首詩發表時，海德格已經與艾弗里德訂婚了；三個月後的一九一七年三月，兩人結婚。如果海德格不要這麼快做出結婚的決定，拉斯洛夫斯基會更高興，因為他想維持自己替海德格打造的形象：這位哲學的登高者將會登高至一個領域，愛情與幸福在那裡必將「凍結」。就像查拉圖斯特拉的登高一樣。海德格應該要從結婚和建立家庭的人類泥淖中向上攀升，而拉斯洛夫斯基儘管甘於在泥淖之中，但希望至少能成為頂峰攀登者的見證。崇高及其觀眾——這必然是拉斯洛夫斯基為他與海德格的友誼的定義。

一九一七年一月二十八日，他給海德格的信中寫道：「親愛的馬丁，要是這些日子我能在你身邊多好。我不知道，不過我對佩特里小姐寫給我的東西感到不快。如果是我看錯了那該有多好。但我請求你，一定要慎重，等我們再度見面的時候。我真的很替你擔心，尤其是在這個非常重要的問題上。請你理解我和我的請求，不要過於匆促地決定。」（注22）

海德格並未因朋友的疑慮有所動搖。他甚至還克服了其他疑慮。對於他在梅斯基希虔誠的父母來說，海德格在中斷了神父和神學生涯之後，又準備和異教徒聯姻，這是一個很沉重的打擊。佩特里的家人並不怎麼看得起這個沒什麼背景的男人，他也許很有才華，卻沒有正式的工作。那麼他要如何安家？最重要的是，他要怎麼符合高官社群所期待的門當戶對？

[88] 沒有盛大的婚禮。講師海德格與經濟系女學生艾弗里德．佩特里悄悄地在明斯特的大學教堂裡舉行了婚禮。雙方父母均未到場。依照海德格的要求，克雷布斯為他們證婚，他在記錄裡說明：「戰爭時的婚禮，沒有管風琴、沒有婚紗、沒有花環和面紗、沒有馬車和馬，也沒有宴會和賓客，雖然有雙方父母書面的祝福，但他們沒有出席。」（注23）

與艾弗里德的交談給克雷布斯一種她要改宗天主教的印象，但這並沒有發生。當他們的長子在一年半後出生時，艾弗里德和海德格宣布他們無法履行結婚時的承諾，也就是讓孩子接受天主教教育。

當時胡賽爾對海德格有一種他已經成為基督新教徒的印象。他在一九一九年初寫給魯道夫．奧托（Rudolf Otto）的信中寫道：「海德格往基督新教的過渡」對他並沒有「一絲影響」，儘管他很重視作為「自由基督徒」以及「不獨斷的基督新教徒」的海德格。（注24）

這就是胡賽爾對年輕的海德格的描述，當時海德格是他認為最有才華的學生，而且在現象學偉大的哲學研究中，海德格幾乎被視為平起平坐的合作者。

注1：L. Marcuse, *Mein zwanzigstes Jahrhundert*, 30。

注2：同前揭。

注3：V. Farías, *Heidegger und der Nationalsozialismus*, 97。

注4：W. Falk, *Literatur vor dem Ersten Weltkrieg*, 247。

注5：C. v. Krockow, *Die Deutschen in ihrem Jahrhundert*, 101。

注6：F. Ringer, *Die Gelehrten*, 171。

注7：T. Mann, *Betrachtungen eines Unpolitischen*, 1421。

注8：M. Scheler, *Der Genius des Krieges*, 136。

注9：E. Troeltsch, *Deutscher Geist und Westeuropa*, 39。

注10：引自：H. Glaser, *Sigmund Freuds zwanzigstes Jahrhundert*, 187。

注11：M. Scheler, *Der Genius des Krieges*, 144。

注12：另見：M. Weber, *Der Beruf zur Politik*。

注13：另見：C. Schmitt, *Politische Romantik*。

注14：Ott, Martin *Heidegger: Unterwegs zu seiner Biographie*, 82。

注15：引自：同前揭，頁87。

注16：引自：同前揭，頁91。

注17：引自：同前揭，頁106。

注18：引自：同前揭，頁92。

注19：引自：同前揭，頁94。

注20：引自：同前揭，頁93。

注21：引自：同前揭，頁90。

注22：引自：同前揭，頁99。

注23：引自：同前揭，頁101。

注24：引自：同前揭，頁116。

第五章

FÜNFTES KAPITEL

[89] 當胡賽爾在一九一六年來到弗萊堡時，現象學的名氣還沒有超越學院哲學。但是短短幾年之後，即戰後的頭幾年之時，這位學院哲學專家幾乎已經成了世界觀的新希望。高達美（Hans-Georg Gadamer）曾說，在一九二〇年代初期，「西方沒落的口號無處不在」。（注1）在一次「改善世界的討論」當中，有著關於人們如何拯救歐洲的討論，在無數建議之中提到了馬克斯．韋伯、卡爾．馬克思和齊克果，同時也提到了現象學。幾年內，現象學成了一個大有可為的傳說，高達美和很多其他人一樣也受到影響，紛紛來到弗萊堡聽現象學大師以及他的魔法師學徒的課。現象學有著新天新地的光環，時代的自信心在極端毀滅感和新天新地的欣喜之間擺盪。

一九一六年之前，哥廷根和慕尼黑是現象學的據點。胡賽爾曾於一九〇一年至一九一五年間在哥廷根任教；而慕尼黑獨立於「哥廷根」，以謝勒和亞歷山大．普芬德（Aiexander Pfänder）為核心，是第二個現象學的核心。人們不僅把現象學視為學派，並且稱之為「運動」。這不僅關於重建哲學中的嚴格科學性，這也是現象學半官方的自我描述，並且涉及了以學術誠實為口號的生活方式：人們想克服在思想和感覺上錯誤的激情、意識形態上的自欺以及無紀律性。自始就在哥廷根現象學圈的康拉德馬修斯（Hedwig Conrad-Martius）形容學圈
[90] 的精神說：「這是事實本身的純粹性和真誠性的精神……當然必須貫徹在存心、性格和生活方式上。」（注2）

從學派的風格來講，在藝術中的是司提反．格奧爾格（Stefan-Georg-Kreis）文化圈，在哲學中的是現象學運動。兩個圈子都依循著嚴格、紀律和純正。

「回到事物本身！」（zu den Sachen!）是現象學家的座右銘。但什麼是「事物」？無論如何，事物被認為隱藏並迷失在偏見、大話和世界觀架構的樹叢之中。正如二十世紀初的霍夫曼史塔（Hugo von Hofmannsthal）著名的《書簡》（*Brief*）裡的那種類似的啟發。霍夫曼史塔讓他的角色香多斯勳爵（Lord Chandos）寫道：「我完全丟失了組織思考或言說的能力……那些抽象的語詞，舌頭必須用它們來表達所有判斷，就像發霉的蘑菇在我嘴裡散開。」（注3）語言震撼他的，是事物不曾有的沉默的、無窮無盡和壓抑的、而且迷人的明證性。現象學家也對這個明證性感興趣，而拋開自古至今一切關於意識和世界的想法和說法，這就是現象學家們的野心。他們尋找一種新的方式，讓事物自身顯現，不被已知的東西遮蔽。人們必須讓現實有「展現」自己的機會。事物自身展現的內容以及事物展現自身的方式——現象學家稱之為：「現象」（das Phänomen）。

現象學家們同意霍夫曼史塔的信念，認為人們必須重新學習感覺的字母表。首先我們必須忘記至今說過的一切，並且重新找到真實的語言。對現象學家來說，意識的真實性是第一堂課，唯有透過意識的真實性才能達到外在的真實性，這是關於真實性的全新認識。

現象學家以一種狂妄的方式表現謙遜，指責周圍的哲學家還沒有站穩腳步就企圖建立自己的體系。意識尚未充分認識到自己是一片未開發的大陸；人們開始研究無意識，對意識卻還不甚熟悉。

［91］

胡賽爾是這個運動的發起人。他告誡學生們要追根究柢，他經常說：「在基礎的工作上，人們不可能完美。」（注4）學生應該自詡為「主人葡萄園」裡的園丁，不過此處所指的「主人」是哪位，則仍然懸而未決。人們考慮謙卑、禁欲、真誠、純粹的精神，有時現象學家也稱之為「貞潔」，所以之後發現一些現象學家非常虔誠，我們也不能把它看作巧合。最著名的例子是列真福品的艾蒂特・史坦茵（Edith Stein），據她所言：在一九一四年之前，她早在早期哥廷根時期就為現象學「效力」。一九一六年至一九一八年間，她是胡賽爾在弗萊堡的私人助理；爾後她在一九二〇年代改宗天主教，最後進入修道院。後來納粹將她從修道院押走，因為她的猶太血統，她在奧斯威辛集中營被處死。

胡賽爾的學生阿道夫・萊納赫（Adolf Reinach）表示，現象學是一個計畫，「需要好幾世紀才能將它實現」。（注5）胡賽爾在一九三八年去世時，留下了四萬頁未出版的手稿。相比之下，他在世時發表的作品確實稀少。踵繼一九〇一年的《邏輯研究》之後，還有兩本書確立他的名聲，也使他的哲學受到矚目：一九一〇年的《哲學作為嚴格科學》（*Philosophie als strenge Wissenschaft*）以及一九一三年的《純粹現象學觀念和現象學哲學》（*Ideen zu einer reinen Phänomenologie und phänomenologischen Philosophie*）第一卷（他在世時唯一出版的一卷）。

[92]

胡賽爾日記裡吐露的大膽夢想中顯示，他設想哲學的未來就是他最初開始追求的。他總是一再地說自己是一位「初學者」。另外，他也在處理自己的作品。當他想準備出版前一段時間撰寫的手稿時，他就會開始重寫全文，這讓幫助他的助手們感到很絕望。他總是一再重新思考，並且發現自己難以接受自己先前寫的東西。對他來說，意識，特別是他自己的意識，就像一條河。大家都知道，人們無法兩次踏入河流裡的同一處。由於這種態度，他後來發展出一種發表恐懼症。這對其他沒有這個困難的哲學家來說，例如謝勒，同時準備出版三本書顯然也是件小事。胡賽爾對此存疑，雖然他承認謝勒的天才，但有時談起還是語帶輕蔑：「人們必須有些想法，但不該發表它們。」（注6）胡賽爾常這麼說。謝勒在談話中一旦有了好的想法，但是手邊又沒有紙的時候，他便會將那些想法記在漿過的硬袖口上，這樣的人既不想也無法保留下什麼東西。胡賽爾就不同了，他對自己作品左思右想，直到累積了大量手稿。一九三八年，一位方濟會的修士在一個驚險的行動中將這些手稿從納粹手中拯救出來，然後偷偷運至比利時的魯汶，今日被保存於專設研究機構中。

胡賽爾，一八五九年生於摩拉維亞（Mähren），在多瑙河帝國下殷實的猶太資產階級環境中長大，那個時代的特徵是「安全感……是最值得嚮往的財產，是共同的生活理想」（茨威格〔Stefan Zweig〕語）（注7）。胡賽爾學習數學，因為這門學科對他而言似乎既可靠又精確。後來他注意到數學也仍然需要一個基礎。基礎的、確定的、根本的東西——是他的熱情所在。因此他來到了哲學領域，但是如同他在回顧這段經歷時所寫的，他並沒有來到「傳統哲學」，因為他發現傳統哲學中充滿了歧義、不成熟的含混、搖擺，甚至沒有學術的誠實」，「完全沒有可以作為嚴格科學的起點的東西」。（注8）

如果人們要探究意識，那麼該從哪裡開始呢？胡賽爾再三對學生強調的開始原則是：人們必須拋棄所有關於意識的理論、所有前意見（Vormeinung）和解釋，以便盡可能公正且直接地觀察意識中的事件，在我此時此地的意識裡發生的事。

我們看到太陽升起，所有的科學都無法使我們改掉「太陽升起」這個說法。更糟的是：即使我們實際上看到太陽升起，但我們知道並非如此。雖然它看起來就是那樣，但現實卻不是那樣。我們能夠以這種「表象、現實、架構」來摧毀我們熟悉的生活世界：一切存在的都是虛無；一切僅僅只是看似如此。多麼美好的八月天，我們在一九一三年的維也納也會這麼說嗎？也受現象學影響的羅伯特．穆齊爾（Robert Musil）曾如此影射描述八月天：「在大西洋上空有一個低氣壓；它向東移動靠近俄國的高氣壓……這是由等溫線和等夏溫線造成……」（注9）

[93]

穆齊爾所描繪的這種無法被體驗的八月天，描述著對科學的諷刺。放眼望去，我們未曾也永遠無法看見等溫線。我們所能看見的是，例如我們抒情的夏日。胡賽爾會說，這是我們生活世界的「現象」。當我知道氣象學上它是如何發生時，它也就存在。所有對意識呈現的是「現象」，在胡賽爾意義下的意識研究，是對於意識現象內在秩序的嚴格反省。它既不說明，也不解釋；而是描述現象「由自身看來」（von sich her）是什麼，以及如何顯現。這種對意識自身的關注一舉解消了「本質」（Wesen）與「現象」（Erscheinung）的二元性，或者更精確地說：我們發現這種本質與現象的區分完全屬於意識的運作。意識以特殊的方式知覺它在感覺中錯過了什麼。現象就是所有進入意識中的東西，因此這種不可見性也是意識的現象。本質並非隱藏在現象「之後」，只要當我思考它或思考著我錯過了它，它就是現象。康德的「物自身」也是，這種非現象事物的不可把握性，當它作為某個被思考的東西，就是一個現象。

胡賽爾絕對不會重拾以獨我論（solipsistisch）的虛假方式質疑外在世界的實在性。相反的，他想表明的是，整個外在世界已經存在於我們之中：我們不是讓外在世界湧入的空艙，我們一直和某物「相關」。意識總是意識著某物。意識不是「內在的」，而是「外在」於被意識的東西。當人們終於把意識提升到意識的層次時，便就會注意到這點。這就是現象學。

[94] 為了自我闡明，胡賽爾發展了一種特定的技巧：「現象學還原」（phänomenologische Reduktion）。

現象學還原是一種執行知覺的特定方式，或更廣義地說，是執行一種意識歷程的特定方式。在這個歷程中，注意力（Aufmerksamkeit）並不在被知覺的東西上面，而是知覺的歷程。

根據這個方法，人們會走出知覺，但不是完全脫離，而是人們某種程度能看到那個歷程本身。我看見一棵樹。當我知覺到自己對於樹的知覺時，我注意到自己對於被知覺的樹下了一個「真實」的標記。但是如果我只是想像或者回憶某一棵樹時——我看到的是什麼？我看到了回憶？我看到了想像？不是，我看到了樹，不過是標記著「想像」或「回憶」的樹。有多少樹就有多少存有方式。此時此地看到的樹、回憶中的樹、想像中的樹，都是同一棵樹。某次我很高興看到它，因為它為我遮蔭；而又有一次我打量它是否有經濟價值而值得砍伐。同一棵樹在這種知覺中就不再是同一棵樹了。它的存有已經改變了。而且若是我以所謂「客觀的」、實事求是的方式探究它，那也只是樹「存在」的諸多形式中的一種。現象學還原不考慮樹是否「真實」存在的問題，並且關注樹如何以及作為什麼被給與意識的各種方式，或更確切地說：意識如何停留在樹那邊。

藉由現象學還原的練習，人們把所謂的「自然的」知覺放入括弧，並排除了「外在的」真實性，人們失去了整個世界，就為了在普遍的自我反思中重新贏得整個世界，正如同胡賽爾在《笛卡兒沉思》（*Cartesianischen Meditationen*）裡所說的。（注10）

現象學還原是現象學的決定性視角。它的重點在於對於意識過程的特定注意力，也稱為「現象學審視」（phänomenologisches Sehen）。藉由這種注意力，人們發現意識的生活「遊戲」大抵上有所謂的外在實在性。但是，當自然真實性關係被放入括弧，剩下的東西不就是空洞的遊戲嗎？對此，胡賽爾寫道：

[95]

「這種對於既有的客觀世界的所有意見的普遍性懸擱（universale Außergeltungsetzen）……對我們不是毫無影響。我們由此獲得並且由此獲得，或更確切地說：我作為沉思者由此獲得的是我純粹的生活，以及其所有體驗和其所有純粹意義，即現象學意義上的現象的宇宙。『存而不論』（epoche）（作者按：自然真實性關係的懸擱）也可以說是一種澈底且普遍的方法，藉此可以把我理解為純粹的我，並且以自己純粹的意識生活，整個客觀世界都是在這種意識生活中，並且透過這種意識生活，以對我而言的方式而為我存在。」（注11）

人們理所當然將「純粹意識」視作空無的意識：一面空無的鏡子或是一個空無的胃。但這僅僅是意識的「前意見」，不能意識真實的自我體驗之主張什麼。然後人們發現意識和存有須臾不可分離。沒有對立於對象的意識是空無的意識，意識以對象充填其空無。意識總是知覺著某物。以方法論的觀點來說，「滌除了」外在真實的意識無法停止想像一個「外在」的真實，即內在世界的外在世界。意識沒有「內在」，它是它自己的「外在」。當人們窮究意識，便會突然發現自己又置身於外面的周遭事物，人們會被「往外拋到」事物裡，沙特這麼說。（注12）胡賽爾的課讓沙特在一九三〇年代經歷了一次轉變。他感覺自己從「消化哲

[96]

學」的衰弱傳統中解放了，擺脫了這種把意識當作消化世界的胃部的哲學。

對胡賽爾來說，意識總是「指向某物」，他把這種意識的基本結構稱為「意向」（Intention）。

不同類型的意向對應於不同類型的意識歷程。在採取距離的認知意向當中把握某物，這只是意向性意識的一種可能形式。人們把這種意向誤認為整個意識現象。除此之外還有許多意向形式，以及指向某物的形式。而且並不是以下的狀況：首先把某個對象視為「中性」的，以便在進一步的活動中被「意欲」、「害怕」、「喜愛」，「渴望」和「追求」。意欲、追求和愛有特定的對象關係，「對象」會在這些活動中的不同情況下，以完全不同的方式被給與。這取決於我是出於好奇、希望、恐懼，是出於實踐或理論的意圖來把握對象，同一個「對象」對意識是不一樣的。胡賽爾曾經解釋過這個思想：愛把它的「對象」建構為「非對象」。

現象學的貢獻在於，它指出了我們的意識在實際運作中有多麼細微多變，以及意識試圖把自己的運作「帶入意識」的構想有多麼原始粗糙。它總是以這種模式把內在主觀和外在客觀對立起來，然後再問如何把人為區分的對立重新組合、世界如何進入主體、主體又如何進入世界。現象學指出，我們的知覺和思考運作方式並不是我們一般所想的那樣；它表示意識是個「居間」的現象，如同法國現象學家梅洛龐蒂（Maurice Merleau-Ponty）所說：它就傳統

[97]

意義上來說，既非主體也非客體。首先，思考以及知覺是個歷程，是在由許多被自我遺忘的活動構成的意識流當中。只有一個基本的反思（Reflexion），即對於意識的意識，才能分隔並且發現：這裡是一個「我」、一個主體作為意識的所有者；那裡是客體。人們也可以這樣說：意識就是被意識到的一切，意欲消失在被意欲者當中，思考在消失在思考對象當中，知覺消失在知覺對象當中。

胡賽爾打開了一扇門，在他面前開啟了一個無邊無際的「領域」：意識的世界。這個世界是如此多樣性和自發性，以至於真正的現象學與胡賽爾的科學的、以體系和法則知識為取向的意圖相牴觸。胡賽爾未完成且無法完成的浩瀚著作讓人有個印象，覺得它違背了胡賽爾自己的科學體系化的意圖，而只是想要在其中描述意識流的一種表現。漂流在意識流裡的體系碎片，使人想起史丹尼斯拉夫·萊姆（Stanislaw Lem）的哲學科幻小說《索拉力星》（*Solaris*）中的情節。研究人員發現了一個完全由大腦組成的星球，有著海洋一般的血漿。這個孤獨漂浮於太空中的大腦努力工作著。它的表層隆起巨大的圖形、波浪、噴泉，形成了漩渦、深淵，無比豐富的形貌。研究人員把過程視作符號，並且試圖解讀它們。於是他們發明了各種系統、名稱和概念，龐大的資料庫應運而生，直到研究人員終於逐漸明白一個對於有序大腦的可怕看法：大腦海洋中的每個點上發生的事件，都是不可重複且不可比較的，無法用任何概念掌握，為它們取任何名稱都毫無意義，因為它們不會以同樣的方式重現，因此再也不會有機會去識別它們。所有知識的順序都如同在沙中作記號，下一波風沙就會抹去記號。

胡賽爾是十九世紀的人，一位指導者、教授和父親形象的學者類型，他尋找最終的基奠和確定性，甚至是關於神的確定性。他曾在哲學生涯開始之時說，他希望「透過嚴格的哲學科學找到通往神和真正的生命的道路」。（注13）

然而經驗知識並不特別在意這個「瘋狂的鐘錶匠」的基礎工作，弗萊堡學生是如此稱呼胡賽爾的，因為他陷入自言自語時，經常以右手的中指在左掌心上不斷轉動。他沉浸在自己的意識流中，甚至完全沒有注意到學生的沉默。有一次一個學生，當時還是學生的高達美，在課上提出了不同意見，課後他對助理海德格說：「今天的討論真是一次令人興奮的討論。」（注14）人們所愛的事物會成為天堂的中心。因此胡賽爾無法理解他的學生為什麼生活在與他不同的世界裡，為什麼仍然陷於各種其他的事務。他嚴肅地對他的個人助理艾蒂特·史坦茵說，她應該在他這裡工作，直到她結婚為止。她應該從他的學生中找一個也可以擔任他助理的丈夫，一個知道他們的孩子如何成為現象學家的人……

[98] 諷刺的是，他自稱為「基礎中的專業工人」，試圖去尋找認識的堅實基礎，偏偏在哲學上發現的卻是意識流，於是付出了實際上相當可笑的努力，想要把無盡活躍的元素改造成最終確定性和可靠性的基礎和基座。他想在流動的沙丘上蓋房子，甚至想像它會世代相傳。現象學的意識研究，一個世紀的計畫。他可以欣喜地說「現象學就是整個人現代哲學的祕密嚮

[99]

往」（注15），但是他也有遇到挑戰、對整個現象學事業的意義質疑的時刻：當人們仔細測量意識的廣袤領域時，人們必定總是初學者嗎？當人們想達到一個不斷後退的視域（Horizont）時，不就是如此？

如果意識無法澈底描述和分析，人們必須將袋子的另一端封起來，胡賽爾也是這樣脫困的。這種思想的短路名叫「超驗自我」（transzendentales Ego）。它是意識所有功能和運作的總體，是意識的泉源。

如果正如胡賽爾所說的，關於自我的意識只有對於知覺的知覺當中才會以從屬的方式自我建構起來，那麼人們如何把超驗自我置於整個意識歷程的開端呢？很簡單，只要宣稱人們用以觀察意識歷程的現象學觀點就是超驗自我的位置。「每個我思及其所有部分都在體驗之流中生滅。但是純粹主體不生不滅，即使它以它自己的方式『出場』和『退場』。它進入活動又退出活動。純粹主體是什麼，它究竟是什麼以及它實際上完成了什麼，我們能在自我知覺中把握它，這本身就是它的活動之一，而存有狀態（Seinsverfassung）的絕對不可懷疑性就建立在這裡。」（注16）

由此可以推論說：胡賽爾把在自我和世界分離「之前」的意識歷程描述為「無自我的」，而在超驗的層次上回到他想要克服的想法，也就是「自我」作為意識內容的擁有者。剛剛被摧毀的自我再度如同在笛卡兒的傳統裡成為確定性的最高權威。這就是胡賽爾自一九一三年提出的超驗自我的轉向，這種轉向後來也招致海德格的批評。胡賽爾把超驗自我理解為一種實體，在其中，內容可以改變，但實體本身則不會變異。這種超驗自我和神性精神有著可疑的相似之處，傳統一直以它作為是世界所有內容的不變基礎。因此，難怪胡賽爾在談到超驗自我的發現時會說：「如果我是為了自己這麼做，我就不是人類的我了。」（注17）

就像費希特一樣，胡賽爾終究也實現了自我的轉向，整個世界都來自於自我，意識不再只是存在於世界裡的魔幻事物，整個世界都作為一個世界出現在意識中。某種被標記為「存有者的」（ontisch）的東西，其實是「存有學的」（ontologisch）——海德格就是如此定義這種令人困惑的現象，並且要將它扔回那個胡賽爾從中偷偷溜走的世界。胡賽爾的超驗自我在大腦裡有個世界，但這個大腦卻不在這個世界。

很明顯的，當人們想定位豐富的意識生活，卻又想要避免自然主義和心理主義的化約，這種思想就很容易落入類似神的視角的誘惑。

但是，意識想讓豐富的意識生活透明且佔有之，卻又不破壞它，並不一定要提升為超驗哲學家的神，它也可以成為詩人。從柏拉圖的時代起，這就是哲學家祕密或不可名狀的隱約感覺。胡賽爾對此也不陌生。在一次與日本人的談話中，他說：「哲學和詩在它們最內在的起源上緊密相連，而且它們在靈魂中有一種神祕的親緣性。」（注18）

和詩的「神祕的的親緣性」，在現象學裡比任何哲學都要明顯。對意識生活的描述以及

[100]

對世界體驗的描述、對內在和外在空間和時間的現象學注意力，一直是詩的主題，對於柏格森學派、在奧斯曼大道（Boulevard Hasumann）的隔音間裡潛心於其現象學練習的普魯斯特（Marcel Proust）來說，則更是如此。如果現象學是「整個現代哲學的神祕嚮往」（胡賽爾語），那麼普魯斯特就必須被形容為對於現象學哲學的神祕嚮往。

我們只需要讀一讀《追憶似水年華》的開頭、敘事者對自己醒來的描述就可以了，這是一個自我對於每天早晨重生的無與倫比的現象學描述，這個自我每次都必須進行一次時空旅行，才有辦法在此時此地的座標找到自己。

「我只要躺在自己的床上，又睡得很踏實，精神處於完全鬆弛的狀態，我就會忘記自己身在何處，等我夜半夢回，我不僅忘記是在哪裡睡著的，甚至在乍醒過來的那一瞬間，連自己是誰都弄不清了；當時只有最原始的一種存在感，可能一切生靈在冥冥中都萌動著這種感覺；我比穴居時代的人更無牽掛。可是，隨後，記憶像從天而降的救星，把我從虛空中解救出來；起先我倒還沒有想起自己身在何處，只憶及我以前住過的地方，或是我可能在什麼地方；如果沒有記憶助我一臂之力，我獨自萬萬不能從冥冥中脫身；在一秒鐘之間，我飛越過人類文明的十幾個世紀，首先是煤油燈的模糊形象，然後是翻領襯衫的隱約輪廓，它們逐漸一點一畫地重新勾繪出我的五官特徵……」（注19）❶

❶ 譯注：引文中譯見：《追憶似水年華》第一冊，頁48，李恆基、徐繼曾譯，聯經，2015。

[101]

對於意識歷程的世界的現象學覺知（Achtsamkeit）需要一種態度，它和日常生活的要求以及糾葛相戶牴觸，因為我們只會留心事物、人們和我們自己，而不在意這一切如何在我們的意識中「給予」我們。胡賽爾一直強調和自然的世界態度（Welteinstellung）的決裂。普魯斯特也只能在他臥室的避難所裡，他生命最後十二年的工作室，鋪陳他的回憶工作的現象學宇宙。對於這種退回到無世界性（Weltlosigkeit），人們在胡賽爾那裡發現了一整個多樣的內在存有學而得到補償，在普魯斯特那裡則尤有甚者：一個無限多樣而層次分明的存有者國度。記憶、恐懼、渴望、希望以及思考的對象，它們的真實性不遜於充斥在主客體涇渭分明的真實性。

無論如何，布倫塔諾關於「存有者的多重意義」的著作是海德格的哲學啟蒙，而胡賽爾的現象學對海德格而言，則是一種揭露存有者的多樣性的哲學。

一九二五年夏天，海德格在著名的馬堡講座中講述「時間概念的歷史」（*Geschichte des Zeitbegriffs*）的主題時，回顧了胡賽爾現象學的各種觀點。這些觀點促使他走自己的路，並且也指出為了前進而必須跨越的界線。

重點是，現象學態度要如何重新面對「事物」：「**消除偏見——單刀直入地觀察並堅持所見，並且沒有任何好惡的好奇心問題。現象學的公正客觀是如此困難，因為人的存在元素是由矯揉做作、謊言以及他人的議論構成的。**」（GA 20，37）

對海德格來說，有兩個領域的頑固教條屬於現象學要克服的哲學內部的「**矯揉做作**」：本質和現象。根據海德格的說法，現象學恢復了現象（現象世界）的名聲，它突顯了現象自身產生的意義。在現象學的思考裡，現象並不是低階的、甚或是虛假的現實，它後面有個屬己事物（Eigentliche）必須去尋覓，不管是形上學或自然科學的。這種「屬己事物」也是某種顯現者，無論是神或邏輯的「對象」，又或是所謂的自然法則。現象學之於海德格不是思辨、不是思想結構，而是「**拆除遮蔽**」（Abbauen der Verdeckungen）並且「**揭露它讓人看見**」的工作（GA 20, 118）。由此，意識的意向結構被揭露了——海德格形容為現象學最重要的發現。對海德格而言，傳統知識論的主客二元論，因此從兩個方面被克服：從自我開顯的世界以及總是和世界有關的意識。

[102]

在一九二五年的演講中，海德格也清楚指出胡賽爾的侷限。雖然胡賽爾拯救了現象而重新突顯了存有者各種相遇方式的意義；但他從來都不探究人（即意向性的意識）在什麼意義下是個存有者。胡賽爾只有推進到否定性的定義，也就是人類是「相對於自然的對待者」（Gegenwurf zur Natur）❷。人是什麼或者是誰，海德格對於這個問題的回答，我們稍後會了解。

❷ 譯注：「Gegenwurf」原意為「對象」，或譯為「反拋」。

在和胡賽爾密切合作的前幾年中，海德格把胡賽爾的「觀念」（Ideen）從內在於意識的脈絡裡抽取出來，把它拋到世界裡。

首先，對於狄爾泰的歷史生命哲學的研究對他頗多助益。依據狄爾泰的觀點，任何一種陷入自我誤解的哲學，他都認為是可疑的，這些觀點或許可以在歷史的彼岸找到一個避風港。胡賽爾建構的超驗自我就是這種無助的意識「彼岸」。其次，對齊克果的研究也有助於海德格反駁胡賽爾的意識內在性（Bewußtseinsimmanenz）。

齊克果對於心靈的自我擅權的抨擊，並不是像狄爾泰那樣基於歷史性的「生命」，而是基於思考和存在之間無法泯滅的差異。在生命的種種糾葛當中，我們總是一再陷入一個處境，一個我們必須決定想要成為誰的處境。我們離開了僅僅是可以思考的事物的領域，我們必須承諾、承擔責任，我們無法逃避從一個可以思考一切的人變成一個現實的人，從可以思考的事物裡揀擇和他的內在以及外在行動有關的事物。對於齊克果的存在主義式的批評而言，意識哲學是逃避真實生活的生命的種種風險的唯一途徑。

海德格認為歷史性的以及存在的生命的這種力量不只是個思想，他的這個想法有其歷史環境的影響。

自從胡賽爾來到弗萊堡之後，海德格一直嘗試親炙大師，但是大師起初表現得很冷漠。

[103]

在胡賽爾看來，海德格顯然屬於教會陣營的哲學家，這使得胡賽爾對他興趣缺缺。花了近一年的時間與徒勞的努力，海德格終於有了和胡賽爾面談的機會。一九一七年九月二十四日，胡賽爾對海德格寫道：「我很樂意盡我所能地支持您的研究。」（注20）

一九一七年的冬季學期，胡賽爾終於「發現」了海德格。不久之前，艾蒂特・史坦茵放棄了胡賽爾個人助理的工作。她要處理胡賽爾即將出版的手稿，但這位「初學者」不斷給她推翻完成了的草稿和筆記，這使她再也無法忍受。除此之外，胡賽爾要求她宵衣旰食地工作，卻沒有實現她完成教職論文的願望。

因為胡賽爾必須找一個新助手，所以欣然同意了海德格的毛遂自薦。

在一九一七年的最後幾個星期，他們兩人之間必定進行了相當密集的哲學討論，因為海德格在一九一八年一月以預備軍人應召入伍，被派到故鄉梅斯基希附近的霍依堡（Heuberg）的新兵訓練中心受訓，胡賽爾在致信中表明了因為不能和他一起從事哲學工作感到遺憾。海德格十分開心，也刻意迎合地回了信，他此刻的自負不是來自哲學，而是因為熬過了艱苦的軍事訓練。胡賽爾這個有民族意識的人也很欣賞這種哲學以外的才能。他在一九一八年三月二十八日的信裡寫道，海德格將哲學擱置一陣子也許是好事；此後他（「希望西方戰線取得勝利後，戰爭不會持續太久。」）肯定會「更加不屈不撓地」回到哲學問題上。（注21）

海德格仍然在服役。他被派至前線氣象站（就像二十年後沙特在二次世界大戰初始時一樣）並於同年七月到柏林學習氣象學課程。他和胡賽爾頻繁書信往來，語氣更加真誠和信任。在一九一八年九月十日的信中，胡賽爾稱讚還沒有偏軌的年輕的海德格有「清澈的靈魂之眼、明淨的心、明確的生命意志」（注22）。書信以鄭重的期許作結：「噢，年輕人，您透過書信和我交換意見，真是讓我愉快且振奮。」

[104]

這種父親般的熱情語氣可能和胡賽爾對於他的次子的擔憂有關。一九一六年春天，胡賽爾的么子戰死前線之後，他的次子於該年秋天因為頭部中彈而住院。胡賽爾把海德格當作替代的兒子那樣對待。胡賽爾寫信給海德格時，艾蒂特．史坦茵正住在胡賽爾家裡擔任護理人員和傭人。胡賽爾的妻子馬爾文（Malwine）和胡賽爾因為嚴重流感而臥病在床，女僕辭職、女兒在外，壞消息自醫院傳來。艾蒂特．史坦茵致信羅曼．英格頓（Roman Ingarden）描述家裡令人沮喪的情況，對胡賽爾來說，在這情況下，和海德格的魚雁往返顯然意味著安慰和鼓勵。到了春天的時候，胡賽爾對戰勝的信念已經消失殆盡，轉而在家中抱怨帝國的「體系」。根據艾蒂特．史坦茵的說法，馬爾文為了激怒丈夫，甚至轉向支持「獨立」的陣營（指德國獨立社會民主黨）（注23），而釀成了不可收拾的婚姻糾紛。

此時，海德格於八月底被派到色當附近的亞爾丁（Ardennen）西部前線的軍事氣象站。那裡的氣象任務是為馬恩和香檳區戰役（Marne-Champagne-Schlacht）的化學武器使用提供天氣預報。

[105]

對於海德格如何體驗這個處境，我們的印象來自他致伊麗莎白・布洛赫曼（Elisabeth Blochmann）的第一封信。

伊麗莎白・布洛赫曼是艾弗里德的同學。戰爭期間，她在史特拉斯堡師事齊美爾，學習哲學、德國文學和教育學，戰時曾加入照護工作的社會服務。她也深受青年運動思潮的影響，如同海德格談到一九一三年的邁斯納山漂鳥模式（Hohen-Meißner-Formel）時所說的：「自由德國青年想要面對自己的責任，依照自己內在真實的決心來塑造自己的生命。」海德格、布洛赫曼和艾弗里德就是在青年運動團體中認識的。

在第一封信中可以清楚感受到連結兩者的青年運動精神。信中多次提到「**真誠**」（Wahrhaftigkeit）以及「**責任感**」的話題，孺慕之情溢於言表。兩人都在信中練習迂迴暗示的技巧。小海德格三歲的布洛赫曼衷心敬佩海德格，這使他感到自鳴得意，而且顯然喜歡以哲學導師和神師的口吻對她說話：「**我們有義務把我們內心的真誠激動而真切的體驗傳達給志同道合的人們。**」（一九一八年十月二日，BwHB, 9）「**精神生命必須在我們這裡成為真正的現實——它必然是源自個人的一股力量，這股力量會『顛覆』並迫使人起義——而且這股力量不在吹噓、頹廢和壓迫中顯現，而僅顯現於樸實無華中……精神生命只能親身體會和塑造，涵泳其中的人直接在自己的存在裡把握它……真正相信自決的自我價值，如此就可以永遠裡裡外外地消除偶然環境中一切沒有價值的事物。**」（一九一八年六月十五日，BwHB, 7）

[106]

海德格見證過德國西線軍隊於對節節勝利的盟軍最後一次的大反攻，刺眼的方式使他看清戰前那個振興文化的「精神」不復存在。戰爭燒盡了一切——僅剩一個赤裸的核心，海德格以模糊的心境（Pathos）把這個核心稱為「**個人力量、自我價值的信念**」或是「**對核心自我的服從**」。這種轉向個人核心的強大回歸是個很好的契機：現在可以消除偶然的環境中沒有價值的東西，但是人們必須堅忍不拔、相信自己，並且拋棄安逸文明的邪說詖行。如此精神才會重生，首先在「**真誠者**」的小團體中，接著開枝散葉，也許可以既深且廣地振興民族。一九一八年十一月七日，海德格仍在前線，他寫信給布洛赫曼說：「**該來的終局之後的生活究竟會如何，我們唯一的救贖是如何，這些都不確定——唯一確定且不可動搖的是，要求有真誠精神的人現在不應該軟弱，而要振臂高呼，教育人們對於生命真正的善的真誠和真正的重視。這是我生活的樂趣——即使有些外在的匱乏和不得不放棄的東西——只有內心貧乏的唯美主義者以及玩弄思想的『思想家』，就像有人玩弄金錢及享樂那樣，會在此時崩潰和絕望——不要期望從他們得到任何挹注和有價值的指示。**」（BwHB, 12）

「**這是一種生活的樂趣**，」海德格寫道。一個「**玩弄思想**」的世界瓦解了，這使他感到振奮。他的政治前景仍然風雨如晦。來自前線的信幾乎沒有對於前線體驗的描述，前線的征途「**很不錯**」（一九一八年十月二日，BwHB, 9），卻透露了對於哲學新開端的許多期待。如他所說的，首先必須破除那些朽滅的、虛妄的、傳統的、偽裝的東西。重點是那些原初體驗

[107]

（Urerlebnis），即便是宗教的模式，而哲學和神學則是揑造虛假的連續性和可用性，隱覆了這個原初體驗。

預備役軍人海德格發現了一種新的強度。不是戰爭本身，而是這場災難燒毀周圍一切而遺留的東西。不是勝利的磨練，而是透過失敗的淨化。這是他相信「**精神和自己的力量**」的方式——在它裡頭並且為它而活的人，在戰爭中永遠不會處於劣勢（一九一八年十一月六日，BwHB, 10）。他又說：「**我們想要的新生活，或是我們想要進入的新生活，必須放棄追求普遍，即虛假而平面的（膚淺的）——它的財產就是那個原初性**（Ursprünglichkeit）——**它不在人為的施設造作，而是完全直觀的明證性。**」（一九一九年五月一日，BwHB, 15）

如此偉大且充滿希望的話並不是徒託空言，因為這個在戰爭最後幾個禮拜升為二等兵的年輕哲學講師，在一九一八年十一月回到弗萊堡之後，全力探究這「**整個直觀**」——試圖把握那襲向他的東西——他把這個直觀，這個瞬間的明證性，拿來當作哲學的語言，首先是把它融入生活的連續性當中。在這個歷程裡，他注意到時間的動力：時間會「產生」（zeitigt）直觀以及瞬間的明證性，但動力不保留它們，也不持續支撐它們。時間是個事件，它不是被造物，但是取決於我們以它做了什麼。在一九一九年五月一日給伊麗莎白的一封詳盡的信裡，不僅情致真切地透露了年輕的海德格對於哲學的執著，他更寫道：「**人們認為並且要求，個人的生命之流必須以有如蒙福的瞬間湧現的廣度和音域振幅來振動，但是這是對個人**

的生命之流的本質的理性誤解。這種要求源於，在一切生命的神祕和恩典面前缺乏內在的謙卑。我們必須等待充滿意義的生命的種種高度張力，必須在連續性裡和這個瞬間共存；不是享受這個時刻，而是在生命中形塑它，在不斷向前走的生命裡帶著它，並且把它融入所有即將到來的生命的節奏之中。」

「在此刻，在我們直接感覺到我們自身以及我們生命的方向之時，我們不該只是察覺這個清楚的事實，然後把它記錄下來，好像只是我們的對象；從事理解的那個自我意識（Sichselbsthaben）唯有真正的生活過，也就是說，唯有它同時也是個存有，它才是真實的。」

一九一九年，海德格「**開心地**」把他的直觀述諸筆端，而那些周遭發生的事，他則稱之為「**瘋狂狀態**」（一九一九年一月十四日，BwHB, 12）。

注1：H. R. Sepp (Hg.), *Edmund Husserl und die Phänomenologische Bewegung*, 13。

注2：引自：E. Endres, *Edith Stein*, 87。

注3：H. v. Hofmannsthal, *Gesammelte Werke* Bd. 7, 465。

注4：H. R. Sepp (Hg.), *Edmund Husserl und die Phänomenologische Bewegung*, 42。

注5：引自：同前揭，頁61。

注6：引自：同前揭，頁42。

注7：S. Zweig, *Die Welt von Gestern*, 14。

注8：H. R. Sepp (Hg.), *Edmund Husserl und die Phänomenologische Bewegung*, 66。

注9：R. Musil, *Der Mann ohne Eigenschaften*, 9。

注10：E. Husserl, *Cartesianische Meditationen*, 183。

注11：引自：H. Rombach, *Phänomenologie des gegenwärtigen Bewußtseins*, 48。

注12：另見：J. P. Sartre, *Die Transzendenz des Ego*, 33ff。

注13：H. R. Sepp (Hg.), *Edmund Husserl und die Phänomenologische Bewegung*, 63。

注14：H. G. Gadamer, 15。

注15：E. Husserl, *Ideen zu einer reinen Phänomenologie*, 118。

注16：H. Rombach, *Phänomenologie des gegenwärtigen Bewußtseins*, 52。

注17：引自：同前揭，頁71。

注18：引自：H. R. Sepp (Hg.), *Edmund Husserl und die Phänomenologische Bewegung*, 18。

注19：M. Proust, *Auf der Suche nach der verlorenen Zeit* Bd. I, 12。

注20：H. Ott, *Martin Heidegger: Unterwegs zu seiner Biographie*, 102。

注21：引自：同前揭，頁104。

注22：引自：同前揭。

注23：E. Stein, *Briefe an Roman Ingarden*, 105。

第六章

SECHSTES KAPITEL

革命時代

馬克斯・韋伯與學術先知

聖人通膨

海德格的講台

存有問題的早期歷史

體驗和脫離體驗

世界化

砍光伐盡哲學

海德格的達達主義

生命的透視

經歷瞬間的晦暗

有親緣的精神：海德格和年輕的恩斯特・布洛赫

[108] 一九一九年初，馬克斯・韋伯在慕尼黑發表了一場主題為「從內在呼召到科學」的演講。他演說的地方如同德意志帝國其他大城市一樣，也處於革命暴動。幾個禮拜之後，慕尼黑爆發內戰，並且建立巴伐利亞蘇維埃共和國（Räterepublik Baiern）。有淑世之志的作家如托勒爾（Toller）和米薩姆（Mühsam），企圖鞏固這個「光明、美和理性的王國」，一時間風起雲湧。韋伯認為這完全是不負責任、被冒險家操縱的信念政治（Gesinnungspolitik），當他們期望政治實現意義及幸福時，卻不想認清這非政治所能。當時坐在演講廳的卡爾・洛維特（Karl Löwith）描述了韋伯在去世前一年是如何「蒼白、疲憊，匆促地穿越擁擠的大廳邁向講台」，他「臉上蓬亂的鬍鬚」讓洛維特想起「班堡（Bamberger）諸聖人像陰鬱的餘燼」。（注1）韋伯給他的印象是「令人震撼」。根據洛維特的說法，韋伯扯下了「所有值得嚮往事物的面紗，每個人都必然感受到這個清晰理性的心就是最深沉的人性。在聽過知識份子無數個革命演說之後，韋伯的話語就像是一種救贖」。

這場演說一發表後就引發了激烈且廣泛的公開爭論，其中包含清醒的時代診斷。表面上是關於科學的倫理，但核心是韋伯試圖回答的問題：在現代「理性化」文明鋼鐵牢籠裡，如
[109] 何堅持實現追求有意義的生命渴望。他的回答是：科學透過其技術的影響，澈底改變了我們的日常生活，並且在戰爭中證明了它蘊藏著多大的破壞力——這樣的科學已經成為我們的命運，但它讓我們獨自面對意義的問題：「科學作為志業的意義是什麼？科學是『通往真實存

有的道路』、『通往真實藝術的道路』、『通往真實自然的道路』、『通往真正的神的道路』和『通往真實幸福的道路』這些早期的幻象都消逝了嗎？托爾斯泰（Tolstoj）給出了一個最簡單的答案：『科學是沒有意義的，因為它無法回答那唯一對我們重要的問題：我們應該做什麼？我們應該如何生活？』科學沒有給出答案，這是不可爭辯的事實。唯一的問題是，在什麼意義下科學『沒有』提出答案，或科學無法為正確提出那個問題的人做些什麼。」（注2）

科學能檢驗立基於價值判斷的預定目標其相應的方法，還可以分析內部矛盾以及和其他價值判斷的相容性。科學可以自我反省，但是不能讓我們擺脫我們該如何生活的決定。個人價值判斷的任務被認為是要擺脫以前的專制，如此一來，科學無法做出有意義和有價值的判斷的事實，就不是個問題，而是一種機運。但情況並非如此。韋伯說，因為我們的文明既深且廣地根植於理性之中，以致消蝕了個人對自己決定能力的信心。在進行價值判斷時，人們仍希望有客觀確定性和客觀的保證，因為人們在科技化的世界中習慣了這些。當人們乘坐街車時，不需要知道它的運作原理，對此可以完全放心，因為一切都妥善地「經過計算」。但是當人們處在可以通過很多方式「計算」的生活世界之中，並且也習慣了雖然沒有親知一切，但是知道有其他人理解，否則人們無法生產出這樣技術的奇蹟，於是人們就在其實上無法要求這種確定性和保證的地方，也要求這種確定性和保證：那就是意義和價值判斷的領

[110]

域。人們沒有利用其中的自由，還想在這裡使用科學的客觀性。因此出現了這種世界觀的趨勢，為了獲取信任，他們以科學來打點自己的門面。這就是韋伯所稱的「講壇先知」（Kathederpropheten）的事務。他們藉由錯誤地合理化最後的魔法，即人格及其自由，來面對這種世界因理性化而除魅的無神祕性。他們不想承擔理性和人格之間的衝突，而是想從「體驗」中獲得就像搭乘街車時那樣令人放心的世界意義。「講壇先知」沒有把祕密保留在個別的靈魂中，而是讓失去魔力的世界沉浸在刻意重新巫術化的微光裡。韋伯主張一種離析（Entmischung）。一方面是理性地把握和探究世界，另一方面則要尊重個人的奧祕，即便有時候個人也會想要擺脫自由的負擔。韋伯要求誠實。即使不舒服，人們也應該面對事實：在一個我們能以理性深入及以科技整備的世界，神已經消失了；如果神仍存在，也只能在個人的靈魂中，那個人必須「自己承擔」，願意「以知性獻祭」，並且相信神。這種不屬於世界的有生命力的信仰，深深吸引著韋伯，就像人們被藝術家或是大師們吸引那樣。他將這種人稱為「宗教大師」（Religionsvirtuosen）。但是，信仰若是和科學混淆，或嘗試和科學在理念上分庭抗禮，他則稱這樣的信仰是危險的欺騙。在他眼中，只有不藉著科學欺世盜名的信仰，才會在「神祕生命的背後世界國度當中，或是在個人間直接關係的民胞物與裡」擁有尊嚴和真理。（注3）這裡可能有「先知的聖靈」吹拂著，但人們應該注意不要讓它吹進政治領域裡。

[111]

可是韋伯的警告終究無濟於事。「講壇先知們」被激怒了。一位正想登上講壇的教師恩斯特・克里克（Ernst Krieck）（海德格在國家社會主義的革命當中和他扯上關係），他是「右派」的韋伯所批評的事物的代言人。他抨擊這種「客觀性的態度」和價值自由，認為那是典型的墮落表現，是「失根的知識份子」的言論。在科學中也能看到：國家失去了靈魂。因此克里克要求「科學革命」。它應該參與「普遍國家宗教」的建立，這種普遍國家宗教應該讓人民達到「道德的統一」（注4），並且促使國家超越僅僅作為效益主義的機器的層次。韋伯幾乎無力法抵擋種種批評、污衊和誹謗。他於一九二〇年去世。即便他沒有逝世，他也無法應付四處蜂起的預言、幻象、救世論和世界觀。因為韋伯在威瑪共和國初期中傷的「講壇先知」，後來發展成強大的自由業競爭。這是個聖人通膨的時代，他們在大街、林間、市集、馬戲團帳棚和小酒館煙霧瀰漫的包廂裡，到處都有人想要拯救德國或世界。斯賓格勒（Oswald Spengler）的《西方的沒落》（*Der Untergang des Abendlandese*）在那年銷售了六十萬冊，偉大理論的草稿碎裂成上千個小碎片，基於末日和澈底的新天新地的種種世界解釋甚囂塵上。幾乎每個大城市都有個或甚至數個「救世主」。在卡爾斯魯爾有個自稱為「原始漩渦」（Urwirbel）的人且承諾他的信徒可以分享宇宙能量；在斯圖加特有個「人子」，邀請人們參加救世素食晚餐；杜塞多夫有一個新基督宣揚末日將近，並號召逃到艾菲爾山（Eifel）。在柏林的「靈性君王」路德維希・霍伊塞爾（Ludwig Häusser）佔據了大禮堂，主

[112]

張原始共產主義式的「最堅定的耶穌倫理」，高唱愛情無政府主義，並且自封為「領袖」：「這是人民、帝國和人類向前發展的唯一可能。」（注5）那幾年有數不盡的先知和靈恩運動（Charismatiker），他們所有人幾乎都支持千禧年和末日，是戰後革命激動的迷途者、世界復興的決斷主義者、越來越狂熱的形上學主義者、意識形態和宗教替代品的市集上的商人。自重的人會和這種骯髒的場景保持距離，但是管道是暢通的。這也適用於狹義上的政治圈，左派和右派都散播著彌賽亞主義和救世論。在慕尼黑蘇維埃共和國時期，托勒爾和米薩姆頒布的法令宣稱世界會蛻變為「滿是鮮花的草地」，「在那裡每個人都能摘採他的那一份」（注6），也宣布廢除剝削、階級制度和法學思想，並且命令報紙把賀德林或席勒的詩和最新的革命法令一起刊登在頭版。

那些年所有政治陣營的狂熱份子，莫不競相為無意義的事物賦予意義。無論是在政治或是科學上，人們都還未準備好接受現代世界的除魅。現實主義和現實政治的精神（威瑪聯盟）不再受到多數支持；而在人文科學和社會科學中，馬克斯・韋伯主張的世界觀的節制也沒什麼人理會。一九二一年，愛德華・斯普朗格（Eduard Spranger）大肆抨擊韋伯的客觀性主張及其對於形上學的排斥：「年輕一代虔誠的……期待著最內在的重生……現今的年輕人比任何時代都更依靠他們精神器官的整體性在呼吸和生活……」有一種「趨於全體的本能」並且「同時有宗教的嚮往：從技術和機械的關係回到永恆湧流的形上學」。（注7）

一九一九年初，海德格在戰後特別學期開設的第一個演講課名為《哲學理念與世界觀問題》（Die Idee der Philosophie und das Weltanschuungsproblem）。這位年輕的講師想要加入這場時代的論戰。他在初探當中提到了韋伯。他強調哲學的科學性，「**如同所有科學，在哲學中應該排除哲學家的個人看法**」。（GA 56/57, 10）

但海德格不想停留在韋伯只是區分科學知識和價值判斷的做法；他沒有要否認這個事實，而是要把它當作問題，即我們如何評價以及我們如何形塑世界觀。

不同大多數批評韋伯的人，海德格並不想重新調和科學、價值和世界觀，把它整合到究竟的終形上學綜合命題裡。他的遠大目標是要探究在這個分化之前的領域。他問道：在我們以科學、評價或世界觀的態度形成現實世界以前，我們是如何體驗它的？現在海德格不把這種「關於科學的科學」稱為某種科學理論，而是叫作「**作為原初科學的哲學理念**」（Die Idee
[113]
der Philosophie als Urwissenschaft）。這聽起來很像是要踵武胡賽爾科學的現象學奠基的計畫，即對於意識結構的描述，科學及自然的世界態度都是由意識結構而生的。但是早在他的第一次演講課就很清楚了，海德格在超越胡賽爾。他引用了胡賽爾的原則：「**所有在『直觀』中原初……呈現的，會如其所是地接受它們**」（GA 56/ 57, 109），並且指出，胡賽爾僅在以理論為取向的意識裡描述「**既有的存有**」（Gegebebsein）的種類。但事實上，在我們周遭世界的體驗中，唯有在特殊情況中才會以理論為取向。當時還被視作胡賽爾最有前途的學生，這

位年輕的講師自信地宣告說，「**體驗的原初態度**（Urhaltung）」（GA 56/57, 110）是個完全不同的東西，而且哲學從來沒有好好地把它當作研究對象。

「體驗，甚至是體驗的原初態度」，這難道不是個隱藏的祕密的標題嗎？它不是到頭來又要從裡頭變出形上學寶藏的黑色袋子嗎？我們從卡爾·洛維特和高達美那裡得知，當時學生的課堂印象的確是如此。但那些翹首以盼的人，由於渴望世界觀和形上學，而想要在「**體驗**」當中尋求或新或舊的意義的人，對於海德格既冷靜又狂熱、既簡單又繁瑣的說法感到無比的失望。他沒有以學術先知的身分現身，而是要求學生確切體會那個講台的體驗，也就是他站在講台旁邊授課的體驗。整個演講都圍繞著這種講台體驗，因此我要引述一大段這個情境令人動容的現象學描述：

[114]

「各位一如往常地來到這個演講廳，在慣常的時間走向慣常的座位。各位把握了『看見自己的座位』這個體驗，或是各位能夠同時設想我的觀點：走進演講廳，看見我的講台……『我』看到了什麼？棕色的平面，切割方正的棕色的平面？不是，我看到了其他東西：一只箱子，而且是上頭疊著小箱子的大箱子。完全不是，我看到我應該在那裡講課的講台。各位看到我在這裡對各位講課，在這裡我已開始講課的講台。在純粹的體驗中，並沒有如人們所說的奠基關係，並不是好像我先看到棕色相交的平面，然後把它看作箱子，再把它看成桌

台、再看作學術演講講台，看作講台，如此把講台像標籤一樣貼在箱子上。這些都是錯誤曲解的解釋，偏離了體驗當中純粹的『觀入』（Hineinschauen）。我當下就看到講台了；我也不僅是孤立地看到它，我看到講台對我來說太高了。我看到一本書放在它上面，立刻造成干擾……，我在那個方向、光線下、背景中看見講台……在這講台體驗中給予了我來自直接環境的某些東西。這種周圍世界……不是具有一定意義特徵、對象的事物，並且不被把握為重要的，而是最重要的首要事務，在事實的把握上未經任何思想的迂迴而直接給予我。對我而言，在生活世界中到處都有意義，也總有意義，一切都是和世界有關的（welthaft）、世界化了（es weltet）。」（GA 56/57, 71/72）

「**世界化**」：這是第一個海德格式的自創詞，以後他還會有很多自創詞。在這裡人們可以看到，如何找到一種說法去描述一個歷程，這個歷程乍看下不言而喻，但仔細去看，才會發現它的複雜性，而且還沒有任何名字可以表述它。海德格就是這樣發明新詞的，用以描述因為距離我們太近而不認識的東西。因為事實上，當我們思考我們看見一個講台時，我們會不自覺地落入不再屬於知覺程序的另一個程序。我們是依據這個模式思考的：有個知覺的我，這個我遇到一個某物、一個對象，我在這個對象上逐漸注意到若干特性。海德格想要指出，我們在現實中並不是如此遭遇事物的。當人們以此時此地的例子進行排演，才能對照顯示出我們實際上是如何遭遇事物的，例如：一九一九年的一個灰濛濛的二月天，在弗萊堡大學第二演講廳的講台體驗。我們必須試著不要談論「關於」知覺活動的事，人們不該替代性地追溯到一般的理論，而必須知覺它，並且同時伴隨著注意力。人們必須把注意力集中在這[115]個注意力上頭，就可以理解海德格所要強調的是什麼，以及他一再兜圈子的問題，如此人們就可以得到一個印象，那就是他其實並沒有任何進展。可以理解的是，我們會先感覺到一個混亂但有意義的世界脈絡，並且從自然的知覺行動中以抽象的方式得到一個「中性」的對象。如果我們以流行的理論去觀察這個過程，整個過程卻是相反的：我們以看起來「中立」的事物為起點，然後賦予它屬性，並把它擺到世界脈絡的對應位置上。

「原初體驗」喃喃道出的概念具有確切的意義：它描述知覺實際上是如何發生的，那是種種理論意見不得其門而入的。講台的「**世界化**」就是說：我體驗了講台的重要性，其功能、它在講堂裡的位置、光線、它在其中扮演角色的小故事（一小時之前有另一人站在這裡；我為了到達這裡走過的路的回憶；我在這裡、在講台前坐著，聽著令人費解的東西的惱怒等等）。講台的「**世界化**」就是：它在空間上和時間上聚集了整個世界。人們在那裡可以好整以暇地排演。如果我們回想起這般的講台體驗，就會注意到——自從普魯斯特之後，我們會特別注意到——，我們會記得整個生命的情境：我們將講台拉近，整個世界隨之而來。普魯斯特把瑪德蓮小蛋糕浸入茶中，展開了貢布雷（Combray）的宇宙。瑪德蓮小蛋糕「**世界**

化了」。

並不是體驗著每件事時都會如此強烈地「**世界化**」，但每件事多少都會「**世界化**」。海德格想像一個「**塞內加爾黑人**」走進演講廳，他會注意到眼前這塊奇怪的木頭，那麼他難道不是知覺到某個不可理解的、中性的、有點赤裸裸的事物？在這種情況下，人們還會首先知覺到意義嗎？這種情況仍是適用的，因為黑人還是在意義當中體驗到了一件事：「我不知道要拿它怎麼辦。」

自始就有「**意義**」，自始就是這般或那般的「**世界化**」。

但是為什麼要深入體驗和探究這個「**世界化**」呢？首先是因為，當我們存在於世界，就[116]應該意識到我們是如何接近事物的，例如講台。對我們來說，這種始終是一種體驗的境遇（Befinden）應該是透明的。但海德格想要的更多：他想弄清楚，當我們以一種理論、通常是「科學」的觀點來對待世界時，實際上是怎麼一回事？在這種所謂的「客觀科學的觀點」中，我們讓初始的意義、「**周遭世界的東西**」（das Umweltliche）和體驗性（Erlebnishaftigkeit）都消失了，剝除某物直到它顯露出「赤裸」的對象性，由此抽離出經驗的我，建立了人為的、新的第二序的我，並且命名為「主體」，然後主體以適當的中立性對比於現在稱為「客體」的中性的「對象」。此刻海德格的目標已經很明確了：近代哲學，以及以它為起點的、作為原初情境的近代科學，它設定的沒有預設的思考起點以及究竟的確定性，也就是

「主體和客體」的對立，其實並不是個沒有預設的起點。起點並不是在那裡，而是在於：我們以上述的「**世界化**」方式，經由體驗，置身於講台、瑪德蓮小蛋糕和塞內加爾黑人之間。

如果在這個歷程中，我們習慣了海德格喃喃道出的「**原初**」（Ur-），並且領會（每個情境開端的）確切意義，那麼我們就會理解，為什麼海德格要談到「**被活過的生活的原初意向**」（die Urintention des gelebten Lebens）必須從人為和虛假的主客對立底下揭露出來。他說，他反對的是「**理論不當的絕對化**」（他也指責胡賽爾）。對於「**理論的根深柢固的執念是……遍覽周遭世界的體驗領域的主要障礙**」（GA 56/57, 88）。他以激進的口吻談到「**周遭世界漸漸遭到理論的破壞性感染的過程**」（GA 56/56, 89），並為它找到一個新的名字：「**脫離生命**」（Entleben）。儘管理論態度有其實用性，儘管它屬於我們眾多自然的世界態度之一，但它會「**脫離生命**」；後來海德格也採用盧卡奇（Georg Lukács）的「**物化**」（Verdinglichen）概念。他在演講中說：「**物性（Dinghaftigkeit）是從周遭世界蒸餾出的一個** [117] **原初領域。『世界化』已在物性中完全熄滅。物僅僅只是作為實在的東西存在著……意義豐盈的事物不斷被剝除意義，直到剩下一個實在存有（Real-sein）。周遭世界的體驗也脫離生命，一直到剩下就其本身被認識到的實在物。歷史自我也被剝除歷史性，一直到剩下特定的自我性**（Ich-heit），**作為和物性對應的東西……**」（GA 56/ 57, 91）

已經好一段時間，人類用這種理論態度，既有益卻也危險地改變了自己和自然的生命。

[118]

海德格的說法是，唯有人們「**脫離生命**」才有可能；或是套用馬克斯．韋伯的說法：「除魅」。

韋伯把理性除魅的世界的唯一「彼岸」留給個人的私有化領域和不能繼續合理化的「價值判斷」。從這個私人庇護所裡湧現出世界觀，只要他們不主張具有科學的權威，他便不反對。

海德格對於「**非理性事物**」的批評更加沒有妥協餘地。依據海德格的說法，科學所說的「非理性」，其實是理論態度盲點裡的體驗殘餘物。「**理論上來說，我自身來自體驗……，人們對體驗束手無策，便隨便把它叫作非理性事物。**」（GA 56/ 57, 117）

因為非理性的東西作為「對象」是如此的「晦暗」，以至於人們可以為所欲為：對世界觀的工人來說，它就是個儲藏室，對新先知來說，則是磐石，對於形上學的欲望來說，是個模糊的對象，對夜貓子來說是避難所；他們從無法言喻的體驗中，得出難以言說的理論。這種非理性的心理，它的外觀可以設想為一部心理水力機，或者是典型中產階級房屋，有底層（原我）、一樓（自我）和閣樓（超我），或者是海景裡的廣闊海洋、堤防、洪水、沼澤和排水等等。面對這種非理性，也可以形容成是在批其逆鱗。

人們顯然也可以像馬克斯．韋伯一樣，把這種非理性事物視為價值判斷的源頭。但是海德格在另一處問道，事實是如此嗎？我們眼前的「對象」，人、事實、事物，「**它們首先是**

作為最赤裸的現實……，然後在體驗的過程中得到價值特性，從此不再如此赤裸地漫遊？」（GA 61, 91）海德格嘲諷李克特的價值哲學——馬克斯．韋伯也受其影響——，以及據稱價值中立的科學的格言。他以冷酷的憤怒談論形上學的虔誠和世界觀的類型，這種形上學和我們的其他知識和平共處，在我們頭頂上方畫了一片天，天上掛著價值，像樹上掛著果實。一種形上學可以彌補除魅的理性世界鐵牢的痛苦，並以此喚起「更高」或「更深」的體驗。（在兩年後的一次演講中）海德格稱之：「**把模糊性作為避難所，不精確、自負且自欺欺人的所謂『世界感覺』的朦朧蒸氣。**」（GA 61, 101）

海德格沒有指名道姓，但是我們要知道那幾年多數的世界觀文學都有形上學的傾向。顯而易見。因為只要轉向到一個思辨的巨大意義的「後設」（Meta），人們就可以一舉擺脫生命裡對物理學的不適應。海德格對此相當反感，他早年的每次演講都以指責文化產業開頭，他不厭其煩地強調哲學不能老是仰望著天空。他要求哲學要有「冷靜的目光」，人們能自信地不受所有世界觀問題的影響（GA 61, 45）；若有人無法忍受被推入絕對的可疑性裡（GA 61, 37），那就最好不要碰哲學。

這個驅逐令具有雙重含義。一位專業的哲學家為他的領地對抗業餘形上學家和濫竽充數的哲學作家，不過這本身也有著某種他所抨擊的中產階級氣息。但是另一方面，海德格表現了一種市民的恐懼，挑釁著真善美的守護者。這是對於浮誇不實、虛假的內在，大話和深沉

[119]

謊言的文化的全面打擊。總而言之，達達主義進入了哲學。

在戰爭期間，達達主義在柏林、蘇黎世和其他地方嘲笑格奧爾格圈的美學、表現主義激情的「噢！人類」的口號、庸俗者的傳統主義、形上學的天空描繪，因為所有這些理念在戰爭的現實面前都顯得荒謬。達達主義的挑釁首先在於他們對於「你們想以什麼對抗一切？」的回答：「不以任何東西！我們只想追求已經存在的。」達達主義在《達達主義宣言》（*Dadaistische Manifest*）中表示，「粉碎一切關於道德、文化和內心世界的口號。」這意味著：電車是電車、戰爭是戰爭、教授是教授、廁所是廁所。說話的人只是為了閃躲存有簡明扼要的套套邏輯（Tautologie）而轉入意識的廢話裡。「新的現實伴隨著達達主義得到了它的權力。」（《達達主義宣言》）這個新現實被所有美善的精神遺棄，其安逸文化也被粉碎。「達達這個字象徵著與周圍現實性最原初的關係。」（《達達主義宣言》）仍還有「這個這個」（dies da）、這個這個和這個這個這個。

如果我們想在海德格第一場演講的洞察力和學院派哲學裡感受到達達主義的衝動，就必須回想他自以為是的提問，對於「**原初科學**、**生命的原初意向**、**所有原則背後的原則的問題**」，把滿懷期待的同學引導到講台體驗的隱晦祕密裡。這是一種挑釁，其實也有達達主義的味道，隨後從習慣到不習慣的事物轉變也是如此。藉由這種關注，日常生活變成充滿神祕和冒險的東西。達達主義者，至少他們其中的某些人，就像海德格一樣，儘管可能是因為偶像破壞的主張，仍然在追求美好的事物。胡果·鮑爾在蘇黎世的「伏爾泰俱樂部」（Club Voltaire）待了一晚之後，在他的形上學日記《逃離那個時代》（*Flucht aus der Zeit*）中寫道：「還有其他途徑能通往奇蹟，也有其他走向對立的道路。」（注8）他們和海德格一樣，一直是自成一格的祕密而不可名狀的形上學家。

[120]

這個後來人稱「梅斯基希的小魔術師」的人，以講台體驗進行哲學思考，讓對於戰爭的激烈習以為常的學生們喘不過氣來。這裡拋下重負，那裡粗暴地推開陳腔濫調、龐大的系統，建構在空中樓閣的學院的繁文縟節，取而代之的是回到根本的問題：當我經驗到講台，此時此地究竟發生了什麼？這個目光的轉移是在一九四五年之後德國文學砍光伐盡的時期裡醞釀出來的：「打碎你的歌曲／焚毀你的詩句／赤裸地說／你們必須怎樣。」（施努爾〔Schnurre〕語）。或者「這是我的帽子，／這是我的大衣，／我把我的刮鬍用品裝在麻布袋中。」（艾希〔Eich〕語）。

海德格回到邊緣地帶，以論戰和挑釁的攻擊對抗充斥在哲學裡的詐欺和空頭支票。根據海德格的弦外之音：再也不會有什麼哲學的制高點，我們有足夠能力充分理解眼前的事件。許多年後，海德格故作正經地描述這個轉變是：「**回到那個我們總匆匆掠過的、近在眼前的東西，當我們看著它，每次都使我們充滿驚異。**」（《走向語言之途》（*Unterwegs zur Sprache*），GA 12, 94）。

海德格如何把握周遭世界體驗這種最熟悉的東西，這是十分令人驚訝的。當時的學生和我們現在一樣，深受這種思想吸引；可是我們會接著在驚訝地揉著眼睛的瞬間自問：講台體驗對我來說是什麼意思？雅斯培（Karl Jaspers）在自一九二〇年代就開始累積記載、直到過世時還擺在書桌上的關於海德格的筆記裡，用海德格的那種哲學深度敘述了這個經歷。關於海德格，雅斯培寫道：「同時代人中最激勵人心的思想家，專橫、有說服力、充滿神祕——最後卻會空手而返。」

事實上，海德格在演講中描述的周遭世界隱藏著一個空洞的祕密。海德格指出我們習慣於不去開啟豐富的直接體驗，但是等到要確定且描述這個豐盈時，似乎所剩無幾，除了一些瑣碎的事以外。

[121]

海德格並不是想探究講台的本質，而是想用這個例子示範描述一個特定的注意力，他說這種注意力就是哲學思考的基礎，而我們以及整個哲學傳統卻往往對它**匆匆掠過**。真正的哲學思考會要求自己，無論對於哪種「對象」和情況，都要處於這種態度和專注。這是一種方法，卻也只是一種弔詭的方法。這個方法排除了其他理論方法的介入，並且早在把它當作研究和反思的對象之前，就試圖把握它如何「被給予」（gegeben）的情境。「被給予」這個說法本身就包含了太多理論成分，因為我在這個情境下不會對自己說：這個情境說是「被給予」我的；而會說當我在這個情境裡，當我完全在其中，那個和這個情境相對的「我」便不存在了。「關於自我的意識」（Ich-Bewußtsein）本身就是個折射。知覺和體驗不是從「我」開始的；當體驗出現跳躍時，它才開始注意到「我」。我失去了對情境的直接感覺，出現了某種折射。或以另一種比喻來說：我透過玻璃看見對象，唯有當玻璃不再完全透明而產生反射時，我才會看見自己。海德格想要一種直接把握到情境的「被給予性」（Hingegebensein）的注意力。重點在於這兩個方面之間的中介，一方面是對於體驗情境的生動說法，另一方面則是對於情境採取距離的、對象化的抽象討論。重點在於「**在他的每個瞬間裡的生命的自我透明**」。

為什麼要自我透明？

一方面要意識到，我們在理論性的態度裡失去了什麼。至此，海德格的意圖很明確。但是在他哲學思考深入鑽探的強度裡，有一種特殊的盈溢（Überschuß），這種盈溢使得他的思想在早期就具有獨特的魅力。這種盈溢隱藏在那個仍然沒有明確提出、其後則不斷重複的問題當中：對存有的提問。海德格沉浸在體驗裡，為了探究我們「情境中的存有」，即使他剛剛才為這個存有找到一個語言，他卻很清楚，我們經常在科學理論化以及世界觀的壁畫當中錯過了它。[122]

一個盈溢的意向對準「存有」。但盈溢的是什麼？

盈溢的就是這個意向，因為它的目的不在於實事求是地認識體驗的情境，而是以「存有的對應性」（Seinsgemäßheit）為目的，它和成功的人生有關，而和單純的知識關係不大。海德格致力於體驗瞬間的自我透明，彷彿其中隱藏著一個承諾（Versprechen），幾乎是個應許（Verheißung）。在他那裡，這個應許被推到間接的、冰冷的學院事物裡，卻一直在閃爍著。有一次他把一個生命情境的重獲自我透明形容為生命共感（Lebenssympathie）（GA 56/ 57, 110），又有一次則談到人們必須在理論和透明之間做決定的時刻：「**我們站在方法論的十字路口，它決定著哲學的生死；我們臨到一個深淵，而不是進入虛無，即絕對的事實性，就是成功地跳進另一個世界。或者更精確地說：我們總算進入了世界。**」（GA 56/ 57, 63）

這就是雅斯培說的「空手而返」。確實，意向仍然存在著沒有實現的盈溢。也許一種罕見的強度、清醒果斷的練習可以成功——但是人們不再承諾什麼了嗎？人們下意識不再得到海德格的承諾了嗎？他是否對此也不再承諾什麼了？我想起海德格在演講課期間寫給伊麗莎白．布洛赫曼信中的話：「**我們想要的新生命，或我們內心想要的新生命，放棄了成為普遍的、亦即虛假的和表面的（膚淺）——生命的資產是個原初性——它不是人為的施設造作，而是完全直觀的明證性。**」（一九一九年五月一日）。信裡還談到「**一切生命的奧祕和恩典的特徵，以及我們必須等待充滿意義的生命高張力的強度**」。

在那一年，出版了一部和海德格的傾向不謀而合的作品，也試圖在「體驗的瞬間的黑暗」裡尋找充滿希望的存有的蹤跡。這是二十世紀最偉大的哲學著作：恩斯特．布洛赫

［123］

（Ernst Bloch）的《烏托邦精神》（*Geist der Utopie*）。這本書用表現主義的風格和歡愉談論光明的靈知（Gnosis），並且沉迷熱中於比喻，它一開始就說：「太近了……當我們活著，我們看不見，我們只是流向那裡。其中發生了什麼事，我們在那裡面究竟是什麼，和我們所能體驗的一切並不相符。那既不是人們所是的，也不是人們所臆想的。」布洛赫擁有太多海德格所欠缺的東西：對於「體驗的瞬間的黑暗」的靈性想像力。此外，身為哲學的門外漢，布洛赫也擁有海德格所缺乏的公正性，儘管他登場很不尋常，卻仍然在現象學派的光譜裡。布洛赫直言不諱地說：為了照亮體驗的瞬間的黑暗，他需要一首「最後底線的哲學抒情詩」。（注9）

這裡有個範例。布洛赫描述一只擺在眼前的罐子的體驗，他把罐子擺到我們面前：

「很難探究這個罐子又深又廣的腹中看起來如何。人們很樂意知悉。不斷提出孩子氣的好奇問題。因為罐子和孩子的事物有關……觀看舊罐子的時間夠久，就能感受到它的顏色和形狀。我不會和每個水坑一起變灰，也不會被鐵軌弄彎，繞過轉角。但我可以被形塑成罐子的形狀，我看起來是一個棕色、特別的高大，與北方雙耳陶罐不同，這不僅是模仿或是單純的設身處地，而是作為我的一部分因此變得更加豐富、更加當下，進一步在構成我的這種結構中培育了我……所有這種受造者充滿愛和必然的一切，掌管著自己的生命，進入陌生的新領域，並且與我們一起回到自己生命無法達成的形式，以某種記號微弱的印記妝點著我們自身。此處人們感覺自己望著陽光普照長廊盡頭的一扇門，如同一件藝術品。」（注10）

[124]

為什麼人們無法在罐子的體驗上指明我們存有的本身是什麼呢？海德格在後來的文章中也以罐子作為嘗試。早期演講課的講台經驗仍缺乏他以及年輕的布洛赫尋找的那種存有的源泉。

但是海德格關心的不僅是這個源泉，他還關心其他神祕：對赤裸的「**如是**」（Daß）的驚嘆。如是的確有某物存在。

海德格把直接的體驗及其對象化（Vergegenständlichung）之間的關係描述為「**脫離生命**」的歷程：情境的統一性瓦解了，從體驗中會產生和客體相對的主體的自我知覺。人們便脫離了直接存有，作為某個有「對象」的東西；他是眾多對象之一，而被稱為主體。這些客體以及主體能夠被探究它們的特徵、關係和原因等等；它們以分析的方式被定義，最終被評價。在這個第二序的歷程裡，中性化的「客體」再度被置入世界的脈絡裡，或者如海德格所說的，它們被穿上衣服，而不是赤裸的站在那裡。

這種理論性的世界構造有個抽象的消失點（Fluchtpunkt）。海德格以講台的周遭世界體驗證明了這裡所指的。我可以就理論的觀點分析講台：「**它是棕色的；棕色是一種顏色；顏**

[125]

色是真正的感覺與料；感覺與料是物理或生理程序的結果；物理學是第一因；這個原因、這個客觀的東西，是一定數量的以太振動；以太核分裂成簡單元素，元素之間存在著簡單的定律；元素是究竟的東西；元素就是事物本身。」（GA 56/57, 113）

人們可以能藉此獲致事物本身，事物的核心或本質。這被認為是某物核心的東西，使整個位階看起來只是現象的分級。棕色的講台不是它看起的模樣。這種思考方式促使海森堡（Heisenberg）說，古代自然科學在現代自然科學世界觀中復活了，據此，原子（甚至是次原子微粒）才是「真正的存有者」。（注11）

海德格指出，在這個分析性的還原裡，事物本身的存在之謎，被轉移到微觀的次原子關係裡（人們也可以把它轉移到宏觀的世界全體），卻忽略了這個某物之謎是如何被保存在每個還原階段，因為顏色就已經是個「某物」，像是感覺材料、以太振動或是原子核等等。有別於那些科學化約剩下的某物，海德格把這種在每個體驗的點上揭露其驚人存在的「某物」形容為某種**前世界的東西**（Vorweltliches）（GA 56/57, 102）。海德格選擇這個說法，顯然是要和尼采「背後世界」（Hinterwelt）的說法互補，這個說法是要刻畫那種好奇，為了獲得在現象背後、下方或上方的「本質」，他們把「現象」完全視為沒有實體的。這個令人驚異的某物，海德格稱為「**前世界的**」，是對於一個奇蹟的覺知，這個奇蹟就是，確實有某物存在。這種對於某物的驚異可以和任何體驗連結在一起。海德格選擇前世界的說法證明這種驚異是成功的，因為當人們第一次來到存在的世界，在其中便會感覺到驚異。因此在這堂演講課結束時，人們會回憶起這堂課的開始。一開始海德格嘗試把體驗置入現象學的自我透明，並且稱之為「**躍入另一個世界或更精確的說：第一次進入世界**」（GA 56/57, 63）。

對海德格來說，這種驚異的原初體驗和理論的「脫離生命」完全對立。這並不是「**生活的絕對中斷，也不是緩解脫離生命，不是對於可體驗的東西的理論性確定或排除，而是生命潛在性的最高指標**」。這是個基礎現象，它出現在最強烈的體驗片刻裡（GA 56/57, 115）。但當它發生之際，儘管可能很罕見，卻總是和這個覺知相關：它總是潛在地產生共振，但一直潛藏著，因為我們通常會「**安住**」（festleben）於我們的生活，和它沒有距離，或者是以理論觀點的「**脫離生命**」的方式採取距離。無疑的：這裡關於一種經驗的現象學澄清，這種經驗的簡單性也是神祕的。前提是人們要選擇威廉・馮特（Wilhelm Wundt）著名的句子作為神祕的特徵：「神祕主義舉世皆然，它會把概念轉換回直觀。」（注12）當我對講台進行直觀，我會驚訝於我的存在以及整個世界的存在。

[126] 對於神祕的謎樣的「的確有某物存在」的驚異，有個沒有任何答案可以解消的疑問，因為每個以一個「為什麼」（Warum）解釋「如是」（Daß）的回答，都會陷入無窮回溯：每個「為什麼」都連結到下一個「為什麼」。而且因為不可能有答案，所以其實對於這個「如是」之謎的提問根本無從說起。因此，同樣處理相關問題的布洛赫，把這種驚異稱為「說不

出來的問題的形象」。而且布洛赫很聰明，當他想使這種驚異可以理解和體驗時，他把這個任務交給詩的言語。在散文集《蹤跡》（*Spuren*）裡，他引用了克努特・漢森（Knut Hamsun）的《牧神》（*Pan*）的絕妙好詞：

「『您想想。有時候我看見藍色的蒼蠅。是的，這聽來很微不足道，我不知道您是否能理解。』——『當然，當然，我理解。』——『好，好。而且有時候我看著草，也許草也看著我；我們知道什麼？我看著一片草葉，它也許有點發抖，我感覺如此；並且我認為，這裡現在有一片顫抖的草葉！如果我看的是一株雲杉，它可能有枝椏，也給我一點點去思考。但有時候我遇到高處的人，他們前來……』——『嗯，嗯。』她說，並且集中精神。落下了第一滴雨。『下雨了。』我說。『是的，您想想，下雨了。』她也說，並且離開了。」（注13）

注1：K. Löwith, *Mein Leben in Deutschland*, 17。

注2：M. Weber, *Soiziologie-Weltgeschichte Analysen-Politik*, 322。

注3：同前揭：頁338。

注4：引自：F. K. Ringer, *Die Gelehrten*, 320。

注5：另見：U. Linse, *Barfüßige Propheten*, 27。

注6：另見：同前揭。

注7：引自：F. K. Ringer, *Die Gelehrten*, 328。

注8：H. Ball, *Die Flucht aus der Zeit*, 100。

注9：E. Bloch, *Geist der Utopie*, 245。

注10：同前揭：頁19。

注11：W. Heisenberg, *Das Naturbild der heutigen Physik*, 10。

注12：W. Wundt, *Sinnliche und übersinnliche Welt*, 147。

注13：E. Bloch, *Spuren*, 284。

第七章
SIEBTES KAPITEL

告別天主教

「事實性生命」和「舉手對抗神」

「解構工作」

卡爾・巴特的神

如何在沉淪中研究沉淪的法則

與卡爾・雅斯培友誼的開始

一九二三年存有論演講課：《存有與時間》的序幕

[127] 在講述「講台體驗」課程的期間，海德格脫離了天主教。一九一九年一月九日，他寫信給他在天主教時期的朋友、此時是弗萊堡大學天主教信理神學教授的克雷布斯：

「在過去的兩年中，我致力於在原則上闡明我的哲學立場……得到的結論是：受到哲學以外的束縛的我，再也無法確保信念和教學的自由。知識論的見解延伸到歷史知識的理論，讓我感覺到天主教體系有問題，而且令人無法接受——但是基督教和形上學並沒有這個問題，這當然是指在新的意義下的基督教和形上學。我認為我強烈地……感覺到中世紀天主教的價值……我的宗教現象學研究和中世紀息息相關，它應該……證明了，我不允許自己因為基本觀點的改變，而忽視一個惱怒而粗鄙的叛教論戰者對於天主教生活世界的客觀高貴的判斷和高度評價……以哲學家的身分生活很困難——要面對自身的內在真誠，並且要成為這種內在真誠的教師，它要求犧牲、放棄和抗爭，這些對於科學的工匠而言很陌生。我相信我有哲學的使命，並且藉由研究內在人性的永恆規定和教學來實踐它。唯有如此，我才能盡我所能，才能神面前證明我的存在和我的影響。」（注1）

[128] 克雷布斯在兩年前為海德格和艾弗里德證婚，兩夫妻應允將來要讓孩子們接受天主教洗禮。海德格寫這封信的原因是艾弗里德懷孕了，而他們決議不要讓孩子接受天主教洗禮。對

海德格來說，這是和天主教體系的分離，也是和一個機構的告別。他在形式上並沒有離開教會（依據天主教教規，這也是完全不可能的），但是他在胡賽爾的圈子裡被視為「不獨斷的新教徒」，胡賽爾在前述一九一九年三月五日給魯道夫・奧托的信裡這麼說。

海德格的內心早就遠離了天主教世界，由他堅決地拒絕粗鄙的叛教誘惑也可以得知，這似乎也是一種選擇。對於中世紀天主教的高度評價阻止了他這麼做，他這樣寫道。對克雷布斯來說，那是個無濟於事的安慰，因為當前的天主教明顯不需要這種尊重。他的思想發展正是要歸功於擺脫了哲學之外的束縛。回顧過去，對他來說，當時及時終止神父生涯，對他來說是有助益的。他還剩下哪些宗教信念呢？他堅信基督教和形上學——當然是「**在新的意義下的基督教和形上學**」，他解釋道。

它不再是中世紀天主教思想裡把神和世界統一起來的形上學。海德格在這種思想中找到了一個精神的故鄉，然後憑藉著敏銳的觀察力在其中發現了細微的裂痕，這個細微的裂痕預示了後來整體的破裂。

他現在堅持的形上學，是以前的那個統瓦破裂之後的形上學。過去的天空已經坍塌，世界落入世界性（Weltlichkeit）裡，而且人們必須從這個事實出發。他在一九一九年戰時特別學期的演講課裡主張說，至今為止的哲學都還不敢進入這個世界。

乍看之下就像是說，海德格強烈要求認真看待世界的世界化（das Welten der Welt），很像是重複肇始於十九世紀後期的一個運動：發現真正的現實性。在這個運動中，人們發現了精神背後的經濟（馬克思）、思辨背後不免一死的存在（齊克果）、理性背後的意志（叔本華），文化背後的本能（尼采、佛洛伊德）和歷史背後的生物學（達爾文）。

[129]

海德格確實繼承了這個「發現」真正的現實性的運動，並且比他自己承認的還要多。但是不久前還在天主教天空下思考的他，卻想要盡可能，澈底超越這個「發現活動」。對他來說，這些批評的推進總是嘗試提供一個安全的世界觀；它們還沒有推進到「**生命的潛在性**」——所有自我詮釋、世界圖像，科學或比較不科學的自然的真正生產工廠。在一九二一年冬季學期的演講課中，他找到了這個真正的現實性的名字：「**事實性的生命**」（das faktische Leben）。

這種事實性的生命不再被任何形上學權威所掌握，它落入一個空無並在此有裡浮現出來。不僅世界，個別的「**事實性生命**」也是如此。

提前說明：在這種海德格所稱的「**事實性生命**」中，我們不會找到任何有資格授予任何宗教信仰或形上學一個真值的東西。有限的人和無限的真理之間的過渡（Übergang）的中世紀原則，這種跨界的往來，對於「**事實性生命**」而言，只是個幻象。悠久傳統體制建立的教會視為永遠可用的「**真理寶藏**」的神，也是個幻象。

一九二〇年代初，海德格開設了一門宗教現象學的演講課，談到了保羅（Paulus）、奧古斯丁（Augustin），路德（Luther）和齊克果。其中部分演講沒有出版。但是奧托．博格勒（Otto Pöggeler）有機會看到演講摘要記錄，並從中發現「新教徒」的海德格。

海德格詮釋保羅的《帖撒羅尼迦前書》中的一段話：「親愛的兄弟們，關於日期和時間，不需寫信給你們；因為你們自己明明曉得，主的日子來到，如同夜間的賊一樣。」（注2）神如同時間一樣不可把握。海德格表示，在深刻的宗教思想家那裡，神成為時間奧祕的名字。海德格還詳細討論了《哥林多後書》的一個段落，對於那些誇耀自己與神有著特別神祕交往的人們，保羅引用基督的話：「你只要有我的恩典就足夠；因為我的能力在軟弱中有力。」只要人們（如同年輕的路德和後來的齊克果）重新探究那言語道斷的恩典時刻的原始基督教的宗教性，想要信仰更加恆久的形上學和神學的大教堂就會坍塌。

[130] 海德格用奧古斯丁的話說，把言語道斷的「塵世」的神轉為資產，那是人心想獲得平安的「不安」（Unruhe）所驅使的。奧古斯丁嚴格區分了在人自身可以得到的平安和從神那裡得到的平安。平安會降臨一個人，而且如同保羅所談論的神：它「如同夜間的賊一樣」臨到，它驅走了所有不安。如果我們沒有蒙賜，便不會得到平安。

在西方基督教傳統中，任何人只要想到神和人之間的深淵、言語道斷的恩典時刻，以及時間的奧祕，海德格就會傳喚他見證自己的大膽行徑，也就是證明「**事實性的生命**」早已脫離了神，而及形上學的棲所也是個幻象。

一九二二年，海德格在《對於亞里斯多德的現象學解釋》的導論裡（關於這篇文章，下文還會談到）寫道：「**每個理解自身是什麼的哲學，作為探討如何事實性地詮釋生命的哲學，如果仍然對神有所『知』的話，那麼這個哲學就必須知道，從宗教上說，生命的從哲學成就拉回到自身，是在舉手向神抗議。據此，哲學孤獨但真誠地，依據其現有的可能性，站在神面前；用無神論的話說：和誘人的、僅僅是宗教性的搖唇鼓舌的憂慮保持距離。**」（DJ, 246）

[131]

海德格談論神，就如同胡賽爾談論意識之外的現實世界。胡賽爾將現實世界放入括弧，海德格將神放入括弧。胡賽爾想以他的放入括弧（Einklammerung）獲致純粹意識的領域，並且想要證明，這個純粹意識的領域如何在其自身且以自身涵攝現實世界的多元性。海德格把神放入括弧，則是為了擺脫任何在世界中創造神的替代物的傾向，掌握世界純粹的世界性。胡賽爾說：「人們必須先失去世界……，以便在普遍的自我省思（Selbstbesinnung）當中重新獲得世界。」（注3）海德格會使用類似的逆轉嗎？他是否想通過事實性生命的自我透明性失去神，以便「如同夜間的賊一樣」進入事實性生命，把神當作離言絕慮的事件而重新獲得祂？

我們將會看到。

在此期間，海德格以他的哲學「**無神論**」作為辯證神學（dialektische Theologie）的補充，辯證神學在一九二二年隨著卡爾·巴特的《羅馬書》第二版的出版而經歷了巨大的突破。

卡爾・巴特把他的神學稱為危機神學，他也「舉手向神抗議」。這位神是文明的神，是在戰爭裡且因為戰爭而陷入危機的神。巴特之於文明的神，正如海德格之於「**教會的真理寶藏**」：這種離言絕慮的東西被誤認作文明的資產。如同海德格，巴特也想「拉回到生命」，阻斷託庇於充滿慰藉的形上學結構的道路。沒有通往神的過渡，神是世界的否定。巴特說，企圖從世界性發展出一個神的概念，那是一種自我欺騙。這也是海德格對於形上學和文明信仰的批評。海德格覺得和偉大新教神學家相近，因此他在一九二〇年代初曾說，目前只有在卡爾・巴特那裡才有精神生命。可能被海德格「放入括弧」的神和卡爾・巴特的神很相似：「神，那個我們所是、所有和所做的一切之純粹界線和純粹開端，和人類以及所有相對於人的事物之間有著無限的質的差異的神，不曾且永遠不會和我們所稱說、體驗、隱約感覺和敬拜的神一樣。這對立於一切人類的不安的無條件的停止，以及對立於一切人類的平安的無條件的前進，是在我們的非（Nein）裡的是（Ja）以及我們的是裡的非，是第一個和最後一個、並且作為某種陌生的、卻從未也永遠不會在我們熟知的中心裡的眾多事物之一……是活生生的神。」（注4）

[132] 巴特在批評文化對於神的併吞時寫道：「這裡沒有什麼浪漫主義者可體驗的，沒有詩人可追求的，沒有心理學家可分析的，也沒有說書人可說的。這裡完全沒有關於神的『胚細胞』或是『分泌物』，沒有任何源泉不竭的生命，在其中存在著神和我們的存有之間的持續

關係。」（注5）

這種神學裡的某些內容和斯賓格勒劃時代的著作《西方的沒落》相對立。卡爾・巴特確信神對於我們文明的審判的「地震層」，就像斯賓格勒的作品，抨擊文化樂觀主義。在巴特的神學裡，人們仍能聽到戰爭災難的回音，例如他談到，當神闖入生命，「砲彈的坑洞」就被拋諸在後。

把生命從錯誤的彼岸拉回來，對海德格和巴特來說，是最重要的任務。海德格把生命從神那裡拉回，巴特則是要把神從生命那裡拉回來。海德格在一九二一年《對於亞里斯多德的現象學解釋》演講課中探討的，就是人們必須拉回來的這個生命。本來對於海德格的導論滿懷期待的同學一定感到驚訝。海德格一開始探討了亞里斯多德的思想以及哲學史，但僅僅是要指出哲學史通常和哲學本身沒什麼關係。「**哲學真正的基礎是以澈底的存在性觀點去把握和產生疑問**（Fraglichkeit）**；把自身、生命和決定行動置於疑問當中，是所有最澈底的闡明的基本概念。**」（GA61, 35）

在戰爭期間特別學期的演講課中，海德格以講台體驗為例，告訴我們人們對於最簡單的經驗的理解有多麼拙劣。現在我們應該考慮生命的決定行動。

如果說聽到了「**事實性生命**」而不是亞里斯多德，對學生來說是第一個驚訝，那麼第二個驚訝就會接踵而至，因為期望以「**澈底存在性的觀點的把握**」推論出個人存在的問題的

[133]

人，應該會感到失望。儘管海德格不斷強調，人們不該對於事實性的生命進行哲學思考，而是必須從生命本身進行哲學思考；儘管經常談及「風險」，以及這種思考可能會導致「**沉陷**」，人們需要「**勇氣**」，因為根本的問題性意味著，「**整個內在和外在的存在都會置於風險當中**」。序幕是戲劇性的，升溫，然而整個事件複雜的概念冷卻了，這些概念或許是因為渴望對於新事物保持距離。人們談論「**淪落**（Ruinanz）、**前結構**、**解構**，**幽靈性**（Larvanz）**和返照**（Reluzenz）」。海德格這幾年開始穿著獨特的農夫裝，言談不再原初樸實，而是事實性、技術性且冷靜的。耀眼的現代性姿態。當時的人們必定也感覺到。完全沒有一點屬己性術語的痕跡。

在演講課裡，人們第一次聽到接下來幾年間典型的海德格風格，在存在性觀點的狂熱和保持距離的中立性之間、在抽象概念性和具體情緒之間，在稱謂的強制性以及敘事的距離之間的特緊張關係。

我們這樣生活，但我們並不認識我們自己。我們對自身有盲點。我們想讓自己透明，就必須付出努力，對此海德格說：「**這種努力會反挫到生命**。」海德格的生命哲學是一種自然的生命傾向的哲學。因此這種哲學可以是寒風刺骨的，也可以是就存在的問題而站在湍流之下。

海德格關於亞里斯多德的演講課首先闡述了這種思想：想要理解亞里斯多德的人，想要

[134]

和亞里斯多德建立緊張刺激的關係，首先必須理解自己；至少他必須理解，他想在亞里斯多德那裡或是透過他了解到什麼。想了解自己，就必須弄清楚自己的處境。這是指一九二一年弗萊堡大學哲學系的教育處境。這個處境包含了整個世界，關於問題的問題。為什麼偏偏現在要學習哲學？在這段時間，哲學在大學中究竟扮演什麼角色，作為職業或者作為另一個職業的預備課程。當人們選擇了哲學，對生命有什麼期望？海德格拋出了這些問題，或是更確切地說：他設計了這些問題。因為他想掀起一場由晦澀和可疑性構成的風暴，讓我們明白這個處境有多麼不晦澀而多霧。在這方面，我們可以再次觀察海德格在思想形成的過程當中如何創造他的術語。海德格說：我們身在其中的生命，是無法自外部觀察的，我們總是身在其中，被其細節包圍。我們所在之處只有「這個」（dieses）、「這個」和「這個」。海德格用了許多的「這個此地」（dies da）來形容這個生命，突然間，適當的說法出現了：生命的特徵就是「**曚曨性**」（Diesigkeit）（GA61, 88）。人們很難忍受這種「**曚曨性**」。一般來說，哲學會以建立價值、傳統，體系和思想結構加以回應，人們能在其中找到棲身之處，在自己的時代才不至於太過赤裸而無所保護。人們在文化財後面築起堡壘，讓哲學如同保險或是建設貸款一般。人們投入工作和心力，然後問自己，它有什麼投資回報，從中可以有什麼利益，據此我可以做什麼。但是有了哲學，海德格說，人們什麼也做不了，人們最多只能以哲學思考弄清楚人們究竟在「做」什麼。哲學和原理有關，這個原理完全是以字面上理解的：那就

[135]

是開端的東西。它不是關於世界如何開始，也和最高價值和公理意義下的原理無關。它是驅使我的原理，並且不斷使我重新成為我的生命的新手。

海德格既費力又曲折地嘗試描述一種運動並增強其張力。人們最終想知道運動的原理究竟是什麼？演講課進行了將近一半，人們對於下面這句話仍然相當迷惘：「**如果人們明白說，事實性的生命總是在逃避原理，那麼生命歸己的反轉**（die zueignende Umkehr）**沒有『那麼容易』，也就不足為奇了。**」（GA 61, 72）

當奧菲斯（Orpheus）想把攸里狄克（Eurydike）救出冥府時，他不可以轉身。他轉身了，攸里狄克又墮入冥府。海德格想要生命自己轉身；他要「**窮究根源**」，那意味著：應該要認識那個根基（Grund），生命來自它而且逃脫它，並且據此「**安住於**」它的世界。也許這種反轉之所以困難，是因為生命隱約知道在它的心中沒有任何東西、只是一種虛空、一種對於空白的恐懼（horror vacui），這種恐懼促使人尋找一種滿足？出於生活能力（Lebenstüchtigkeit），在那個把我們推到總有些事情必須操煩（besorgen）的世界面前，人們難道不必隱藏自己？海德格鼓勵我們看一下自己每天認真以對的事物，這個眼光不容我們同樣認真看待操心的事。海德格讓日常事物和習慣突然變形的咒語就是：「**操心**（Sorge，**關注，關念**）。**生命既是操心，而在想要使自己輕鬆一點的傾向裡，它也是逃避。**」（GA61, 109）

[136]

「**操心**」的概念是《存有與時間》的中心，在這個演講課中，這個概念已經令人印象深刻地粉墨登場。「**操心**」是以下行為的縮影：「這是關於某人的什麼」、「人們關心什麼」、「操煩」、「計畫某事」、「打理妥當」，「處理某事」以及「想弄清楚某事」。在這個意義下，操心和操煩幾乎和一般行為相同。海德格選擇以這個概念強調生命活動和時間相關的特徵。透過操煩，我走在自己前面。「**我眼前**」有某個東西，在空間和時間的意義下，我會操心想要實現的事物；或是「**我身後有某個東西**」，那是我想要保留或是擺脫的。操煩在它周圍有個空間性的、但主要是時間性的視域。所有行為都是兩面神（januskopfig）。一張臉望著未來，另一張臉望著過去。人們操煩未來，以此使過去沒有任何喪失。

人們可以把整個分析理解為一個以奇怪的語詞描述日常瑣事，即事實，人總是以某種方式行事。但當人們如此理解海德格，那就是誤解了他。沒有把握要點。要點在於以下思想：在操煩中，人們不僅要「**走在自己前面**」，根據海德格的說法，在操煩中人們更會失去自己。操煩的世界淹沒了我。我對自己隱藏起來，我「**安住**」（festleben）於操煩的關係裡。「**在操心中，生命對自己封鎖起來，而且無法從這個封鎖逃脫出來。不斷轉移的目光總在尋尋覓覓……。**」（GA 61, 107）

生命「**從自身活出去**（hinausleben）、**安住於**」被操煩的事物當中，卻又「**逃避**」自己，對於這個過程，海德格創造了一個術語，「**淪落**」（Ruinanz）。海德格刻意把廢墟

（Ruine）和搖搖欲墜（ruinös）湊在一起。狹義上說，「**淪落**」意味著「**墜落**」（Sturz）。

海德格把操心和操煩理解為未來或是過去的活動，但無論如何，它們都是「視域性」的。現在他把這種動盪從水平轉成垂直的，如此自然使其加速度：墜落（Sturz）、跌落（Absturz）。但是「**事實性生命**」會活在自己前面（vor sich hin leben），完全沒有注意到它在跌落。哲學首先看到的情況就只是沉淪（Fall）。海德格說，生命應該被拉回到自身，注意到它在自身找不到任何支撐，也別無他處可求。海德格竭力要破除這個誤解，以為生命的自我透明意味著生命的平安。正好相反：哲學只會讓人更加不安。哲學也是有方法地被驅動的不安。海德格這些年的哲學正好適用於達達主義的格言：「我並沒有那麼忘乎所以，就算我在研究自由落體法則時，我也不會跌落。」（胡果．鮑爾語）。

我們會跌落到哪裡？在演講課最後，海德格無法迴避這個問題。他的回答是個可能使不少學生困惑的預言：「**跌落之地不是個陌生的地方，它本身就是事實性生命的特徵，也就是『事實性生命的虛無』**。」（GA 61, 145）

「**事實性生命的虛無**」是什麼？事實性生命本身不可能是虛無，因為它的確發生了。事實性生命存在，或更確切地說：它的確是如此（es ist der Fall）。因此事實性生命的虛無必定是屬於這個生命的東西，而且不會解消成虛無。這個屬於事實性生命的虛無也許是指死亡？但是演講課裡並沒有談到死亡。海德格進而對這個「虛無」下了定義：當「**事實性生命**」在淪落的此有（ruinanten Dasein）裡迷失自己，它就會成為虛無。海德格說：（事實性生命的，作者按）「**在淪落的此有當中的不存在**（Nichtvorkommen）。」（GA 61, 148）

在此期間，海德格隱約知道他會帶給哲學一場新的轉向，以他關於事實性生命在淪落的此有當中不存在的思想，而成為十九世紀在黑格爾和馬克思那裡產生歷史性影響的異化（Entfremdung）思想的變體。這個思想說：人類創造了他的世界，他在其中卻再也無法認識他自己。人類的自我實現就是他的自我凋零。

[137]

在這個演講課裡，海德格並沒有使他的思想和這個思想傳統分道揚鑣。可是這個差異正是重點所在。因為異化的哲學預設了一個「真實的自我」的觀念，一個關於人的「理念」，關於他是如何、可以如何以及應該如何的理念。但是海德格在這個理念的後面打了個大問號。我們怎麼知道關於人的真正定義？海德格猜測這種「知識」背後偷渡了神學的私貨。他說，人們可能可以堅持主張，但是人們必須具體宣告這個理念，必須澄清說那是忠實和信仰的問題，而不可以說那是可以由哲學證明的種種本質。

我們看到海德不接受這種真實自我的理念，卻為它心醉神迷。這種張力一直存在。它也堂而皇之地成為《存有與時間》裡的「屬己性」。

在一九二〇年代初期，海德格在他生命自我透明性的哲學之路上摸索、尋覓和自我劃

[138]

界，在這段時間，他和同樣探索哲學新起點的雅斯培開始往來。兩個初學者之間的微妙友誼萌芽了。

一九二〇年春天，兩人在胡賽爾家的社交晚會相識。經過一年半小心的試探，一九二二年夏天，他們終於感覺他們「**在一個罕見且獨立的行動團體的意識中莫逆於心**」（海德格致雅斯培書，一九二二年六月二十七日）。他們第一次相遇就建立共同陣線反對學術制度。雅斯培在《哲學自傳》裡回憶在胡賽爾家的那個夜晚：「一九二〇年春天，我和妻子在弗萊堡停留幾天……當時是要慶祝胡賽爾的生日。大家圍了一大圈，坐在咖啡桌旁。當時胡賽爾的夫人稱海德格為『現象學之子』。我談到我有個女學生阿芙拉・蓋格爾（Afra Geiger），是相當傑出的後起之秀，到弗萊堡想要在胡賽爾門下學習。依據研討課的錄取規定，他拒絕了她。因為學院的制式規定，對胡賽爾和她來說，都失去了一個很好的機會，因為他們終究失之交臂。海德格熱切地加入談話，並且認同我的說法。就像兩個年輕人團結起來對抗抽象秩序的權威……那個下午氣氛不太好。在我看起來有種布爾喬亞氣息，某種狹隘的感覺，缺乏……某種人與人之間的自由交流，缺乏精神的火花……只有海德格似乎與眾不同。我去拜訪他，和他單獨坐在小屋子裡，看他研究路德，看他工作的廢寢忘食，對他言簡意賅的說話方式很有好感。」（注6）

卡爾・雅斯培比海德格年長六歲，被視作哲學的圈外人。他是個精神科醫生，在一九一三年以《普通精神病理學》（*Allgemeine Psychopathologie*）成名，這本書不久就成為該領域的經典著作。但雅斯培脫離了醫學領域。生了一場重病的他清楚意識到，在以自然科學為取向的心理學框架下，精神的事物無法充分被理解。以這種心理學為基礎，他受到狄爾泰的理解方法以及描述意識現象的嚴謹現象學的激勵，而把哲學上的決定性突破歸功於馬克斯・韋伯和齊克果的啟迪。

韋伯嚴格區分事實的探究和價值判斷，讓他印象深刻。他同意韋伯的看法，認為必須拒絕錯誤的科學主張，但是（在這點上他超越了韋伯）他的想法是：價值判斷的領域，個人責任的生命，必須有能力自我闡明，這種能力雖然不是「科學的」，卻也不只是個人的反思或宗教的事務。雅斯培意圖細檢視那個判斷基礎，也就是韋伯所說的「生命之力」（Lebensmächte）。雅斯培在齊克果那裡找到這種哲學活動的典範，後來他稱之為「存在的闡明」（Existenzerhellung）。韋伯把哲學從嚴格的科學體系中剔除，哲學因此獲得自由，而齊克果則把存在者的心境（Pathos）歸還給了哲學。這就是雅斯培的看法。

[139] 雅斯培於一九一九年出版的《世界觀的心理學》（*Psychologie der Weltanschauungen*）是根據「存在闡明」從心理學過渡到哲學的一個作品，它的影響遠遠超過了學科範圍。雅斯培以韋伯的「理念型」（idealtypisch）方法，研究出自人類生命經驗的、特別是由自由、罪惡和死亡等基本問題產生的「態度和世界觀」，並賦予各個哲學計畫獨特的輪廓。他以描述的方式，

大抵上是「外部的」描述，勾勒了這種世界觀和態度的類型學，而且沒有歷史或是知識社會學的意圖。他也沒有探究作為一切構想之基礎的「意識本身」——這個問題在當時新康德主義者中很受歡迎。人們有時從歷史、知識社會學或是新康德主義去理解這個著作，但這並非其本意。雅斯培關心的是自身存有（Selbstsein）以何種形式實現、如何失誤、如何失敗。雅斯培探索的是自由的運動，它也是對於自由的恐懼，接著則是棲身於所謂安全的原則和解釋的「牢籠」當中。他特別感興趣的是「臨界情境」（Grenzsituationen）（死亡、痛苦、偶然、罪責、鬥爭）中的行為和思維方式，在這些情境裡，一個自由承擔自我責任的生命展現了冒險的特性。雅斯培在《自傳》裡談到這本書時寫道：「就這樣，有如水銀瀉地，……整個情致溢於言表。」（注7）

這個作品賦予哲學一個新的基調。大眾的反應相當熱烈，使得沒有博士學位的雅斯培於一九二一年在海德堡獲得哲學教授的職位。但他的立場有點不明確。嚴守規範的科學家視他為叛教者，說他從事不精確的研究，即哲學相關的研究；對哲學家而言，他則被認為是個喜歡說教的心理學家。

雅斯培並不承認這點。他覺得自己是在「走向開闊的道路上」。

在這個情境下，雅斯培和海德格相遇。而且雅斯培太了解海德格了，海德格在一九二一年八月五日致信雅斯培談到自己的哲學工作：「**我不知道我能否找到我的天地；但願我能繼**

［140］

續堅持我走的道路。」（BwHJ, 25）

一九一九年，海德格為雅斯培的著作撰寫書評。一九二一年六月，海德格把它寄給雅斯培，那是長篇大論，由於篇幅太長而無法按原定計畫在《哥廷根學報》（*Göttingische Gelehrte Anzeigen*）刊載，直到一九七三年才得以問世。

海德格一開頭就對這本書讚譽有加，接著慎重地提出他的批評：雅斯培為德不卒。他寫了關於存在實踐（Existenzvollzug）的文章，但是沒有把自己的想法放在這個存在實踐裡。他試圖維護對抗世界觀牢籠的自由、指出個人存在的核心。但這種指點本身也會成為世界觀，如果他把這種以自我存在為基礎的創造性自由描述成某種「**手前物**」（Vorhanden），而到頭來又說它是科學可驗證的事實。海德格在結尾評註說：「**唯有一種真正的自我反省存在，並且唯有在一個完全喚醒的情況，人們才能有意義地、真正地自我反省。而自我反省的真正喚醒，也只會是這種自我反省以特定方式毫無顧忌地促使其他人反思……人們唯有自己也在那路上有所進展，才能促使其他人進入反思，喚起人們的注意**（W, 42）。**但唯有人們把握哲學自身之事，才會有所進展。而哲學之事就是哲學思考活動自身以及其眾所周知的悲情。**」（W, 42）

雅斯培所說的「悲情」應該不是自我指涉，文中清楚說到那是指人類學上的悲情，因此他對於該評論並無不滿；但這個評論使他迷惘了。海德格要求人們不該對於（über）存在的實踐做哲學思考，而應該從那裡出發（aus）去進行哲學思考，那是什麼意思？海德格或者是誤解了他，不知道他也像海德格所說的，以「**自我憂慮**」（Selbstbekümmerung）作為哲學的道路（海德格）；或者是海德格對這條路有不同的想像；但若是如此，海德格的暗示就太不明確了。無論如何，雅斯培看不出海德格在這條路上想如何前進。儘管如此，他仍然隱約覺得海德格是我輩中人。一九二一年八月一日，雅斯培致信海德格說：「就我所讀到的您對一切的評論，就是去挖掘思想最深的根源。那真的觸動了我的內心。但我仍然缺乏……積極的方法。在閱讀的過程中，我總是感覺有前進的潛力，但然後是感到失望，並且發現自己已經走到這裡了。」（BwHJ, 23）

［141］

在回信中，海德格說他的評論是「**可笑蹩腳的新手之作**」；他從來沒有想像，「**走得比您更遠，尤其是我已經立志要迂迴從之**」（一九二一年八月五日，BwHJ，25）。他們之間的通信停了一年之久。然後在一九二二年夏天，雅斯培邀請海德格到海德堡幾天：「如果我們能有幾天在合適的時候進行哲學活動，檢驗和鞏固我們的『行動團體』，那就太好了。我想我們可以一人住一間房間，我的妻子去旅行了，各自做想做的事，除了吃飯時間以外，我們可以依照偏好碰面和談話，特別是晚上，或其他時候，沒有任何限制。」（一九二二年九月六日，BwHJ, 32）

海德格接受了邀請。九月的這幾天對這兩人來說終身難忘。他們回憶這段日子，因為不久之後他們的友誼就只能活在這種過去的未來當中。哲學的強度，友誼的寧靜，對共同的覺醒和開端的突如其來的感覺，雅斯培在回顧時寫道：「令人陶醉。」以如此難忘的方式，海德格和他如此「靠近」。在這些神聖的對話之後，海德格寫信給雅斯培說：「**與您在一起的八天一直與我同在。這突如其來的，外在看來平靜的日子……友誼以無情又刻薄的腳步向我們接近，雙『方』**（Seiten）**都有信心的行動團體日益增長的確定性，這一切對我來說是不可名狀的**（unheimlich）**，如同世界和生命對哲學家來說是不可名狀的。**」（一九二二年十一月十九日，BwHJ, 33）。

他們之間的友誼初期是如此令人振奮，以至於雅斯培提議創辦一份只刊登兩人文章的刊物，那是哲學的「火炬」（Fackel）。在「時代哲學的荒蕪」中，人們終究必須發出反對教授哲學的呼聲：「我們不會謾罵，但討論將是毫無顧忌的。」（一九二二年十一月二十四日，[142] BwHJ, 36）但雅斯培教授隨即想到，海德格還沒有教職，因此這個出刊計畫不得不等到海德格獲聘。這是一個教授的顧慮。

還有些其他事阻礙了出刊計畫。他們還不確定在這場戰役開始時該抱持什麼立場。雅斯培說：「我們兩個都不知道我們想要什麼；也就是說，我們擔負著還不明確存在的知識。」（一九二二年十一月二十四日，BwHJ）海德格回答說：如果他本人「**在真正具體的不確定性當中可以更加確定一點**」，那麼他早就很有成就了（一九二三年七月十四日，BwHJ, 41）。

事實上，海德格在一九二二年夏季和一九二三年夏季之間踏出了自我澄清的重要一步。《存有與時間》的開端可見於《對於亞里斯多德的現象學解釋》（詮釋學處境的說明）、他於一九二二年底寄至馬堡的求職資料，以及一九二三年的存有學演講課，也就是他在到馬堡任教之前於弗萊堡最後一個學期開的課。

《對於亞里斯多德的現象學解釋》在馬堡讓人們為之驚豔。保羅・納托普（Paul Natorp）說那是「天才的構思」，對於當時在納托普門下攻讀博士學位而得以一窺其手稿的高達美來說，它成了他「真正的靈感」。這個文本給了他罕見的「衝擊」，使他在下一個學期為了聽海德格的課到弗萊堡，並且跟隨他回到馬堡。

一九二三年夏天開始的存有學演講課，應該也是令人相當動容。學生當中不乏哲學界後起之秀，他們都相當崇拜這個講師海德格，期間有人把他當作哲學的祕密國王，身著施瓦本傳統服飾的國王。那些人是高達美、霍克海默（Horkheimer）、奧斯卡・貝克（Oskar Becker）、弗里茨・考夫曼（Fritz Kaufmann），赫伯特・馬庫色和漢斯・約納斯（Hans Jonas）。

[143] 在這篇關於亞里斯多德的手稿中，海德格對他的哲學計畫給了一個簡潔的定義：「**哲學問題的對象是人的此有，探問其存有性格**（Seincharakter）。」（DJ, 238）

乍看之下這個定義並不複雜。除了對人類此有的探究之外，哲學研究還應該做什麼呢？

當然，哲學在歷史裡，除了在人類的此有之外，也研究其他事物。因此，蘇格拉底的抗議變得必要，他想把哲學拉回人類對於自身的操心上。在哲學的歷史中，在想要探究神和世界的哲學以及專注於人類此有的哲學之間，一直存在著這種緊張關係。抬頭仰望天空因而跌入井中的米利都的泰利斯（Thales），可能就是這種衝突的第一個生動體現。在海德格的哲學中，此有總是在跌落。

乍看來，「**存有性格**」這個術語似乎毫無困難。在研究一個「對象」時，除了它的存在方式之外，人們還應該檢視什麼。

分子的存有性格不就是構成分子的元素、化學反應和它在生命裡的功能之類的嗎？動物的存有性格不就是顯現在解剖當中、在它的行為中、在演化的地位中嗎？以這種方式把握存有性格這個術語便失去了光芒。它涵蓋了人對於「對象」所能知道的一切。這種知識難免也關於「區別」的知識：一個分子如何區別於另一個分子，動物如何有別於植物或是人類。「**存有性格**」這個簡要的標題，變成許多「**存有性格**」的多元性。

在這種觀點下，一方面是矢志不移的求知行為，另一方面則是可以獲得知識的各種可能對象，無論是出於什麼意圖，人們都想要探究那些對象的「**存有性格**」。

當然，至少自康德以來，科學界很清楚人們必須以不同方法去探究不同的「對象」。尤是自然和人類的「世界」，因為相較於自然，人還可以創造文化，並且因而創造自身的本

［144］

質。新康德主義強調文化和自然科學在方法上的區分。文德爾班（Windelband）指出，自然科學的目標是普遍法則，文化研究的旨趣則是對於個體的理解。或者如李克特所說的，自然科學考察事實，文化研究則是考察價值。但是對於海德格來說，它們對於不同存有性格的反思都不夠澈底。他在關於亞里斯多德的手稿中，以極其精簡而費解的句子說明他的目標。我要引用該句，接著談到對於他的存有學演講課的評論：「**哲學問題的基本方向不是從外在強加或旋開探究的對象，事實性的生命，而是把它理解為對於事實性生命的基本運動的明確把握。這種事實性生命在它的存有的具體創造當中，以及它的自我逃避當中，操心它自己的存有。**」（DJ, 238）

它不是「**自外部強加的**」：海德格想用現象學原理探就此有。現象學的原理即是，人們必須讓研究的對象有機會「**自我顯現**」。

因此海德格在存有學——演講課針對人們如何能適當的談論人做了詳盡的初步考慮，由此人們終於意識到當人們在初步考慮時已經處於問題的內部了。

海德格說，當我們接近一個「對象」，為了弄清它是什麼時；當我們想要把握它的「**存有意義**」時，我們必須進入它的「**實踐意義**」，從實踐意義中，「**存有意義**」才可以完全開展。一個從陌生文化背景進入我們的經濟生活的人，是無法掌握他的「**實踐意義**」的（金錢的存有意義會變成它的實踐意義）儘管他可能把錢拿在手裡掂量。或者說：當我不再在音樂

[145]

的實踐意義當中，音樂就一直只是個聲音。各種存有領域都是如此，藝術、文學、宗教，虛數計算和足球比賽。此外，從另一方面看來，這些考慮也以反證法證明了化約論的程序有多麼褊狹。當我說：思考是大腦的生理功能，或者愛是腺體分泌的功能，那麼我不必實踐它，就可以論斷思想和愛的存在。它們的存有意義只有在這個實踐當中才會透顯出來。以實踐之外的觀點從事的觀察，一切根本都不存在：遊戲、音樂，圖畫以及宗教。

這種考慮就是現象學式的。這種考慮要明白，以哪種態度，「**現象**」才可以「**如其自身地**」顯現。「遊戲」自身不會顯現為一個外在於遊戲的態度。愛只顯現於愛，神只顯現於信仰。海德格也問道，我該如何觀照，才可以顯現出人「是」什麼？答案只會是：如果想要理解這個此有，對於此有的思考就必須置身於其實踐意義當中。這就是前述海德格在亞里斯多德手稿中的那句話的意思：「**對事實性生命的基本運動的明確把握**。」

在那裡，海德格第一次強調了這個基本運動，他稱之為「存在」（Existenz）。

某物「存在」，我們對此多半理解為：我們猜想某物是個「手前存有」（Vorhanden-sein），而當我們發現這猜想的東西存在，我們會說它確實存在（existiert）。伽利略依據計算假定有木星衛星，並且借助望遠鏡發現這顆木星衛星「存在」。但海德格要排除的，正是「事實性的手前存有」（tatsächlich vorhanden sein）意義下的「存在意義」。他以及物動詞的意義使用術語：當我存在（existiere），我不只是手前存在（vorhanden），我更必須「使我存在」（mich existieren）；我不僅僅活著，我還必須「過著」（führen）我的生活。存在是一種存有方式，而且是「**它自身可及（zugänglich）的存有**」（DJ, 245）。存在是個存有者（Seiendes），這個存有者異於石頭、植物和動物，它是自身相關的。存在不僅是是「存在」，它也意識到它在「這裡」（da）。正因為有了這種自我意識，才能打開操心和時間的整個視域。因此，存在不是個手前存有，而是個實踐，一個運動。海德格對於這個見解的感[146]動也透露在一九二一年寫給卡爾．洛維特的信中：「**我只做我必須做和我認為必要的事，並且盡我所能——我不會為了當前的一般人而把我的哲學工作偽裝成文化任務……我是出於我的『我存在』以及我的精神性的、事實性的源頭去從事我的工作的。存在正是伴隨這種事實性而在狂吼。**」（注8）

此有的實踐意義是前述在及物動詞的意義下的存在，或者是事實性生命，它是在時間裡的操心的、憂慮的和自我籌畫（sich entwerfend，自我拋出）的生命。人的此有必須在其實踐意義下被理解，但是如果我把它當作一個擺在眼前的手前對象，它就無法理解。正如海德格眼前所浮現的，也正如他在《存有與時間》成書前幾年草擬的綱要，此有的哲學並不是以觀察的姿態位於此有「之上」（über），而是此有的一種表述和工具。哲學是在沉著果斷的行動中的操煩的生命。海德格在存有學演講課裡說，哲學的這種最極端的可能性，就是「**此有為了它自身的覺醒**」（GA 63, 15），這意味著要在「**它逃避自我的地方**」抓住它（DJ,

238）。仔細檢視生命的沉淪的傾向，阻斷逃往假定的安逸的道路，並且有勇氣放任生命的不安浮現意識，一切假定持久的、確定的、有約束性的東西，只不過是人為施設的東西：此有自己戴上的面具，或由「**大眾的解釋**」，也就是主流的意見、道德想法和意義要求此有戴上的面具。海德格說「**此有為了它自身的清醒**」就是哲學最高的任務。但是因為這個真理不讓我們發現一個真實的自我，而是只是把我們拋回到我們想要逃避的不安的心；因此也存在著「**對於哲學的恐懼**」（GA 63, 19）。這些年來，對海德格來說，哲學是不安的創造者。對哲學的恐懼是對於自由的恐懼。海德格最初談到的不是「自由」，而是事實性生命的可能性。

因此，在海德格意義下的哲學，是和此有共同實踐此有的操心和操煩，但是哲學也是自由的活動性以及思考，是「人擁有種種可能性」的這個現實性。綜上所述，哲學無非清醒的此有，正因為如此，它也會操心，有疑難，也是終有一死的。

關於哲學，包括海德格的哲學，人們最好的說法是：哲學是個事件，就像所有此有一樣，它也要有自己的時間。

[147]

注1：引自：H. Ott, *Martin Heidegger. Unterwegs zu seiner Biographie*, 106f。

注2：另見：O. Pöggeler, *Der Denkweg Martin Heideggers*, 36ff。

注3：E. Husserl, *Cartesianische Meditationen*。

注4：K. Barth, *Römerbrief*, 315。

注5：同前揭：頁279。

注6：K. Jaspers, *Philosophische Autobiographie*, 92。

注7：同前揭：頁34。

注8：K. Löwith, *Mein Leben in Deutschland*, 30。

第八章

ACHTES KAPITEL

到馬堡任教

與雅斯培的行動團體

馬堡的幽靈

在神學家之中

漢娜・鄂蘭

極大的熱情

漢娜為能見度而戰

海德格在遮蔽中的勝利

「在靈魂之前，生命純淨、單純且高貴」

《存有與時間》的誕生；母親在臨終床上

[148] 一九二〇年時，海德格一度可望在馬堡任教。他只是引起了注意；當時他在聘任名單上是第三順位。馬堡的人們認為，儘管這個年輕的講師前途無量，但是發表作品還是太少。一九二二年夏天，馬堡任教的問題再度出現，那是個外聘教授的職位，因為當時海德格仍然沒有新的著作發表。但是隨著教學工作，他的名聲鵲起。新康德主義馬堡學派的領袖納托普於一九二二年九月二十二寫信給胡賽爾說，馬堡的人們「最近對海德格特別關注」（注1），不僅是因為胡賽爾對於他的助手的欣賞，「更因為有人告訴我關於他的新發展……」。納托普問道，海德格是否有準備發表任何東西。胡賽爾把這個問題轉告海德格，正如他在寫給雅斯培的信中所言，他坐了三個禮拜，摘要了關於亞里斯多德的文章，還為他們寫了前言，把六十頁的稿子寄到馬堡：就是前述的《對於亞里斯多德的現象學解釋：詮釋學處境的說明》。

海德格在一九二二年十一月十九日寫給雅斯培的信中說：「**現在我的研究在馬堡產生影響**。」事實上，納托普對胡賽爾說，他和尼古拉·哈特曼「對於海德格的摘要深感興趣」，並且在其中發現「不尋常的獨創性、深度以及精確性」。（注2）納托普評估海德格極有機會獲聘於馬堡。

[149] 與此同時，哥廷根的人們對於海德格也很感興趣。格奧爾格·米施（Georg Misch）極力吹捧那份摘要，說海德格創造了「關於人類生命歷史性意義獨樹一格的意識」。（注3）

在哥廷根，狄爾泰的女婿米施的讚頌並沒有產生預期的效果，儘管胡賽爾不僅在馬堡、

[150]

更在他以前工作的地方為推薦海德格。馬堡的前景似乎更好。但是以微薄的助理薪水無法養活一個四口之家（因此艾弗里德必須去學校工作）的海德格，仍然抱持懷疑的態度。他寫信給雅斯培說：「**這種飄飄蕩蕩、曖昧不清的前景、吹捧，儘管可以不去理會，卻讓人陷入相當討厭的狀況**。」（一九二二年十一月十九日，BwHJ, 34）

但是海德格成功了。一九二三年六月十八日，他獲聘為馬堡的外聘教授，正如他翌日自豪地和雅斯培分享的，該職位具有講座教授的職位和權利。

一年前，雅斯培和海德格都還確信他們是個行動團體。考慮到當時海德格還沒有站穩腳步，他們推遲了那個大膽對抗哲學時代精神的哲學刊物計畫。現在情況不同了。兩人並沒有回到那個雜誌的計畫。海德格的語調越來越肆無忌憚。在一九二三年七月十四日寫給雅斯培的信中，這種語調昭然若揭。剛剛獲聘為教授的海德格飛揚跋扈地指責每個同事。談到這次在聘任名單上在第三順位的競爭對手理查・克羅納（Richard Kroner），他寫道：「**我從沒遇過這麼可悲的人，現在人們像同情老太婆一樣同情他，人們能為他做的，就是馬上撤銷他的授課資格**。」克羅納對於馬堡呼風喚雨的尼古拉・哈特曼承諾說，如果他得到這個教職，他會像學生一樣去修哈特曼的課。海德格寫道：「**我不會這麼做，但我會以我現在的行徑讓他擔心受怕；還會率領……十六人的突擊隊**。」

海德格還是那麼好戰，他再次和雅斯培組成「**行動團體**」，他們具體行動的時刻臨到了：「**必須剷除各種偶像崇拜——現在哲學裡的各種巫醫，我們必須揭露他們可怕而可悲的技藝——而且要在他們生前，好讓他們不致於以為神的王國會對他們顯現。**」

海德格在公開場合仍然稱呼胡賽爾為老師，而且也大剌剌地接受胡賽爾為他的付出，但是他已經和胡賽爾漸行漸遠了，在給雅斯培的這封信中，甚至把胡賽爾列入被他誣衊的巫師之一：「**你知道，胡賽爾獲聘到柏林任教；比起把教授職和永恆至福混為一談的講師，他的行徑更加卑下……胡賽爾完全墮落了——如果他曾經狀態良好的話——最近這段時間我越來越疑惑，他上班下班，盡說些瑣碎的事，想要博得同情。他以『現象學奠基者』為使命，沒有人知道那是什麼，在這裡待了一個學期的人知道是怎麼一回事，他隱約感覺到人們不再追隨他……居然想到柏林拯救當今的世界。**」

順道一提，胡賽爾沒有到柏林接任恩斯特．特洛爾奇（Ernst Troeltsch）留下來的教席。他到柏林去拯救世界的需求並沒有海德格所想的那麼迫切。有些跡象表明，海德格把他自己的野心投射到老師身上。因為這封給雅斯培的充滿火藥味的信顯示了海德格如何熱中於扮演那個清理奧吉亞斯（Augias）馬廄的海克力斯的角色。這不就正是他硬加在胡賽爾身上的救世態度嗎？無論如何，在給雅斯培的信中，海德格沉醉於哲學的澈底改革和顛覆。一九二三年的夏天，海德格發現了他是海德格。

在弗萊堡最後一個夏天的存有學演講課上，他對自己的工作充滿自信。他熱情地對雅斯

[151]

培說：「**我遺留給世界書和文學的紛亂，並招來了年輕人，『招來』，也就是緊緊抓住他們，使他們整個禮拜都『在壓力中』；有些人——最優秀的人——無法忍受，有些人需要讀兩三個學期才能明白，為什麼我不允許他們任何事情，不許懶惰、不許膚淺、不許施詭計和說空話，最重要的是不容許『現象學式的』……我最高興的是，我能在這裡用示範實現了改變，而現在我自由了。**」（一九二三年七月十四日，BwHJ, 41）

在財務問題上，他就感覺自己沒那麼有把握了。他能要求多少薪水？他能要求一間房子嗎，能要求搬家津貼嗎？雅斯培澆熄了他的期待：「您幾乎無法對薪水提出任何要求。」（一九二三年六月二十日，BwHJ, 39）

在搬到馬堡之前，海德格在托特瑙山（Todtnauberg）購得一小塊土地，他請人在那塊地上建了一間非常簡樸的小屋。他沒有經手。艾弗里德安排並且監督一切事務。從現在起，托特瑙山就成了他隱世時的住所，同時也是他哲學思考的咆嘯山莊。從這裡出發，所有道路都通往下方。

一九二三年秋季，海德格來到馬堡，一九二八年夏天，他再次離開這座城市，到弗萊堡接任胡賽爾的職位。海德格對在馬堡的四年有各種不同的評價。在馬堡末期給雅斯培的信中寫道：「**關於馬堡我沒什麼能跟你介紹的。我沒有一刻感到舒服過。**」（一九二八年五月十三日，BwHJ, 96）

然而過了一陣子，海德格在私人的談話中說在馬堡的這幾年是他生命中「**最興奮、思想最專注、成果最豐富的**」時期，也是「**最幸福的**」時期。（注4）

在給雅斯培的信中對馬堡時期的負面評價也有個策略上的意義。雅斯培當時考慮離開海德堡，想從海德格那裡知道他是否建議他搬到馬堡。但是海德格不能回答，因為他知道，不只是大學的環境，包括馬堡和托特瑙山之間的通勤，使他這幾年大有斬獲。除此之外還發生一些他不想告訴雅斯培的事情。後來又更多。

馬堡是基督新教的小鎮，擁有悠久傳統的大學。一九二七年，這裡正在慶祝大學成立四百週年。赫曼・莫興（Hermann Mörchen）說，在這個時候，人們看見海德格一臉憤怒，身著不同往常的燕尾服，進入他平常不會去的天主教教堂，而基督新教教堂正在舉行慶典禮拜。這座大學城在學生放假時空蕩蕩的像是睡著了一樣，但是此時海德格就會到托特瑙山上的小屋。那裡的人際關係相當簡單。每個人互相認識。一個適合陰謀、小鎮流言蜚語，心胸狹窄人們的小團體和自我陶醉於細小差別的地方。一個小世界，因為其中大部分是「有教養」的人，自許大國。海德格寫信給雅斯培說：大學很無聊。「**學生們單純，沒什麼特別的追求。而且因為我從事許多關於否定性問題的研究，在這裡我有最好的機會去研究『虛無』的樣貌。**」（一九二六年十二月二日，BwHJ, 69）

[152]

在馬堡沒有海德格認為沒有價值的「社交生活」。在樞密官希茨格（Hitzig）女士家中，

[153]

所有學術界「新進人員」都會在那裡被儀式性的「引見」，他有時也能看看。傳聞說這位女士和九十一位當時還在世的講座教授有血緣關係。在經濟史學家腓特烈．沃爾特斯（Friedrich Wolters）周圍有個格奧爾格信徒圈。「現代派」、新即物主義或左翼思想的人們在藝術史學家理查．哈曼（Richard Hamann）那裡聚會。魯道夫．布爾特曼（Rudolf Bultmann）也聚集了一個團體，他們每個禮拜有個晚上八點到十一點要朗讀希臘文獻；十一點之後則來到比較愜意的部分，但還是依照時間表嚴格進行：一小時的高級學術閒談，然後可以一邊喝葡萄酒和抽雪茄一邊說說笑話。布爾特曼把吉光片羽依照學術內容記在小本子裡，以便有機會時能夠追溯。像庫爾提斯（Ernst Robert Curtius）這樣習慣上層階級生活的人則是苦不堪言，甚或會搭火車到附近的基森（Gießen）車站餐廳飽餐一頓。他常說，這在馬堡是辦不到的。

在這個小型的大學世界裡，海德格很快成為了神祕的星星。他把演講課安排在一大早，顯然嚇阻力不夠，因為兩個學期之後，有一百五十個學生跑來上他的演講課。在海德格還沒來之前，高達美是尼古拉．哈特曼（Nicolai Hartmann）的學生。他提到哈特曼的學生如何一古腦地跑到海德格那裡。

波羅的海男爵哈特曼是個夜貓子。他在中午十二點起床，到了午夜十二點還精神奕奕。他也在周圍聚集了一個圈子。人們討論直到天邊露出魚肚白。高達美：「當海德格來到馬堡並且想要在早上七點開始他的演講課，衝突就已經無法避免；我們夜間到哈特曼圈子就不再

有意義。」（注5）

在海德格到來之前一直是哲學焦點的哈特曼，如今看到自己被取代，兩年之後，他接受科隆的聘書，他覺得鬆了一口氣，終於得到解放。此前，剛在哈特曼指導下取得博士學位的高達美，曾經試圖在他的新老師和舊老師之間做調解人：「一九二四年通貨膨脹之後引起嚴重貧窮的時刻，我不得不以一輛馬車來個學生搬家，我有一對高貴的搭檔：哈特曼和海德格在同一隻車桿旁。他們朝著同一個方向前進！海德格在這時候有著迷人孩子氣的幽默。回程空車時，他突然放手讓哈特曼一人拉車……他跳上車並且打開雨傘。」（注6）

海德格的外觀在馬堡看起來相當引人注目。在冬天，人們可以看到他穿著滑雪板走出城。有時他會著滑雪裝來上演講課。夏天，海德格穿著他著名的洛登傳統外套和傳統皮褲，這是他改良過的漂鳥運動裝。學生們稱這種服裝為「存在套裝」。這是畫家奧托・烏伯羅德（Otto Ubbelohde）為他設計的，對高達美而言，這套服裝是「農民假日打扮樸實的奢華」。（注7）

海德格立即和「馬堡學術協會」搭上線，那是個青年反對法人團體的聯盟，拒絕「老男人的市儈」，以「邁斯納山漂鳥模式」的精神提倡年輕人的自我教育和自我承擔的原則，並且試著實現跨學科研究的理想。這個圈子的特點是格奧爾格文化圈的嚴謹和漂鳥運動的浪漫的混合體。在社會政治方面，人們更偏左翼，但無論如何是反資產階級的。以「誠實」

［154］

（Echtheit）對抗教育資產階級的空話。一次一個學生宣告，他想把自己「塑造成一個人物」，海德格挖苦評論說，他可能放棄比較好。這裡瀰漫著一種思想氛圍，正如湯瑪斯．曼（Thomas Mann）在《浮士德博士》（*Doktor Faustus*）中描述的青年運動插曲的氣氛。在小說中，他讓阿德里安．雷佛庫恩（Adrian Leverkühn）和一些朋友在徒步旅行和穀倉過夜時進行了關於神和世界的激烈辯論。辯論時他們都使用「學者的術語」，「他們對自己的裝腔作勢毫不自覺。他們樂於對『本質提問』，談論『神聖空間』或『政治空間』或『學術空間』、『結構性原則』、『辯證緊張關係』和『存有上的相應』等等」。（注8）當這些年輕人準備在穀倉中睡覺時，談話也達到了「赤裸的有限性」。

海德格在「學術協會」聯盟發表過幾次演講。他主張存在問題應該以「**冰冷的概念**」處理，強調了這裡提倡的嚴格性。海德格還邀請學生到他家，有次甚至邀請他們到他家慶祝聖誕節。他們唱歌，艾弗里德烤了蛋糕，聖誕老人出現了。記述這段故事的赫曼．莫興獲贈了一本黑格爾的《精神現象學》。他們還帶著吉他一起徒步旅行。這個圈子的學生獲准拜訪海德格在托特瑙山的小屋。在那裡，這位哲學的祕密國王以青年聯盟的方式舉行聚會。為了慶祝夏至，他們讓火輪滾入山谷，海德格對著它們激烈呼喊。有時候會在小屋上方的草地上點燃柴堆，海德格在那裡演講。「**在夜晚的營火前保持清醒……**」，他這樣開場，接下來又是他心愛的希臘人，托特瑙山中的巴門尼德（Parmenides）。

沒有跟隨海德格完成學業的布根哈根（Arnold von Buggenhagen）描述海德格在研討課的情況：「海德格用中等音量說話，沒有用任何草稿，流暢的演說透顯著出色的才智，但是更多的是意志力確定了演說的方向，特別是涉及危險的主題時更是如此。比起教授的形象，這位存有學的講者讓人覺得更像是在一個時代巨輪的船橋上面臨著浮動的冰山以及下沉危險的艦隊司令。」（注9）

[155]

布根哈根描述了這種新的哲學風格，雅斯培在其一九三二年的主要著作裡以「存在哲學」命名的新風格，是如何風起雲湧的：它擺脫枯燥的理性普遍主義，並鼓勵「以某種方式」（irgendwie）使自己發揮作用。吸引人的正是這種「以某種方式」的無規定性。因為，很快就清楚了，海德格的哲學並不依賴於個人的告解、表現主義或是諄諄告誡的人生指引。海德格堅決拒絕了這種期望。他在演講中經常引用謝林的話：「對生命的恐懼會把人逐出中心。」對海德格來說，這個「中心」就是那個自我相遇（Selbstbegegnung），簡單說就是：我注意到我存在。布根哈根敘述海德格如何巧妙地展示來自或應該來自這種赤裸的如是（Daß）的不安（Beunruhigung）。某人從康德那裡學到知識的法律依據在於理性，那麼對這人來說，知識基礎就是在於個人獨特且不可替代的存在當中。也就是不在普遍化的能力，而是在個體當中。關於這個作為基奠的東西，儘管海德格從未言明，但他幾乎不曾給它一個清晰的輪廓。布根哈根說他和同學經常慚愧地自問是否有「足夠的存在質量」（Existenzmasse）

[156]

（注10），足以放棄普遍化理性的法律依據。

人們很快會知道，在海德格那裡無法像傳統大學課程內容一樣「輕鬆學習」哲學。海德格的課程裡到處充斥著令人敬畏的博學多聞，但是人們也注意到，那對他來說並不重要：他輕蔑地處理他掌握的大量知識。對學生而言，這是一場令人震驚的戲劇，在一幕幕劇情中體驗這位哲學家。某些人看他「像一隻在空中盤旋的雄鷹」，其他人看他「像一個憤怒的人」。布根哈根談到他當時如何靈光乍現，「這個哲學家是不是個發瘋的亞里斯多德，他引起轟動，因為他用他的思考力量對抗自己的思考，並在思考過程中主張根本不要思考，而是要存在。」（注11）

但這個海德格式的「**存在**」使許多學生感到困惑，而他們能做的頂多就是尋覓自己的困惑。布根哈根承認他並不想達成那些目標。其他人在這個努力上比較有斬獲。

赫曼．莫興敘述海德格「保持沉默」的能力多麼令人印象深刻。莫興除了哲學和德國研究外還研究神學，他認為關於存在的討論具有宗教意義。他問海德格，海德格沉默了，這對莫興是個證明：「沒有比本質性的沉默更絕對且強大的語言。這也是海德格在他的學派中推行的那種自由的例子。」（注12）在研討課上，海德格說：「**我們對神學保持沉默，以此向神學致敬。**」

相較於弗萊堡，這種對神學的沉默在馬堡使他更加困難，因為馬堡是基督新教神學中心。他們的「現代」烙印還很鮮明，人們試圖以科學精神和文化的交流獲得基督信仰的新途徑。

到達馬堡不久，海德格去聽了愛德華・圖尼森（Eduard Thurneysen）的演講。圖尼森屬於卡爾・巴特「辯證神學」的成員。海德格在這次討論裡的言談讓高達美留下了難忘的印象，因為他所說的和當地的精神並不衝突，但是馬堡傳言說海德格背離了教會和信仰。因此海德格說：「神學真正的任務是必須重新尋求，找到可以喚起信仰並保衛信仰的言語。」（注13）

這個說法一語中的地說明了當地偉大的神學家魯道夫・布爾特曼的計畫。他比海德格早兩年來到馬堡，踵繼卡爾・巴特，再度恢復基督新教神學。這個神學以「破除神話」（Entmythologisierung）為題，雖然直到一九四五年之後才有重大突破，不過是布爾特曼在海德格的馬堡時期起草的。這是以海德格哲學的精神發展出的神學。布爾特曼對此也很清楚。布爾特曼以海德格的此有分析去描述人的處境，即「存在」：被拋性、操心、時間性、死亡
[157] 和逃遁到非屬己性。海德格的形上學批判對他來說十分重要，在其中，思考偽裝成一種完全非現實的永恆性和生命的可支配性。海德格的形上學批判到了布爾特曼那裡就成了破除神話。就像海德格一樣，哲學家布爾特曼也想要揭露人類此有的「存在結構」：神學家布爾特曼則想以基督福音來對比這種「赤裸的」存在，而基督福音擺脫歷史的獨斷論，並且還原為其存在的基本意義。正如布爾特曼所理解的，海德格並不是在描述一個存在的理想，而只是

[158]

描述了存在的結構，這使得他的思想和布爾特曼的神學並行不悖。布爾特曼說：「存在哲學並未回答我自身存在的問題，它把我自身的存在置於我個人的責任中，這使我對聖經的言語敞開自我。」（注14）

海德格和布爾特曼很快建立了友誼，兩人的友誼持續了一輩子。但是他們之間的思想關係並不對等。海德格對布爾特曼的影響遠大於後者對他的影響。在信仰的前提下，他接受布爾特曼的神學，但是那些不可能是哲學的內容。在這個意義下，他並沒有接受布爾特曼的神學。布爾特曼則追隨海德格的哲學走了一段路，以尋找和基督福音相容之處。

應布爾特曼的邀請，海德格於一九二四年夏天為馬堡神學家發表了以《時間的概念》為題的演講，這是海德格在神學問題上意味深長的哲學沉默的技術典範。

一開始他聲明，他不想談論關於神學或神的事情，而僅限於人類的事物；但隨後他接著說，布爾特曼那種類型的神學就像是鑰匙插入相配的鎖中裡一樣。

在那個時候，海德格已經開始構思《存有與時間》。他以簡明扼要的形式介紹了「**此有的**」重要「**基本結構**」，這個結構是由時間的特性規定的。

在這裡，他首次強調把時間性解釋為死亡性（Tödlichkeit）：「**此有……知道關於他的死亡……這是此有朝向其消逝**（Vorbei）**的先行**（Vorlaufen）。」（BZ, 12）。早在每次行動和體驗的此時此地，我們就注意到這種消逝。生命的歷程總是生命的流逝（Vergehen）。我們在作為這種流逝的自身當中經驗了時間。因此，這種流逝並不是在我們生命終點的死亡事件，而是生命實踐的方式和方法，生命實踐是「**我完全的此有的模式**」（das Wie meines Daseins schlechthin）（BZ, 18）。

海德格的這種思考和傳統關於死亡的反思有何不同？蘇格拉底的死亡思想、基督教有句警語說：「勿忘你必有一死。」（Memento mori）蒙田（Montaigne）也說：「哲學思考就是學習死亡。」

它們的不同之處在於，海德格思考死亡不是為了以思想戰勝死亡，而是想要明確指出，對死亡的思考，對於總是在當下的「**流逝**」的思考，開啟了時間性的理解，並以此開啟了此有的不可支配性。

演講內容預示了後來在《存有與時間》裡關於死亡的著名章節。這些提示擺明了拒絕神學和形上學的強大傳統。傳統上，神或是最高存有被置於超越時間的領域，我們在信仰或是思考當中可以分受那個領域。海德格把它詮釋為逃避自身的時間性。和永恆的伴稱的連結並不會超越時間，只會憂懼時間，它不會擴大我們的可能性，而是遠遠落在可能性之後。

海德格打破的傳統，也正是布爾特曼的破除神話神學所要對抗的傳統；那是一種把十字架和神的死亡置於基督福音中心的神學。在布爾特曼的神學中，預設了海德格塑造的時間性的經驗。對布爾特曼來說，人們必須以一切恐懼和不安去經驗「**朝向死亡的存有**」（das Sein zum Tode），才能感受到基督福音。十字架和重生標示著信徒生命中的轉變；人的重生不是未來永恆的幻想事件，而是此時此地的靈魂的轉變——澈底地體歷過生命裡的時間性，即生命中的死亡性而達到的重生。被死亡包圍著的生命以及被生命包圍著的死亡。這就是新約裡弔詭而貧乏的福音——按照布爾特曼的解釋。

[159]

漢斯・約納斯的例子也顯示了海德格的哲學對於當時宗教思想家的啟發。他師事海德格以及布爾特曼，他的研究主題「諾斯替教派和古代晚期思想」（Gnosis und spätantiker Geist）探討另一個不同的屬靈傳統（諾斯替教派是古代晚期及早期基督教中最有影響力的屬靈運動），就像布爾特曼探討基督教傳統一樣。約納斯和布爾特曼一樣，把海德格的此有分析看作「門鎖」，而屬靈的福音則是那把相配應的「鑰匙」。這把鑰匙特別適合這個情況。因為諾斯替教派（至少在約納斯的解釋下）是由「被拋性」的體驗而產生的，諾斯替教派的神祕主義和神學探討靈（Pneuma）如何「跌落」（Absturz）到塵世，在塵世中，它總是生疏的、總是無家可歸。只因為它背叛且遺忘其真正的本源，它才會進入塵世。它在世界自我解體和迷失。救贖的思想取決於在世界上四處遊蕩的靈是否可以克服其存有的遺忘，從瓦解當中重新聚集並回想起被它遺忘的本源。簡而言之：約納斯把諾斯替教派形容為有史可徵的宗教運動，它正是在尋覓海德格所理解的那種「**屬己性**」。

馬堡時期為海德格開啟了一個出乎意料的機會，神學家稱之為「時機」（Kairos，時間的

[160]

意思），即絕佳的機會，可以獲致一種特別的屬己性。那是一次遭遇（如同他後來向他的妻子艾弗里德坦承的），「**成為他生命中的激情**」的一次遭遇。

一九二四年初，一個十八歲的猶太女學生來到馬堡，她想師事布爾特曼和海德格。她就是漢娜．鄂蘭（Hannah Arendt）。

她來自科尼斯堡（Königsberg）一個典型中產階級、被同化了的猶太人家庭，她在科尼斯堡長大。她對哲學的好奇在十四歲時就被喚醒了。她閱讀康德的《純粹理性批判》，熟諳希臘文和拉丁文，十六歲就創立了一個古代文學研究和閱讀小組。在她於科尼斯堡以非在校生身分通過升學考試之前，就到柏林上了羅曼諾．瓜迪尼（Romano Guardini）的課，並且讀過齊克果的著作。哲學成為她的冒險。她在柏林也聽說了海德格。她在回憶過往時寫道：「傳言說得很簡單：思考再度有了活力，被認為朽滅的過去的教養寶藏被人傳誦，從而證明它們道出了和人們想像懷疑的完全不同的東西。有一位老師；人們也許能學習到一種思考……這種思考作為一種激情，源於『誕生到世界之中』（In-die-Welt-Geborensein）的簡單事實，並且……正如生命本身一樣……沒有（也不會有）什麼最終目的。」（注15）

在馬堡時的鄂蘭還是個年輕女子，她蓄短髮，衣著時髦，吸引了所有人的目光。「最引人注目的是她眼中散發出的吸引力，」馮威斯（Benno von Wiese）（他在二十歲時和她短暫交往過）在回憶錄中寫道：「人們沉浸在她的魅力當中，而且害怕再也無法上岸。」（注16）

由於她經常穿著優雅的綠色連衣裙，學生們都叫她「小綠」（die Grüne）。莫興說，當這個女學生在食堂說話時，鄰桌都會停止交談。人們想專心聽她說話。她的談吐間夾雜著自信和害羞。在為了參加布爾特曼研討課的入學面試談話中，她反客為主，並且設立了要她加入的條件。她直接對布爾特曼說：「不可以有反猶太主義的言論。」布爾特曼以平靜友好的語氣向她保證，如果有任何反猶太主義的言論，「我們兩人一定能夠應付。」（注17）約納斯在布爾特曼的研討課上認識了鄂蘭，並且和她成為了朋友。他描述這位女同學如何被同學們看成特例。人們發現在她身上有「一種強度、一種決心、對性質的敏銳、對本質的追求和一種深邃，這些賦予她某種魔力。她住在大學附近的閣樓裡。在那裡，她和朋友們一起進行哲學討論，朋友們有些是從科尼斯堡和柏林追隨她而來的。有時候她也會有可愛的一面，她會呼叫她的小室友，一隻老鼠，並且餵食牠。」

[161] 從一九二四年二月起的兩個學期，她在這間閣樓裡祕密接待她的哲學老師，馬丁・海德格，就連她最好的朋友都不知道。

埃爾茲貝塔・艾丁格（Elzbieta Ettinger）依據鄂蘭的遺稿重建了這段關係的歷史。她引用了鄂蘭的書信，並且引證了海德格（未公開出版）的信件。依據艾丁格的研究，這段關係始於一九二四年二月。海德格二月初邀請鄂蘭到辦公室談話，那時候他已經留意這個女學生兩個月了。海德格一直記著這一幕：「她穿著雨衣，帽子壓低，遮住了她的臉龐，偶爾的輕聲

細語，幾乎聽不清楚『是』或『不是』。」（艾丁格語）（注18）

鄂蘭無法抗拒這個敬佩的男人的魅力。二月十日，海德格以正式的稱謂「**親愛的鄂蘭小姐**」寫了第一封信。艾丁格說：「保持禮貌的距離的同時，他向她保證了他的忠誠，讚美她的精神和靈魂，並支持她忠於自我。」（注19）艾丁格說那是一封既真實又充滿感情的信，是一首「抒情歌」（注20）。海德格寫給伊麗莎白・布洛赫曼的第一封信也是這種形式：難以捉摸的愛慕加上以精神導師自居的融合。一九一八年六月十五日，他寫道：「**如果我不確信您在命運中重視這種精神的情感，我今天不會膽敢寫信，更不會在日後持續這種精神的交流。請保持堅強和快樂……**。」（BwHB, 7）在給鄂蘭的第一封信，海德格也許已經沒有那麼生澀，但是心理可能是相同的，這讓鄂蘭既陶醉又迷惘。這位大師對她有興趣。四天後，海德格的信中稱她為「**親愛的漢娜**」。並在兩個禮拜之有幾行字顯現了他們之間「開始了肉體的親密接觸」（艾丁格語）。（注21）

也是在這個二月，依照莫興的說法，海德格在布爾特曼的研討課上談到路德關於《創世紀》第三章的原罪故事的注釋。

[162] 海德格為這段關係訂定了規則，漢娜嚴格遵守。守口如瓶是最重要的事。不僅他的妻子，還有大學和小鎮中的任何人都不能知道。海德格傳送加密的消息，「以開關燈作為複雜信號，告訴漢娜下一次約會（精準至幾點幾分）的時間和地點，還有注意事項和指示，如果

[163] 他剛好一個人有空的話。」（艾丁格語）（注22）漢娜遵從這些安排，「**不要讓我對你的愛造成比過去更多的麻煩**」（艾丁格語）。（注23）鄂蘭不敢要求海德格為她做出決斷。

一九二四年暑假，海德格在托特瑙山時，漢娜回到科尼斯堡的親戚家，並且寫了一個簡單加密的自述寄給海德格。因為她感覺自己在這段關係中並不真的存在，這種感覺折磨著她。她無法在「陰影」中顯現自己，她稱呼這篇文章為陰影，但她最終還是想顯現自己。她試圖為剛剛發生的「非凡而美妙的」並且把她的生命分解為「此地、此時、彼時、彼地」的東西找到一種語言。（注24）她說她的愛情是「對於唯一者的固執奉獻」。虛無縹緲、完全瓦解在種種情緒裡，鄂蘭如此描摹她處於一個無世界的、內心分裂的漩渦裡的心靈動盪。這篇文章分解成種種反思，並且以有距離感的第三人稱書寫，講述一種還沒有誕生的愛。這裡缺乏某種基礎的東西，就是鄂蘭後來在《人的條件》（*Vita activa*）裡所說的「世界性的距離」（weltlichen Zwischenraum）：「在愛情用以抓住對方的激情裡，那個使我們和他者若即若離的世界性的距離，彷彿毀於大火之中。戀人們和共存世界（Mitwelt）的分別在於，戀人們是無世界的，戀人們之間的世界被燒毀了。」（注25）

這種「世界性的距離」不僅被激情焚燬，也被保守祕密的外在約束磨滅掉。由於愛情不被允許表現、沒有見證者，區分現實和想像的標準很快就消失。這使漢娜感到沮喪，她在「陰影」裡談到她的「著魔的放逐性」。（注26）同時期的一首詩：「為何你向我伸出手／畏

縮又隱密？你來自遙遠的國度嗎，／不曾啜飲過我們的酒嗎？」（注27）

海德格比她大十七歲，是兩個兒子的父親，有個愛慕虛榮的妻子，她很重視家庭的名聲，疑神疑鬼地看著丈夫被女學生們包圍著。她對鄂蘭特別冷淡，因為海德格顯然特別偏愛她，當然也因為她是猶太人。艾弗里德的反猶太主義在一九二〇年代是惡名昭彰的。在這種情況下，艾丁格指出，後來和鄂蘭有幾年夫妻關係的君特．斯特恩（安德斯）（Günther Stern (Anders)）回憶在托特瑙山的一次慶祝活動場合，艾弗里德問他是否想參加馬堡納粹青年團，他告訴她說他是猶太人，她大吃一驚。就算漢娜當時沒有讓海德格面對這個抉擇，我們也不排除她期望著海德格做決定。保密不過是他的遊戲。在她眼裡，這種遊戲使得這個關係更加親密。但是他並不想如此，漢娜的全心奉獻是他的幸運，因此他沒有承擔任何責任。在信件中，他反覆對她保證，沒有人比她更理解他——特別是在哲學上。確實如此：鄂蘭證明了她有多了解海德格。她比他自己更了解他。就像戀人一樣，鄂蘭互補性地回應海德格的哲學，並賦予它缺乏的世界性。對於「**朝向死亡的先行**」（Vorlaufen in den Tod），她以「誕生性（Geburtlichkeit）的哲學」回應；對於「**向來屬我性**」（Jemeinigkeit）的存在的獨我論，她則以多元性（Pluralität）哲學回應；對於「**人的沉淪**」（Verfallenheit，**陷溺**）於世界的批評，她以「愛這個世界」（amor mundi）回應。對於海德格的「**林間空地**」（Lichtung），她則是高唱「公共領域」（Öffentlichkeit）回應。唯有如此，海德格的哲學才能完整，但是這個男人並沒有注意到這些。他不讀鄂蘭的書，或只是隨意翻翻，而且讀了也覺得被冒犯。後來更是如此。

海德格愛漢娜，他愛她很長一段時間；他真的認為她是理解他的女人，她是他《存有與時間》的繆斯女神；他向她承認，如果沒有她，這部作品就不會完成。但是他從來沒有想到要向她求教。一九五五年，鄂蘭的巨著《極權主義的起源》（*The Origins of Totalitarianism*）出版，她考慮拜訪海德格，但是最終沒有這麼做。在給海因里希．布呂歇（Heinrich Blücher）的信中，她談到了其中的原因：「我的著作剛好現在要出版的這個事實……導致了可以想見的僵局……如你所知，在海德格面前，我準備好假裝我根本沒有寫那本書，也沒有寫下隻字片語。沉默是這整個戀情的必要條件。」（注28）

［164］

回到馬堡。這個關係持續得越久，保守祕密就越困難，除此之外，漢娜對此也越來越害怕。由於海德格只重視見面的寶貴時刻，並不想讓漢娜永遠陪伴他（那個角色是為艾弗里德準備的），一九二五年初，他建議漢娜最好移居海德堡，到他的好友雅斯培那裡。這不是關係的結束，只是空間上的分隔。在此期間，漢娜也有考慮離開馬堡。不過是出於其他原因。艾丁格猜想，她可能希望海德格會挽留她，而當他建議她離開時，她覺得很傷心。但是（艾丁格也注意到）對她來說，這不僅是一種策略。十年後，她寫信給布呂歇說他是她的一切，情人、朋友、兄長、父親、同事：「『偉大的愛情』和自我認同可以得兼，我仍然覺得不可

置信……自從我擁有自有認同，我得到了偉大的愛情。我也終於知道，什麼是真正的幸福。」（注29）

布呂歇是她在流亡時的難友，前共產主義者，後來在美國自學獲聘為哲學教授，直到和這位充滿知識魅力、自主又熱情的男人在一起，她的生活才得以讓奉獻和保有自我合而為一。和海德格在一起則完全不可能。為了保護自己，漢娜在一九二四年底離開了海德格。但她還是無法擺脫他。雖然她沒有透露在海德堡的新地址，但是心底還是期待著他能尋找她、找到她。

海德格從漢斯．約納斯那裡獲得漢娜在海德堡的新地址，於是通信又開始了。也重新開始安排約會。一九二六年秋天，海德格前往瑞士演講。根據艾丁格的說法：漢娜要在途中一個小地方和海德格見面。他會空出一天來，在旅館過夜。他說他期盼在每個火車停靠的小站都看到她的出現。

漢娜對海德格談到和馮威斯的戀情，後來又提到了她和君特．安德斯的關係。海德格的回應讓她覺得受傷。他祝福她並繼續安排約會。他這麼做讓她明白，他認為他的巨大激情超越她的那些短短幾天的激情。然而最重要的是：他顯然沒有注意到，她那些戀情都是為了擺脫他的無助嘗試。若是他注意到了這點，那麼在鄂蘭看來，他的行為意味著他想以他凌駕於她之上的力量玩弄她。她選擇抽離、不回信，但是當他再度提出要求、請求、示愛，她就出

[165]

[166]

現了。艾丁格舉了個例子：在一九二〇年後期，漢娜和一位女性朋友在前往紐倫堡的路上收到海德格的來信，「呼喚她去約會」（艾丁格語）。（注30）海德格呼喚她，就像卡夫卡《城堡》裡的官員克拉姆（Klamm）呼喊弗麗達（Frieda）一樣。漢娜的反應就像弗麗達一樣：一聽到呼喚，就急忙奔向海德格。

離開馬堡的六年後，鄂蘭開始撰寫她關於若荷・房哈根（Rahel Varnhagen）的著作。在描述若荷和芬肯史坦伯爵（Finckenstein）失敗的戀情時，讓人們覺得她是在自剖其經歷和失望。若荷希望伯爵不僅在沙龍裡承認她，還要在家人面前坦白。這位猶太女子想要進入他的貴族世界。如果伯爵沒有勇氣這麼做，如果他不能給她如鄂蘭寫的「公開」和「為人所知的」禮物，那麼他應該至少決定斷絕關係。鄂蘭認為重要的是，伯爵任由事情繼續發展，而任憑這個關係由慣性戰勝愛情，這對若荷是一種羞辱。漢娜寫道：「他是勝利者，並且得到他所想要的：讓生命和『命運』（即他的生命和他的命運）支配著她對他顯然過度且瘋狂的要求，而不必身陷善或惡之中，去面對善惡的問題。」（注31）

海德格不也是這樣的「勝利者」嗎，他的遲遲不做決定，使得「命運」支配著鄂蘭「顯然過度且瘋狂的要求」？

在「命運」完成它的任務作，並把將兩人分隔多年之後，漢娜於一九五〇年和海德格重逢，她寫信給布呂歇說：「基本上我很開心，那就是我確認了：我是對的，永遠忘不了……」（注32）這次的重逢開啟了長達一生的故事的新篇章。

即使繆斯女神離開了，海德格對於自己研究的靈感仍然沒有消散。學校放寒假時，他在托特瑙山撰寫手稿，該手稿在一九二七年以《存有與時間》為名出版。他在附近農夫那裡租了房間。當一家人都在小屋裡時，那裡太擁擠嘈雜了。在致雅斯培的信裡，他並沒有對雅斯培坦承和鄂蘭的關係，他分享了他充滿興致的工作熱情。一九二五年七月二十四日：「**八月一日我要到小屋去，我非常期待山上凜冽的空氣，在山下這些柔軟輕盈的東西長時間下來會毀掉一個人。八天的木工，然後再寫作。一九二五年九月二十三日：在這上面真是太美好了，最好可以在上面一直工作到春天。我一點也不想念教授圈的生活。和農民們一起的生活更加愉快，甚至更有趣。**」一九二六年四月二十四日，來自托特瑙山洋洋得意的消息：「**四月一日我的《存有與時間》付梓了……我一切都還好，只是即將到來的學期和再度環繞著的庸俗空氣令我心煩……已經深夜了，風暴席捲而來，小屋裡的木板嘎嘎作響，生命在靈魂面前純粹、簡單且偉大……有時候我真不明白，人們怎麼能在山下扮演如此奇怪的角色……**」

至少部分的《存有與時間》完成的動力是來自外部。尼古拉·哈特曼在一九二五年獲聘
[167] 到科隆大學，而馬堡想把副教授海德格升為正教授。遴選委員會對海德格施加了一點壓力，
他好歹應該交一些新的研究發表。委員會還提及哈特曼的說法，他指出「一部海德格非常出
色的作品」即將完成。這個暗示足以使哲學系於一九二五年八月五日提議海德格作為哈特曼

的繼任者。但是一九二六年一月二十七日，柏林否決了這個提議。教育部長貝克（Becker）寫道：「儘管海德格教授教學成就備受肯定，但是在我看來，在優異作品出版並獲得學界認可之前，授予他這個具有歷史意義的哲學教席，似乎並不合宜。」（注33）一九二六年六月八日，馬堡大學哲學系再度請求教育部聘任海德格為教授。在此期間，他已把作品付印。附上打樣。十一月二十五日，打樣退回。教育部維持其決議。一九二七年初《存有與時間》在由胡賽爾和謝勒主編的《哲學與現象學研究年鑑》（*Jahrbuch für Philosophie und Phänomenologische Forschung*）以特刊形式出版。現在教育部終於明白什麼樣的作品要問世了。一九二七年十月十九日，海德格獲得哲學系第一正教授教席。

這就只是些往返程序，一九二六年四月二十四日，海德格寫信給雅斯培說：「**整件事……我根本不在乎，**」但至少在這情況下，海德格不得不出版他的著作，即使他覺得該書還沒有完成。雅斯培陸續收到附有海德格相當謙虛的短評的打樣。一九二六年五月二十四日：「**整體而言，這對我來說是一個過渡的工作……**」一九二六年十二月二十一日：他對這本書「**評價並不高，但是據此理解了……偉人們想要的是什麼**」。一九二六年十二月二十六日：「**我從這個工作得到的就是，這個工作給了我所擁有的一切，不會更多了：我可以把它公開，並且提出自己觀點及方向的問題。**」

一九二七年春天，海德格的母親去世。海德格告訴雅斯培說，在虔誠的母親眼中，他是

［168］

個叛離信仰的兒子，那使他相當悲傷：「**我一直是她的牽掛憂慮，讓她難以瞑目。我在母親身旁最後一刻……是一段永遠會伴隨我的『實踐哲學』。我認為對於大多數『哲學家』而言，神學和哲學的問題或更確切的說，信仰和哲學的問題，都只是書桌上的問題。**」（一九二七年三月一日）

就在海德格母親去世的那個禮拜，一九二七年三月九日，海德格在杜賓根（Tübingen）發表一個以現象學和神學為題的論文，一年之後，他在馬堡又發表了一次修改的版本。論文中海德格談到，「**信仰的內在核心是一種特殊存在的可能性，它基本上和哲學對立……它們是死對頭的存在形式。**」但是這個對立並不排除相互認真對待和相互承認，不過唯有求同存異，這種承認才有可能。基督教哲學是「**木鐵**」（hölzernes Eisen，譯按：指自相矛盾的論證）。「**作為此有純粹對於自身的開放提問**」，哲學必須能夠信任自己（W, 66）。

他就是如此理解自己的哲學的。他認為透過《存有與時間》，他做到了這點。因此在和母親告別時，他把剛出版的著作樣本放在臨終床上。

注1：引自：H. Ott, *Martin Heidegger. Unterwegs zu seiner Biographie*, 121。。

注2：引自：同前揭：頁122。

注3：引自：V. Farías, *Heidegger und der Nationalsozialismus*, 104。

注4：H. Mörchen, *Aufzeichnungen*。

注5：H. G. Gadamer, *Philosophische Lehrjahre*, 22。

注6：引自：G. Neske (Hg.), Erinnerung an Martin Heidegger, 112。

注7：同前揭。

注8：T. Mann, *Doktor Faustus*, 162。

注9：A v. Buggenhagen, *Philosophische Autobiographie*, 134。

注10：同前揭：頁11。

注11：同前揭。

注12：H. Mörchen, *Aufzeichnungen*, 4。

注13：H. G. Gadamer, *Martin Heidegger und die Marburger Theologie*, 169。

注14：引自：H. Zahrnt, *Die Sache mit Gott*, 245。

注15：H. Arendt, *Martin Heidegger wird achtzig Jahre alt*, 235/237。

注16：B. v. Wiese, Ich erzähle mein Leben, 88。

注17：引自：E. Young-Bruehl, *Hanna Arendt*, 108。

注18：E. Ettinger, *Hannah Arendt-Martin Heidegger*, 20。

注19：同前揭：20。

注20：同前揭：20。

注21：同前揭：21。

注22：同前揭：24。

注23：引自：同前揭：25。

注24：引自：E. Young-Bruehl, *Hanna Arendt*, 97。

注25：H. Arendt, *Vita activa*, 237。

注26：引自：E. Young-Bruehl, *Hanna Arendt*, 95。

注27：引自：同前揭：97。

注28：引自：E. Ettinger, *Hannah Arendt-Martin Heidegger*, 111。

注29：引自：同前揭：31。

注30：同前揭：33。

注31：H. Arendt, *Rahel Varnhagen*, 54。

注32：引自：E. Young-Bruehl, *Hanna Arendt*, 348。

注33：引自：BwHJ, 232。

第九章

NEUNTES KAPITEL

《存有與時間》

天上序曲

什麼樣的存有？什麼樣的意義？從何開始？

作為海藻群體的此有：一切都相關聯

在存有中

畏懼

操心渡河

人能夠承受多少屬己性？

普列斯納和格倫的替代方案

海德格的道德哲學

命運與自由

集體的此有：共同體或是社會？

[169] 讓我們回顧一下：在神學的前奏曲之後，海德格是以天主教哲學起步的。他的思考一直圍繞著神的問題，祂是我們對於世界和自我知識的基石和保證。海德格來自一個只能防禦性對抗現代世界的傳統，對現代世界來說，神已經失去其意義。海德格想要以現代的武器捍衛梅斯基希的天空，就像胡賽爾主張邏輯具有超越時間和主體的有效性一樣，他則是在中世紀形上學哲學裡發現了這個思想的雛形。但是他也在那裡發現了理性唯名論的自我懷疑，理性承認它不僅無法把握神，更無法把握「此物的此時此地性」（haecceitas），也就是「**這個在此的東西**」（das dieses da），這個唯一的個體。個體是不可言傳的（Individuum est ineffabile）。

但是歷史性（Geschichtlichkeit）的觀念才真正向他揭示了形上學整體的問題所在。儘管形上學思想並不把人看作永恆不變的，但終極意含（Sinnbezüge, connotation）則是永恆不變的。海德格從狄爾泰那裡認識到，真理本身也有它的歷史。在他的教職論文接近尾聲時，他的觀點發生了決定性的轉變：他以更遠的距離觀察他以前浸淫其中的中世紀思想，它看起來儘管迷人，卻也是沉沒的精神時代。狄爾泰認為「意義和意指唯有在人及其歷史中才發生」，這對他起了決定性的作用。對於歷史性觀念的激進理解，摧毀了所有普遍主義的斷
[170] 言。在人類的自我理解中，它呈現了西方歷史中的巨大斷裂。它也預示著海德格「天主教」哲學的終結。

真實的歷史，即昨日世界在戰爭中的徹底崩潰，它的斷垣殘壁讓海德格體驗到大地在震動，而且必須重新開始。

一九一八年之後，歷史性的生命成為海德格哲學探討的基礎。但對海德格而言，只要「生命」這個概念還沒有釐清，這個見解就還無法有什麼成效。他在現象學圈意識到這裡有個問題。他以嫻熟的現象學方式問道：我必須採取何種立場，人的生命才能「**產生**」它的特性。對這個問題的回答奠定了其哲學的基礎：那就是對於對象化的批判。他告訴我們說，當我們企圖以理論、對象化的觀點去理解人的生命，它就會從我們眼前溜走。我們在嘗試認識簡單的「講台體驗」時就注意到這類狀況。在對象化思考當中，生活世界的豐富關聯消失無踪。這種對象化觀點使體驗「**脫離了生命**」（entlebt），使得和我們相遇的世界「**脫離了世界**」（entweltet）。海德格的哲學探討轉向生活當中的瞬間的晦暗。但是它並不涉及神祕的深淵、無意識的地獄或精神世界，而是關於生命的領會以及生活日常的透明性。對海德格而言，哲學成為「**此有為了自身而覺醒**」的藝術。這種日常生活的轉向有種論戰的意味，針對一直以為可以認識人的規定性的哲學。海德格以新開端的心境登場。在他早期的演講中，顯現對達達主義的興趣，要摧毀崇高藝術價值並且揭發傳統文化只是個幽靈。一九二一年，他寫信給洛維特說他「**憤怒地**」理解著「**事實性**」，而「**現在普遍的文化任務**」都與他無關。一開始十分辛苦，但成功的希望越來越大，他從此有的黑暗當中冉冉升起，現在他依據在

《存有與時間》裡作為「**存在者**」（Existenzialien）的結構描述人的生活：「**在當中的存有**（In-Sein）、**境遇感**（Befindlichkeit）、**理解**（Verstehen），**沉淪**（Verfallen）**和操心**（Sorge）」，他找到了此有的形式，「**此有，其重點在於自身的存有可能性**」（Dasein, dem es um sein eigenes Seinkönnen geht）。

[171] 《存有與時間》問世的一九二三年到一九二七年間，是海德格最多產的時期。在他的演講課中，《存有與時間》的種種論題已經展開。這的豐碩的思想成果在海德格全集裡占了一千五百頁，相較之下，《存有與時間》僅是冰山一角。在《存有與時間》裡，他的思想以縝密的結構以及大量的術語呈現，同時還保留著方法學的預備鷹架，使得作品難免讓人有龐大笨拙的印象。這並不影響其作品在學術界的影響力，對學界來說，越是單純的東西越要質疑。對眾人來說，該書的晦澀費解增添了它的光彩。難解的究竟是此有自身亦或只是對於此有的分析，仍然人言言殊。總之，整個作品神祕莫測。

在《存有與時間》中，海德格想以哲學證明，人的此有除了必須存在於此時此地之外，一無所有。在某種意義上，他延續了尼采的工作：思考上帝之死，批判「最後的人」（尼采語），他們以神的替代品逃避對於上帝消失的驚恐。在《存有與時間》中，他把這可以感到驚恐的能力形容為：憂懼（Angst）**的「勇氣」**。

《存有與時間》。這個標題說明了這本書是在探討整體的問題。在學術界，大家都知道

[172]

海德格預備寫一部巨作，但是沒有人預料到他以如此恢弘的要求為他的作品命名。人們不該忘記，海德格暫時還不想當個建構體系的哲學家，而是對於傳統哲學的詮釋能手，他可以使哲學傳統當下化，而海德格之於柏拉圖或亞里斯多德，就如同魯道夫・布爾特曼之於基督教：那就是復甦。

莫興回憶說，一九二七年初，海德格在一個青年學生聚會上「如孩童般展示他心愛的祕密玩具，不發一語，滿懷期待地拿出熱騰騰的校樣，標題頁寫著：存有與時間。」（注1）

此書在戲劇效果很成功，它以一種天上序曲開場。柏拉圖粉墨登場，引用了《智者篇》（Sophistes）的一段話：「當你們使用『存有著』這樣的詞，你們以為早就熟知它的意思，我們也相信我們理解它的意思，但是現在也陷入尷尬。」

海德格認為這個「**尷尬**」其實一直存在，只是我們不肯承認。當我們說某某東西存有著（seiend），其實一直不知道自己到底在說什麼。這個序言指控了對於存有的雙重遺忘。我們忘記了什麼是存有，也忘記了這個遺忘。「**所以首先應該重新探問存有的意義**」，但是由於我們已忘記了這個遺忘，「**所以首先應該重新喚醒對於這個問題的意義的理解**」。

它為什麼適合被放在序言裡，一開始就說明了，一切都歸結為：「**對於時間的詮釋作為任何存有理解**（Seinsverständnis）**的可能視域**」。存有的意義就是——時間。重點被指出，但為了使重點被理解，海德格不僅需要用這整本書，甚至還需用盡他的一輩子。

存有問題。嚴格來說，海德格提出了兩個問題。一個問題是：當我們使用存有著（seiend）這個說法時，我們究竟指的是什麼？這裡要問的是語詞的意義。海德格把這個問題和關於存有本身意義的問題連在一起。對於這個問題的雙重意指，海德格主張說，這個問題的意義還沒有被理解。這是個令人吃驚的主張。

存有的意義（不僅是語詞的意義）的問題涉及什麼，可以說是個自古至今不斷困擾著人類思考的問題。那是在探問人類生活以及自然的意義、目的和意指。那是在探問生活的價值和方向，探問對世界和宇宙的理由和目的。實踐和道德的生活促使人如此探問。在物理學、形上學以及人類學依然關係緊密的年代裡，科學也試圖解答這個意義問題。但是自從康德發現到，雖然我們作為道德主體必然要探究意義的問題，可是作為科學家，卻無法回答這個問題。自此之後，嚴密的科學對於意義問題保持距離。但是實踐道德生活仍然不斷提出這個問[173]題，在探索當中、在詩歌裡、在道德反思以及宗教裡。海德格如何能主張說，人們根本沒有理解這個問題呢？他唯有認為所有這種詮釋（Sinngebungen）以及其他關於意義探究的相關問題，都沒有切中存有的意義，他才能如此主張。這個大膽的主張對哲學家本人別具意義。因為他是那個自柏拉圖以來再次發現遺忘性和遮蔽性的人。在序言中，海德格自視為劃時代的先驅。他對於存有意義的具體貢獻，我們以後會見到。海德格是個迂迴大師，等到我們隧道盡頭看到光時再高興也不遲。

海德格首先擱置了關於存有意義的問題，我稱之為「重點問題」。他從語義問題開始，問題是：當我們使用存有著（seiend）這個說法時，我們想說的是什麼？我們在什麼「意義」下談論「存有」？這也是個和現代科學有關的問題。任何一門科學，諸如物理、化學、社會學、人類學，都是對特定領域的存有者的探究，或是以不同方法處理同一個領域的不同問題。但是每個方法學的思考，人們如何充分掌握研究對象，都蘊含著區域性的存有學，即使人們不再如此稱呼它。人們不再闡明在各個領域裡以什麼意義去理解「存有」，因此海德格的主張起初並沒有任何意義。新康德主義發展的正是方法意識的特殊意義。接著還有李克特和文德爾班對於自然和人文科學的區分、狄爾泰的詮釋學、馬克斯·韋伯的理解社會學、胡賽爾的現象學方法，無意識的心理分析詮釋學（Hermeneutik）等等。這些學科對於方法學都不是那麼天真幼稚的。他們都有自己的存有學的問題意識，因為他們會思考自己研究現實事物的整體脈絡裡的位置。語意學和方法學的問題正如同對存有意義的重點問題。海德格主張兩者根本不了解問題的意義，即使這些問題到處被提出。在實踐和道德的生命中，重點問題
[174]
常被提出，在科學中則是時常提到方法學和語意學的問題。海德格必然是有個特別的目的，只是人們還不知道那是什麼。他巧妙構造了一種對比，然後終於提出他的論題。對於人的研究上正好突顯了科學還不清楚人以什麼意義存在。科學以為人們可以如同看待整個世界裡的其他手前對象一樣看待人。科學追蹤此有的自然傾向，從**「世界」**，**「以存有者和世界為起**

點去理解自身的存有（它們一直且自始就是相關的）」（SuZ, 15）。但這是此有的自我神祕化，只要此有一直活著，它就不會像對象一樣是完成的、完整而且結束了的，而是永遠對未來開放、充滿可能性。「可能的存有」（Möglich-sein）也屬於此有。

和其他存有者不同，人和其自身的存有有個關係。海德格稱之為「**存在**」（Existenz）。存在具有（如同我在談到海德格一九二二年亞里斯多德的詮釋時指出的）及物動詞的意義。此有的不及物性，海德格稱之為「**被拋性**（Geworfenheit）**：有哪個此有曾經自由地決定過……想不想進入此有嗎？**」（SuZ, 228）但是當我們以不及物的方式在這裡，我們就只會是以及物的方式「生活著」我們身邊不及物的東西。我們以不及物的方式成為什麼東西，我們就可以且必然會以及物的方式是那個樣子。沙特找到了一種說法：「由此做出什麼，以及要被造成什麼。」我們是一種自我關係（Selbstverhältnis），並且是一種存有關係（Seinsverhältnis）。「**此有的存有物**（ontisch）**特徵就在於它是存有學的**（ontologisch）。」（SuZ, 12）

「存有物」這個說法指涉了所有存在的東西。存有學的說法則是指涉著對於我存在以及某物竟然存在的好奇、驚異以及害怕的思考。例如格拉貝（Christian Dietrich Grabbe, 1801-1836）獨一無二的那句話就是存有學式的：「有一次來到世界上，剛巧就當了代特莫德（Detmold）（譯按：格拉貝的故鄉）的水管工！」此有或是存在因此意味著：我們不僅存在，並且我們也知覺到我們存在。我們永遠不會像手前的某物一樣是完成的，我們不能原地打轉，而是在每個時刻都要向未來開放。我們必須「引領」（過著）我們的生活。我們被交付給我們自己。我們是我們要成為的那個人。

我們如何合宜地談論此有？早在這個問題上，海德格就瞄準了時間。

[175]

我們望著時間如同眺望開闊的視域，我們注意到，有些不確定的東西即將臨到，但有一件事是確定的：一個巨大的「**消逝**」，死亡。我們熟悉死亡，不僅是因為他人死亡，而是因為我們能在每個瞬間都體驗到「消逝」：時間流逝——小小的告別，小小的死亡。時間性就是關於現在、未來以及死亡的消逝經驗。

時間性的兩個面向，它的終點和它的起點，即「朝向死亡的存有」以及「可能的存有」，對存有來說都是個艱鉅的挑戰。並因此——在那個終結我們又再度回到起點——此有傾向於把自己當作手前物那樣地對待，在還沒完成時就認為能夠完成。對海德格來說，人的知識客觀化是逃避此有的令人不安的時間性。這樣一來，科學僅會延續前述的日常此有的頑固傾向，從世界出發，也就是把自己理解為事物中的事物。科學是此有培養且有方法地進行日常生活的自我物化的形式。但是海德格正是想要動搖這顆石頭般的心。

他在論題中結合了兩個問題，即對存有意義提問的重點問題，以及探問「存有」這個說法的意義的方法學和語意學問題：此有拋入諸物之中的傾向，也貫徹探問存有意義的重點問

[176]

題當中。「意義」被當作在世界中或是在一個想像的彼岸中的某種手前事物被尋找，那是人們可以確信或是得以瞄準的東西：神、普遍的法則、道德石碑。

對海德格來說，把意義當作某種手前物而加以探問，是此有逃避其時間性以及其可能存有的一種方式。在手前物形上學的層面上提問和回應存有的意義，如此也會離題。如今，這種荒謬的行徑又重新流行：「意義」被創造，並且有創造意義的計畫，人們談論意義泉源的匱乏，以及人們必須有效管理。那是一種特別愚蠢的手前物形上學。

此處並不是要處理一種理論錯誤的態度。如前所述，存有意義的問題不再適用於嚴格科學的問題，正因為放棄了這個問題，科學才卓越發展。實踐和道德的日常生活也會探問意義的問題。但是人們又如何理解這種意識態度呢？

海德格讓存有意義問題的真正主體在《存有與時間》的中段才出現，這是作品戲劇的技巧之一。這個探問的主體是一種情韻（Stimmung），對他來說，那是「**憂懼**（Angst）**的基本境遇感**」（Grundbefindlichkeit）。在憂懼中，此有探問存有的意義，探問它自身的存有的意義。著名的第四十節則致力於憂懼的分析。儘管他擁有鄂蘭，《存有與時間》裡卻完全沒有關於歡愉、愛情的段落，從這些心境原本也可以探問存有的意義。這不僅是有鑑於特定情韻在哲學上的發展潛力，更能闡明此有的特殊情境，這也和作者有關，與他的實際情韻及其偏好的特定情韻相關。

那麼現在來談憂懼。在諸情韻中，它是陰影中的女王。人們必須把它和害怕（Furcht）區別開來。害怕總是針對特定的東西，它是淺薄的。但憂懼是不特定的，而且和世界一樣無止盡，所憂懼的東西（Wovor）就是「**世界本身**」。在憂懼面前，一切都是赤條條的，一切意義都被脫掉衣服了。憂懼是最高統治者，它可以毫無緣由地在我們心裡支配著我們。它確實不需要什麼理由，因為它真正面對的是虛無。憂懼的人，世界「**再也不能給他什麼，其他共同的此有**（Mitdasein）**也沒辦法**」。憂懼不能容忍有其他的神在它身旁，它分隔了兩方面。它撕裂了和共存者（Mitmenschen）的聯繫，並且使個人脫離對於世界的信任。它以世界和屬己的自我赤裸的「如是」（Daß）面對此有。但是當此有走過了憂懼的冷火，就一無所剩了。憂懼在他身上燒毀的東西，揭示了此有的熾熱核心：「**對自我選擇和把握的自由的自由存有**（Freisein）」。

在憂懼當中，此有經歷了世界的不可名狀（Unheimlichkeit，不自在、恐怖）。如此，此有同時也可以是：對世界的憂懼和對自由的憂懼。

[177] 這種分析是受到齊克果的啟發，在齊克果那裡，對自由的憂懼是對於有罪（Schuldig-werden）的憂懼。齊克果嘗試以「**跳躍**」（Sprung）到信仰裡，躍過深淵，來克服憂懼。海德格的憂懼不是這種跳躍的前奏。他已經失去了對其起源（Herkommen）的信仰。在海德格這裡，是跳躍之後的憂懼，人們還在跌落時的憂懼。

當然，海德格的憂懼哲學也源於一九二〇年代普遍危機四伏的情韻。《文明及其不滿》（*Das Unbehagen in der Kultur*），佛洛伊德在一九二九年發表了這篇文章而一時洛陽紙貴。那幾年的世界觀作品莫不充滿一種對於沒落、扭曲、疏離的世界的不滿情緒。他們的診斷令人沮喪，治療的提案形形色色。眾多方法嘗試針對某個醫治不好的整體開刀。如同在威瑪共和國的政治當中，民主中心被主張澈底變革的極端主義者粉碎，因此，在那些年的危機哲學裡，轉向極端主義尋求解決方案占了主導地位。他們有各種名號：「無產階級」、「無意識者」、「靈魂」，「聖人」和「民族性」等等。布萊（Carl Christian Bry）一九二〇年代的暢銷書《偽裝的宗教》裡詳細地研究了危機管理哲學的市集。它比《存有與時間》早兩年出版，狂熱的反猶太主義和種族主義正在流行，德國共產黨開始「布爾什維克化」，希特勒在蘭茨貝格（Landsberg）撰寫《我的奮鬥》，百萬人在宗派運動中尋求救贖，神祕學、素食主義、裸體文化，神智學（Theosophie）和人智學（Anthroposophie），有眾多救贖的承諾和定向的提案。貨幣貶值的創傷，使聖人通膨的生意蒸蒸日上。布萊認為，如果「偏執」（monomanisch）是意義解釋和救贖的唯一原則，那一切都可能成為「偽裝的宗教」。布萊是個宗教人士，他發現了一個令人吃驚的簡單判準以區分宗教和宗教的替代品。真正的宗教會敬畏的世界的言語道斷。在信仰的光中，世界變得更偉大，也更黑暗，因為世界保守著它的祕密，而人把自己視為其中的一部分。他對於自己並不確定。然而，對於「偽裝的宗教」的

[178]

偏執使得世界萎縮了。「他只想在所有事物當中證實他的觀點。」（注2）他以信仰的狂熱對抗世界以及自己的懷疑，而為他的觀點辯護。

《存有與時間》也屬於這種危機的情韻，但是和其他相關類型不同，此處沒有提供任何治療方法。一九二九年，佛洛伊德以下述的話對於《文明及其不滿》進行診斷：「如此，我失去了在我的共存者面前起身作為先知的勇氣，我屈從於他們的譴責，我無法為他們提供慰藉，因為基本上那是所有人都想要的。」（注3）

這些話也適用於海德格的工作。他也從不滿的經驗出發進行思考，拒絕作為先知站出來並且「提供慰藉」。

但是海德格關於存有意義的重點問題，卻會喚起這種期望。期望被喚醒，卻沒有被實現。這種期望必然落空，那正是《存有與時間》要說的：在它後面沒有任何東西。存有的意義就是時間；但是時間不是盛滿禮物的寶盆，時間不提供我們任何內容和方向。時間就是意義，但時間並不「給予」任何意義。

在海德格的此有分析中，憂懼標誌著那個轉折點：人們從一直「**安住**」（festgelebt）的關係當中跌落。在憂懼章節之前的分析，是以在其世界中定居（eingelebt）的此有為主題。這個分析指出，由於憂懼使世界滑落，並因此造就一種距離的現象，使得它相較於這個特殊的、沒有距離的、安住的日常此有的在世存有（In-der-Welt-Sein）更容易描述。如果想要使它透明，人們就必須在某種程度上「加入」這種沒有距離的此有運動，並且不可以在它外面。這正是現象學的基本原則：人們不應該「對於」現象進行談論，而必須選擇一種讓現象得以自我「**開顯**」的態度。

從這方面看，至今的哲學屢屢有過失。它們不是描述意識如何從世界中產生（自然主義），就是描述世界如何由意識構成（唯心論）。海德格要尋找第三條道路。他原本也是不得不採取的方法：人們必須以「**在當中的存有**」（In-Sein）為起點。因為在「現象上」，我既不是先經驗我自己再經驗世界，也不是反過來先經驗世界再經驗到自我，而是在經驗中，兩者同時都在不可拆除的連結當中被給定。現象學說這種經驗是「意向性」（Intentionalität）。對海德格來說，這是現象學最重要的觀點，他不只是像胡賽爾那樣把它理解為意識結構，更認為它是此有的世界關聯（Weltbezug）。

[179] 對「**在當中的存有**」的分析導致種種術語罕見的螺旋接合。因為每個概念的命題都必須避免落入想當然爾的主體和客體的區分，或是落入一個不是「主觀」（內在）就是「客觀」（外在）的立場選擇。於是就產生了一堆連字符號的龐大怪物，它們指稱那種密不可分關係中的結構。「在世存有」意味著：此有並不是「走向」（gegenübertreten）世界，而是既存於（vorfinden）於世界當中。「與他者共存」（Mit-sein-mit-anderen）是說著：此有總是和他人一起處於一個共同的情境中。「先於自身」（Sich-vorweg-sein）意味著：此有並不是偶爾從現

[180]

在展望未來，而是不斷操心著未來。這些說法顯示了整個企圖的矛盾特性。分析意味著拆解某些東西。但是海德格試圖擺脫分析的影響，他不想把它分解為部分和元素。海德格抓住此有如同抓住一堆海藻。無論人們在哪裡抓住它，都必須整把拉出來。抓住某個個體，並且一起掌握相關的整體，這種努力有時會導致不經意的自我模仿。例如，「**操心**」被定義為「**（在一個世界中）已經先於自身的存有**（Sich-vorweg-schon-sein），**作為（在世界中相遇的存有者的）依傍存有**（Sein-bei）」（SuZ, 327）。

他認為語言的複雜性對應於日常此有的複雜性。一九二五年夏天，海德格在以「時間概念史導論」（Prolegomena zur Geschichte des Zeitsbegriffs）為題的演講課中說：「**如果我們不得不引入繁瑣而且不美觀的說法，這絕不是我的怪癖，也不是對於自創術語的特別偏好，而是因為現象自身而不得不然……當這種說法屢屢出現時，大家不要反感。科學中沒有美麗的東西，哲學也許更加不美麗。**」（GA20, 204）除此之外，特殊的術語——類似布萊希特（Brecht）的手法——是一種異化的技巧（Verfremdungstechnik），因為這裡要研究的「**並不是陌生且未知的事物，而是很靠近的事物**」，並且因為太靠近了而「**容易被看錯**」（GA20, 205）。在這方面，它是一種經過計算的語言。這種語言講述不證自明的東西，哲學家也能如此把握它。在這方面，語言還透露了哲學在探索日常生活的辛勞，那些他們一直避之唯恐不及的日常生活。「**就存有物（ontisch）而言接近和熟稔的事物，在存有學上卻是遙遠的，未**

知的而且……被忽視的事物。」（SuZ, 43）

海德格把此有的分析稱為「**存在分析**」（Existenzialanalyse），而此有的基本規定則稱為「**存在者**」（Existenzialien）。這個概念引起很多誤解，但是它其實是類比於傳統的「範疇」（Kategorie）概念。一般而言，傳統哲學把它的「對象」的基本定義稱為「範疇」，例如空間、時間、廣延等等。但是對海德格來說，此有不是手前的「對象」，而是「**存在**」（Existenz），因此他不把它的基本定義稱為範疇，而是「**存在者**」。

海德格於是從「**在當中的存有**」開始他的此有分析，因為此有自身就是從這裡開始的。「**在當中的存有**」不只意味著，人們總是置身（befinden）於某處，而總是已經和某些事物在周旋，和某些事物相關。

眾所周知，尋根的人是激進的。對馬克思來說，人的根源是勞動的人。但是對於海德格來說，人的基本定義是「**和某物周旋**」（Umgehen mit etwas），這比「勞動」更加全面。馬克思把工作定義為「和自然的物質變換」。海德格的「**周旋**」雖然也和（物質、自然）「**周遭世界**」有關，卻同樣也涉及「**自我世界**」（Selbstwelt）（自身關係）和「**共存世界**」（社會）。

海德格的方法是實用性的，因為行動無非就是周旋，它是此有的基礎結構。行動和認識的結合也是實用性的。用海德格的術語來說：最初的周旋有各自所屬的「**環**

[181]

視」（Umsicht）。認識是行動的功能。因此想要從意識自身出發去理解認識的意識，那是錯誤的。這是在批評胡賽爾的現象學意識研究。因為認識源於和世界的實踐性周旋，也必須從實踐性的生命活動去進行研究。

這難道不是訴諸眾所周知的唯物主義原則：「存在決定意識」嗎？海德格的反駁是：當人們以存有規定意識，人們會假裝知道什麼是存有。海德格說，但是我們不知道，於是我們就此提問。人們只能專心觀察並從現象學去描述「**環境、共存世界和自我世界**」如何和此有相遇。

他首先問道：事物的周遭世界是如何以及作為什麼和此有相遇？它是作為「**器物**」（Zeug），在我的活動範圍中和它有了特定的「**關涉**」（Bewandtnis）。

舉例來說：我天天打開的門，我沒有察覺它是上漆的木板。當我對它習以為常，我根本不會注意到它。我為了進辦公室而打開它。在我的生活空間中有它的「位置」，在我的生命時間中也有它的一席之地：它在我的日常生活儀式中起著一定的作用。它的嘎嘎作響是它使用過的痕跡，是「附著」在它上面的回憶。用海德格的話說，這扇門是「**及手的**」（zuhanden）。如果某次它意料之外地鎖住了，而且我一頭撞上，我會痛苦地注意到門原來也是硬木板。然後從「**及手的**」門變成了「**手前的**」（vorhanden）門。

我們以這種方式習慣了的種種關係，構成了及手物的世界。那裡有意義的脈絡，我在行動中對那個意義脈絡早就習以為常，即便我並不確切認識它。我們「生活過」（以及物動詞的方式）這些意義，卻沒有清楚意識到這些意義。只有當有來自外界或是意識的干擾出現時，這種活生生的聯繫才會被打破，事物變成單純的手前物而格外醒目。但是在手前物中，及手物「被生活過」的意義是消失了或是變弱了？只有及手物轉換成手前物，事物才在嚴格意義下成為可以用理論態度探究的對象。

海德格的分析試圖為了思考而挽救及手物的世界，因為在哲學的認識裡，及手物的世界往往被「**匆匆掠過**」。人們急著走向物（和人），以至於它們以一種冷漠的方式「**手前地**」存在著。接著，海德格把世界朝著某種單純的手前物的轉向叫作「**存有的遺忘**」（Seinsvergessenheit），並且說有意識地保護及手的生活空間是「**存有的連結**」（Seinsverbundenheit），它被理解為「**貼近**（Nähe）**於物**」或「**棲居**（Wohnen）**於物**」。相對應的態度則是「**泰然任之**」（Gelassenheit）。

但是我們會看到，在《存有與時間》裡有另一種存在理想（Existenzideal）。

[182] 海德格把這種和世界周旋的基本結構稱為「操心」。他相當廣義地理解這個語詞。一切都是操心。為了解釋這點，海德格引用了古代晚期希吉努斯（Hyginus）的寓言《操心》（Cura）。

有一次，「操心」女神在渡河時看見了黏土：她一邊思考，一邊取了一塊黏土並開始塑形。當她在思考她的創造物時，朱庇特（Jupiter）也加入。「操心」女神請朱庇特為她塑造的黏土灌注靈魂。朱庇特應允了她的請求。但是當她想以她的名字為她的創造物命名時，朱庇特卻不同意她，要求必須用他的名字來命名。當「操心」女神和朱庇特為了命名爭執不休時，大地女神提盧斯（Tellus）也要求以提盧斯為創造物命名，因為創造物有她身體的一部分。撒頓（Saturn）為爭論擔任仲裁，並且做出看似公正的裁決：「你，朱庇特，因為你為創造物賦予了靈魂，它死後靈魂就屬於你。你，大地，因為你賦予了創造物身體，它死後你可以得到身體。但是因為是『操心』最先造了它，那麼只要它活著，它就歸『操心』所有。」（SuZ, 198）

操心並不意味著人們時不時在「操心」。操心是人的境況（conditio humana）的基本特徵。海德格在操煩、計畫、操心、計算以及預期的意義下使用這個說法。時間基準（Zeitbezug）在這裡至關重要。唯有在自己面前看到自己必須生活在開放且不可支配的時間視域中，操心才會持存。我們操心且操煩地存在著，因為我們明確地經驗到向前開放的時間視域。操心不外乎「被生活著」的時間性。

在時間的驅使下，我們操心地在行動裡和世界相遇，以周旋的觀點看，這個世界可以是

「手前的」或「及手的」。但此有本身既非手前物也非及手物，而是「**存在**」。「**存在著**」（existieren）意味著擁有一種自身關係：它必須和自身並因此和自身的存有相關。自身的存有如何對人表達自己呢？海德格的回答是：在「**情韻**」之中。

「相較於此有在其存有之前被領進的情韻的原初揭露……認識能揭露的可能性……實在太少。」（SuZ, 134）

[183] 海德格堅決反對各種哲學的自我神祕化。因為哲學是一種思考的艱辛事業，所以它相信思考有強大的揭露能力。感覺和情韻是「主觀的」，因而並不適於承擔對於世界的客觀認識。所謂的「感觸」（Affekte）當然總是理論上的好奇心的對象。種種感觸可以是認識的對象，但是一般不被當作認識的器官。尼采和生命哲學改變了這個情況，對海德格來說，這還不夠澈底。這種基於情韻的哲學會被排擠到「**非理性主義的庇護所**」。對哲學來說，這是個條件惡劣的住所。「**非理性主義——作為理性主義的對立——只能斜眼窺視地談論那些理性主義看不清的東西。**」（SuZ, 136）

海德格直接面對情韻——沒有斜眼對待。

我們總會有某種情緒。情韻是一種境遇感。儘管我們能夠進入情韻之中，但基本上它們是自己出現、滲透，出奇不意地侵襲我們。我們不是它們的主人。在情韻中，我們經驗到我們自我規定性（Selbstbestimmung）的侷限。

海德格現在並沒有逐項檢查所有可能的情韻，而是專注於少數幾種相符於他的計畫的情韻。作為日常生活中的基本情韻，他突顯「**持續的、均勻、平淡的了無情緒**」（Ungestimmtheit），它們伴隨著「**厭煩**」（Überdruß）和「**無聊**」的跡象。其中顯示：存有被揭露為一種負擔（SuZ, 134）。日常庸庸碌碌的活動，就是在逃避這種情韻。此有振作精神、積極活躍、它不願承擔這種情韻所宣告的東西。「**此有大部分時候是在逃避……在情韻中被揭露的存有**。」（SuZ, 135）

人們可以把海德格的基礎存有學（Fundamentalontologie）理解為阻斷此有的逃避之路的費心嘗試。海德格以繁瑣而糾纏不休的方式，闡釋「**此有的負擔**」在其中被揭露的種種情韻，在厭煩和無聊當中平淡且日常，在憂懼當中醒目且緊張。

負擔性的情韻是基礎性的情韻，這種主張不是必然的。和海德格相似，馬克斯·謝勒（Max Scheler）認為情韻具有基本特徵，卻得出不同結論。[184] 在他的《同情的本質與形式》（Wesen und Formen der Sympathie, 1912）裡，他主張愛和親密關係（Verbundenheit），「共振和同行」（Mitschwing），是基本境遇感，相反的，抑鬱和負擔則被認為是同情的基本特徵的干擾和中斷。在這點上是合理的，因為海德格本人也總是強調情韻的「**向來屬我性**」和「**歷史性**」。儘管情韻有「**向來屬我性**」和「**歷史性**」，海德格還是認為它是基礎存有學：不僅是自己的此有以及時間，此有自身也應該在其基本情韻當中被把握。

[185]

海德格想以他的此有分析對存有提問，因此不想讓人以為它是一種哲學人類學的研究。值得注意的是，當時重要的哲學人類學家赫穆特・普列斯納（Helmuth Plessner）和阿諾・蓋倫（Arnold Gehlen）也是由人的此有的負擔特徵出發。但他們兩位卻得出不同的結論。相較之下，海德格的起點特別清晰。普列斯納在他主要的人類學著作《有機體的種種階段以及人類》（*Die Stufen des Organischen und der Mensch*, 1928）裡以人的「離心」（exaentrische，居中偏側的）位置去定義人。人沒有一個完全融入的個殊有機體環境。他是向世界開放的。他並不像動物那樣生活，「從牠的中心出發，再回到牠的中心」（注4），他必須首先找到並且創造他自己的中心。他是個有距離的生命，很難忍受他自己以及他的離心位置。因為這會使他陷入棘手的矛盾。他尋找自己的位置，建立關聯，但是他無法完全融入關聯中。他在內心經驗到自己是個反思的生命，而總是不斷地切斷這些關聯。他進入世界，並從中反思自己。他不僅對於世界是離心，對於自己也是。「作為使活生生的體系得以完全回歸自身的我，人不再處於『此時此地』，而是身處於『其後』，在自我之後，沒有位置，在虛無之中……他的存在真的建立在虛無之上。」（注5）

離心意味著：相較於被生命支撐著，人們更加必須承受生命，或者，積極的說，人們必須過著（引領）他的生活。人的生命服從於「自然的人造性」法則。

在一九三〇年代，蓋倫延續了這個主張。對他來說，人也是對世界開放的，本能上不適應任何特殊的環境。如果這種不適應性沒有以其他方式彌補，那就會降低生物存活的機會。人在自然上缺乏的，必須在文化上加以補償。他必須自己創造適於自己的環境。他會依據減載原則（Prinzip der Entlastung）去進行。因為他有許多事情必須「做」，因此要努力安排事物和他自己，使它們盡可能以省力的方式讓他的自發性、他的動機力量和本能力量「發揮作用」。人類重新安排他的生活世界，而擺脫他的離心性和反身性，也擺脫了作為整個人類尊嚴的哲學傳統：自發性、反身性和自由。

生命負擔越重，人的內在就越豐富。這種內在性通常無力承擔自己的世界，但是足以讓人感受到社會生活世界必然的事物化（Versachlichung）和制度化（Institutionalisierung）是一種苟求以及「非真理」。承受這種「分裂」之苦的人，習慣了不可避免的境地，並且以文明減輕此有的負擔，即便他感覺到他在失去自我。人走入自身，因而失去世界，而步入世界，則是迷失了自我。蓋倫的結論是：「人只能間接地和他自己以及他的同類維持永久的關係，他不得不迂迴從之，拋棄自我，再重新找回自己，並且在那裡進行創建。然而這些是人為的形式，靈魂在那些形式中……被事物化了，這些形式融入事物的運行之中，唯有如此才能永久被設置。如此，至少人們是被自己的創造物焚燒和消耗，而不是像動物那樣是被原始的自然焚燒和消耗的。」（注6）

和海德格一樣，普列斯納和蓋倫都以此有的負擔特徵為起點，並把減載的文化技巧形容

[186]

為基本的生存的必要條件。雖然海德格還談到容易理解的主流，「**輕忽**」（Leichtnehmen）和「**省力**」（Leichtmachen）（SuZ, 127）。但是對他而言，這種趨勢剝奪了人「**屬己的存有可能**」（eigentliches Seinkönnen）。人們應該如何面對此有的這種負擔的特性，應該嘗試減輕負擔或是承擔它，這就決定了非屬己性（Uneigentlichkeit）和屬己性（Eigentlichkeit）。對於海德格來說，減輕負擔首先有耍手段、逃避和規避的嫌疑，也有「**非屬己**」的嫌疑。「**屬己的**」英雄如同阿特拉斯（Atlas）一樣，他會「**承擔**」世界的重任，而且仍然挺直腰桿行走和大膽地生活。

除了關於死亡的著名章節之外，在一九二〇年，關於屬己性和非屬己性的分析，使得這部艱澀難懂的著作聲名大譟。海德格對於非屬己生活世界的描述顯然是在針砭他的時代，儘管他一直否認這點。然而對大眾化和城市化、緊張的公共生活、盛行的娛樂產業、忙碌的日常生活、對精神生活草率隨意的批評，都湧入了他對於此有的描述，這個此有不從自身的「**存有可能**」出發去生活，而是像「**常人**」（Man）一般地生活：「**每個人都是他人，沒有人是他自己**。」（SuZ, 128）

一九二〇年代還有其他作家甚或會對於「**常人**」的世界提出更有說服力且更精準的描述，在穆齊爾（Robert Musil）的《沒有個性的人》（*Der Mann ohne Eigenschaft*）裡，瓦特（Walter）說：「現在如果有人仍然追求某種整體，人們必定會相當敬重他。」「已經不再有

[187]

了，」烏里希（Ulrich）認為。「你只消看看報紙，裡面充斥大量渾沌不明的東西。因為談論太多東西了，超越了萊布尼茲的思考能力。但是人們甚至沒有注意到；人們已經變得不一樣了。不再是整個人面對著整個世界，而是個像人一樣的某物在一種普遍性的營養液裡蠕動。」（注7）

瓦特・梅林（Walter Mehring）在他的歌曲《唉唷，我們活著！》（*Hoppla, wir leben!*）裡說：「地球上的飯店／客人是社會的上流／姿態輕鬆／肩負生活重擔！」

薇姬・鮑姆（Vicki Baum）在一九三一年的暢銷小說《旅館裡的人》（*Menschen im Hotel*）裡說：「當你去旅行，來了其他人並躺上她的床。結束。你在大廳中坐了幾個小時，仔細看一看：這些人都沒有臉孔！他們對彼此來說都是個假人。他們都死了而不自知……」

海德格的常人（Man）也是這樣的假人：「**常人，即是日常生活的此有是誰的答案，他是那個『無人』（Niemand），所有在相互之間（im Untereinander）的此有都曾經向這個無人臣服。**」（SuZ, 128）

海德格對於威瑪時期的現代世界的描述讓人印象深刻，那正是因為和當時的環境有關。這種環境造成了這種結果，瑣碎的事物和日常的事情在基礎存有學建造的舞台上顯得很重要。在我們存在的戲劇中扮演著主要角色。這也是為什麼海德格不想被理解為時代的批判者，因為批判會是某種存有物，但是他關心的是存有學的東西。

這些**「無人」**在海德格的舞台上演了幽靈劇。他們是面具，但沒有任何東西在他們後面。沒有自我。自我在哪裡？這種非屬己性難道不是屬己的自我的拋棄（Abkehr）、墮落（Abfall）或是異化的狀態嗎？真正的自我是在我們之中或是在舞台背景中等待著再次被實現嗎？不，海德格說。非屬己性是我們此有的「**原初**」形態，並且不僅在（存有物的）一般意義下，在存有學裡也是如此。因為「**非屬己性**」也是和「**在當中的存有**」一樣的存在性相（Existenzial，存活格式）。我們總是發現自己已經在一個庸庸碌碌的處境中。這點已經以**周遭世界**的例子說明過，而「**共存世界**」和「**自我世界**」當然也是如此。這意味著：此有首先而且通常不是悠然自適的（bei sich selbst），而是在外面忙於事務或是他人。「**在屬己的自我的意義下，『我』首先不『是』（我），而是以常人的方式作為他者……此有首先是常人且往往一直如此。當此有特意發現世界且接近它，當此有向自身揭露屬己的存有，那麼對於『世界』的發現和存有的開顯，也就總是在掃除遮蔽和蒙昧，摧毀此有藉以和自身隔絕的種種偽裝。**」（SuZ, 129）

[188] 在摧毀「**偽裝**」以及「**屬己存有**」自我揭露的瞬間，我們認識到那是憂懼的瞬間。世界失去它的意蘊（Bedeutsamkeit），在虛無的背景下顯現為赤裸的「如是」，而此有也體驗到自己不被任何客觀意義保存（behüten）和導出（geleiten）。和「**屬己存有**」的斷裂，正是發生於偶然性的衝擊以及明白了這個背後沒有任何東西的經驗。和《存有與時間》中相比，海德

格在一九二九年弗萊堡的就職演說把這種屬己性哲學的初始體驗鋪陳得更加清楚。他說，直到我們有勇氣「**讓哲學和虛無相遇**」，哲學才會開始。

面對虛無，我們注意到的不只是真實的「某物」，我們更是有創造性的生物，我們可以無中生有。關鍵是：人能把自己經驗為一個場所，在那裡，虛無變成某物，某物也會變成虛無。憂懼把我們引領到這個驟變的點。它使我們面對我們自己的「**可能存有**」（Möglichsein）。

海德格對於憂懼的分析顯然沒有涉及對於死亡的憂懼。人們甚至可以說那是對於生命的憂懼，是對於突然進入完全偶然的生命的憂懼。憂懼清楚地表明了日常生活一直在逃避其偶然性。這是一切嘗試「**安住**」（sich festleben）的意義。

人們會想，常人也就只是每個人罷了，但是他們也是哲學家。海德格批評說：因為他們投入自己偉大的施設造作、他們的價值世界以及和形上學的背景世界。哲學一般也都在排除偶然性的衝擊，或甚至不要讓它發生更好。

那麼現在來談談屬己性本身。它是否定的否定（Negation der Negation）。它是在抵抗逃亡以及閃避的傾向。「**屬己性**」把它的實事（Sache）建立在虛無上。它意味著再次進入世界。屬己性並沒有發現此有的新領域。一切都可以一直維持原樣，只是態度改變了。

如果說憂懼是屬己性的初始體驗，那麼海德格著名的「**朝向死亡的先行**」（Vorlaufen zum

Tod，死亡的預計）就是這個屬己性的成就。因此在《存有與時間》的複雜結構裡，關於死亡的章節被擺在關於此有可能的「**整全存有**」（Ganzsein）的段落，那是「**屬己性**」的另一個術語。

在和死亡的關係方面，海德格也選擇了日常對於死亡的認知作為對比，並且說：「**人們終有一死，但是起初人們並不受影響。**」（SuZ, 253）「**只要人們還活著，自己的死亡對於自我而言就還不是手前的，因此就還沒有構成威脅。**」（SuZ, 253）

[189]

如果說海德格想用新的悔改和改宗的佈道來補充「勿忘你必有一死」（Memento mori）的千年傳統，那麼他在哲學上並沒有特別的獨創性。他引用中世紀晚期特普的約翰（Johannes von Tepl）的《波希米亞農人》（*Der Ackermann aus Böhmen*）裡的「人一出生就已經老到可以死了」，也是在影射這點。

海德格想用現象學描述我們在生命裡如何受死亡影響的不同方式，不是以動人的言語，而是以配備精良的、實事的、採取距離的術語。儘管如此，它還是讓人們感到激動，這顯示我們處於他的哲學的重點地區。海德格說，死亡不是生命的盡頭，而是「**走向終點的存有**」（Sein zum Ende），死亡不只是在那最後一刻臨到我們前面，它是「**踏入**」我們的生命之中，因為我們知道我們的死亡。對我們來說，死亡是一直站在前面的「**可能性，它是自己存在的不可能性的可能性**」。儘管所有人都會遭遇死亡，但是每個人必須死於自己的死亡

（seinen eigenen Tod sterben）。命運普遍性的想法對他沒有幫助。即使再多的人死去，死亡仍然是個別的事。如果有人試圖把死亡理解為絕對的界限，那麼他也必須把它也理解為理解的界限。和死亡的關聯就是所有關聯的結束。對死亡的思考是所有思考的終點。在思考死亡時，海德格想找到時間的祕密蹤跡：死亡不是一個「在」時間裡的事件，而是時間的終結。當我經驗他人的死亡，死亡顯現為「在」時間裡的事件。然後我受空間化時間的暗示。這個時間空間（Zeitraum，一段時間）如此寬敞，在他者的亡故（Ableben）之後，我在其中仍然總是有個位置。這種時間的空間想像源於非屬己的時間思考。它沒有考慮「自身的時間」（Eigen-Zeit），自身的時間是這樣的事實：不可逆的時間運動，巨大的「**消逝**」（Vorbei）穿過我。非屬己的空間想像把時間當成了某種手前的東西。

我記得海德格把作為存在的存有者區分於手前物。在關於死亡的分析中，這個區分相當關鍵。手前物是空間化的東西。但是人類的此有是被交付的（aufgegeben）、被忍受的、生活到最後的時間。它對立於「**手前性**」的「**消逝的存有**」（Vorbeisein）。事物是「在」時間之中，而此有有其時間，它把自己「**時間化**」（zeitigt sich，自我產生）；由於對於安全和穩定
[190] 的渴望是一種苟求，因此生命有強大的自我物化傾向。人們想在時間裡安穩如物。不朽性的安慰思想使得執持（beharrend）的空間有了對抗流逝的時間的力量。

從時間性的思考出發，一開始提出關於存有意義的問題突然煥然一新。人們注意到意義

的問題通常在哪種意義下被提出，也就是對於執持的意義或是執持的東西的意義提問。海德格反對這種執持的東西，反對關於空間的巨大而不可名狀的暗示。存有的意義是時間，這意味著：存有絕對不是什麼執持的東西，而是某種會消逝的東西，它不是手前的，而是事件。那些真正敢於思考自己的死亡的人，發現自我是有限的存有事件。這個發現幾乎已經是自我透明性的最高限度。如果自我遮蔽是非屬己性，那麼這種自我透明性就是屬己性的行為。但是因為海德格的哲學致力於這種自我透明性，所以這種哲學也自視為這種屬己性的行為。

有些對《存有與時間》的詮釋基於基礎存有學，而清除了海德格的屬己性哲學裡的任何倫理學元素，他們只是為了避免讓人懷疑這種「**屬己性**」和海德格後來擁護國家社會主義有什麼關聯。但是這種做法其實是不當地推銷一種形式主義的屬己性哲學。因為海德格明確表示說：「**屬己的存在**（eigentlicher Existenz）**的概念是基於此有的一個事實性理想**（ein faktisches Ideal des Daseins）。」（SuZ, 310）

這個理想首先被定義為負面的。此有是屬己的，當它有勇氣獨自站出來，且不依靠黑格爾所謂國家、社會和公共道德的「實體性的倫理」（substantielle Sittlichkeit）；當它能夠放棄來自常人世界的減載措施並且奮力從「**迷失**」當中喚回自己；當它不再遊戲於上千種可能性，而是抓住了他自己的可能存有。

如果身為偉大的亞里斯多德詮釋者的海德格，以他的屬己性倫理學對抗公共領域的倫理

[191] 學，那麼他就必須脫離公共領域生活的實踐倫理學的這個亞里斯多德傳統。和柏拉圖相反，亞里斯多德把「善的哲學」重新扎根於社會現實性的基礎上。他為一般事物和日常習慣平反。他認為如果要成就道德的善，就不能自絕於社會價值，而必須和它連結。

對於亞里斯多德以及自他以降的傳統，一直到道德實用主義和溝通理性理論（Theorie der kommunikativen Vernunft），成功且在道德上負責的生命起點和基準，正是海德格稱為常人世界的那個領域。

當自我從常人那裡喚回自身而且回到自身，它究竟到了哪裡？海德格的答案是：它會意識到必死性和時間，也會洞察到所有文明對於此有的照護是不可靠的，最重要的是：他會意識到自身的存有可能性，他也會意識到在自發性、主動性和創造性的意義下自由。戈特弗里德．貝恩（Gottfried Benn）也想以其他方式達到這個地方。他在詩歌《小酒館》（*Destille*）裡說：「我讓自己分裂，我在盡頭旁，／在廢墟和草捆之間／有個偉大的時刻。」對貝恩來說，達到自身的此有，首先必須要「分裂」，對海德格來說，則是必須掙脫自我，而且使腳下再也找不到根基，而是一片自由的深淵，但它也是個「偉大的時刻」。

一九二九年在達佛斯（Davos）和卡西勒（Cassirer）令人嘆為觀止的辯論裡，海德格宣稱說：「**人只有在極少的瞬間才會存在於自己的可能性的山巔**。」（K, 290）

海德格的屬己性其實主要不是關於善和道德正確的行為，而是關於偉大瞬間契機的開啟，關於此有的強度提升；但是即使它和倫理問題有關，海德格在《存有與時間》裡的考量也可以用一句話來表述：做你想做的事，但是要自己做決定，不要讓任何人替你做決定而以此推卸你的責任。當時在馬堡學生們模仿海德格說：「我下定決心，只是我還不知道要到哪裡去。」他們很熟悉海德格的決斷論，但也只是誤解而已。他們理解他，因為海德格的確談[192]到了決斷（Entschlossenheit）一詞，而沒有提到人們決定要做的事的內容和價值。他們誤解了他，因為他們仍然期望從他的哲學裡得到指引和方向。海德格擺明了要使這種期望落空。這種期望屬於非屬己的哲學方法。哲學不是道德諮詢中心，無論如何，對海德格來說，哲學是掃除和拆解倫理客觀性的工作。在這個工作之後，豐富的倫理思考傳統其實片甲不存。

海德格在道德哲學方面入鄉問俗，也跟著探究起良知（Gewissen），但只是為了以具體的規定揭露這個虛無。良知呼喚我們回到屬己性，卻不告訴我們應該怎麼做才是屬己的。「**良知對被呼喚者呼喊了什麼？嚴格說來，什麼也沒有……被呼喚者沒有被什麼召喚到哪裡，而只是被呼喊回到自身，到他自己的存有可能性。**」（SuZ, 273）

海德格並不懼怕形式主義的指責。在馬堡《時間的概念》的演講中，他提到康德道德哲學的形式主義，眾所周知，形式主義並不規定任何道德準則，而只是在一個人自己的行動當中尊重他人的理性，也就是說：尊重他人的自由。通俗地說就是：己所不欲，勿施於人。正如康德關於理性和自由的相互尊重的設準，海德格也發展了此有在他者當中相互尊重的原則：「**此有作為共在（Mitsein）而對待的存有者，並不具有及手工具的那種存有方式，它本身就是此有。這個存有者並不操煩（besorgen，營役），而是在關懷（Fürsorge）之中。**」（SuZ, 121）

海德格所選擇的描述性說法其實包含著一種要求。因為這種關懷並不能準確描述日常社會裡人與人相處的一般方式，而是人們應該如何「屬己地」相處。「**這種關懷本質上涉及自己的操心，也就是說，涉及他者的存在，而且不管他者在操煩什麼**」，這種關懷有助於他者在其操心當中得以透明，並且有操心的**自由**（SuZ, 122）。

海德格以描述的方式表述他的定言令式：在屬己性裡，既不視自己為物和工具，也不把他人視為物和工具。對於自身的決斷（再次以描述性的說法隱藏起來）也受到道德要求的約束。這種決斷應該開啟一種可能性，「**即容許共在的他者們在屬己的存有可能性當中『存在』……而屬己的彼此共在（Miteinander）自始即源自於決斷的屬己的自我存有。**」（SuZ, 298）

[193]

但是和屬己的自我存有一樣，「屬己的彼此共在」可能會是什麼，目前並不確定。這裡唯一的信息，仍是個否定的信息。如同自我存有，彼此共在必須從「**迷失在常人當中**」找到出路。從非屬己裡的集體突圍和覺醒是可能的嗎？

人們常把海德格對於非屬己和屬己的彼此共在的區分等同於社會（Gesellschaft）和社群

（Gemeinschaft）之間的區別，正如斐迪南・滕尼斯（Ferdinand Tönnies）在《社群與社會》（*Gemeinschaft und Gesellschaft*）所做的。該作品於一八八七年出版，但是一開始沒有產生什麼影響。

到了一九二〇年代，它成為社會學的暢銷書，並且為現代大眾社會的保守派批評提供了最重要的概念。在那之後，社群有著比社會更高的價值。社群指「有生命的有機體」和「持久且真實的」共同生活。（注8）社會是個「機械的群聚和人造物」而且只維持「短暫而表面的」共同生活。在社群裡，人們「儘管彼此分離仍緊密連結」，在社會中，人們「儘管緊密連結卻分離」。

事實上，海德格的「屬己的彼此共在」並不同於社群的想像。因為社群的形象包括，個人想要擺脫他的距離感、孤獨和個體性。海德格的屬己性卻反對隨波逐流。因為他鼓勵此有朝向其不可替代且個別的存有可能性，高度同質性的社群對他來說必然不可靠。但是海德格從他的屬己性倫理學中得出不同的政治結論。他認為國家社會主義革命是由非屬己性的集體突圍，因此決定參與其中。但是這個結果並不一定是由《存有與時間》的世界觀推論出來
[194] 的。其他人也從那裡得到不同的結論。海德格的基礎存有學及其屬己性哲學有太多的不確定性，以至於在政治事務上為不同選擇提供了空間。一開始的海德格主義者，例如馬庫色、沙特、君特・安德斯，漢娜・鄂蘭和卡爾・洛維特，都是很好的例子。

但是無疑的，儘管海德格在《存有與時間》裡主張自由的存有學，卻仍然承認自己反對多元主義的民主。他並不同情民主公共性的原則。它（公共性）「**首先規範了世界解釋和此有解釋，並加以辯護。而且並不是……因為這種公共性擁有一種清楚對應於此有的透明性，而是以不探究『事物』為基礎，因為它對於層級和真實性的所有差別麻木不仁**」（SuZ, 127）。

海德格在此指責的民主公共性，無非是其結構性原則。事實上，所有意見和理念都屬於公共性，無論其是否具備此有的透明性。那是這種公共性的特徵，人們在公共性中可以表現其平庸和「無層級性」（Niveaulosigkeit），並且能起身發言，無論他們屬己與否。這種公共性，至少依照其理念，是生命的鏡像，也可能是相當瑣碎、難看而且不當。這種公共性也蘊含著，真理必須忍受自己降級成意見市場上的某個意見。民主公共性其實就是「**常人**」的遊樂場。

眾所周知，那些受到討厭政治或反民主的傳統影響的學院派官員，多半不適應威瑪民主。他們鄙視民主的成分：黨派、意見和生活風格的分歧，所謂「真理」的彼此相對化，平庸和無英雄氣概的規範性。這個圈子裡認為國家、人民和民族是有價值的，沒落了的形上學實體在其中苟延殘喘：高於政黨的國家作為道德理念而教化著人民；具有群眾魅力的領袖代表著人民的精神。在《存有與時間》出版的那一年，慕尼黑大學的校長卡爾·沃斯勒（Karl

[195]

Vossler）斥責他的同事們對於民主的怨恨：「舊的非理性層出不窮：形上學的、思辨的、浪漫主義的、狂熱的、抽象的和神祕的政治談論……（人們）能夠聽到嘆息，政治事務是多麼骯髒、無可救藥的不潔，新聞多麼不真實，內閣多麼錯誤，議會多麼無恥等等。人們在嘆息訴苦的同時覺得自己在政治上高瞻遠矚。」

屬己的海德格也是高居於政黨之上，睥睨種種政治事務。

但是海德格提出了什麼方案，以克服這個時期的政治領域裡的非屬己性呢？《存有與時間》裡沒有此提出結論。一方面因為這種屬己性的轉向仍然是完全個體化行為。海德格以贊同的態度引用瓦騰堡公爵的（Grafen Yorck von Wartenburg）話：「國家政治的任務是瓦解基本的輿論，並且盡可能的以教育促成觀看和觀點的個體性。如此良心才能再次強大，才能再度以個人良心取代所謂公共的良知，而公共的良知只是其極端的外在化。」（zit. SuZ, 403）

另一方面，屬於「在世存有」的還包括一個事實，人類根植於他的民族的歷史、其「**命運和遺產**」。由於屬己性並沒有以特殊目標和價值描述特定的行動領域，而是僅僅意味著，在各個生活領域裡的態度和行為的改變，如此一來，此有自己也得以屬己或非屬己地進入人民的「**命運**」。但是《存有與時間》並沒有進一步說明，人民的命運的屬己承擔和延續應該是什麼樣子。它只是暗示說：此有，以及集體的此有，並不是透過規範、立法和組織確立其屬己性，而僅僅生活中的典範，「**此有**」以「**選擇其英雄**」而確立其屬己性（SuZ, 385）。

[196] 儘管他曖昧地暗示取徑於集體的道路而走向屬己性，但是《存有與時間》裡的個人主義特徵仍然佔主導地位。海德格有次甚至說他的立場是「**存在性相的獨我論**」（existenziale Solipsismus）（SuZ, 298）。在存在的決定性問題上，每個人都要獨自面對。任何人民和集體的**命運**都無法分擔個人在屬己的存有可能性領域裡的決定。面對集體的命運，重要的是「**對於開展處境中的種種偶然保持靈台清明**」（SuZ, 384）。海德格斷然放棄創建任何長期歷史行動的計畫。剩下的就是歷史機緣論（Okkasionalismus），人們必須掌握時機，把握機會。

可是到哪裡去，為什麼？

不是為了遙遠的歷史目標；如果說有個目標，那麼目標就是這個瞬間本身。這裡說的是一種此有感（Daseinsgefühl）的提升。屬己性無非是強度（Intensität）。

海德格還是找到自己強度的瞬間，特別是在哲學上。不久之後，他也要在政治裡尋找它。

注1：H. Mörchen, *Aufzeichnungen*。

注2：C. Bry, *Verkappte Religionen*, 33。

注3：S. Freud, *Werke*, Bd. IX, 270。

注4：H. Plessner, *Die Stufen des Organischen und der Mensch*, 288。

注5：同前揭：頁292。

注6：A. Gehlen, *Studien zur Anthropologie und Soziologie*, 245

注7：R. Musil, *Der Mann ohne Eigenschaft*, 217。

注8：另見：F. Tönnies, *Gemeindschaft und Gesellschaft*, 3ff。

第十章

ZEHNTES KAPITEL

時間的規定性：等待偉大的瞬間

卡爾・施密特、田立克和其他人

沉著果斷

決斷和虛無

從學派的約束中解放

此有的召喚

博伊龍的夜間彌撒

虔敬和鹵莽

惡

達佛斯的大辯論：海德格與卡西勒在魔山

黑夜與白晝

[197] 《存有與時間》是一部未完成的作品。原先計畫有兩個部分。儘管海德格在截稿日期的壓力下夜以繼日的工作，該書第一部仍未完成。甚至在那個期間，他一生中唯一一次連續數日沒有刮鬍子。他逐步完成在《存有與時間》預告過但沒有列舉章節的所有主題。第一部缺少的第三卷，關於時間與存有主題的草稿，他在一九二七年夏天的《現象學基本問題》（*Die Grundprobleme der Phänomenologie*）的演講課上發表了。

《存有與時間》未完成的第二部分，則是預計要打破康德、笛卡兒和亞里斯多德的典範存有學，在接下來的幾年中，海德格在個人著作或是演講中完成：一九二九年出版了《康德與形上學問題》（*Kant und das Problem der Metaphysik*）、一九三八年發表了關於「世界觀」的演講，包含了對笛卡兒主義的批評；對於亞里斯多德的分析則在演講課中繼續鋪陳。

在這個意義下，《存有與時間》的確繼續發展並且也完成了。其中還有個所謂的「轉向」（Kehre，迴轉、轉折），後來被海德格學派神祕化了的轉向，也是這個計畫所要完成的。在一九二八年夏季學期的邏輯演講課中，它第一次作為主題提出：「**時間性的分析同時就是轉向**。」（GA26, 201）

「**轉向**」意味著：此有的分析首先是「發現」時間，然後返回自己的思想，在被把握了的時間的觀點下。對於時間的思考則是考慮思考活動本身的時間性。當然不是對於歷史情況[198] 的分析，對海德格來說，時間性的核心不在其中。如我們所知，此有的時間性是在「**操心**」

中進行的。此有以操心「安頓在」它的開放時間視域裡頭，操煩且預先操心地在時間之流中尋找停靠點和可靠性。這樣的停靠點可能是：工作、儀式、機構、組織、價值。但是對於「轉向」意識到自己的時間性的哲學，這樣的停靠點必須失去所有實質性的尊嚴。透過發現時間之流，哲學只能把自己理解為其中的一部分。這個「轉向」的哲學被剝奪了其普遍主義的、超越時間的要求而發現到，如果存有的意義是時間，那就不存在從時間逃向可靠的存有的道路。逃亡的路被阻斷了；哲學不再提出答案，它只能把自己理解為被操煩的問題。正如海德格所說的，哲學無非是活動中的操心，是「**自我煩憂**」（Selbstbekümmerung）。

由於對於真理的要求，哲學以特別難以看穿的方式偽裝自己。海德格想以哲學思考揭穿哲學。哲學究竟能做什麼？海德格的回答是：當哲學發現時間就是意義，便可以更加敏銳地知覺到時間的跳動的心。轉向：在研究了時間的存有之後，便轉向存有的時間。但是這個轉向是在每個瞬間的尖峰上保持平衡。

海德格對於「**瞬間**」有一種特殊的心境。但不是那種陳腔濫調，流逝的時間總是一個不斷經過當下的瞬間。瞬間並不只是「既有的」，而是必須去發現的，因為我們和時間的慣常關係透過一個空泛或者穩定的「如此這般持續下去」（Undsoweiter）掩蓋了瞬間狀態。瞬間狀態不是「發生」（Vorkommen），而是此有的成就，屬己性的美德。「**瞬間無非是決斷的目光，行動的完整處境在其中展開且保持開放**。」面對瞬間並因此被迫做出決定，海德格把它稱為「**此有的屬己存在的基本可能性**」（GA 29/30, 224）。

海德格對於瞬間的發現和突顯，屬於一九二〇年代的狂熱好奇心和形上學的實驗樂趣的[199]一部分。劃時代的哲學構思，從恩斯特·布洛赫的「體驗的瞬間的黑暗」到卡爾·施密特的「決斷的瞬間」，從恩斯特·榮格（Ernst Jünger）的「突然的驚恐」，直到保羅·田立克（Paul Tillich）的「時機」（Kairos），他們和海德格一樣，所有這些都是在談到在齊克果那裡開始發跡的「**瞬間**」。

齊克果的「瞬間」：當神闖入生命，個體感覺到蒙召要做決定，大膽投身信仰。在這樣的瞬間裡，把個人與基督劃分開來的那種歷史時間變得毫無意義。基督的福音和救贖只要是對誰應許、對誰提出挑戰，那個人便「同時」（gleichzeitig）與基督同在。把宗教當作文化財產和道德習俗的整個文化傳統，在這個存在者的熱潮瞬間燃燒殆盡。從齊克果以來，「瞬間」成為卡爾·施密特那種反資本階級的宗教大師的烽火，卡爾·施密特因其「瞬間的神祕主義」而沉醉在政治和國家法當中，恩斯特·榮格則是成為戰士和超現實主義者。對立於資產階級膚淺的「如此這般持續下去」，他們燦爛華麗地享受一個密集的無限性，——在瞬間當中。

如此理解下的瞬間應許了一種和「整個他者」的關係，瞬間意味著對於時間的另類經驗以及對於另類時間的經驗。它應許了驟然的轉向和蛻變，甚至可能是臨到和救贖，無論如

[200]

何，它會迫使作出決斷。在這樣的瞬間當中，橫向的時間和縱向的時間相交。一九一七年，魯道夫・奧托（Rudolf Otto）在他極有影響力的《論神聖》（*Das Heilige*）裡定義說，瞬間是和聖祕（das Numinose）相遇的主觀時間的同義詞。一九二〇年代對於精神生活的強烈渴求以各種形態的奧祕為目標。形上學的動力轉變為對於可能錯過關鍵瞬間的恐懼。胡果・鮑爾在《逃離那個時代》當中說：「抽象時代的標準時鐘已經爆炸了。」（注1）他在「伏爾泰俱樂部」期間籌畫了上千個小型的文化改革，以期待一個重大變革。達達主義正是為了那個一切都要改變的偉大瞬間的唯一訓練計畫。因此特別的急躁。「作為一個達達主義者，那意味著讓自己被諸物拋棄，對抗所有沉積，只要坐在椅子上一下子，那就是使生命處於危險之中。」（《達達主義宣言》）在一個精神和物質都不穩定的環境中，沉著果斷（Geistesgegenwart）是個偉大的理想。沉著果斷是對於機會的感受力。一九二〇年代初，卡夫卡的小說《城堡》（*der Schloß*）也談到這種沉著果斷。在其中，錯過機會和缺乏沉著果斷成了一種形上學的恐怖場景：土地測量員「K」因為睡覺耽誤了和城堡官員的約談。否則他也許還有救。

形上學冷卻了，新即物主義（Neue Sachlichkeit，新客觀主義）同樣也標示著沉著果斷。唯有「達到時代的高度」的，才被認為是有水準的。對於布萊希特來說，拳擊手成為狂熱崇拜的人物，他是沉著果斷的運動員。優秀的拳擊手對於必須閃避和出拳的瞬間有一種本能。新即物主義的靈活性想像被偏執支配了，人們可能會錯過時間，就像錯過火車。在威瑪最後年代的時代診斷當中，有個特定的類型，它不在時間的連續性裡尋找歷史真相，而是在裂隙和斷裂當中。布洛赫的《蹤跡》、班雅明的《單行道》（*Einbahnstraße*）和恩斯特·榮格的《冒險的心》（*Abenteuerliches Herz*）都是這類的例子。班雅明有一句話適用於這些嘗試：「可辨識性的當下就是覺醒的瞬間。」（注2）歷史是火山口：它不發生，它爆發。因此要在被淹沒之前快速到達。熱愛瞬間的人不能太在意自己的安全。危險的瞬間需要冒險的心。斯賓格勒（Oswald Spengler）說，因為「世界的歷史就是從一場災難演變到另一場災難」，所以人們必須為突發的決定性事件做好準備，「像閃電、地震一樣突然……我們必須擺脫上個世紀的觀點，它們的重點都在於……『演化』的概念。」（注3）

[201]

齊克果是十九世紀的思想家，他為二十世紀開創了瞬間的奧祕。另一位則是尼采。齊克果的瞬間意味著「整個他者」的闖入。尼采的瞬間意味著突破常規。在尼采那裡，在「巨大的解綁」（die große Loslösung）的瞬間，自由精神於焉誕生：「巨大的解綁突然而至……，就像是地震：年輕的靈魂突然被震撼、撕裂，他自己不了解，發生了什麼事。一種驅動和湧動支配著並像命令一樣成為主人；意志和願望甦醒，不惜一切代價要前進到無論什麼地方；對未發現的世界強烈、危險的好奇心在所有感官中發光和閃耀……對過去所愛的東西突然的恐懼和懷疑，對所謂『義務』輕蔑的閃光，對於漫遊煽動、任意如火山爆發的渴望。」（注4）

尼采的瞬間提高了強度，齊克果是透過和絕對者的接觸，而他則是在自我力量的超越之

[202]

中獲得「巨大的解綁」。一種內燃的加熱。對他們來說，沒有更高的價值取向，那已經消失了，「上帝已死！」瞬間的強度來自自由，來自絕對的自發性。來自虛無。當然這種瞬間是例外狀態。但是只有從這個例外出發，才能弄清常規生活中隱藏的東西。「正常的事物不能證明任何東西，例外卻會證明一切……在例外中，現實生活的力量衝破了僵化機械不斷重複中的牢籠。」（注5）

這是出自卡爾．施密特於一九二二年出版的《政治神學》（*Politische Theologie*）的一句話，他大力提倡「就規範而言自無中而生」的決斷。（注6）決斷力量除了權力意志之外沒有其他基礎；以起源力量的瞬間強度取代合法性。一九三二年，保羅．田立克把這種自無中而生的規範性決斷理論叫作「政治的浪漫主義」，其中包含了這個要求，「從兒子那裡創造母親且從虛無中召喚父親」。（注7）對卡爾．施密特而言，國家是個持續的奧祕的例外狀態；國家化的神聖瞬間，他稱之為主權。劃界的定義是：「在例外狀態下做決定的即為主權。」（注8）卡爾．施密特堅信其主權概念的神學內含。「例外狀態在法學上的意義就如同神蹟之於神學。」（注9）在神蹟裡顯示神的主權，在例外狀態裡顯示國家的主權。

威瑪時代偉大瞬間的愛好者幾乎都是虛無的復臨派信徒，他們是沒有福音的牧師，態度本身就是其內容。

當此有從散渙（Zerstreuung）回到自身，海德格式的瞬間也是一個例外狀態，在其中，

「僵化機械不斷重複中的牢籠」（卡爾・施密特語）被衝破。這也是尼采和齊克果的意義下的瞬間：有些東西崩塌而且有些東西爆發。根據海德格在《形上學的基本概念》（1929-30）演講課所述，人們接受「**每個祕密自身都具有**」的「**內在恐懼的**」瞬間，它「**賦予此有其意義**」（GA 29/30, 244）。

在這個期間，海德格再度回到弗萊堡。一九二八年，海德格接任胡賽爾教席。胡賽爾本人指定海德格作為他的繼任者。

一九二八年之後，在海德格的著作和演講課裡，在一九二九年弗萊堡就職演說《何謂形上學？》（*Was ist Metaphysik*），在《論根基的本質》（*Vom Wesen des Grundes*, 1929）以及《論真理的本質》（*Vom Wesen der Wahrheit*, 1930）中，特別是在大演講課《形上學的基本概念》（*Die Grundbegriffe der Metaphysik*, 1929/30）中，我們聽見一個新的聲音。溫度上升。到頭來，新即物主義也在海德格的著作中也宣告結束。冷酷而近似工程的基礎存有學式的描述，現在明確地置於存在的潮流之下。海德格開始煽動他的聽眾。

在一九二九至三〇的大演講課期間，海德格寫信給伊麗莎白・布洛赫曼說：「**我的『形上學演講課』招致許多煩惱；但是整個工作是更加自由的工作。學派的壓力和顛倒的科學性以及相關的一切，我都擺脫了。**」（一九二九年十二月十八日，BwHB, 34）

發生了什麼事？

在一九二八年的《邏輯學的形上學基礎原理》（*Metaphysiche Anfangsgründe der Logik*）演講課中，海德格在摘述《存有與時間》時強調說，存在分析是純粹的描述，它談的是存在，但是不和存在對話。「**此有的分析先於所有預言和世界觀的宣告；它也不是智慧**」（GA26, 172），它僅僅是——分析。

[203]

此有分析並不是亞里斯多德為倫理思想指出的那兩種基本可能。它既非「智慧」（Sophia）也非「實踐智慧」（Phronesis）。它不是世界觀的宣告，建議人們該如何在時間當中以及對於時間採取何種態度。但是它不是在時間暴流的彼岸找到一個立足點的那種智慧。它和永恆真理無關，也和俗世的處世哲理無關。

那個分析只是指出此有如何對待自身，並且在一九二八年的演講提出了簡短的「**原則**」而不擔心有簡單化之嫌：

首先，此有實際上總是「**散渙**」在它的世界（身體、自然、社會、文化）之中。

其次，如果那迷失在散渙裡、卻又可以撿回自己的此有，它的原初積極性和力量不存在的話，那麼這種散渙也根本不會被注意到。沒有原初的力量，也就沒有任何可以散渙的。此有的戲劇性的根基事件（Grundgeschehen）就在本源和散渙之間上演，弔詭的是，散渙比原初力量更加原初，人們以前不曾擁有原初力量，而總是只能從散渙當中獲得它。

第三，從散渙中撿回自己，需要通過明證性的衝擊：真實感受的那個瞬間；在海德格那裡則是憂懼和無聊的情韻。在這種情韻中，我們可以聽到良知呼喚，此有對自己的呼喚。

第四，唯有把握「**此有整體**」，在散渙和聚合之間、在重大的瞬間和日常操煩之間的往返才可以被看見。散渙和本源之間的往返擺盪是個整體，除此以外別無他物。

第五，唯有以哲學思考者自身「**極端的存在者的介入**」，這種整體的洞見才有可能（GA 26, 176）。基礎存有學只能對於「**存在者**」（existenziell）所經歷的一切做「**存在性相**」（existenzial）的分析。

哲學活動以什麼為起點呢？答案是：它自己的憂懼和無聊，傾聽自己的良知呼喚。沒有以真正的感受瞬間為起點的哲學活動，是無根柢且沒有對象的。

不管這種個人「**極端的存在者的介入**」意味著什麼，無論如何可以肯定的是，唯有聽眾[204]和讀者也一起「**介入**」，才能理解海德格意義下的此有分析。海德格應該成功挑戰了這個「**存在者的介入**」。他不僅可以談論「**存在**」，他還必須喚醒他者的此有裡的「**原初積極性和力量**」。任何想要聽到甚至理解的人，都必須去感覺它。哲學家不能自限於對於人類意識的描述，而必須掌握在「**人心中喚起此有**」的技術。這意味著：「**唯有在人類此有的轉變當中並且以它為起點**」，基礎存有學的觀點才會打開。簡言之：為了完全理解存在性相分析，需要存在者的投入（Engagement）。因此海德格必須找到一種方法，在聽眾中喚起真實感受的瞬間。某種程度上，他必須擔任導演。那是入會禮、祈禱練習和冥想，擺脫「**學派的壓力」和「**顛倒的科學性**」。真實感受的瞬間——憂懼、無聊、良知的呼喚——必須從聽眾當中被喚起，他們心中的「**此有的祕密**」才能自我開顯。海德格的新風格便是：事件哲學（Ereignisphilosophie）。哲學必須喚起境遇感，並且努力闡明。例如，它必須引起此有的恐懼，使他憂懼，使他陷入無聊，然後發現，闖入這些情韻裡的是一個虛無。

這種存在者的行動哲學的新語調，對當時的聽眾產生了巨大的影響。學生時聽了《何謂形上學？》就職演講課的佩策特（Heinrich Wiegand Petzet）說：「就像一道巨大的閃電劈開了晦暗的天空……世界萬物在讓人痛苦的光之下……這非關一個『體系』，而是關乎存在……當我離開講堂時，我無言了。當時有個瞬間，我彷彿看到世界的根基……」（注10）

海德格想強迫他的聽眾在一個瞬間看到「世界的根基」。

[205]

根基、證明，所有這些充足理由律（Sätze vom zureichenden Grund），科學態度和日常生活感受——人們目光所及：無處不是在透露對於一個扎根的需求。以輕微嘲諷的口氣，海德格回顧堅固性（Solidität）和棲居性（Behaustheit）的不同變型。期間他問道，那麼在虛無那裡又是如何呢？任何人徹底提問根基和種根基，難道不會在發現，根基就是深淵（Abgrund，絕壑、無基）嗎？唯有在虛無的背景下，某物才能在我們面前站出來？有一段時間，海德格接受實證主義科學家和邏輯學家的部分，對他們來說，虛無並不存在。科學家探討的總是個某物，邏輯學家指出，虛無只是語言上的把戲，即否定判斷的實體化（「花不是黃的」或

「他沒有回家」）。這些反駁讓海德格有機會就現代科學的「**凋敝**」和「**失根**」方面去論辯。它封閉了自己和根本經驗的聯繫。「**邏輯學的理念本身就在原初問題的漩渦中被解消了**」（WM, 37）。海德格繼續追蹤虛無。但是他又無法以論證顯示他必須喚醒一種經驗。那是我們已經認識到的憂懼的瞬間。「**憂懼揭露了虛無，我們在憂懼中『徘徊』**（schweben）。**更清楚地說：憂懼使我們徘徊，因為憂懼使整個存有者滑落**（Entgleiten）。」（WM, 9）

這種滑落同時是讓人感到窒息和掏空的。掏空是因為一切都失去了意義而變得空洞。窒息是因為空洞滲入自我感覺之中。憂懼把人掏空，而且這個空洞讓人窒息：整個心臟抽搐。外在世界自我物化，在無生命中僵化，內在自我則是失去行動中心而且去除了人格。憂懼是外在世界的物化以及內在世界的去人格化。這是因為我們自己——存在著的人——跟著存有者滑落了。「**因此基本上不是『你』和『我』覺得可怕，而是『某個人』覺得可怕。**」（WM, 32）

在憂懼的零點，海德格出現了令人吃驚的轉折。他把瞬間的陷入虛無稱為「**走出存有者**」（ein Hinaussein über das Seiende）。這是個超越的行為，我們因此才得以談論整體存有者。當然，我們也能夠抽象地談論整體的主題。我們在純粹思想上建構一個上層概念或總體概念：整體（totum, das Ganze）。但是如此理解的整體並不是被體驗到的現實，它是個沒有內容的概念。唯有讓人憂懼的感覺出現，即這個整體沒有任何內容的事實，才會變成被體驗

[206] 到的現實；一個不是朝著我們走近，而是從我們身邊溜走的現實。現實在憂懼中從誰那裡逃脫，那個人就會在其中經驗到距離的戲劇。讓人憂懼的距離證明了我們並不完全屬於這個世界，我們被趕出世界，被放逐，但不是進入另一個世界，而是進入一個空無。在生命的中心，我們被空無包圍。當我們超越這個在我們和世界之間展開的空無的活動間隙，我們經驗到「**陷入虛無裡**」（Hineingehaltenheit in das Nichts）（WM, 38）。每個為什麼的問題都奠基於那個究竟的問題：為什麼有某物存在而不是一片虛無呢？那些有辦法把自己或是世界拋在腦後的人，能夠說不的人，也就能夠在否定的向度行動。他證明虛無存在。海德格說，人是虛無的佔位者（Platzhalter des Nichts）（WM, 38）。

如此，此有的超越就是——虛無。

在「瞬間」哲學家當中的宗教人士，讓聖祕（das Numinose）（魯道夫・奧托）或「和我們絕對相關的」（保羅・田立克），或「神的國度」（卡爾・巴特）或是「統攝者」（das Umgreifende）（雅斯培）臨到瞬間當中。海德格的瞬間也推論出超越，不過是一個空無的超越。是虛無的超越。但聖祕的力量並沒有消失。它以虛無和某物之間的特殊運動為起點，人可以意識到這個運動。這是它的聖祕的活動間隙，讓他把「真有某物在此存在」當作奇蹟來體驗。不僅如此，在此背景之下，人的創造潛能同樣令人驚訝：他能夠創造某些東西；他和他的「如是存有」（Sosein）的一切偶然性一起存在，但是他能塑造自己以及他的世界，他能讓存有生長也能使其毀滅。在對於空無的憂懼中，人們失去一個世界，但是經驗到新世界如何再度從虛無中誕生。透過憂懼，人們可以重新來到世界上。

此有意味著：存在於這個活動間隙，在這個空地中。這個間隙是被虛無的經驗開啟的。輪子能夠轉動，因為它在輪轂那裡有「間隙」；同樣的，此有可以運作，因為他有個「間
[207] 隙」，即他有自由。這種自由不僅包含此有對於虛無的經驗，也包含了在「**艱難的對抗中、在極度厭惡中、痛苦的拒絕中、或是毫不留情的拒絕**」當中說「不」，而為自己騰出空間（WM, 37）。

對海德格來說，自由最大的祕密就是「不」（das Nicht）和「虛無」（das Nichts）。因為虛無和某物之間那個在此有當中敞開的間隙提供了分離、區分和決定的自由。「**沒有虛無的原初開放性，就沒有自我存有，也沒有自由**。」（同前揭）

此有的形上學基本事件是：此有能超越至無，也能夠將存有者經驗為某個從無的黑夜進入存有的光明之中的。

一九二九年夏天，在《何謂形上學？》的演說的幾個禮拜之後，伊麗莎白・布洛赫曼到托特瑙山拜訪海德格。兩人之間有著微妙的愛情故事。那年夏末，鄂蘭在給海德格的信中說，他一直是她生命中的「連續性」，而且她「大膽地」使他想起「我們的——請容許我這麼說——愛的連續性」。（注11）現在則是布洛赫曼。海德格在女人之間。他和布洛赫曼談到

[208]

了「**我們友誼的界線**」，在他強迫她「**某些一定會使她厭惡的事時**」，他「**觸碰到了這個界線**」。布洛赫曼覺得受傷，不是因為海德格靠她太近，就是因為不夠接近。一九二九年九月十二日，一封語意不清的信使兩種解釋都有可能。信中談到兩人到博伊龍的旅行。他們參觀了當地本篤修會。談話圍繞著宗教主題。海德格對布洛赫曼解釋他對於天主教會的態度。這封信回憶了這次談話。他寫道：「**真理並非容易的事。**」真理需要「**我們時時刻刻完全擁有此有。**」又說：「**神——或無論人們如何稱呼——以不同的聲音呼喚每個人。**」人們不該不自量力。沒有任何機構和信理能夠保存真理。所有這些都是「**易碎的被造物**」。然後他也說布洛赫曼在他們長談之後一定會感到惱怒。他們一起在修道院中參加夜禱（Komplet），海德格深受感動，使得對於海德格和天主教會的激烈論辯印象深刻的布洛赫曼感到震驚。在這封信中，他試圖解釋他的態度。他寫道，這次博伊龍的體驗將會是「**開展為某種本質性的東西的種子**」。

對於本質性的東西的描述嘗試，幾乎是形上學演講課的中心思想的釋義，或者應該說：形上學演講課是對於博伊龍夜禱體驗的釋義。海德格說：「**人們每天都走入黑夜，對現在的人來說是一種平庸……在夜禱裡還有著夜晚的神話性和形上學式的原初力量，為了真誠的存在，我們必須不斷掙脫那個原初力量。因為善只是惡的善。**」

夜禱對他來說已經成為「**存在的陷入黑夜**」以及「**每天要為它準備的內在必然性**」的象徵。

然後他把這種經驗和他的虛無哲學連結在一起：「**我們誤以為我們能製造出本質性的東西，而忘了唯有我們完全地、也就是面對黑夜與惡而全心全意地生活，本質性的東西才會生成。關鍵是這種強而有力的否定：在此有的深處，沒有任何東西橫阻其中。這就是我們具體必須學習和教導的。**」

但是這封信在一個重要的觀點上超出了演講課的範圍，因為這裡所談的是關於虛無的形上學演講裡沒有揭示的夜的向度。在演講課中，這個虛無並沒有像信裡那麼明確地和惡扯上關係。信中表示：我們應該完整地活著，面對黑夜與惡。海德格在給布洛赫曼的信中，恰巧就談到了虛無裡的惡的面向，這也許和他無法為自己作為誘惑者辯護有關？無論如何，他對於虛無的思想聽起來很像基督教和諾斯替教派的形上學，對海德格來說，那仍然是活生生的傳統。

[209] 這個傳統認為，惡屬於人的境況的一部分。在這個自保羅、奧古斯丁、路德到康德的傳統裡，他們沒有忘記說，每個思想，無論是對整體存有、道德或是政治的理解，都是誕生自作為根基的夜，人們稱之為混亂、惡，或是：虛無。這個背景襯托著思考和文明的每一道光。它來自黑夜，並註定要再度沉入夜幕。人們確信，即便在看似穩定的文明階段，誘惑、破壞和毀滅的深淵任何時候都可能再次打開。對於受到諾斯替教派思想影響的早期基督教而言，關於世界的惡的任何問題，幾乎都等同於以下的問題：什麼是世界？世界與惡的定義幾

乎是相互涵蓋的。在基督誕生的時期，對於世界上存在著惡，有段時間最有影響力的答案，即是相信我們身處在這個世界，但是不屬於這個世界。早期惡魔形象的生動性和直觀性，僅僅是對於奧祕的大眾化表現方式，它不能掩蓋惡和神同樣的深不可測。甚或比神更加深不可測，因為惡並不形塑秩序，而是秩序的否定。理性無法進入它，這就是為什麼人們一開始會拒絕理解及解釋惡。人們應該抵抗惡並且相信主的恩典。雖然人們在其中看到了一個大問題，為什麼全能的神會容許惡的存在呢？這個問題如此重要，以至於中世紀的整個哲學和神學都無法擺脫它。面對世界中的惡，為神辯護的神義論（Theodizee）問題使思想著迷，一直到現代世界，神義論問題才被世俗化為「人義論」（Anthropodizee）問題。

古老的形上學試圖以深入思考人類的自由去探究神義論。有個說法，神作為世界的創造者，祂賦予人自由而使人肖似神。人們看到，惡從人的自由來到世界上，或是更精確地說：自由是創世中惡自其中出現的「開放」場所，惡作為虛無或是混亂，是由創造而生的。因為當時認為，因為人是自由的而且能夠創造，所以他是「**虛無的佔位者**」。

[210] 海德格一再反覆探究這個思想，特別是在他對於謝林的《論自由》的詮釋，那部著作完全源於這個思想傳統。海德格的考量一再透露了他對於虛無的形上學有多麼熟悉，虛無同時也意味著惡的誘惑。

形上學演講不同於那封信，它迴避了關於虛無和黑夜的討論在倫理學上的重要性。但是這封信（「**善只是惡的善**」）把注意力轉到道德問題上，善怎麼可以向惡妥協，人們如何和黑夜共存，如何再度返回白晝。在演講中，海德格談到，此有的傾向是對自己隱藏虛無的深淵，並且在虛假的安全和庇護中擺盪。他說，憂懼睡著了。相反的，海德格喚醒「**大膽的此有**」，去把握自由的危險間隙。人們必須透過憂懼，才有力量擺脫「**偶像，每個人都擁有偶像，而且也習慣偷偷擺脫它**」。

把形上學演講的問題轉換成道德概念：它不能只是關於抵抗惡，人們首先必須注意到惡是存在的，這種黑夜在我們之中而且包圍著我們。問題是我們的文明乏味的單向度，使我們感覺不到深淵和惡。海德格在信中寫到，現代人把夜晚「**當作白天，而且正如對於白天的理解，他們認為夜晚是忙碌和狂熱的延續**」。

如果海德格在他的形上學演講中沒有談虛無而是談了惡，那麼面對虛無且對之堅持到底的鼓勵就有著模糊不清的雙重意義。對於虛無的迷戀與意義有關，強烈渴望、道德遺忘的涉入惡，如同涉入了特別誘人的混亂經驗，就如同當年公開傳播恩斯特・榮格（Ernst Jünger）的革命虛無主義。一九三二年，榮格在他的文章《勞動者》（*Der Arbeiter*）中寫道：「為了嶄新而大膽的生活作準備的最好方法之一，就是摧毀空洞專斷的精神價值，破壞資產階級時代對人們的教育工作……精神對生命的叛變的最好答案，就是以精神的叛變對抗精神；參與這種引爆工作，是我們這個時代有高度且殘酷的樂趣之一。」（注12）

[211]

海德格鼓勵「**此有的大膽狂妄**」，雖然是類似的方向，卻不是鼓勵為惡的勇氣，也不是談論在戰爭、無政府主義和冒險的無視道德的生活裡不可理喻的樂趣，而「僅僅」是面對虛無的勇氣。人作為「**虛無的佔位者**」，不必當恩斯特・榮格這樣的戰士。那麼我們還能如何設想人呢？

讓我們走到達沃斯天寒地凍的山上吧，一九二九年春天，海德格和恩斯特・卡西勒在達沃斯高校週（Davoser Hochschulwoche）傳奇性地登場。兩人都對國際觀眾發表多場演講。這個高校週的重點則是論辯。一個重大事件。國際媒體都到場採訪。對哲學有興趣的人也都到場了，或至少在山下讀了報導，因為無線廣播的時代還沒有到來。海德格的聲勢如日中天。卡西勒也是學界明星，備受推崇。他的主要著作《符號形式哲學》（*Philosophie der symbolischen Formen*）於一九二〇年代出版，是文化哲學的一個里程碑。出身新康德主義的卡西勒，擺脫了科學知識理論的狹隘提問，並在這部作品裡開展了關於人類創造精神的全面性哲學。為此，卡西勒大量引用漢堡阿比・瓦爾堡圖書館的豐富館藏資料。他被視作人文主義傳統和普遍文化理想主義的主要代表。一九二九年，達沃斯高峰會議之後不久，他接任了漢堡大學校長，是第一位德國大學猶太人校長。由於卡西勒公開提倡共和制，引起多數反動派教授的不滿，因此這件事更加引人注目。他應漢堡市政府的邀請，在行憲慶典上致辭。持中庸之道的教授認為共和議會憲法是「非德國的」，他則反對這種習慣的偏見，證明共和主義是建立在

[212]

萊布尼茲（Leibniz）和窩爾夫（Wolf）的哲學基礎上，並在康德論世界和平的文章裡得到了完美的體現。卡西勒說：「事實上，共和制憲法的觀念在整個德國思想史裡絕不是舶來品，更談不上是外來的侵入者，它甚至是土生土長的，且以自己的力量，也就是觀念論哲學的力量，滋養茁壯成的。」

這場演講在漢堡引起了一場抗議和爭論。隨和的卡西勒意外陷入激烈的前線，他被選為校長，在漢堡內外也被當作自由精神的勝利而慶祝。卡西勒確實是憲法的擁護者。

這位政治人文主義和唯心主義文化哲學的權貴，應達沃斯活動總召的邀請，要和海德格分庭抗禮，對他們來說，海德格代表著新派和革命派。時代趨勢精神強大的勢力針鋒相對，讓與會者想起了中世紀的傳奇論辯。在達沃斯白雪皚皚的山頭，形上學戰場刀光劍影。還有另一層聯想，那不是在時間的深處，而是在想像的空間裡。

湯瑪斯．曼在《魔山》（*Der Zauberberg*, 1924）中，讓人文主義者塞騰布里尼（Settembrini）和耶穌會修士納夫塔（Naphta）在達沃斯山上激烈辯論，那是那個時代的幽靈戰役的原型。一方面塞騰布里尼是啟蒙運動執迷不悟的孩子，一個自由主義者、反教權、滔滔不絕的人文主義者。另一方面，納夫塔是非理性主義和宗教法庭的使徒，熱愛死亡和暴力的愛欲（Eros）。對於塞騰布里尼而言，精神是生命的力量，對人類有益；納夫塔則愛上和生命相反的精神。塞騰布里尼想舉揚人、撫慰人、擴大人的視野；納夫塔則想怖畏人，把人從人文主義的「躺椅」上嚇起來，把他們趕出文化的居所，並且打破他們的自負。塞騰布里尼與人為善，納夫塔則是形上學的恐怖份子。

事實上，達沃斯高校週的與會者都想起了這個虛構的事件。庫特・里茲勒（Kurt Riezler）當時是法蘭克福大學的學監，也是海德格到山上滑雪的同伴，在他為《新蘇黎世報》（*Neue Züricher Zeitung*）（一九二九年三月三十日，日間版）撰寫的報導當中影射了這個魔山情節。

[213] 在卡西勒背後的是塞騰布里尼的幽靈，而在海德格背後的是納夫塔的幽靈嗎？在一九二四年那個男歡女愛的夏天裡，海德格和鄂蘭一起讀過那本小說——《魔山》。

受海德格之邀，當時在場的學生博爾諾（O. F. Bollnow）回憶說，這場交鋒讓人「嘆為觀止」。與會者對於這個歷史時刻有種「崇高的感覺」，「就像歌德在《法蘭西戰役》（*Kampagne in Frankreich*）裡所說的：『此時此地，世界歷史的新時代就此開始。』在這裡指的則是哲學史，『你們可以說，你們也在場』。」（注13）

海德格對於這些過高的期望感到不滿。在給布洛赫曼的信中，他談到了「**整個事件可能會造成轟動的危險**」；出乎他的意料的，他成了「**關注的焦點**」，因此，他決定專注在對於康德的討論，以轉移對他的哲學的興趣。在大飯店的優雅環境裡，他不合時宜的舉止引人側目，對此他倒不以為意。他告訴布洛赫曼說，他和一個朋友（上述的里茲勒）在活動期間到山上「**盡情地滑雪。帶著美好的疲憊、充足的陽光和高山的自由，還有在身體中滑向遠處的**

衝勁，我們總是在傍晚時身著滑雪裝備穿梭在衣著優雅的人們之間。對大多數教授和聽眾來說，這種事物性的研究工作和完全放鬆的快樂滑雪直接合而為一，是聞所未聞的事」（一九二九年四月十二日，BwHB, 30）。

他想要人們看到一個在哲學巨大的採石場的辛勤勞動者，對於優雅世界的蔑視者，運動員和野外活動者，登峰者和大膽遊歷的人。見證這場魔山頂上的哲學高峰會議的人們，對他也有著類似的印象。一位與會者說：「海德格和卡西勒之間的交鋒，也讓我們看到了太多的人性面向……這個矮小黑棕色的男人，這個出色的滑雪者和運動員，果敢堅毅、冷淡堅決、有時粗魯的人。一方面，他以令人印象深刻的孤僻，以最深刻的道德嚴肅性，獻身於他所提出的問題，另一方面，隨著他的白髮，不管是外在或內在都是如此威嚴崇高，有著開闊的思想、全面性的提問、開朗的態度、和善的應對、活力且靈活，最後還有他那貴族氣息的高尚。」（注14）

[214]

哲學家的妻子托尼·卡西勒（Toni Cassirer），在一九五〇年的回憶錄裡提到，她和她的丈夫從在場的同事那裡為海德格獨特的舉止做好了準備。「我們知道他拒絕所有社交習慣。」那是他們的圈子裡擔心的最壞情況；人們私下謠傳說，他想「盡可能地摧毀」卡西勒的哲學。（注15）

但是根據卡西勒後來的回憶，這種針對個人的敵對情緒，他在論辯時完全感覺不到。一切都以「美好的同事情誼」進行，如同前述的報導。在一封給布洛赫曼的信中，海德格自己認為這次和卡西勒的會面讓他獲益良多，但遺憾的是，在這種禮貌的氣氛中，沒有充分突顯兩人的對立。**「卡西勒在討論中溫文儒雅，幾乎是太禮貌了。對抗太少，這也使得問題的陳述無法達到必要的尖銳性。」**（BwHB, 30）

但是這次辯論的會議記錄給人的印象並非如此。對立其實相當尖銳。

卡西勒問道，海德格是否藉由「撤退」到人的「有限本質」而「放棄」在文化中表現出來的這種「整體客觀性」和「絕對性」（K, 278）。

卡西勒自己的努力目標正是在於把人類精神裡建構符號和創造文化的力量理解為「形式」的世界。儘管它們在傳統的形上學意義上不代表無限性，卻絕不僅僅是有限生物的自我保存的功能。對他而言，文化是成為形式的超越，它建立人類寬敞的房屋，易於破壞而難以保護的房屋，以脆弱的保護對抗不時威脅人的野蠻。

[215] 海德格批評卡西勒在精神居所裡太過安逸了。雖然他正確看到每個文化、精神的活動都是自由的體現；但是這種自由可能會在其構成（Gestaltung）當中僵化。因此自由必須不斷被解放；當自由流向一種文化狀態，那麼人們就已經失去了它。**「自由於人唯一合適的關係，是人的自由的自我解放。」**（K, 285）

對海德格來說，問題在於人們安住於自己創造的文化裡，尋求立足點和庇護所，不再意

[216]

識到自己的自由。現在正是要喚醒這種意識。安逸文化的哲學是無法完成這個任務的。人們必須把此有帶到他原初的赤裸和被拋狀態之前。卡西勒著眼於文化的超越成就上，「從這個精神國度的聖餐杯裡，他的無限性給他翻湧起泡沫。」卡西勒引述了黑格爾的話，這使人避免對抗其有限性和虛無，從而誤解了哲學真正的任務。真正的任務在於，拋棄「**一個只會利用精神成果的人的腐敗觀點，在某種程度上把他拋回命運的艱困當中**」（K, 291）。

在爭論最激烈的時候，海德格問道：「**哲學的任務在多大程度上是使人免於恐懼？或是，哲學難道不是把人完全引渡給憂懼？**」（K, 286）

海德格已經提出他的答案：哲學首先必須喚起人的恐懼，迫使他們退到無家可歸的境地，從那裡不斷重新逃向文化。

但是卡西勒在他的回答中承認自己的文化理想主義：人能夠創造文化，「是他的無限性的印記。我想的是，在這個意義下的目標其實就是解放：『拋開你們對塵世的憂懼！』」（K, 287）

卡西勒關注文化裡的居住藝術，但是海德格想把「**地基變成一處深淵**」（K, 288）。卡西勒主張以文化奠定意義的基礎，主張以其內在必然性和持久性去戰勝人類存在的偶然性和流轉生滅。

海德格慷慨激昂地反駁這一切。剩下的是為數不多的強大瞬間。人們不該繼續遮掩這樣的事實，「**此有的最高形式的存在，是返回此有在生死之間極少且罕見的瞬間，人類僅只極少的瞬間才存在於其自身可能性的巔峰。**」（K, 290）

對海德格來說，在博伊龍修道院教堂參加夜間彌撒，就是這樣的瞬間，當時他意識到「**夜晚的神話性和形上學式的原初力量，為了真誠的存在，我們必須不斷掙脫那原初力量**」。

海德格後來多次跟朋友談及的兒時場景，也是這類的瞬間。他當敲鐘男孩時如何在夜間在門廊處從母親那裡接過點燃的蠟燭，如何用掌心保護著火焰穿越廣場抵達教堂，站在聖壇旁以指尖把流下的蠟淚推回蠟燭，使它燃燒得更久。然後它還是燒盡了，他既延遲燒盡的那一刻，也在等待著那一刻。

如果說，此有是一齣兩幕戲劇：黑夜，此有源自黑夜，以及白晝，克服了黑夜的白晝，那麼卡西勒就是著眼於第二幕，即文化的白晝；海德格關心的則是第一幕，他看著黑夜，看著我們從黑夜裡走出來。他的思想鞏固了虛無，虛無襯托著某物。一個人面向湧出者（Entsprungen），另一個則面向源頭（Ursprung）。一個人關心人類創造的居所，另一個人則執著於自無中創世（creatio ex nihilo）的深奧祕密，當人類喚醒對於存在的意識，這個深奧祕密會一再重現。

注1：H. Ball, *Die Flucht aus der Zeit*, 156。

注2：W. Benjamin, *Das Passagenwerk*, 1250。

注3：O. Spengler, *Der Mensch und die Technik*, 27。

注4：F. Nietzsche

注5：C. Schmitt, *Politische Theologie*, 14。

注6：同前揭，頁31。

注7：P. Tillich, *Die Sozialistische Entscheidung*, 252。

注8：C. Schmitt, *Politische Theologie*, 11。

注9：同前揭。

注10：H. W. Petzet, *Auf einen Stern zugehen*, 18。

注11：E. Ettinger, *Hannah Arendt-Martin Heidegger*, 41。

注12：E. Jünger, *Der Arbeiter*, 42。

注13：O. F. Bollnow, *Gespräche in Davos*, 28。

注14：引自：G. Schneeberger, *Nachlese zu Heidegger*, 4。

注15：引自：同前揭，頁7。

第十一章
ELFTES KAPITEL

祕密代表作：一九二九年形上學演講

關於無聊

祕密與它的恐懼

海德格自然哲學初探

從石頭到意識

開啟的歷史

[217] 當海德格在一九二八年二月獲聘胡賽爾教席而前往弗萊堡時，他寫信給雅斯培說：「**弗萊堡將再度成為我的試煉，是否那裡有哲學，抑或一切僅致力於博聞強記之學。**」（一九二八年十一月二十四日，BwHJ, 104）海德格想接受考驗。那裡不僅有博學的誘惑，新的名聲也成了他的困難。「**我陷在讓我不那麼舒服的公共存在，**」他在一九二九年六月二十五日寫信給雅斯培說（BwHJ, 123）。在這期間，海德格的演講極具魅力。科拉考爾（Siegfried Kracauer）報導了一九二九年一月二十五日海德格在法蘭克福康德協會（Kant-Gesellschaft）的演講：「值得一提的是，講者的名字吸引了相當可觀的觀眾，他們並不全是被哲學召喚而來，真誠勇敢地走進最困難的定義和區別的叢林間。」（注1）

海德格當然享受他的登台還有名聲。雅斯培告訴他說，他們在海德堡的研討課上也在研讀和研究「海德格」，他為此沾沾自喜。但是海德格不想只是《存有與時間》的作者。在給雅斯培的信中，他對該書不表示任何意見。「**我甚至不會再想到不久前我寫過這麼一本書。**」（一九二八年九月二十四日，BwHJ, 103）

在《存有與時間》出版後的前幾年，哲學界期望他為在其世界中的人提出一個系統完整而涵攝一切生活領域的描述。人們把《存有與時間》當作哲學人類學的作品，並且希望這個計畫繼續開展下去。

[218] 在他一九二九年關於康德的書裡，海德格明確駁回這種錯誤的期望。他在那裡寫道，他

並沒有開展出關於人以及基本生命脈絡的全面性哲學。這種對於完滿的要求牴觸了此有的基本特質：它的有限性和歷史性。當哲學在人類當中甦醒，每次它都是重新開始，而它的終點也不是內部系統的完備性，哲學真正且唯一的終點是：經由死亡的偶然中斷。哲學也會死。

但是作為哲學家，人們可以在明確的終點之前死亡。也就是當有生命的思考在人們思考過的東西裡僵化。當過去戰勝現在和未來，當「所思」擄獲了「能思」。在一九二〇年代初，海德格想把從亞里斯多德到胡賽爾的哲學傳統的思想融會貫通；現在，他為自己設定了任務，把他自己這期間當作系統引用且作為方法來使用的基礎存有學重新融入思考裡。

一九二九年九月十二日，他在寫給布洛赫曼的信裡吹噓自己及其著作：「**在我們的求索中，我們從根本上被主宰我們的忙碌活動及其成就和成果誤導了，我們誤以為我們能創造出什麼本質性的東西。**」（BwHJ, 32）

他不想僅是繼續發展和修整自己的思想和體系。在同一封信裡，他寫道：「**我應該以我在冬季的形上學演講課另起爐灶。**」

一九二九年冬季學期的形上學大演講課上，海德格公布的主題是如前所述的「**形上學基本概念。世界、有限性、孤獨**」。這裡要嘗試一種新風格。在上一章裡，我把它稱為「事件哲學」。海德格在這個演講課中談到哲學必須喚醒「**在人的此有當中的基本事件**（**Grund-geschehen**）」（GA 29/30, 12）。哪些基本事件？在演講課標題裡的有限性和孤獨已經表明，

[219] 海德格要深入「**不在家**」（Unzuhause）的經驗。哲學是「**一切安慰**（Beruhigung）**和保險的對立**」。「**它是個漩渦，人們不斷被捲入，因而獨自把握此有而沒有任何幻想。**」（GA 29/30, 29）

相較於科學概念，這種哲學概念必然有不同功能和類型的嚴格性。「**如果我們沒有事先掌握哲學概念應該把握什麼，那麼這些概念就會是空洞的。**」（GA 29/30, 9）海德格認為哲學的概念是在「**攻擊**」各種自我確定性以及對於世界的信任。哲學一直「**虎視眈眈，這就是最高的不確定性**」。這種對於哲學危險性的基本準備狀態是很罕見的，因此也沒有真正的哲學討論，儘管有數不盡的哲學作品。「**它們都想要相互證明真理，而忘記一個真實且困難的任務，那就是把自己的此有和他人的此有趕到可怕的問題裡。**」（GA 29/30, 29）

在這個演講課中多次談及危險、不可名狀（Unheimlichkeit）和可疑。這種哲學上狂野且危險的行動，海德格稱之為形上學：形上學並不是關於超感官事物的學說。他想為超越（Meta）的觀點提出另一個（以及如他說的）原初意義。這裡的超越不是去尋找另一個地方，尋找一個彼岸的世界，而是相對於「**日常思考和問題的一個特殊轉向**（Umwendung）」（GA 29/30, 66）。

「**如果此有自己選擇他的英雄**」，那麼對於這個轉向而言顯然是好的（SuZ, 385）。因為「**有著奇特命運的人，他們的命運會成為喚醒他們從事哲學思考的動因**」（GA 29/30, 19）。

無疑的，海德格認為自己就是這種「**奇特**」的人。在這個期間，他知道自己的哲學魅力，他有個使命。在一九二八年十二月三日，他寫信給雅斯培說：「**那個把奇特的孤獨化引進此有的——黑暗地站在自己的他者面前——，人們認為必須把它帶給時代。**」（BwHJ, 114）在海德格的拜訪之後意猶未盡的雅斯培回信道：「我從來沒有像今天這樣聽你說話一樣聽別人說話。我就像在純粹的空氣中，在不斷的超越裡感到自由自在。」（一九二九年十二月五日，BwHJ, 129）

［220］

海德格對於憂懼的分析已經提到這種超越要往哪裡去：朝向虛無，從虛無當中會出現使人驚恐和憂懼的東西。對於海德格一直探究著時間和瞬間的祕密的事件哲學而言，它顯然是在處理另一個重大的空無的事件：它在處理無聊（Langeweile）。而且海德格最令人動容的演說就是由這個工作產生的。在整個哲學傳統裡，很少像這次演講課那樣描述和解釋一種情韻。在這裡，無聊真的成了事件。

海德格想要他的聽眾墜入巨大的空無裡，他們應該傾聽存在的基本聲音，他想開創那個瞬間，那裡一無所有，不提供世界的內容，人們得以把握或用它來自我充實的內容。時間空洞流逝的瞬間。純然的時間，及其純粹的在場（Anwesenheit）。無聊，那就是人們注意到時間如何消逝的那個當下，正因為時間不想消逝，所以人們無法消磨它，無法迴避它，無法有意義地度過它。海德格以堅定的耐力（一百五十頁的演講稿）窮究這個主題。他把「無聊」

導演為形上學的初始事件。他指出如何以弔詭的方式在無聊當中連結形上學經驗的兩端：世界整體以及個別存在。個體被世界整體抓住，正是因為他沒有被抓住，而是任其空著。海德格想把聽眾引導這點上，他們必須自問：「**到頭來，我們都來到這裡了，在此有的深淵當中的深層無聊，有如無聲的霧一般來回飄盪**。」（GA 29/30, 119）

在這種無聊的深淵之前，一般來說，對於空洞的恐懼（Horror vacui）會抓住我們。但是人們必須忍受這種恐懼，因為這種恐懼熟知古老形上學問題所針對的虛無：為什麼有某物存在而不是一片虛無？海德格指望他的聽眾以任其空洞的技藝把虛無當作一種修煉。

[221] 海德格強調說，他不是要探索人為的情韻，不是緊張兮兮的態度，正好相反，那是「**日常的隨意看看的泰然任之**」（GA 29/30, 137）。海德格說，在日常生活中，我們經常感到空虛，但是在日常情況下，我們也會馬上掩蓋這種空虛。他要求把這種掩蓋擱置一段時間（eine Weile lang），一段無聊的時間（eine Langeweile lang）。然而這種擱置是哲學辛苦掙得的，因為哲學和自然而然的日常事物互相矛盾，日常生活要沉淪到世界裡，如同它忍受空洞的瞬間，而且不想從裡面掉出來。但是於事無補：如果沒有這種掉出（Herausfallen）、迷失（Verlorenheit）和出離（Verlassenheit），沒有這種空無，就不可能有哲學思考。海德格想從無聊的虛無去闡明哲學的誕生。

在思考無聊如何潛伏於日常時，海德格談到當前思想的處境。當時文化的不安情緒四處蔓延。他提及一些作家，斯賓格勒、克拉格斯（Klages）、謝勒和齊格勒（Leopold Ziegler）。海德格三言兩語就打發掉他們的診斷和預測。海德格說，這些看法或許有趣、機智，但是說實話，它們根本無法觸動我們。「**相反的，這一切都是一種感覺，而且總是意味著一種沒有被承認而又虛假的安慰。**」（GA 29/30, 112）為什麼？「**因為它使我們脫離自我的束縛，並且鼓勵我們反映自己在世界歷史裡的處境和角色。**」（GA 29/30, 112）在某些上演的戲劇中，我們無疑被默許穿著文化主體的厚底靴闊步前行。就連令人心神不寧的沒落景象也會對於我們的自我價值感逢迎諂媚，或更確切地說：我們渴望身處在那個位置（darstellen，表現）以及被人看見身處在那裡。海德格以不容置疑的評論結束了他對於那些時代哲學診斷的批評：「**這種哲學只是觸及人所處的位置**（Dar-stellung），**但是碰觸不到人的此有**（Da-sein）。」（GA 29/30, 113）

然而，無聊潛伏在此有的深淵中，生命以各種表現形式躲避無聊。

[222]

海德格的分析是在曠野中心的探勘。在那裡，他證明了戲劇性的放大感。他把思想引至越空曠的地方，那個張力就越大。他以「**某物**」的變得無聊為起點。這裡至少還有個我們可以識別的對象：一個東西、一本書、一個慶祝活動、一個特定的人，我們可把無聊歸因於它們。無聊在某種程度上從外部滲透到我們之中，它有個外在原因。但是當這個對象不再那麼清晰可辨，無聊還是從外部入侵，同時又從內部生起，然後就是「**在某物那裡感到無聊**」

（ein Sichlangweilen bei etwas）。人們不能說沒有準時抵達的火車使人感到無聊，但是在那個情境中，人們會因為誤點而感到無聊厭煩。人們在特定事件之中或由於特定事件而感到無聊。無聊之所以讓人煩躁，那是因為在相應的情況中，人們會開始感到無聊。人們不知所措，而其結果是，現在變成虛無在對付人。海德格津津樂道地描述一個學術場景，一個無聊的晚間聚會，不僅使人感到煩惱，還會使人陷入輕微的恐慌，因為這種情境使人變成一個無聊的人。這個情境確實很複雜，因為導致無聊的，往往都是旨在驅走無聊的活動。無聊潛伏在消磨時間的方法當中。為了對抗無聊的一切做法，都早已染上無聊。有倒塌危險的，必須把它撐住。時間要被消磨到哪裡去，或是消磨時間的此有要飄向何處？是否存在一種會吸引和吞噬的存在的黑洞？

最深層的無聊是完全匿名的。而不是由特定的事由引發。我們說，「（它）**真是讓人無聊**（Es langweilt einen）」。海德格對這個說法做了細膩的分析。這裡有一個雙重不確定性：「**它**」（es），是一切也什麼都不是，無論如何都沒有確定性。而「**一個人**」（einen），他是人本身，卻也是個不特定人格的生命。彷彿無聊吞噬了那個因為變成無聊的人而感到羞愧的我。海德格用這個「**真讓人無聊**」當作完全「缺少一個被充填而且可以充填人的時間」的說法，那個人們不再感興趣而且不再佔用的那個瞬間。這個「**任其空洞**」（Leergelassenheit），海德格稱為「**被引渡到在整體裡的自我放棄的存有者**」（GA 29/30, 214）。

［223］

接著是對於整體的驚人理解，這個整體不再和人有關。一個空洞的某物和空洞的整體對立，以無關性相互關聯。那是個三重否定：一個非我、一個空無的整體，和一個作為否定性關聯的無關係性。很顯然的：這是海德格對於無聊引人入勝的分析想要抵達的高點或是低點。依照海德格的想法，我們處於形上學的核心。在這點上他也達到了他預期的目標，「**透過闡明無聊的本質，逼近時間的本質**」（GA 29/30, 201）。海德格問說，那麼在這種完全欠缺任何充填物的情況下，時間如何被體驗？時間不想被消磨，它緊抓著一種惰性的不動性，它「**停住了**」（bannen）。這種全面的癱瘓被覺察到，時間不僅是我們在其中運動的媒介，而是某種我們產出的東西。我們「**產生**」（zeitigen，時間化）了時間，當我們被無聊癱瘓時，我們停止產生時間。但是這種停止並不完全。為了瞬間而中斷或停止產生時間的過程，仍然和我們自身所在的時間流相關聯，不過是以停滯、停住和癱瘓的模式。

這種時間流停滯的矛盾經驗是海德格所導演及分析的無聊之劇中的轉折點。在三重否定中，非我、空無的整體和無關係性，只有一個出路：人們必須掙脫自我。如果沒有其他出路，人們必須自己動身出發。海德格迂迴地表達他的觀點：「**認識這個時間且使得認識這種時間成為可能……這個停住**（das Bannende）**本身不外乎此有的自由本身。因為此有的這種自由只在於此有的自我解放。唯有此有對自己做出決斷，此有的自我解放才會出現。**」（GA 29/30, 223）

但是因為在無聊中，這個自我被淡化為空洞的幽靈，所以這個決定無法指望那個等待著的堅固自我會採取什麼行動。這個自我反而是在決定中才會誕生。在某個意義下，它不是被發現的，而是透過決定被創造的。在決定中被鎖閉的東西被揭露了。「**決定的瞬間**」由無聊而生並且終止了無聊。因此海德格可以說，「（在無聊中）**停住的時間**」互補地導致「**此有被推到屬己的賦能者**（der Ermöglichende）**的巔峰**」（GA 29/30, 224）。人們也可以通俗地說：在無聊中，你注意到根本沒有什麼重要的東西，除非你做些什麼……

[224] 自我覺醒的此有必須穿越深層無聊的地帶，穿越「**整個空無**」。在這點上，海德格避開了特別「個人」且「私密」的無聊情韻，並且（在文化哲學上）著眼於當前社會和歷史的狀況。他問道：整個空無的這個困境還能被經驗到嗎，或是它不再作用，而被對抗其他更具體的困境的必要奮戰排擠掉了？

這是一九二九年冬季學期。在這期間，全球經濟危機導致的飆高失業率和貧困已經開始。海德格冒險瀏覽了當代困境的場景：「**到處都是震撼、危機、災難和困境：當今的困苦、政治的混亂、科學的無力、藝術的空洞、哲學的無根基性、宗教的失能。當然，到處都是困境。**」（GA 29/30, 243）針對這些困境，各種計畫、黨派，措施和活動傾巢而出。但是海德格說：「**這些對抗困境的躁動防衛，反而使得困境整體無法浮現。**」（GA 29/30, 243）「**困境整體**」不是任何個別的困境，而是此有在無聊中經驗得到的負擔特質的總

[225]

體，「**人被要求當個此有本身，他被賦予了在此存有的任務**」（GA 29/30, 246）。誰若想逃避這種「**本質性的困境**」，他就是缺乏了海德格所說的構成日常英雄主義的那種頑強的「儘管如此」（das trotzige Trotzdem）。誰在這個意義下不把生命當作負擔去經驗它，他就對此有的**祕密**一無所知，也不會遭遇到「**內在的恐懼，那個每個祕密都具有的恐懼以及讓此有更偉大的恐懼**」（GA 29/30, 244）。

祕密和恐懼。海德格影射了魯道夫·奧托關於聖祕的定義。奧托把神聖事物的宗教經驗解釋為對於力量的驚恐（Erschrecken），那個我們視為神祕而與之相遇的力量。海德格接受了這種的奧祕特徵，但是去掉了彼岸的部分。此有本身就是奧祕，充滿神祕且令人驚恐。恐懼是對於「有某物存在而不是一片虛無」的戲劇性驚異；駭人的謎題則是赤條條的「如是」下的存有者（das Seiende in seinem nackten Daß）。下面幾個句子也是在「**談論這種驚恐**」，必須強調的是，人們後來賦予它們當時還沒有的明確政治意義：「**儘管今日有種種困境，我們的此有還沒有遭遇困難，如果說沒有了祕密，那麼我們首先面臨的是，人們要得到那個基礎和向度，使人類有如和此有的祕密相遇一樣的重新和自己相遇。這種要更接近自身的要求和努力，使現在的常人和庸人忐忑不安，有時甚至使他們眼前發黑，於是他們忙亂地抓住偶像，這完全是正常的。如果期待情況是別的樣子，那就是誤解。我們首先必須重新呼喚那個能引起我們的此有恐懼的人。**」（GA 29/30, 255）。

[226]

誰能引起恐懼呢?在這期間,也只有充滿魅力的哲學家了,他有著那種「**奇特的命運**,**他的命運是成為他人喚醒哲學思考的動因**」(GA 29/30, 19)。換句話說,海德格也相信自己有這個使命。引起恐懼和喚醒哲學,至今仍然是同一件事。

海德格彷彿隱約知道,他的言論在政治上會被誤解為呼喚「強人」,他接著在上述的段落裡指出,政治事件、世界大戰,都不能使人覺醒而回到自身。這裡涉及的還不是政治上的,而是哲學上的喚醒體驗。因此,海德格批評一切企圖在政治領域建立「**世界觀的大廈**」並且要求住在裡頭的嘗試(GA 29/30, 257)。當此有看透自己時,他會停止建造這種建築。在人們之中「**召喚**」此有(GA 29/30, 258),無非意味著動員人們拆除這類建築。

在此期間,海德格已走了很長一段路,演講稿多達兩百六十頁。他在開始時提出的形上學基本問題:什麼是世界?什麼是有限性?什麼是孤獨?——在這期間幾乎被遺忘了。現在海德格再度提起那個問題,關於無聊的練習是一種準備:試圖喚起或導演一種情韻,在世界裡以概念的方式和「**有限性**」和「**孤獨**」相遇。此處關鍵的是「如何」相遇。應該被把握的東西首先必須出現,而且就在此時此地,在一九二九年冬季學期的星期四下午。

「**作為整體的世界**」。為什麼需要一種特殊的情韻去經驗這個世界?「**世界**」總是在那裡;它是所有事實的全體。我們總是處於其中。當然。但是我們在此期間已經知道:海德格認為這個我們在世界上的日常停留(Aufenthalt),同時就是在世界上的沉淪

（Verfallensein）。我們已消失在世界中。這就是為什麼他強調無聊的情韻，因為在無聊中，就如同《存有與時間》中所分析的憂懼情韻，世界整體看起來有一段距離，這種距離促成了形上學式的驚奇或驚恐的態度，作為存在者的戲劇的第三幕。在第一幕裡，人們日常地走進世界，而且世界充填了人們；到了第二幕，一切都退回到遠處，巨大空無的事件，那是三重否定（非我、非世界和無關係性）；在第三幕中則是出離者（Entrückte）、屬己的自我和「**世界的轉向**」。自我和事物某種程度上「更加存有」（seiender）；他們獲得了新的強度。一切都由此導出。海德格很少像在演講課那樣清楚而不設防地說：「**這裡涉及的就是獲得在哲學的此有中發生的原初向度，以更簡單、強烈而持續的方式重新『觀看』所有事物。**」（GA 29/30, 35）

對研究的眼光來說，「世界整體」這個主題太大了。可能是。正是如此，海德格才會想要指出，即使這個主題對研究來說過於龐大，在某些情韻中，像是無聊和憂懼，或者是和世界的脫離，這個主題會在日常生活中被體驗到。從結果可以清楚看到，對於無聊的細膩分析，只是試圖描述我們擁有「世界整體」的方式。

現在我們再換個觀點。一方面我們「擁有世界」，另一方面世界「擁有」我們。它不僅
[227] 是指我們沉溺在「**常人的世界和及手物的操煩之中**」。這點海德格已經在《存有與時間》中指出來了。它其實是指我們屬於自然王國。

在演講課的第二部分，海德格第一次講述一種他的獨特嘗試、後來也沒有重試的自然哲學。他把這些思考和《存有與時間》放在同等重要的地位，由此得知這次嘗試對他的意義。一年前有兩本哲學人類學的重要著作問世：馬克斯．謝勒的《人在宇宙中的地位》（*Die Stellung des Menschen im Kosmos*）和普列斯納的《有機體的種種階段以及人類》。謝勒和普列斯納嘗試許多不同方法，把生物學研究成果和哲學解釋相連結，以揭露人和除了他以外的自然之間的關聯和斷裂。在《存有與時間》裡，海德格非常強調此有和非人的自然之間的斷裂，如同後來卡爾．洛維特所批評的，人類存在的突出性的印象，應該是衍生自其身體性的、自然的前提。謝勒和普列斯納都受到海德格的啟發，重新把人和自然連結起來，但是對他們至關重要的是，他們並沒有使人自然化。

謝勒的嘗試在當時尤其吹皺了一池春水。海德格因此感到自己被挑戰要進入自然哲學的人類學研究。

自然屬於世界。但是非人類的自然也擁有「世界」嗎？石頭、動物，它們擁有世界嗎？或者它們只是在其中存在？在其中（Darin），也就是說在一個世界視域（Welthorizont）裡，那個世界視域只屬於人類這種會建構世界的自然生命嗎？

海德格在《存有與時間》中解釋說，自然的存有方式，無機物、有機物和受身體限制的生命，只有「**在一個拆解式觀察的意義下才可以理解**」（SuZ, 371）。這一點也不容易：意識要掌握無意識的事物，認識要掌握不可知的事物。此有要理解根本不在「此」（da）的存有者。

［228］這個演講課的自然哲學部分是唯一對於這個「此」的沉思，以及我們如何理解不認識這個「此」的自然。海德格想深入這個黑暗之中，為了再一次從那裡看到人。這是種陌生化的眼光，對它來說，在人類之中變亮因而在自然裡也變亮的這個事件，成了某種完全不尋常的事。這裡涉及的是：從自然中發現到，此有在人類中開放自身——海德格後來說那是一個林間空地（Lichtung，澄明、開顯）——，隱藏自我的事物和生命會對著此有顯現。此有為自然提供了舞台。海德格的自然哲學唯一的意義就是演示這個「此」的顯現（Epiphanie）。

事物和生物出現在我們面前。但是我們能設身處地思考（hineinversetzen）嗎？我們能分享它們存有的方式嗎？它們可以分享我們而且我們分享它們？

我們和它們共享一個世界，一個它們沉沒於其中的世界，對我們而言在「此」的世界。在這個意義下，我們給了它們自身所沒有的「此」。我們從它們那裡接受了其中的平靜以及涵泳其間（Eingelassenheit）的魔力。在這方面，我們能夠在我們自身裡經驗到存有的不足。

海德格的課從石頭開始講起。石頭是「**無世界的**」。它出現在世界之中，但是無法自己和世界建立關係。在關於動物和世界的關係的描述上，海德格主要承襲魏克斯庫爾（Jakob von Uexküll）的研究。他把動物形容為「**缺少世界的**」（weltarm）。牠的周遭世界是個環

[229]

圈，動物的本能被那個環圈「**迷惑**」（benommen）（GA 29/30, 347）。牠依照從那裡來的刺激，反映和展開特定的行為方式和追求。世界是動物的周遭世界。動物無法從世界中抽離去體驗它。海德格引用荷蘭生物學家拜騰迪克（Buytendijk）的話：「看來如此，在整個動物世界中，動物和周遭環境緊密得幾乎和它們的身體同一。」（參見GA 29/30, 375）海德格把這種作為身體的延伸的「周遭世界」稱為「**解除抑制之環圈**」（Enthemmungsring）。動物對於闖入這個環圈的東西作出反應；牠對於某些東西作出反應，也就和它產生關聯，但牠並不把某物當作特定的東西而知覺它，換句話說：牠沒有知覺到牠在知覺某物。動物對世界有一定的開放性，但是世界無法作為世界而對牠「**敞開**」。這只會發生在人類當中。人與其世界之間裂開一道間隙。世界的約束已經鬆綁，人能夠和世界、和自身以及作為某物在世界上出現的東西產生關聯。人不僅不同，他還能與他者不同；人不僅可以和各種不同的物建立關係，而且能在事物之間作出區別。這種「間隙」，我們知道海德格稱之為自由。在自由的視域中顯現的存有者，獲得了另一種現實特性：在可能存有（Möglichsein）的背景下，顯現為現實的東西。擁有可能性的生命只能把現實的東西看作可能性的實現。為人類敞開的可能的間隙賦予現實事物輪廓、清晰度和個體性。它們處於可對比的、生成變化和歷史的視域，進而也處於時間的視域之中。某物得以作為這個某物而被確定、區別以及提問。在這個「**迷惑**」（Benommenheit）裡，世界被生活過，但是沒有被體驗過，世界現身，被視為清晰的東西而

[230]

知覺。「某物也可能不存在」這個思想屬於可能存有（Möglichsein）的一部分。透過這點，世界獲得一種特有的透明性。世界是一切事實的總和，但是正因為如此，世界並不是「一切」。世界獲准進入可能事物和虛無的更大的空間裡。只因為我們對於不在場（Abwesenheit）的事物有感受能力，我們才能以感激、驚異、驚恐和歡愉經驗到在場（Anwesenheit）。人類所經驗到的現實性，被拉進臨到、自我遮蔽和自我開顯的運動中。

對於可能存有的熟悉性（Vertrautheit）（在動物的世界關係中不存在）顯示了鬆動的世界關係，海德格稱之為**「建構世界的」**（weltbildend）。

謝勒在他的人類學著作《人在宇宙中的地位》中，以謝林「在人之中且透過人**生成的神**」的理念，解釋人類的精神性格，而海德格則是在演講課末了連結到謝林的另一個偉大思想：自然在人類之中睜開它的眼睛，並發覺自然在此。這種謝林式的微光（Lichtblick）（GA 29/30，529），海德格稱為**「敞開的場所」**（offene Stelle），它在躋身於自然閉鎖的存有者當中的人類裡頭敞開。沒有人，存有就會不發一語：它會是手前的，但是不在「此」。自然在人類裡頭破繭而出，成為自身可見性。

這個一九二九年冬季學期的演講課，可以說是海德格最重要的課程，幾乎是第二個代表作，它開始了對於無聊的喚醒以及分析，這種了無生氣的出離（Entrücktheit，綻開、出神）情韻。課程結束於從無聊的出離轉到完全不同的熱情。這是海德格作品中罕見的段落，充滿了歌頌生命的精神：「**人類是既不能停留又不能移動的……唯有在驚恐的危險之處，才有驚異的幸福——那清醒的迷醉，是所有哲學思考的氣息。**」（GA 29/30，531）

注1：引自：V. Farías, *Heidegger und der Nationalsozialismus*, 118。

第十二章
ZWÖLFTES KAPITEL

共和政體終結的總結

普列斯納

崩塌的「拱頂」

朋友與敵人

海德格的歧義性：個體或是人民？

第一次獲聘柏林大學

卡爾．曼海姆

關於知識社會學的爭議、試圖挽救自由主義

與不可調和性共存

海德格在柏拉圖的洞穴中

賦權的觀念

存有者如何更加存有

[231]

馬克斯・謝勒逝世前不久，在一九二八年的一次演講中說：「在大約一萬年的歷史裡，我們是第一個人類在其中澈底而不休止地成為問題的年代；在其中，人們不再知道自己是什麼，但是同時也知道他對此一無所知。」（注1）

謝勒的診斷涉及威瑪共和國後期的歷史狀況的兩個方面。一方面是分裂成各種互相衝突的意識形態和世界觀。幾乎所有人都為垮台、變革和覺醒做好準備，不過也只是無奈的感覺。

「世界好像化為流水而且在手裡消逝，」一九一二年，瓦特・拉特瑙（Walther Rathenau）如此描述當時的發展。（注2）在發展後期，穆齊爾也只能諷刺性地評論威瑪共和國的終結：「一旦出現一種新的主義，人們便會相信有個新的人類，而且每個學年結束時，都會開始一個新的時代……所有現在稱為靈魂的東西，都標示著不確定性、無力、悲觀的色彩……而它自然地反映在前所未有的精神小販上……農民的政黨和工匠的政黨有著不同的哲學……神職人員也有其網絡，但是史坦納的信徒（Steinerianer）也有數百萬人，大學也有其效用：事實上，我曾經在服務生工會報上讀到酒店服務生的世界觀，這些總是必須被重視的。那是個巴比倫的瘋人院，從一千個窗戶裡吶喊著一千種不同的聲音。」（注3）

[232]

對於傳統的解釋和定位造成的負擔，威瑪時期的世界觀生產工廠以種種新事件和關係作出反應。自由開放社會的多元性就屬於這種新關係，它的定義正是不強制規定任何世界觀和人性觀。任何具體內容的主張都不再具有約束力，而只有按照要求的遊戲規則，這個規則期望對立的概念可以和平共處。在思想的多樣性的多元化環境中，所謂「真理」被降格為單純的意見。而對於認為自己找到救世箴言的人來說，這是難以忍受的。民主制度作為一種生活方式，使得對於絕對真理的要求相對化。法律界少數的共和捍衛者漢斯・凱爾森（Hans Kelsen）當時這樣說：「形上學絕對主義者的世界觀是個專制的世界觀，而批判性相對主義的世界觀，則是屬於民主的立場。拒絕接受人類知識的絕對真理和絕對價值的人，必定認為不管是自己的或是他者的對立意見，至少是可能的意見。這就是為什麼相對主義是民主思想預設的世界觀。」（注4）

在威瑪社會，所有人都受到言論和思想自由的保障，但是很少人願意承擔它的推論，也就是相對主義。但一九三二年對德國青年思想態度的研究結果顯示，自由主義對多數的年輕人來說已經是死了：「這些年輕人對於『自由派的』世界只剩下難以言喻的蔑視，這種世界把精神的絕對性稱為毫無價值的脫離現實；他們知道，思想的妥協是一切惡習和謊言的開端。」（注5）

這種反自由主義的代言人，是當時在德國相當受歡迎的俄羅斯哲學家尼古拉・貝德葉夫（Nikolaus Berdjajew），在一九二〇年代的柏林，他對現代的實驗室相當熟悉也十分蔑視。他的文章《新中世紀》（*Das Neue Mittelalter*, 1927）大肆批評民主，他指責民主讓「多數票」決

[233]

定什麼是真理。「民主是愛自由的，但不是出於對人類精神和人格性的尊重，而是出於對真理的冷漠。」（注6）

貝德葉夫把民主等同於對於精神的缺乏尊重。馬克斯・謝勒也談到了當時蔓延著對精神的普遍蔑視，這是他在無計可施之下對於哲學的第二個診斷。但是謝勒並不認為這種對於精神的蔑視是民主的錯，而是歸咎於其反對者。對他而言，所有捨棄文明的努力而逃避到所謂的自然的、根本的東西，並且把鮮血和土地、本能、陶醉、人民共同體和命運當作原初力量而召喚它們，那都是對於精神的蔑視。「所有這些都證明了新時代人類有系統的本能反叛。」（注7）謝勒認為，對抗「平衡的理性」的起義正在進行。受到謝勒啟發的湯瑪斯・曼，也在他的《德意志演說》（*Deutsche Ansprache*, 1930）裡描述了當時流行的思考習性。他談到「得意忘形的青年學生」，他們逃脫「理想主義和人文主義學派」但是現在上演著「狂熱主義的舞蹈病」。「一個逃脫理念的人類的古怪心理神狀態，正好呼應了荒誕的政治風格，以救世軍的姿態、集體痙攣、售貨攤的叫賣、哈利路亞和托缽僧似的（derwischmaßig）不斷重複的單調口號，直到所有人都憤怒。狂熱主義變成一種救世原則，靈感成為癲癇的狂喜，政治成為第三帝國或無產階級末世論的大眾鴉片，而理性遮蔽了它的面容。」（注8）湯瑪斯・曼讚揚社會民主黨勞工運動務實的共和理性。他寄望於左傾的中間派政治力量，告誡知識份子提防人文主義基本信念的腐敗，並建議不要信任冒險心的過度激昂，那樣心情渴望

[234]

不計代價的叛亂，並且把破壞歌頌為形上學的狂喜。湯瑪斯．曼是在影射恩斯特．榮格的那種野性，榮格在一九二〇年代中期說過：「我們將無法站在沒有被任何噴火器掃過和大規模肅清的地方。」（注9）

湯瑪斯．曼在政治上明確地論辯，謝勒則仍然停留在哲學上。他主張思想的自省，思想必須以自我批判認識到，偉大的思想綜合的時代已經結束了。但是思想並未因此退出和屈服。它必須把自己的疑問當作一個契機。謝勒在不知所措當中找到一個崇高的意義。在其最後的作品《人在宇宙中的地位》裡，他以一個著名的思考作結：確定性的喪失可能同時是新的神的誕生過程。一個不再是「救贖和支持」以及「超越世界的全能」的神（注10），而是一個自由的神。我們藉由我們的自由行動、我們的自發性和主動性而使神成長。這位神不再為現代世界的腳傷者提供庇護。「並不存在一個絕對的存有，它會支持人，單純地滿足人們想要一再把神當作『對象』的軟弱和需求。」（注11）

謝勒的神展現在對自由的勇氣當中。人們必須忍受當前的動盪和迷惘。在對抗狂熱的片面和獨斷的力量當中，一種新的人文主義作為「永恆客觀的邏各斯的觀念而出現，……探究它的神祕，它並不歸於一個國家、一個文化圈……而是包含了每個不可取代的、個人的文化主體未來的團結合作。」（注12）

普列斯納在一九三一年的文章《權力與人性》（*Macht und menschliche Natur*）裡引用了謝

勒的想法，證明自由精神顯然還沒有克服對於平衡的說法的渴望，在精神無家可歸的情境下對於「拱頂」的渴望。「在萬物流變之處，我們如何能希望可以有幾年之後仍然不會被逾越的、持久的綜合？對於拱頂沒什麼可期望的，我們只能預料它將會坍塌。」（注13）

普列斯納的人類學原理是這樣的：人的定義就是，人無法被最終定義，因為任何可能的定義其倫理的、科學的、宗教的參考框架，都是人類的歷史產物。在定義性的、本質性的理解意義下，「人」始終是由他自己創造的文化發明出來的。所有關於人的命題，都不能就完整的、對象化的意義下去看待人。每個可能的觀點都來自於「創造性的主體性的權力範圍」。我們必須從歷史觀點上追本溯源地思考。歷史不僅是「超越時間的價值的承載者基於某個關聯而在上面來來去去」的「舞台」，人們必須把它理解為「價值生產和毀滅的地方」（304）。但是這種歷史性的觀念也是一種就歷史去理解的觀念。透過歷史而使價值自我相對
[235] 化的思想本身，也不是絕對的立場。在某些文化裡就沒有這種自我主題化。它們只是「隱約地」知道人是「深不可測的」。人是無法探究的，因為在他前方一直都會有些原因。只有在決定的瞬間，才顯示出人是什麼。人的規定就是自我規定。人決定往哪裡去，他就是什麼人。他在不確定性中籌畫自己。「在這種和自己的不確定性的關係中，人把自己理解為力量，他發現對於他的生命而言，不管在理論或實踐上，都是懸而未決的問題。」（321）

由此，普列斯納得出一個結論：在必然不明朗的情境中，在各個歷史瞬間決定人類的處

境的，不是哲學，而是實際行動。人的本質「無法以中立情況的中性定義」去找到。對此，普列斯納談到了海德格：普列斯納主張說，海德格的基礎存有學包含了太多關於人類的此有的中性定義。

海德格的存在性相概念對於歷史漠不關心，這就是它的不足之處。例如說，歷史性的概念本身並沒有就歷史去理解。

根據普列斯納的說法，謝勒和海德格以不同的方式演奏了他們「對絕對者的展望的交響曲」（286）。一個把絕對者置於創造精神裡，另一個把它放在此有的基礎中。

在海德格那裡，這點最終導致了對於整個政治領域的蔑視，政治領域被視作「**常人**」與「**非屬己性**」的領域，而有別於屬己的自我存有的特殊領域。這只是德國的「內在世界」，是面對歷史暴力的最後一處形上學避難所。

[236] 可是普列斯納要讓哲學從內部遭受這種暴力，即使哲學可能會被消滅。哲學必須參與「現實的無地基性」（345），這意味著：它察覺到，無論它是否願意，它處於「朋友與仇敵的原生生命關係」（281）中。在爭執的雙方之間，不會有什麼冷靜的置身事外，也沒有超然的立場。時代不容許一個普遍主義的冷靜，那裡沒有喘息的空間；熟諳現實的哲學，必須進入基本的友誼和敵對的關係當中，並試圖以他們為出發點去理解他們。普列斯納在此顯然承襲了卡爾·施密特的政治定義。

普列斯納撰寫這篇文章時，德國的內戰已經開始。一九三〇年九月的選舉中，國家社會黨獲勝，衝鋒隊前進街頭，和紅色陣線戰士同盟展開街頭戰。政治的中庸之道，平衡的理性，被摧殘殆盡。好戰份子的部署確定了政治風格。

在這種情況下，普列斯納要求哲學從夢中醒來，那個夢使得哲學相信它能夠理解人的「根基」。哲學沒有比政治更聰明。兩者有著相同的視野，「從此處向無邊的某處開放的視野，哲學和政治在大膽的期待中……塑造了我們生命的意義。」（362）

對於歷史性的激進理解的概念，使普列斯納認為，不僅就其外在義務的意義下，或是自其內在邏輯的意義，哲學都必須參與政治。但是當哲學面對政治，哲學意識到要站在時代的尖端有多麼困難。哲學思考「從來沒有像生命那樣寬廣也沒有比生命更寬廣」（349）。在歷史的瞬間中的果斷，本質上不是哲學所能及的。因此，哲學往往自限於訂定原則或願景。它不是停留於前提的範圍內，就是停留於期望的範圍內。它迴避混亂的當前局面、決定的瞬間。普列斯納說，政治正是「掌握正確瞬間、有利時機的技藝。關鍵的一刻」（349）。因此普列斯納要求一種對於這種「瞬間」開放的哲學。

這個瞬間在一九三一年對哲學要求了什麼？普列斯納的答案是：它必須掌握「民族性」（Volkstum）的意義。「民族性是人的特性：就像我可以和你說話一樣，既熟悉而陌生。」
[237] （361）這種歸屬性在普遍人性的觀念中消失了，這便是一種很拙劣的唯心論。自我必須主張

說，它同時適用於個人和人民。這種自我主張並不意味著特權和階級。因為所有民族和文化都源於「創造性主體性」的「力量基礎」，普列斯納承認「所有的文化民主價值的平等」（318），並且期望「逐漸拋棄自己民族性的絕對設定」（361）。它在政治上意味著：民族的自我主張反對凡爾賽條約和戰爭賠款的無理要求，也拒絕民族或甚至種族的沙文主義。同時，自己的「民族性」的歸屬性則保留了一個「絕對面向」，因為個人無法支配其歸屬性，而總是已經在其中。「對人類而言，所有政治問題都包含在民族的視野中，因為人只存在於這個視野裡，存在於這個可能性偶然的破碎性裡。」這種情況「無論在思考或是行動中，都不容許人們有任何純粹的實現……，只有和在血緣和傳統方面所屬的特定民族有關的事物，才可以實現。」（361）。

普列斯納以對海德格的第二個批判結束他的文章，他指責海德格缺乏與「民族性」的關聯。他以其屬己性哲學加深了德國傳統上「靈魂救贖的私人領域和暴力的公共領域之間的裂隙」。他促進了「政治上的冷漠主義」。普列斯納認為這對於我們的國家和民族來說，是危乎殆哉的事。

我之所以詳盡引述普列斯納的話，那是因為他的哲學與海德格息息相關，以高度的反思去實踐政治化和國有化，而這些在海德格那裡卻是暗渡陳倉的。但是由於它在暗地裡進行，海德格並沒有因為一九三一年普列斯納的批評而受到打擊。在此期間，他已經在尋求「民族性」以及「政治」的明確關聯——在和普列斯納相似的道路上。

[238]

我想再次回顧在《存有與時間》關於歷史性、命運和民族的思路：民族的共同體（Volksgemeinschaft）在那裡已經扮演某個角色，儘管還不是主角。雖然《存有與時間》裡的存在理想（Existenzideal）是為個體的自由的自我指涉量身訂製的，但是海德格並不想把它理解為個人主義。因此他強調共同體和民族的「**事實性的**」此有力量，作為被拋性的面向，這種力量必須被接受到此有自己的籌畫當中。如果想要「**不帶幻想地**」（SuZ, 391）接受此有自己的被拋性，就必定會注意到，他不能選擇他所屬的民族，他也是被拋入民族裡，生於其歷史、傳統和文化當中。個別的此有被捲入「**共同體和民族的事件**」，海德格把它稱為「**命運**」（SuZ, 284）。這種歸屬性——如同其他生活實踐——也可以就不同的方式被體驗：屬己的和非屬己的方式。此有可以有意識地「**承擔**」如此理解的民族，也就是「**命運**」；它準備分擔這個命運並為它負責；它把民族的事務視為己任，甚至願意犧牲自己的生命；它在這個民族傳統當中「**選擇它的角色**」（385）。但是無論如何，個人並未放棄對自己的責任。和民族的屬己關聯，一直是和自我本身的關聯。但是為了擺脫自我而尋求民族的共同體的人，則是非屬己的；對他來說，「**民族**」無非就是「**常人**」的世界。

由於和民族的關係有屬己的以及非屬己的，關於民族和民族歸屬性的談論，必然停留在「屬己」的所有意義裡的「**歧義性**」。「**一切看起來好像真正的被理解、把握和談論，但是**

從根本上卻不是如此，或看起來不是，但是從根本上卻是如此。」（SuZ, 173）

在《存有與時間》裡，海德格並沒有走出這種「**歧義性**」。他談到民族和命運，但是思考並不想要弄清楚那是怎麼回事、歷史時刻具體要求著什麼。海德格還沒有開始尋找「**他的英雄**」。他還沒有離開術語障礙區，也就是基礎存有學。具體的歷史有非屬己性的嫌疑，或者是被說成「**歷史性**」（Geschichtlichkeit），那是個空洞的形式，可以容納所有歷史「材[239]料」，也可能什麼都裝不下。思考本身要求一種歷史和政治的開放（民族的「**使命**」），卻沒有實現它。

當代批評家注意到這種「**歧義性**」，在非歷史性的存有學以及歷史性設準之間的擺盪。普列斯納對於海德格的批判的評論就是一例。在此之前，格奧爾格·米施在對於《存有與時間》的詳細評論當中認為，在海德格那裡，存有學家戰勝了歷史性生命的詮釋學者。

時常抱怨一般人完全看不懂《存有與時間》的海德格，他本人也有類似的看法。因為在《存有與時間》出版後不久，他就開始朝著普列斯納和米施瞄準的方向前進，進一步思考更澈底的歷史性、和瞬間的關聯性，以及政治上的決斷。

一九三二年九月十八日，海德格在給伊麗莎白·布洛赫曼的信裡寫道，在這期間，《存有與時間》對於他已經很遙遠了，當時開闢的道路，現在業已「**草木叢生**」，而且不再可行。自一九三〇年開始，在給布洛赫曼和雅斯培的信中經常談到「**新的開端**」的必要性，但是也懷疑是否可以開闢這個新開端。在一九三一年十二月二十日給雅斯培的信中，海德格公開承認說他「**過於大膽，超出自己存在者的力量，而且沒有清楚看見自己提問的狹隘**」。他在信裡也提到過去一年的柏林經歷。

一九三〇年三月二十八日，海德格獲聘到柏林，那是德國最重要的哲學教席。最初由普魯士教育部長貝克主持的遴選委員會其實是屬意卡西勒。雖然海德格當時也在入圍名單中，但是對他的反對聲浪比較大。法里亞斯（Farías）研究了這個過程。據他的研究，主要的反對者是愛德華．斯普朗格（Eduard Spranger）。他的問題是，海德格之所以受歡迎，到底是因為他個人或者是他的哲學，因為他的哲學根本不適合教學和研究。遴選委員會隨後報告說：「最近馬丁．海德格的名字不斷被提及。即使他至今的著作成就的科學價值有很大的爭議，但是可以確定的是，他……具有強烈的個人魅力。但是他的仰慕者也承認，在湧向他的眾多學生當中，幾乎沒有人真正理解他。他目前處於危機之中。結果仍然有待觀察。現在聘任他到柏林，後果將會很嚴重。」（注14）

[240]

海德格身陷危機的傳言正是基於以下的事實：《存有與時間》第二部一直沒有出版，而且也沒宣布要出版。一九二九年關於康德的著作書評價不一，無論如何，它並沒有被視作《存有與時間》的續篇。海德格在達佛斯的登場也對於危機的印象火上加油。人們記得他對於文化哲學的粗魯態度以及他宣告的新開端，但是那開端仍然不確定。

一九三〇年春天，普魯士教育部人事更動。阿道夫・格里姆（Adolf Grimme）接替貝克爾的職位。格里姆是個受過哲學教育的政治家（他是胡賽爾的學生），來自保羅・田立克周圍的宗教社會主義團體，他退回了哲學系的名單，而且不顧他們明確的意見，聘任了海德格。格里姆想要一個突出的任命。此外，海德格的反資產階級文化革命的行為，也嚇不倒像格里姆這樣的人，他本人就是出身於反資產階級的青年運動。柏林自由派報紙對於這位教育部長的強勢作風表示憤慨：「社會主義的部長聘請一個文化的反動份子來到柏林。」（注15）

[241] 一九三〇年四月，海德格到柏林面談。他行經海德堡要向雅斯培諮詢。雅斯培從報紙上知悉這個聘任消息，寫信給他說：「您將登上最引人注目的位置，從而使您至今鮮為人知的哲學脈動廣為人知且廣為流傳。我想，不會再有更好的機會了。」（一九三〇年三月二十九日，BwHJ,130）因為他自己也希望能獲聘到柏林，他感到「有點痛苦……但只是最輕微的痛苦，因為是您獲聘的」。

部長告知海德格系上的反抗聲浪，他仍然認真去面談。為了準備面談，他要求「**遠離大城市的干擾，在相對平靜的環境中**」，（注16）因為那是他哲學思考不可或缺的「**基本條件**」。

但是回到弗萊堡以後，海德格決定拒絕該職位。一九三〇年五月三十日，他寫信給布洛赫曼說：「**由於格里姆的緣故，使得這個拒絕對我來說變得困難。**」他婉拒格里姆的說詞如下：「**今天，我正在安穩工作的起點，如同我必須要求自己和任何其他人，我感覺我並不足以勝任柏林教授的職位。真正持久的哲學只能是它那個時代的真誠的哲學，也就是掌握時代的哲學。**」（注17）

關鍵的一句話：海德格公開承認自己還沒有「**做好準備**」，還沒有成就「**真誠的哲學**」，真誠的哲學不只是要以黑格爾的方式在思想中表達時代，還要「**掌握**」時代，也就是說必須為時代指出方向，或者如他在一年後關於柏拉圖的演講課裡所說的：「**必須超克當前。**」

自己設定的要求使得他覺得自己尚未成熟，但是他也寫道，他在已經開始的道路上。

儘管第一次任命到柏林引起了大眾的廣泛關注，但是海德格還沒有提出勝利綱領式的「對地方的自白」，而只是謙虛地承認：我還沒有準備好！海德格婉拒格里姆的信以這個請求作為結尾：「**請承認我仍然有所侷限。**」（注18）

真誠的哲學必須掌握時代，海德格寫道。以此，他為哲學和他自己設定了艱鉅的任務：哲學必須證明具有時代診斷和預知的能力，除此之外，還要採取特定的決定，而且不是一般的決斷性。具有政治化底蘊的哲學洞見是人們翹首以盼的，行動的替代方案應該是立竿見影且在哲學上是可決定的。如果哲學想要「**掌握時代**」，這些都是海德格對哲學的要求。

海德格身負著這個要求走在時代的趨勢當中。在當時思想界關於知識社會學的激烈論戰

[242]

當中，這點特別明顯，這場論戰是曼海姆（Karl Mannheim）在一九二八年九月社會學會議上的驚人登場引起的。一位與會者，年輕的伊里亞斯（Norbert Elias）談到剛剛發生了一場「精神革命」（注19），社會學家穆塞爾（Alfred Meusel）則說到他「像一艘不適合航海的小船航向波濤洶湧的大海的驚恐感受」。（注20）到底發生了什麼事？

曼海姆以「在思想領域裡的競爭的意義」（Bedeutung der Konkurrenz im Gebiet des Geistigen）為題做了報告，乍看之下似乎是像馬克思主義一樣，以社會基礎的條件去解釋思想結構。令馬克思主義者憤怒的是，曼海姆對這種意識形態抱持的懷疑，一般是馬克思主義用來攻擊他們的對手的。他用來質疑他們的普遍主義。但是這種對馬克思主義的傷害，還不足以在科學界引起關注。曼海姆的嘗試看起來很像在挑釁，因為在對於思想結構的分析裡，他把真理問題的放入括弧（Einklammerung）提升為基本原則。對他來說，思想領域裡只有不同的「思考方式」，它們處於雙重關係中——曼海姆稱他的方法為「關係主義式的」（relationistisch）：它們直接涉及自然和文明的現實性，而它們自身也相互關聯，然後從傳統的構成、共識團體，競爭和敵人當中，產生複雜的現象，看起來很容易和有如脫韁野馬的市場經濟混淆在一起。這整個現象當然有個「基礎」，但是這基礎本身只能以思考的方式重新掌握。思考所根植於的事物，必然在思考方式的爭執當中議而不決。因此這個「基礎」無法有個最終的概念。曼海姆使用「存有」這個術語，指稱思考所指涉以及面臨挑戰的整體。曼海姆認為，思想和赤裸的實在界或真正的現實性無關，而總是活動於一個經過了解釋和理解的現實性當中。曼海姆批判海德格關於「常人」的分析。「哲學家區分出『常人』，這個神祕的主體，但是他對於『常人』如何產生並不感興趣。但是在這裡，在哲學家停止追問的地
[243] 方，開始了社會學的問題。社會學分析指出，對於存有的公開解釋不只是個事實而已，它也不是憑空想出的，而是反覆的推敲思量。此處引導興趣的不是專注的求知欲；對於世界的解釋往往是個別團體的權力鬥爭的關係項。」（注21）

曼海姆的關係主義（Relationismus）不同意任何世界觀的派別和解釋構想。就像蘭克（Leopold von Ranke, 1795-1886）的歷史時代一樣，每種思想結構儘管在神面前並不具同等價值，但在基礎存有上是等價的。沒有任何有特權的途徑，每種思想都有其「存有限制」。但是首先：總是存在著一個特別的存有，個別或團體的思想根植於其中。在基礎中存在著「特定生活圈的典範性原始經驗」（345），它在各種思想結構裡表露出來，因此也具有「存在本性的不可調和性」的核心（356）。因此，在整個世界觀以及由此產生的行動原則當中，不可能有種種差異的完美平衡。但是曼海姆認為，知識社會學的政治任務正是要調停對立和張力，對於在論戰和惡性競爭當中的各個「黨派」限制其存有。透過這種理解行為，敵對能量的一部分會從分裂的整體裡被剔除。如果採取這個步驟，社會裡不同的世界觀就可以並立，它們都不容許要求絕對性；在最理想的情況下，它們透過以自我透明性為紀律的對立和團

[244]

結，推動著歷史發展。由各部分之間的關係構成的社會，必須對應到知識社會學，如同諮商治療師對應衝突的夫妻一樣。特權的存有限制、永恆有效的真理都沒有辦法，唯有「不受約束的知識份子」才可以讓知識社會學有資格進行政治仲裁且消除政治對立。知識社會學知道，完美的同質性既不可能也不值得嚮往。知識社會學的思想政治計畫旨在理解「人類世界的深層結構」在存有限制方面的差異無法調和的部分，並且藉此化解對立（350）。

曼海姆的知識社會學是個令人印象深刻的科學政策嘗試，在威瑪共和末期推行一種存有學式的多元主義，以拯救自由主義。思考被要求區分可調停和不可調停的對立，依據理性的均衡，尋找可行之道，否則就交給「存在本性的不可調和性」的祕密去想辦法處理。曼海姆以此作結：「任何人想在依法由知性的清晰性和嚴格性統治的地方強加以非理性，他其實是害怕面對他的真實處所的祕密。」（369）。

海德格已經注意到這個知識社會學的調解計畫。但是這種以回歸存有學式的多元主義拯救自由主義的嘗試，並不算是克服時代問題的貢獻。他只是反駁說，知識社會學只是朝向「**他的真實處所的祕密**」更近了一步。

在一九三一年冬季學期的柏拉圖演講課裡，有相當的篇幅在處理《國家篇》的洞穴喻。海德格把知識社會學家看作洞穴裡的囚犯，他們只觀看牆上的投影，既看不到真實的對象，也完全看不到明亮的太陽。跑到洞穴外面看到真理之光的人，回到洞穴裡，要拯救被囚禁的

［245］

同伴，他不會受到他們的歡迎。「**他們會告訴他說，他是片面的，因為他從某個地方來，在其他人眼中，他有著片面的觀點；很可能在下面的他們有所謂的『知識的社會學』，藉以對他說明，他以所謂的世界觀前提從事的工作，自然打擾了洞穴裡的輿論共同體，也因此必然不被接受。**」但是看到光的真正的哲學家，不會理會「**洞穴中的空談**」，而會「**抓住**」一些值得拯救的人，「**緊緊抓住他們而且拉出他們，在漫長的歷史中試圖脫離洞穴**」（GA 34, 86）。

一九三〇年，海德格主張哲學必須掌握其時代。但是在接下來的幾年中，我們可以看到他越來越深入挖掘希臘思想史。他試圖逃脫歷史嗎？在前述的柏拉圖演講課當中，他近乎氣憤地斷然拒絕這種懷疑：「**如果我們真正退回到歷史中，就會和當下保持距離，這個距離創造一個助跑必需的距離，使我們可以跳脫我們的屬己的當下，也就是，以每個當下唯一應該被對待的方式對待當下：當下應被克服……最後，退回歷史把我們帶至現今真正發生的。**」（GA34, 10）

海德格有深陷歷史的危險，是否能從這個起點躍入當下，有時他自己也並不確定。對於柏拉圖的哲學思考對他的影響相當大，以至於他一再懷疑是否他還有什麼自身的事物必須說。在給雅斯培的一封信中，他自稱為偉大哲學博物館的「**看守員**」，他唯一關心的是「**以正確的方式開闔窗簾，以使少量流傳下來的偉大作品在隨機的觀眾接近時多少都有合宜的照**

[246]

明」（一九三一年十二月二十日，BwHJ, 144）。他對這種滑稽的自我描述有多認真呢？在給布洛赫曼的一封信中提及說：「**我越投入自己的工作，就越是肯定我一再被迫返回希臘偉大的開端。我經常搖擺不定，放棄所有自己的嘗試、不只是傳承世界而更要鼓勵人心的偉大和模範，是不是比較根本一點。**」（一九三二年十二月十九日，BwHB, 55）

從一九二〇年代初期開始，海德格就已經在關注希臘的哲學開端。但是現在這些開端對他的影響越來越強大，有時他甚至有失去自己哲學的自我意識之虞。他變得謙卑，但是僅止於在希臘人面前，而不是當時的哲學家。

海德格勤奮研究希臘人時有一種矛盾的心情。希臘哲學為他開展了無邊的視域，這使他振奮不已，給了他極大的行動自由感。在那視域之前，他顯得渺小而微不足道。他感到一個想要消失在這個過去裡的強烈誘惑；歷史性要求哲學「**掌握**」歷史的瞬間，但是他對歷史性的澈底理解使得他無法逗留在「**起源**」裡。他必須把沉醉在過去解釋成躍入當下的起點。但是他也理智地承認說，作為學院哲學家，他身陷「**事實探究的狹隘範圍**」，而且「被**自己工作糾纏不清**」（致伊麗莎白・布洛赫曼，一九三〇五月十日，BwHB, 35）。在沮喪時刻，海德格知道：他也在洞穴裡。仔細觀察，對於當前緊迫的問題，他還沒有提出什麼特別的見解，也還沒說什麼自身的事物。這折磨著他。情緒動盪，有時他感覺到一股重新開始的力量，覺得自己能與柏拉圖相提並論；有時又感到空虛，覺得沒有獨創性、沒有創造力。他的妄自尊大一方面吸引著他，另一方面折磨著他。面對雅斯培時，他披上了柏拉圖化的外衣：在「**真正的公共領域**」中，哲學有「**知識的領袖和守衛**」的任務（一九三一年十二月二十日，BwHJ, 144）。

他在柏拉圖那裡發現了什麼東西這麼強大，使「**自身的事物**」對他來說也逐漸模糊消失（致雅斯培，一九三二年十二月八日，BwHJ, 149），而哪些洞見才有資格成為「**知識的領袖**」？

如前所述，一九三一年柏拉圖演講課的前半部致力於解釋《國家篇》的洞穴喻。他詳細描述和解釋事件的各個階段。第一幕：洞穴內的人觀看對面牆上的投影。第二幕：其中一人獲得自由。第三幕：他轉身看到物體和火在身後；他被引導到太陽底下。陽光耀眼，他一開始看不見任何東西，但是隨後對象在光明中顯現，它們變得「**更加存有**」，最後，他看見了不僅照亮了萬物、也使一切生長繁茂的太陽。第四幕：獲得自由的人爬回山洞，要去解救他的同伴，但是他們拒絕離開他們的習慣。他們認為獲得自由的人瘋狂、荒謬、狂妄而危險。如果他們抓住他，一定會殺死他。

這個比喻一開始看起來很清楚，因為柏拉圖自己再次解釋了這個比喻。囚犯被他們外在
[247] 感官和知覺束縛。獲釋的人解放了內在感官和思考。思考是靈魂的沉思能力。當靈魂的其他兩種能力，欲望和情緒陷落在感官世界裡，思考自其中擺脫並直觀真實事物。思考仰望的太

陽象徵著最高真理。這個真理是什麼？柏拉圖說是善。什麼是善？善就如同太陽一樣。這有兩方面的意義。首先，它使事物可見，使事物可知，也使我們的知識成為可能；其次，它使一切產生、成長和繁茂。善使可見性獲得勝利，穴居者也從中受益，因為火是太陽的衍生物，使他們至少能看到影子的形象；善也使某物存在，並使這個某物持續在存有當中。這個全面性的存有，從善的力量而生的存有，柏拉圖認為它是一個正義有序的共同體：理想的城邦。這個對話是始於對正義本質的提問，而且柏拉圖清楚指出，人們唯有艱難地走過靈魂研究的道路才能認識正義，這個依循善的秩序的存有，而比較好的作法是，以更大的格局，即以城邦的格局來觀察它。若人們在城邦的這個巨觀的人（Makroanthropos）中認出了正義，那麼人們就會在個別的靈魂中再次認出正義。柏拉圖在他的理想國裡演示的正義的基本原則，是合宜的尺度和秩序的實現。在階級世界裡，不同等級的人們每個人都被分配到一個位置，在各自的位置上，人們能充分發揮自己特有的能力，並且對整體發揮作用。柏拉圖把整體和諧運作的形象延伸到城邦之外，到畢達哥拉斯天體和諧的更全面的向度。但是也在此處結束。靈魂是宇宙的起源，宇宙則是有靈魂的東西。靈魂和宇宙都在平靜和不變的範圍中擺盪。對立於變動的時間和生成，它們是純粹的存有。

這種柏拉圖主義對海德格毫無用處。從最後提到的方面，不朽的存有理念開始：對海德格來說，存有的意義就是時間，即消逝和發生。對他來說，沒有恆常性這個存有

[248]

理念，他認為思考的任務正是使人們感受到時間的流逝。思考到處打開時間視域，在其中，一切日常的物化趨勢使得關係和情況在錯誤的無時間性中僵化。思考會「**融會**」，它要把存有者，尤其是此有自身，交付給時間之流，它瓦解了永恆理念的形上學彼岸世界。在「**問題的漩渦**」中，虛無更能持存。

為了要從柏拉圖那裡得到一些東西，海德格必須把柏拉圖倒過來解讀。海德格式的時間對立於柏拉圖式靜止的存有觀點。對於「真理」的觀點也是如此。

在柏拉圖那裡，存在著可以持存的「真理」，它等待我們去發現。牆上的影像是原型的摹本，原型就是由身後的火光照射而投影的那個東西。摹本和原型有關。但是即使是這些「原初」事物，對更高層次而言，也就是理型，也僅僅是不完美的摹本。真正的知識會穿透摹本，並且發現原型真正的本質。真理就是正確性，是知識和認知對象的對應性。穴居者的知覺不是真的，因為他們只掌握到假象，而且錯過了在其中顯現的存有。對柏拉圖來說，存在著理型的絕對真理。在靈魂的提升中，經由數學和神祕的「站出」（Ekstase，踰出範式、出神）之間的思考，就可以掌握這個絕對真理。但對海德格來說，並沒有這種真理；他認為只有一種真理事件（Wahrheitsgeschehen），在人的自我關係和世界關係當中發生。人不會發現任何獨立於他的存在的真理，在不同的時代籌畫不同的意義視域，在這視域中，現實事物獲得了確定的意義。海德格在《存有與時間》中初步發展了這個真理概念，並在一九三〇年

[249]

《論真理的本質》（*Von Wesen der Wahrheit*）的演講中闡述之。

他在那裡解釋說，不管是「真的」命題意義下的主觀面向，或是正確的指涉物的意義下的客觀面向，都不存在著真理；它是在雙重運動中實現的事件：一個是來自世界的運動，世界出現、顯現；還有一個是來自人的運動，人們掌握且開展世界。這雙重的事件在人和自己及其世界的距離當中運作。他了解這段距離，因而也了解，有個世界對自己顯現，還有個世界把自己隱蔽起來。他之所以知道這點，是因為他體驗到自己是個能自我顯現和隱蔽的生命。這段距離就是自由的間隙。**「真理的本質就是自由。」**（WW, 13）在這個意義下，自由意味著：有個距離，有個間隙。海德格把這個間隙提供的距離描述為敞開性（Offenheit）。只有在這種敞開性中，才存在著隱蔽和揭露的遊戲。如果沒有這種敞開性，人們便不能把自己和周圍區別開來。他甚至無法區別自己，甚至完全不知道自己在哪裡。唯有這種敞開性存在，人們才能想到，要把自己關於現實事物的說法和現實事物對他顯現的樣子做比較。人類並不擁有牢不可破的真理，卻是牢不可破地處於和真理的關係當中，產生了隱蔽和揭露、顯現和消失、在此和不在此的遊戲。海德格在希臘術語當中為真理的這種理解找到一個最簡短的說法：真理（aletheia），直譯是無遮蔽（Un-Verborgenheit, a-letheia）。真理是從遮蔽裡抽取出來的，不管是因為某種存有者自我顯現而浮現，或創造出存有者而被揭露。無論如何，這裡進行著一種鬥爭。

這些考慮必然導出下述結論，不可能有真理的後設歷史的判準。不再有無止盡的追求真理的故事，甚至沒有柏拉圖式的靈魂飛向理型天空，只存在一個真理事件，那就是：種種存有的籌畫（Seinsentwurf）的歷史。但是這和文化時期以及文明類型的主要典範的歷史如出一轍。例如說，近代是由自然的存有籌畫所規定的。「**發生的決定性東西是，被實行的籌畫。這個籌畫事先劃定將來自然和自然過程應該理解的範圍：質點（Massenpunkt）在時空中確定的運動關係。**」（GA 34, 61）這種存有籌畫當然不是源於個別的頭腦，而是一種文化綜合，它在各個方面規定了現代性。自然成為被計算的對象，人看待自己如同事物中的一個事物；注意力被限縮在世界面向，這些面向看來總是以某種方式可以控制和操控。這種工具性的基本態度推動了技術的發展。海德格說，我們的整個文明是特定的存有籌畫的表達，即使是「**瑣碎的事件，隨機搭乘電車穿梭於城市之間**」，我們也是在這籌畫的領域中活動（GA 34, 121）。把知識導向技術專業能力，也無法使我們的知識「更真確」，而自然依照我們的問題提出不同的答案。在我們的探問下，自然揭露不同的面向。由於我們屬於自然，所以我們也藉由我們行動的方式而被改變。我們也要揭露自身，並且讓我們本質的其他面向起作用。

[250]

並不存在一個被看作巨大未知「X」的真理，我們在無窮盡的過程中不斷靠近它，關於它的命題越來越貼切；相反的，只有和存有者的行動「**交涉**」，存有者總是顯現著不同的樣貌，由此我們自身也總是顯現不同的樣貌。所有這一切，都是個創造性的過程：因為每個存有籌畫都會產生一個以特定方式解釋和組織的世界，物質和心靈世界皆然。

如果真理沒有絕對的判準，而僅有一個動態的真理事件，海德格仍然找到一個外在判準，用來判斷這個真理事件，這是一個成功的判準。藉由我們和存有者相遇以及我們讓它存在的方式，存有者可以是更加存有的或是沒有那麼存有的。對海德格來說，現代科技理性的自然理解是一種讓存有者逐漸淡化的存有籌畫。**「是否透過這種科學使存有者變得更加存有，或是否在存有者和認知者之間插入某種完全不同的東西，以致破壞了和存有者的關係，使人類喪失對於自然本質的本能，且扼殺人類對自身本質的本能，這是個值得深思的問題。」**（GA34, 62）

這些說法證明了，以**存有者**的比較性判準，海德格關心的是生存者是提升或是減弱：存有者是否能在豐富的可能性中自我開顯，我們能否「**敞開**」我們和世界，我們關注的方式是否讓存有者的豐富性更加突顯且成長，如同我們的豐富性也在成長。**「對於可能的東西的本質觀看」「原初哲學和偉大的詩作」**（GA34, 64），海德格稱為注意力（Aufmerksamkeit），這種注意力有其特殊的工具：**「原初哲學和偉大的詩作」**。兩者都使「**存有者更加存有**」（GA34, 64）。

［251］

一九三三年之後，更確切的說，海德格是沿著「**偉大的詩作**」的足跡進行哲學思考；在一九三〇年代初期，他則是著眼於一個柏拉圖的「**原初哲學**」。

對於海德格把真理理解為真理事件，認為有絕對真理的形上學家柏拉圖不能提出任何線索。或者還是可以？

[252] 海德格承認（也很難否認），在柏拉圖那裡，這種對真理（aletheia）的基本經驗被理解為一個開放的真理事件（不具「客觀」真理），可是這個說法已經「**沒有什麼影響力了**」，而且轉變為「**真理本質的常見理解**」，被理解為命題的「**正確性**」（GA34, 17）。如果海德格想從希臘人那裡得到偉大的開端，他必須比柏拉圖自己更了解柏拉圖。因此他放棄了柏拉圖所說的真理的參考點，即理型世界以及太陽所象徵的善的最高理型，並且著眼於靈魂的解放和上升的過程。因此，對海德格來說，重要的不是發現一個「**精神的背後世界**」。而是在這個解放過程中產生的態度和觀點的改變，這種改變使「**存有者**」變得「**更加存有**」。海德格認為柏拉圖式的上升不同於所有脫離現實的情況。相反的：從影像的洞穴（意見、習慣、日常觀點）裡解放出來的人，才能真正進入世界，即進入真實世界。那什麼是真實世界？我們早就知道了，海德格太常描述它了：世界由屬己性的觀點而生，是被拋性和籌畫的舞台，是操心、犧牲和奮鬥的舞台，一個被命運統治的世界，被虛無和虛無者威脅的世界：一個危險的地方，只有那些決心要無家可歸、真正自由的人才能忍受，不必尋求既定的真理的庇護。這個世界觀對於海德格至關重要，所以他不會著墨於洞穴比喻真正的高潮以及出神觀看太陽的救贖瞬間，而是著迷地匆匆返回洞穴。對海德格來說，譬喻的戲劇性高潮是在洞穴

[253]

裡。因為那些獲釋到陽光底下的人成為了解放者。但是解放者「**必須是個施暴者**」（GA 34, 81），因為那些被禁錮的人在他們的世界裡感到安逸自在，完全不想擺脫這個處境，因為他們對其他事物一無所知。海德格以這個事件的兩個面向廣泛地塑造了英雄哲學家的圖像：他被交付領袖和守衛的任務，他們必須做好準備，在嘗試解放被束縛者的時候成為殉道者。因為他們會抵抗，而且以暴力反抗對他們施暴的人。他們可能會殺了他以獲得安寧。

被任命的哲學領袖為共同體設立一個新的真理事件，並建立一個新的真理關係。而作為殉道者的哲學家，不只是像蘇格拉底一樣追求哲學家之死，甚至可能必須承受哲學之死……海德格說，當哲學順從穴居者的習慣和實用性的考量時，哲學就被毒害了。海德格為哲學事業籌畫了諷刺的草圖：哲學作為宗教修煉的墮落形式、實證科學知識論的女僕，世界觀的閒談以及市集上知識份子虛榮的小品文。這一切都證明了，哲學必然遭受「**自身本質變得空洞且無力**」（GA34, 84）。在柏拉圖那裡，屬己哲學望著善的太陽，在海德格那裡，屬己哲學則享受自由的果實，在柏拉圖那裡，屬己哲學擁有真理，在海德格那裡，屬己哲學消融於真理事件，屬己哲學陷入走投無路之境；因為它無法抵抗實用和流行事物的工具化的毒害，如果它不合作，就會被蔑視且被排擠。但自由的精神不容許它逃避危險。它不容許從洞穴裡撤退，「**堅持自由、作為解放者，就是在歷史中共同行動**（Mithandeln）」（GA 34, 85）。海德格的結論是：「**在主流的自明性範圍裡，屬己的哲學思考是無力的；唯有當它自我轉變，**

哲學才能產生影響。」（GA34, 84）

歷史又出現了。在真正的哲學能產生影響之前，佔主導地位的自明性必須轉變。除了等待偉大的歷史瞬間之外還能做什麼？當然還有其他可能，就是出現一位偉大的哲學家，就如同海德格在一九二九年形上學演講課裡說的，一位具有領袖魅力的人，其魅力讓他成為他者的命運，成為「**喚醒哲學思考**」的動因（GA 29/30, 19）。在哲學的博物館中小心地為偉大作品打光的海德格，嘗試著他的新角色：如同他在柏拉圖演講課裡所說的，「**開闢**」要走的「**道路**」的先驅（GA 34, 85）。在同一時期，他在給雅斯培的一封信中問說：「**有辦法為接下來幾十年的哲學創造一片土地和空間的努力嗎？是否會出現擔負長遠使命的人們？**」（一九三二年十二月八日，BwHJ, 149）

當歷史在哲學家的同工之下出現這種巨大的轉變，當屬己的哲學思考被看作解放的工作，哲學思考就再也無法避免與政治發生關聯。如同柏拉圖在《國家篇》裡描述的，靈魂的上升最後也進入政治層面。眾所周知的，柏拉圖說，唯有真正的哲學家在共同體中成為國王，共同體才能有秩序。柏拉圖本人曾經在敘拉古的暴君狄奧尼西奧斯（Dionysius）那裡嘗試過，結果人盡皆知的以失敗告終。他被當作奴隸販賣，後來因為運氣好才重獲自由。

但是柏拉圖不會拒絕承認：真正的哲學家受到善的理型啟發。透過這種啟發，他在自身中創造秩序，把各種靈魂能力，欲望、勇氣、智慧，置於一種和諧當中；依據這種內在和諧

[254]

的模式，他就可以組織共同體。如同井然有序的靈魂，共同體也有三個層次：欲望的能力對應於勞動者階級，勇氣對應於戰士和守衛，智慧對應於哲人王。很長一段時間，歐洲政治思想都恪遵這種秩序；在中世紀變成農民、戰士和教士；在海德格的就職演說中，他主張「**勞動服務、國防服務和知識服務**」的三位一體，其中就有這種思想在作祟。

看過太陽、又以解放者身分回到洞穴中的哲學家，他的行李中有道德準則。柏拉圖的《國家篇》無疑是一部哲學倫理學的著作。更令人吃驚的是，海德格的思考圍繞著當時在哲學界相當有影響力的問題，對此，海德格斷言說，在柏拉圖那裡，善的理型「**根本不是在談倫理或道德問題，人們必須遠離對於善的理型的所有多愁善感的看法。**」（GA 34, 100）

最後，問題越來越緊迫：如果海德格無視於柏拉圖的明確的政治倫理學，那麼他是在哪裡發現柏拉圖哲學思想令人敬佩的力量呢？

在洞穴比喻中，獲釋的人不一定要作為解放者回到洞穴。他可能滿足於獲得救贖，達到真理，生命的最高形式，成就「理論生活」（bios theoretikos）。那為什麼他要回到那些人當中呢？為什麼他要在那裡從事解放的工作呢？「**智慧**」為什麼又回到政治的市場上？柏拉圖提出了這些問題，並且認為政治正義的美德理想有別於擺脫一切政治樊籬的理想。實踐哲學和救贖的哲學是相對立的。哲學家能夠選擇。「現在我們體驗到」哲學「是多麼甜美而美妙」，「另一方面，我們也清楚看到眾人的愚蠢，那些管理國家的人當中沒有一個是有用的……把這一切放在心上的人，處事冷靜且僅在意自己的事，就像在冬天，風沙、塵土，風雨飄搖時，一個躲到屋裡避雨的人，當他看到其他罪孽深重的人，只有他免於不公正和邪惡的生活，並在告別時懷著美好的希望。」（注22）對柏拉圖而言，這種透過哲學的自我救贖始終是個誘惑，是政治倫理學之外的另一種選擇。

[255] 當海德格排除了柏拉圖的政治倫理學，他的熱情是指透過哲學而自我救贖的誘惑嗎？不，因為海德格明確表示過，哲學有責任在歷史裡共同行動（GA 34, 85）。如果不是具體闡述的柏拉圖的倫理學，也不是要以哲學自我救贖的意志，那麼是什麼激發海德格去思考柏拉圖的哲學呢？

這很簡單，就是掙脫，走入遼闊的天地；一種「**原初的體驗**」，特定文化和文明中具有的習慣、責任和價值取向，它們都喪失了其最終的約束力。但這並不意味著要練習不受拘束，而是把約束轉變為自己選擇的經驗。從洞穴中解脫進入開闊天地的人，「**在整體裡**」看到存有者。「**在整體裡**」——就是在虛無的視域裡，存有者從其中顯現，而且被襯托出來。被解放的穴居者臣服於虛無，並選擇「**整體中的存有者的問題性**」作為立足點，在「**虛無中**」面對「**存有及其界線**」（GA 34, 78）。海德格說這種態度就是「**賦權**」（Ermächtigung）（GA 34, 106）。這是什麼意思？海德格拒絕回答。「**這意味著什麼，對此無需再談，只需要去做。**」（GA 34, 78）藉著賦權的經驗走到了哲學的界線（GA 34, 106）。

海德格此時的思想環繞著賦權的想法。他尋找一個超越哲學界線的途徑，但是要憑藉哲學的方法，並且是出於哲學的原因。

深深沉浸於柏拉圖當中的海德格，沉醉於他在那裡發現的「**巨人的戰爭**」（Gegantomachie），在高昂和沮喪交替之間找到他的角色：他想成為歷史政治以及哲學顯現（Epiphanie）的先鋒。哲學受到重視的時代將會到來，能掌握時代的哲學將會出現。他將以某種方式參與其中。作為侍從或是騎士。最要的是保持警醒，絕不錯過政治必然可以成為哲學而且哲學必然可以成為政治的那個瞬間。

注1：引自：K. Sontheimer, *Antidemokratisches Denken in der Weimarer Republik*, 53。

注2：W. Rathenau, Zur Kritik der Zeit, 17。

注3：R. Musil, Bücher und Literatur. Essays.

注4：引自：K. Sontheimer, *Antidemokratisches Denken in der Weimarer Republik*, 181。

注5：引自：同前揭：頁145。

注6：N. Berdjajew, Das neue Mittelalter, 107。

注7：引自：K. Sontheimer, *Antidemokratisches Denken in der Weimarer Republik*, 41。

注8：T. Mann, *Das essayistische Werk* Bd. 2, 192。

注9：S. Reinhardt (Hg.), *Lesebuch. Weimarer Republik*, 173。

注10：M. Scheler, *Die Stellung des Menschen im Kosmos*, 92。

注11：同前揭。

注12：H. Plessner, *Macht und menschliche Natur*, 286。

注13：同前揭：頁284。

注14：引自：V. Farías, *Heidegger und der Nationalsozialismus*, 123。

注15：引自：同前揭。

注16：引自：同前揭：頁124。

注17：引自：Anhang BwHB, 144。

注18：引自：V. Farías, *Heidegger und der Nationalsozialismus*, 125。

注19：V. Mia/N. Stehr (Hg.), *Der Streit um die Wissensoziologie* Bd. I, 388。

注20：同前揭：頁403。

注21：同前揭：頁335。

注22：Platon, *Politeia*, 467。

第十三章
DREIZEHNTES KAPITEL

一九三一年冬天在小木屋：「粗木要用闊斧劈。」

納粹革命

集體逃離洞穴

存有來了

嚮往非政治的政治

暴民與菁英之間的聯盟

希特勒「神奇的手」

海德格的參與

當選校長

校長致詞

爆炸的古董

沒有帶來福音的神文

[256] 柏拉圖極力投入政治。原因在於城邦公民的基本政治本能，哲學受到對於社會組織的力量和渴望的誘惑，這種組織使哲學有幸不受干擾地從事理論研究。柏拉圖希望盡量遠離日常生活，但是他仍是城邦公民，而且無法掙脫——後來他所創立的雅典學院也受到城邦的保護並且服務於城邦。

閱讀柏拉圖的海德格還沒有進入政治，但是他希望歷史轉變，也許轉變能帶來新的存有理解。海德格區分歷史的創造力以及所謂的日常政治。在其中，他只看到陰謀詭計（Machenschaften）、無益的喧鬧、忙碌和黨派鬥爭在運作。真正的歷史就在執政的政治一無所知的深處。

這種以歷史哲學的角度深入或超越政治，是威瑪時期的趨勢。哲學上有野心的時代診斷者，坐在政治事件前面，如同柏拉圖洞穴的牆壁前面，想要在日常事件的投影戲身後發現真正的巨人的戰爭。就算是日常政治也存在著二元對立：起源神話對立於預言（田立克）；浮士德式的人對立於農民（斯賓格勒）；新的中世紀對立於現代世界的惡魔（貝德葉夫）；全面動員對立於資產階級的庸人（榮格）。

[257] 海德格也喜愛這種慷慨激昂的濕壁畫風格。他匆匆經歷大量日常的瑣碎事件，只為了和「屬己的」歷史相遇。一九三一年的柏拉圖演講課談到「**整個人類存有的變革，我們正處於其開端**」（GA 34, 324）。但是一切仍在迷霧中。只有在洞穴喻的那種孤獨思考的站出當中的

覺醒和變革，一切才澄然明朗。這種站出的形式是：「**存有者變得更加存有**」，它要走出純粹內在性的洞穴並且社會化。但這要怎麼進行呢？也許哲學的「站出者」（Ekstatiker）應成為新的共同體的「**創始者**」？目前海德格滿足於在研討室中喚起哲學的精神，並且踏入無邊無際的哲學傳統中漫長的旅途。但是海德格知道：這都不意味著哲學可以「**掌握**」其時代。但是哲學應該如此。海德格仍在期待著。也許在哲學家感到自己被認可之前，歷史必須先威風凜凜地上場。

期待著歷史和偉大政治的人，對於日常政治也會有自己的看法。海德格迄今很少談及此事，若有提及，大部分是一語帶過，態度則是幾近蔑視。對他來說，這些都是洞穴的空談。

在一九三一年間，在柏拉圖演講課的那個學期假期，莫興到托特瑙山上的小屋拜訪哲學家。莫興在日記裡寫下他當時的印象：「在山上睡眠充足；晚間八點半就已經是『小屋時間』了。即使如此，在漫長冬夜裡，仍有些時間可以閒談。當然沒有談論哲學，而是——國家社會主義。以前是自由主義支持者的格楚德·波伊默（Gertrud Bäumer）現在成了國家社會主義者，她的先生也跟著加入！我沒有想過，但是也不驚訝。他對於政治了解不多，因此厭惡平庸又不堅決的態度，而對於承諾做出某些決定，並對於一個可以有效對抗共產主義的政黨寄予厚望。民主理想主義和布呂寧式的良知則鞭長莫及，無法完成這個使命：如此，現在

[258]

我們必須為一個不畏懼波克斯罕手段❶的獨裁背書。只有通過這樣的專政，才能避免更惡劣的共產主義，它會毀壞個人文化和一切歐洲意義下的文化。——他幾乎不關注個別政治議題。住在山上的人，對一切都有著不同的標準。」（注1）

莫興對海德格的政治傾向感到震驚。他只能說他對於「個別政治議題」一無所知。海德格的另一個學生馬克斯．繆勒（Max Müller）也說到，當海德格表明自己是納粹主義支持者時，學生們有多麼驚訝。因為「他的學生們當時都沒想到政治。在課堂上也都沒有政治的言語」。（注2）

莫興造訪托特瑙山時，也就是一九三一年冬季學期柏拉圖演講課的時候，海德格對於是否加入納粹黨，還只是一種政治看法。他認為這個政黨可以為艱難的經濟危機以及瓦解當中的威瑪共和重整秩序，最重要的是，它是對抗共產主義的顛覆威脅的堡壘。「**大木頭要用闊斧劈**，」他對莫興說。然而，在這期間，他對於納粹黨的政治同情還沒有未融入他的哲學。一年之後，情勢急轉直下。對海德格來說，歷史的偉大瞬間到來，正如他在柏拉圖演講課中所預示的，是「**整個人類存有的變革**」。對他來說，納粹革命會是個此有的有力事件，這個事件滲入他的哲學深處，並且使哲學家超越哲學的界線。在柏拉圖演講課中，海德格以下面

❶ 譯注：指波克斯罕文件，它證明由衝鋒隊策動的一次暴動政策。

的話中斷了對哲學「站出」的分析，「**現在對此無需再談，只要去做。**」（GA 34, 78）一九三三年二月，海德格認為行動的時刻到了。「站出」似乎突然也可能出現在政治中。

在柏拉圖演講課上，海德格宣告說他想重返希臘的開端，為躍入當下和越過當下準備助跑的距離。以前他跳得太短，還沒有到達當下。但是現在歷史迎面而來，征服他並且推著他前進。他不再需要跳躍，如果沒有野心當個推動者，他也可以讓自己被推動。海德格在一九三三年給雅斯培的信說：「**人們必須加入。**」

[259]

在後來的答辯書的回顧裡，海德格強調時代的艱難處境，這使得決斷性的政治行動難以避免。失業、經濟危機、一直未解決的戰爭賠款問題，街頭內戰和共產主義顛覆的威脅。威瑪的政治體系對這一切都無能為力，只有黨派傾軋、貪腐和不負責任。他想和那股讓他覺得真正想走向新開端的力量在一起。一九六〇年九月十九日，他在給學生漢佩爾（Hans-Peter Hempel）的信中寫道，他曾經希望「**納粹主義能承認且採納一切有建設性和生產性的力量**」。（注3）

那位學生對哲學家談到他內心的衝突，既驚豔於海德格的哲學，又厭惡其政治。海德格詳盡地回覆說：「**如果您早上閱讀《充足理由律》而晚上看到希特勒政權後期的報導或紀錄片，如果您從今天的角度回顧納粹主義並據此評判一九三四年後逐漸明朗的情勢，這個衝突就無從解決。在一九三〇年代初期，所有具有社會責任感的德國人，都再也無法忍受在我們**

[260]

人民當中的階級差異，還有凡爾賽條約對於德國經濟的重創。一九三二年有七百萬名失業者，他們與他們的家人只能面對困苦和貧窮。由這些情況引起的混亂是現在的世代再也無法想像的，而這種混亂也波及到大學。」

海德格稱之為理性動機。但是他沒有提到他的革命激情。他在回顧中並「不再想承認……他意向的『激進性』」（馬克斯・繆勒）。（注4）

納粹奪權的事件對海德格而言是一場革命；它遠遠不只是政治，而是存有歷史的新行動，是時代的變革。他看到了希特勒開啟了新的時代。因此，海德格在給漢佩爾的信中為了替自己開脫，而提到賀德林和黑格爾，他們也曾犯類似的「**錯誤：這種錯誤在偉大的人身上發生過：黑格爾在拿破崙身上看到了世界精神，賀德林則把他看作人民歡欣鼓舞的王，諸神與基督與他同在**」。

希特勒的奪權一時間激起革命的情緒，人們驚恐，但也敬佩且如釋重負地注意到，納粹黨真的摧毀了僅有少數人支持的「威瑪體系」。決斷和粗暴給人留下了深刻的印象。除了社會民主黨和被逮捕的共產黨之外，所有政黨都在三月二十四日通過了所謂的授權法。威瑪各政黨解散，不完全是因為害怕鎮壓，更因為人們都被捲入納粹革命的浪潮。當時德國民主黨代表提奧多・霍伊斯（Theodor Heuss）在一九三三年五月二十日讚賞地寫道：「革命強力介入以箝制『輿論』，一直都是如此……此外他們也宣告歷史的要求，要重新塑造『民族精

[261]

神』……」（注5）

新的集體感群情激昂的集會活動，圓頂下的集體宣示，山上歡慶的營火，廣播中領袖的演講，人們身著節慶服飾聚集在廣場上、大學禮堂和酒館中，以聆聽領袖的演講。為了紀念執政而在教堂合唱。總督奧托・迪貝留斯（Otto Dibelius）在一九三三年三月二十一日「波茨坦日」於聖尼古拉教堂說：「一種新的意志來到德國，貫穿南北、東西，一種嚮往，用特賴奇克（Treitschke）的話說：『男人生命中不再缺乏最崇高的感覺。』那就是對於自己國家的熱情仰望。」（注6）親身體驗過的賽巴斯提安・哈夫納（Sebastian Haffner）寫道，很難描述那幾個禮拜的情緒。那種情緒塑造了即將到來的領袖國家的權力基礎。「那曾是——人們無法言喻——從民主當中處處可見的解放和獲救的感覺。」（注7）不僅是共和國的敵人對於民主的終結感到如釋重負。大部分民主支持者也不再相信它可以解決危機。那就像是破除了失靈的魔咒。它似乎在預告某種新事物：一個沒有政黨而只有一個領袖的人民統治，人們希望這位領袖能夠對內再度統一德國，對外重拾自信。即使坐壁上觀的評論者也會感染到這個想法，就好像德國重新返回自己的家。希特勒在一九三三年五月十七日發表的「和平演說」裡說，「對於自己民族性無限的愛與忠誠」包括對於其他民族權力的「尊重」（注8），這個演說的影響無遠弗屆。《泰晤士報》寫道：希特勒「的確是為了一個統一的德國而發聲。」（注9）

儘管在四月一日發動抵制猶太商店，並且自四月七日解除猶太官員的職務，在猶太居民之間，還是有一部分的人熱情支持「國民革命」。皮西特（Georg Picht）記得羅森斯托克休斯（Eugen Rosenstock-Huessey）在一九三三年三月的一次演講裡主張說，納粹革命是德國人實現賀德林夢想的嘗試。一九三三年夏天，費利克斯·雅可比（Felix Jacoby）在基爾（Kiel）大學關於賀拉斯（Horaz）演講課裡一開場就說：「身為猶太人，我處境艱難。但身為歷史學家，我學會不以個人的觀點去觀察歷史事件。自一九二七年以來，我選擇希特勒並且慶幸可以在國家動盪的歲月裡讀到奧古斯都（Augustus）的詩作。因為奧古斯都是世界歷史上唯一能和希特勒相提並論的人物。」（注10）

對一種「厭惡政治的政治」的渴望似乎突然實現了。對大多數人來說，政治是維護和執行利益的艱難任務，是爭吵、自私自利且動盪的事務。在政治環境中，人們只看到團體、聯盟、影武者和陰謀者，以及幫派和朋黨的胡作非為。當海德格把整個領域抨擊為「**常人**」和「**人云亦云**」（Gerede，閒談）時，他表達了對政治的不滿。「政治」被視為背叛了「真實」生命、家庭幸福、精神、忠誠和勇氣價值。華格納說過：「搞政治的人讓我覺得噁心。」厭惡政治的情緒不能容忍多元的事實，而是尋求偉大的單一性：德國人、人民、體力勞動者和腦力勞動者，以及思想。

[262] 所剩無幾的政治智慧一夜之間消耗殆盡，現在還有效的，只剩激情。戈特弗里德·貝恩在這幾個禮拜裡寫信給流亡作家說：「大城市、工業化主義、知識份子，時代籠罩在我思想

上的所有陰影，在我的生產中面對的百年來的所有權力，在痛苦的生命消逝的那一刻，除了平原、曠野、季節，簡單說——人民——，除此之外，什麼都沒有。」（注11）

海德格也是這般感受，在一九三三年六月的最後一次拜訪當中，雅斯培如此描述：「海德格似乎已經變了一個人。我一到那裡，就有一種情緒分隔著我們。納粹主義成了人民的狂喜。我到海德格的房間打招呼。『就像一九一四年一樣……』我開頭說，並想繼續說：『又是這種騙人的群眾狂喜。』但是聽到他對第一句話的興奮肯定，下一句話就卡在我的喉嚨裡……面對被狂喜侵襲的海德格，我放棄了。我沒有對他說他已經誤入歧途了。我不再信任轉變後的他。面對海德格正在參與的暴力，我感覺自己受到威脅……」（注12）

對海德格來說，這是個救贖的暴力。熱中思考的海德格，現在要求對於哲學進行審判。在和雅斯培最後一次的談話中，他憤怒地說道：「這麼多哲學教授，根本是在胡鬧，德國應該只保留兩三個就好了。」當雅斯培問道，「那麼該留下哪些呢？」海德格意味深長地沉默不語。（注13）哲學要孤注一擲（salto mortale）地躍入原始性（Primitivität）當中。根據報紙的報導，在一九三三年十一月三十日對杜賓根學生團體的演講中，海德格明確承認說：「**來自內心的渴望和驅力都是原始的，事物開始變得原始，受到內在力量的驅策。正因為新學生都是原始的，他有了貫徹新知識的使命。**」（注14）

有人想解決現實的難題；有人憤怒地告別自己對於存有費力的細膩思考。對於具體性和

［263］

堅固的現實性的渴望突然出現，孤獨的哲學嘗試在人群中露面。一個不利於差異的時代，海德格把他最著名的存有和存有者的區分束諸高閣，他指出：存有終於到來，「**我們臣服於一個新的現實性的指揮力量**」。（注15）

鄂蘭後來在她的偉大研究《極權主義的起源》裡，把這裡發生的事形容為「暴民和菁英的聯盟」。（注16）對於思想菁英來說，昨日的傳統世界價值已在第一次世界大戰中滅亡了，當法西斯掌權時，那些菁英燒掉他們身後的橋樑。「**戰後的菁英希望消失在群眾當中**。」（注17）

海德格先前說過，我們自明的現實性關係消失在「**哲學問題的漩渦**」之中。現在正好相反：海德格的哲學縱身到政治現實性的漩渦。但是他只能如此，因為這個時刻，他把現實世界看作現實化的哲學的一部分。

「自身分崩離析的德國人，思想上意見分歧，意志支離破碎，因此在行動上軟弱無能，對自己生命的主張毫無氣力。他夢想星空中的權力，失去了地面上的基礎……最後只剩下向內的道路對德國人開放。由歌手、詩人和思想家組成的民族，夢想著一個其他人生活過的世界，只有當困難和貧困冷酷無情地襲來，也許能由藝術形成一種對於新的起義、新帝國和新生活的渴望。」（注18）

這是實現了祕密夢想的藝術家和思想家，希特勒，他在一九三三年三月二十一日的波茨坦日發表的演說。

卡爾・克勞斯（Karl Kraus）曾說，對於希特勒，他再也不心存夢想了。而海德格對希特勒不只是有許多幻想，正如他一九四五年對弗萊堡大學清查委員會（Bereinigungsausschuß）所解釋的，他「**相信**」希特勒。清查委員會的記錄總結了海德格在這點上的辯詞：「他相信希特勒將超越黨及其原則，並且在思想上把那個運動導引到其他軌道，如此，一切將在改革的基礎上匯聚成為歐洲的責任。」（注19）

[264] 在回顧中，海德格自況為基於清醒的現實政治考慮和社會責任而行事的人。但是事實上，海德格在第一年就被希特勒迷住了。

「像希特勒這樣沒有教養的人，要如何治理德國？」在一九三三年六月最後一次的拜訪中，雅斯培錯愕地問海德格。海德格回答說：「**教養不重要……您只要看看他神奇的手就行了！**」（注20）

那不是戰略手法，也不是對外界的因應，而是他最關切的事。一九三三年十一月三日，在退出國際聯盟的全民公投之際，海德格的《對德國學生的呼籲》（*Aufruf an die Deutschen Studenten*）以這幾句話做結：「**你們存有的規則既不是原理也不是『理念』。唯有領袖本人才是今日和未來德國的現實性及法律。**」

在給漢佩爾的信裡，海德格提起這句話並且解釋說：「**如果我也照著人們在浮光掠影的**

閱讀下的理解去思考，那麼『領袖』應該會被排拒。相反的，真正『被』排拒的是……『領袖本身在首先且在任何時候都是被引導的』，被歷史的命運和法則牽著走。」（注21）

一九六〇年，海德格在信裡辯解說，在這個聲名狼籍的句子裡，他想到的是粗略的閱讀必定會遺漏的特殊之處。而這個特殊之處就是希特勒自己聲稱的，也就是說他是命運的化身。而海德格事實上對於他的體會就是如此。

海德格沒有說到的是——在這幾個月間，他的言行特別意義重大而充滿激情——，事實上是，納粹革命在哲學上激勵他在一九三三年的變革裡發現形上學的根本事件，一場形上學革命：「**我們德國的此有的澈底變革**。」（杜賓根演講，一九三三年十一月三十日）（注22）一場變革不僅影響了德國人民的生活，也翻開了歐洲歷史的新篇章。這是繼希臘哲學的「**第一個開端**」（歐洲文化的起源）之後的「**第二次大規模的戰鬥**」。（注23）第二次戰鬥之所以變得必要，是因為第一個開端的推力已經消耗殆盡。希臘哲學把人的此有放到不確定性、自[265]由和疑問性的曠野裡。但在此期間，人們躲到世界觀和價值、技術和文化「**計謀**」的牢籠裡。在希臘早期有個屬己性的時刻。可是到了後來，世界歷史又回到非屬己性的朦朧光暈中，回到柏拉圖的洞穴中。

海德格認為一九三三年的革命是從洞穴走出來的集體暴動，突圍到曠野裡，而以前人們只知道單獨的哲學問題和思考而已。對他來說，一九三三年的革命是屬己性的歷史時刻的臨到。

海德格對政治事件作出反應，也在政治層面上有所行動，但是哲學的想像力掌控了他的反應和行動。這種哲學的想像力把政治布景改成歷史哲學的舞台，舞台上演著存有歷史的曲目。人們在其中幾乎無法重新認識真實的歷史。但是這點也不重要。海德格想要上演自己的歷史哲學曲目，並為此招募參與者。海德格在這幾個月的演講中，儘管提到「**新德國現實性的指揮力量**」，然而（對此他毫不懷疑）是他的哲學揭露了「**指揮**」的屬己性意義。哲學把人推入這個指揮的權力範圍裡，人們從內心發生轉變。因此他籌組科學研究營、他對大學的失業者演說，因此他有無數呼籲、演說和號召，所有這些，都是要在這個意義下「**深化**」日常的政治事件，從而對應於想像的形上學舞台。只有當哲學不談論關係和事件，而是以關係和事件為起點，哲學才能行使這種權力。哲學必須成為它所談論的革命的現實性部分。「**只有對它**（革命的現實性，作者按）**有正確感覺的人，才能體驗到這個現實性，觀看者則無法體驗……因為革命的現實性不是手前的東西，而是存在於其本質中，革命的現實性自身舒展……這樣的現實性要求一個和事實情況完全不同的關係。**」（一九三三年十一月三十日，杜賓根演講，報紙報導）

[266] 海德格一直捍衛著基本原則，「**情韻**」決定著我們的在世存有，因此他以變革、覺醒和新的共同體的革命情韻作為起點，國家的鎮壓、暴民的暴動和反猶太的行動，他都視作人們

必須接受的副作用。

我們看到海德格全神貫注於他存有歷史的夢想中，他在政治舞台上的活動是一位哲學夢想家的活動。他有政治夢想，並因此錯估了它，他後來在一封致雅斯培的信中（一九五〇年四月八日）也承認這點。但是他從不肯承認自己因為哲學的夢想而錯判了政治。因為作為想探究歷史時代的哲學家，他必須（也包含對自己）捍衛自己在面對政治歷史事件時的哲學解釋能力。

如果他在哲學上沒有什麼想法就投身政治冒險，情況會很不同；如果沒有以自己的哲學指揮自己的行動，情況也會很不同。在這種情況下，他或許會拋下自己的哲學而去行動，或者在行動中燒掉哲學的保險絲。但是他沒有。他想到了和希特勒有關的哲學思想，他身負著哲學動機，並且為歷史事件搭建了一個完整的想像的哲學舞台。他在一九三〇年寫道，哲學必須「**掌握其時代**」。但是因為不想放棄哲學的權力概念，他把對於納粹革命的「**誤判**」歸咎於政治的經驗不足，而不是對於事件的哲學解釋。但是後來他把這種誤判解釋為一種哲學歷史，在其中，他為自己保留了一個偉大的角色：存有自身在他身上且透過他而被誤解。他身負著「**存有迷誤**」的十字架。

海德格對雅斯培說：「**人們必須加入。**」這個「**加入**」始於一九三三年三月，海德格加入「德國高校教師文化政治聯合會」，它是在「德國高校協會」底下的納粹黨部，高校協會

［267］

則是高校教師官方同業組織。該團體成員自視為納粹革命在大學中的幹部。他們要求「高校協會」盡快一體化，在大學裡引入「領袖的原則」以及領袖學說的意識形態，儘管他們在學說上存在著嚴重分歧。

這個團體的發起人和核心人物是恩斯特・克里克（Ernst Krieck），他原本是公立學校教師，努力要當上法蘭克福教育學院哲學和教育科學的名義教授。克里克野心勃勃，想要成為運動中的領導哲學家，而和羅森貝格（Rosenberg）和貝姆勒（Baeumler）相互較勁。他想藉著這個聯合會獲得勢力。早在國家社會主義德意志工人黨（NSDAP）還沒有得勢時，克里克就在積極動作了。一九三一年，由於宣傳鼓動納粹思想，他受到懲罰，並於一九三二年被停職。納粹的掌權使得他重獲教職，首先是在法蘭克福，接著在弗萊堡。在黨內，他被視為「轉型期的哲學家」。克里克代表在英雄和民族方面的現實主義：「澈底的批評使我們認識到，所謂文化已變得毫無意義。」（注24）對於這種「文化騙局」，克里克反對新型的英雄人物：他們不是靠著思想而生活，而是靠著血和土地。他活著不是為了文化，而是行動。克里克主張「英雄主義」（注25），就如同海德格的「**大膽之舉**」，認為「文化」是弱者的庇護所。克里克說，人們必須學習不依靠所謂的永恆價值而生活。教育、文化，人文和純粹思想」之家，在此期間已經崩塌，普遍的理念已經成為明顯的自欺。

但是和海德格不同的是，克里克在形上學無家可歸的情況下，召告了他新的血與土地的

[268]

價值；他以由下而上的形上學取代由上而下的形上學。克里克寫道：「鮮血相對於形式的理性，種族相對於理性的目標追求，約束相對於『自由』的恣意，有機的整體性相對於個人主義式的土崩瓦解……人民相對於個人和群眾。」

一九三三年三月，克里克想讓「聯合會」通過一個符合他的意識形態路線的文化政治計畫。海德格反對這個計畫，因為他不接受血與土地的意識形態。他們的共同點只在對於「高校協會」以及表面上虛與委蛇的主流教育理想主義的批評。這個協會的主席，哲學家愛德華·斯普朗格，儘管表示效忠於「戰鬥國家」，卻也主張維護「思想」。海德格嘲笑這種補償的做法：「**走鋼索式的趕流行**。」這是一九三三年三月三十日在法蘭克福參加工作小組第一次會議之後寫給布洛赫曼的信裡所說的。在信中，他還簡單刻畫了克里克的特性。他是個沒有創見的人，「**當時的語彙不足**」使他難以理解「**任務的實際格局和難度**」。這是當時革命的特徵，突然間，一切都成為政治的，就像「**表面上的一張標籤**」。對「**多數人**」來說，這可能是「**第一次喚醒**」；但僅僅是預備，還必須接著「**第二次且更深層的喚醒**」。這個聲名狼藉的第二次喚醒，正是海德格和克里克這個意識形態者的區別。第二次喚醒是什麼意思？海德格在給具有一半猶太血統、一個月後就失去講師職位的布洛赫曼的信裡語焉不詳地談到一個新的基礎，「**以一種新的方式和佔有暴露在存有自身當中**」（BwHB, 60）。無論如何，這個新的基礎不意味著克里克所說的血液和種族。

[269]

海德格想要把貝姆勒納入工作小組，當時他和海德格仍然是朋友，他也像克里克一樣想要擔任運動的領導哲學家角色。貝姆勒的政治決斷主義更接近海德格的思想。一九三三年二月，貝姆勒在對於納粹學生聯盟的一次演講中，把「政治的人」對比於「理論的人」。理論的人想像自己住在一個「更高的精神世界」，而政治的人則是個「原初的行動者」，發揮自己的才能。貝姆勒說，在行動的原初向度中，理念和意識形態已不再發揮決定性作用。「行動並不意味著對什麼做出決定……，因為這是以人們知道自己在選擇什麼而做決定為前提：朝著一個方向，加入黨，依據命運的使命，『真正的權力』……對於已經認識的東西做決定，已經是次要的了。」（注26）

這些話也可能出自海德格。決定作為「純粹」行動是首要的，人給自己的一個動作，跳脫日常的習慣。另一方面，決定「何所往」（Wozu）僅是此有可以顯現顛覆力量的機會。在海德格那裡，只有常人才會提出「何所往」的擔憂問題，他們畏懼決定，並因此徘徊在權衡各種「**可能性**」之中，問題煩人地不斷重複，「**而總是**」在做出決定時「**悄悄溜走**」（SuZ, 127）。對海德格來說，畏懼決斷就是一種罪過，貝姆勒也這樣認為，他從海德格那裡學習到的。一九二〇年代後期，海德格仍然執著於這個決斷主義，貝姆勒則把這種決斷主義和納粹革命掛鉤。貝姆勒倡導「純粹的」運動，它是存在的實體，而意識形態則是純粹的偶性，而且對運動保持距離的人，「因中立和容忍」而有罪。

海德格想要邀請貝姆勒加入聯合會的建議，克里克並不同意。對於克里克來說，貝姆勒是個危險的競爭對手。但是這並未阻礙貝姆勒的職業生涯。他得到羅森伯格辦公室（Amt Rosenberg）贊助。黨任命他為柏林學生團體的「政治教育專員」，並為他在那裡建立了「政治教育研究中心」。在柏林擔任哲學教育學教授的斯普朗格提出抗議，因為他看到貝姆勒負責對於自由主義和猶太科學家的告密運動。四月二十二日，斯普朗格發表聲名，反對「謊言、良心壓力和沒有文化的行動」。（注27）這給了貝姆勒反擊的機會。在五月十日於柏林舉行的集中焚燒圖書活動的演講中，他抨擊斯普朗格，指責他是高校中的「陳腐思想人物」。「但在革命的年代，一所高校只在思想和理念上談論領導，而不是恪遵希特勒和霍斯特·威塞爾（Horst Wessel）的領導，這是無政治意義的。」（注28）

希特勒的上台使海德格十分興奮，他想要行動，卻還不清楚該做些什麼。想弄清楚其想法的嘗試會徒勞無功。當然，他的重點主要是在大學上。海德格在後來的答辯書裡聲稱，「**為了應對不適任的人們的進逼，以及政黨機構和政黨教義的霸權威脅**」，他被迫接任弗萊堡校長（R, 24）。

[270]

然而由胡果·奧托、維克多·法里亞斯和貝恩德·馬丁（Bernd Martin）蒐集的材料，卻呈現完全不同的面貌。據他們說，自一九三三年三月以來，在和海德格達成協議後，一群納粹教授和講師，在沃爾夫岡·沙德瓦爾特（Wolfgang Schadewaldt）和沃爾夫岡·阿利

（Wolfgang Aly）的領導下，企圖推舉他上任。關鍵文件是一封信，弗萊堡大學教員和黨組織培訓講者當中最資深的黨員沃爾夫岡．阿利，於四月九日校長選舉前三週寫給教育部的信。阿利在其中宣布，「海德格教授已經和普魯士教育部進行協商」。（注29）他對大學黨團「深信不疑」。人們可以就官方立場把他視為大學的「代理人」。四月二十五日於法蘭克福舉行的文化政治工作小組的會議裡，海德格要以「我們大學的發言人」的身分出現。

在這時，對黨團來說，海德格當選大學校長是早就商定好的事。海德格本人可能還有點猶豫，但不是因為他對納粹的援助感到不舒服，而是因為他不得不懷疑他是否不會辜負「革命」力量對於他的期望。海德格想要行動、參與，他只是還在尋找「**正確的行動時機**」（致雅斯培，一九三三年四月三日）。

在一九三三年三月三十日給布洛赫曼的信中，他承認自己不知所措，隨即又消除他的疑慮：「**沒有人知道該怎麼處理大學……幾週前還在說希特勒的工作是『胡說八道』的高官，現在為了他們的薪水而擔憂，和他們不同的，有洞見的人必須對自己說，沒有太多東西能被腐蝕。因為已經什麼都不剩了；大學早已不再是一個可以聚會、發揮影響力或領導的世界。沉思的衝動——儘管會犯錯——只是個福分。**」（BwHB, 61）

[271] 要拋光之處，必落下碎屑；要進入革命新領域的人，必須承擔犯錯和迷路的風險。無論如何，他都不會因為「科學面臨危險」的警告而動搖。距離海德格公開入黨的三個禮拜前，

他在一九三三年四月十二日致布洛赫曼的信裡說，這個任務太重要了，不能放手讓「**黨員**」去處理。

當人們在幕後預備海德格接任校長一事，天主教會歷史學家約瑟夫．紹爾（Josef Sauer）任職代理校長。一九三二年底被選派為校長的莫倫多夫（Wilhelm von Möllendorff）準備於四月十五日就職。解剖學教授莫倫多夫是個社會民主黨員。

依據海德格和他的妻子艾弗里德的說法，在納粹接管之後，莫倫多夫不再準備出任校長職務。莫倫多夫和海德格是好朋友，所以他直接找上海德格，討論預期會面臨的困難。海德格在一九三二年冬季學期有個假期，一月七日從托特瑙山返回弗萊堡。依據海德格夫人的回憶，莫倫多夫表達「迫切希望」「不受黨派政治束縛的」海德格能夠接任校長。「他在早上、中午和晚上多次拜訪重複這個願望。」（注30）

社會民主黨的莫倫多夫對接任校長一職有很大疑慮，這是可以理解的，因為如同各地，弗萊堡馬上要開始迫害社會民主黨。在帝國委員會專員羅伯特．華格納（Robert Wagner）的領導下，迫害尤其慘無人道。早在三月初，工會大樓和黨總部遭遇襲擊、逮捕及搜查。三月十七日，社會民主黨州議員努斯鮑姆（Nußbaum）遭遇一起嚴重事故。在前幾個禮拜接受精神治療時，努斯鮑姆因為抵抗兩名警官而重傷了他們，城裡對社會民主黨的追捕因而更加雷厲風行。主教堂廣場（Münsterplatz）上正舉行著反對馬克思主義的示威遊行，煽動者主張說

[272]

「連根」剷除馬克思主義。在距離霍伊貝格（Heuberg）不遠的地方，已經有兩座集中營。地方媒體刊登了押解被捕者的照片。納粹黨正在大肆抨擊中央黨（Zentrumpartei）的市長班德（Bender）博士。罪名是他對努斯鮑姆的事件坐視不管。班德說那只是一起「意外事故」。他應該被趕出辦公室。一個公民代表團為他挺身而出。莫倫多夫就是他們的講者之一。班德於四月十一日被停職。他的繼任者是納粹黨團的地方領導人科波爾（Kerber），他也是納粹刊物《阿勒曼尼人》（*Der Alemaner*）的編輯。海德格也會在這個刊物上發表文章。由於努斯鮑姆和班德事件，當地的納粹黨再也無法容忍莫倫多夫。莫倫多夫對接掌校長一職或許有疑慮，然而他是個勇敢的人，而且準備上任。就職典禮如原訂計畫於四月十五日舉行。前一天晚上，莎德瓦爾德（Schadewaldt）代表黨團去拜訪即將卸任的校長紹爾，並且報告了他的疑慮：莫倫多夫不一定是實施大學「一體化」（Gleichschaltung）的合適人選，並且建議推舉海德格為候選人。天主教會出身的紹爾對於海德格的反教權主義頗有微詞，對於莎德瓦爾德的建議，他持保留態度。莫倫多夫才上任五天，四月十八日這天，正值莫倫多夫第一次主持校務委員會議，《阿勒曼尼人》刊登了對於新任校長的猛烈攻擊文章，結尾說：「我們建議莫倫多夫教授先生認清時勢，不要阻礙高校建立新的秩序。」（注31）現在莫倫多夫很清楚他撐不了多久了。四月二十日，他又召開校務委員會議，在會議上向全體委員宣布辭職，並建議海德格為繼任者。依據艾弗里德的說法，他在前一晚到海德格家並且對海德格說：「海德格

[273]

先生，現在您必須接任！」（注32）

一個強大的議會黨團早就在全體教師當中為海德格布局了一個月，但是直到最後一刻，他仍然猶豫不決：「**在選舉日上午，我仍在猶豫，並且想要退選。**」（R, 21）大會全體幾乎一致通過推選海德格擔任校長，九十三名教授中有十三名猶太人被排除在外，剩餘的八十人當中只有五十六名參加選舉。其中有一票反對，兩票棄權。

海德格在選後立即新官上任三把火，證明了他以前的猶豫不決是有道理的。八月二十二日，海德格寫信給卡爾．施密特，要求他在新情勢下和他合作。但是這個請求根本不必要，他早就身在其中了，只不過是出於不同的動機：海德格想要革命，施密特則是想要秩序。大會全體配合海德格而把保守派的評議委員擋在門外；海德格應該也「共謀」。海德格不召開學術評議會，以逃避他們。在隆重接任校長之前，（在五月二十七日的演講）他宣布了領袖原則和大學的一體化原則。在五月一日「國家民族共同體節」之後不久，他加入了國家社會主義德意志工人黨（NSDAP），其實是在表態。入黨的日期是出於戰略的考量而事前和黨辦公室商訂的。他要求學生和教師如同收到入伍通知書那樣參加五月一日的慶祝活動。通知書中寫道：「**為德意志民族建立新的精神世界，將是德國大學最重要的任務。這是最崇高且最有意義的國家工作。**」（注33）國務專員羅伯特．華格納，一位惡名昭彰的煽動者，他負責把異議份子運送至霍伊貝格集中營（KZ Heuberg），在五月一日，他被任命為國家代理官（Reichsstatthalter），海德格以簡潔的話語祝賀他：「**狂賀任命國家代理官，祝賀地方邊境領導人戰爭勝利萬歲**（Sieg Heil），**弗萊堡大學校長海德格簽署。**」（注34）

五月二十日，他聯署了若干國家社會主義校長要給希特勒的一份電報。其中要求推遲接待「高校聯合會」的代表團，理由是：「唯有基於一體化重新選舉的理事會，才能獲得高校的信任。此外，德國學生團體對於過往的理事會極不信任。」（注35）

五月二十六日，在校長上任典禮前一天，海德格在紀念里奧．施拉格特（Leo Schlageter）的紀念會上首次發表公開演講。施拉格特是德國自由軍團戰士（Freikorpskämpfer），一九二三年在魯爾區對法國佔領軍進行炸彈攻擊，而且依緊急狀態法被處決。對民族主義者來說，他為民族主義殉難。海德格感覺這也和他自己有關，因為施拉格特也是康斯坦茲的康拉德書[274]院的寄宿生。五月二十六日是施拉格特逝世十週年，在弗萊堡到處都在盛大慶祝。

在紀念演講中，海德格首次嘗試在大眾面前把他的屬己性哲學應用在政治上。他認為在施拉格特身上能夠看到和存有者相遇的存有之謎在具體的歷史和政治上的意義。海德格說，施拉格特遭受了「**最嚴酷的死亡**」。不是在共同的戰鬥之中沒有共同體的保護和支持，而是孤獨地在「**失敗**」當中完全地「**拋回**」自身（S, 48）。施拉格特實現了《存有與時間》裡的存在理念，他把死亡「**當作最屬己的、無關係的，不可逾越的可能性**」（SuZ, 250）。紀念會的與會者應該讓死亡的「**殘酷和明確性流入**」他們自身。施拉格特的力量是打從哪裡來的呢？他從高山、森林和家鄉的天空得到力量。「**高山是岩床和花崗岩……長久以來它們塑造意志的堅韌……黑森林秋天的太陽……長久以來滋養著心靈的明晰性**。」（S, 48）山脈和森林只對安逸的人而言才有安全庇護的感覺，對於堅毅果決的人而言，它們是「**良知的呼喚**」。海德格在《存有與時間》裡解釋過，良知呼喚的不是特定的行動，而是呼喚人回到屬己性。具體要做什麼，則要視情況而定。對此，施拉格特做出決定，在屈辱的時刻，他必須捍衛德國的尊嚴。他必須到波羅的海國家（為對抗共產黨而戰），他必須去魯爾（為對抗法國而戰）。他遵循著自己的「**命運**」，他選擇的命運同時也選擇了他。「**毫無防備地在槍口前，英雄的內在眼光越過槍口，飄向家鄉的日子和山巒，為了眺望阿勒曼尼的土地，為德意志人民和帝國死去**。」（S, 49）這是真理的瞬間，因為如同海德格在一九三〇年的同名演講中所說的（儘管與後來出版的文本有所不同），真理的本質是在「**故鄉的土地**」上發生的事件。（注36）這取決於此有的力量的展開。「**向下扎根**」（Bodenständigkeit）是其前提。

翌日，校長致詞。

[275] 在準備階段就已引起騷動。五月二十三日，校長海德格對大學教職員公布了相關外部程序：吟唱霍斯特·威塞爾之歌，並呼喊「勝利萬歲」。整個活動要有國慶日的豪華排場。教授之間對此有些不滿。在通知單裡，海德格補充說明，舉起右手並不代表聲援該黨，而是表

示支持民族復興。此外，他也表明願意妥協：「**在和學生團體領袖商談後，我決定把舉手的時機限制在霍斯特・威塞爾之歌的第四段。**」（注37）

海德格知道，此刻哲學界正注視著他。在過去的幾個禮拜裡，他沒有錯失任何強調自己領導地位的機會；高階黨內軍官、部長，其他大學的校長以及新聞界人士都到場，著褐色軍裝的比著燕尾服的人多。海德格往前邁了一大步。一九三三年四月三日，他寫信給雅斯培說，這一切取決於「**我們是否為哲學準備了合適的位置，以及幫助它化為言語**」。現在他找到了合適的位置，但他也找到合適的哲學語言了嗎？

校長致詞以「**德國大學的自我主張**」（Die Selbstbehauptung der Deutschen Universität）為題。他問道：大學的「自我」是什麼，大學的「本質」何在？

大學的本質並不是讓年輕人接受職業訓練並且獲取必要的知識。大學的本質是科學，但是科學的本質是什麼呢？就這個問題，海德格話鋒一轉，回到了他心愛的「**希臘哲學開端**」，那個他以前為了拉開距離助跑躍入當下而往後退的開端。

科學的本質誕生自希臘。在那裡，意志對抗「**命運的超越力量**」，在頑強的反抗當中提升為知識。這種最頑強的反抗想要知道它會遭遇到什麼，怎樣的此有力量會決定它，以及這整體的存在意味著什麼。這個知識在叢林當中開闢了一處林中空地。

海德格戲劇性地描繪了真理的發生。但涉及了哪些真理，卻語焉不詳。對此，構成整個

[276]

文本的中心隱喻則獨立了出來。它是一個戰鬥的隱喻，或更精確地說：突擊部隊的隱喻。整體中在晦暗的存有者之間一些可見性的鬥爭就是希臘開端的本質。海德格說，這是真理歷史的英雄般的開端，而且科學和大學的真實自我正是蘊藏於其中。

然而，是什麼威脅著如此理解下的科學？當然是存有者的黑暗，而這正是科學的驕傲。驕傲的戰鬥構成了知識的本質。經由「**無風險的活動以促進知識的單純進步**」而造成的墮落，則更具威脅性（R, 13）。

危險的威脅來自大後方以及日常的科學事業，而現在的科學事業是在追求功成名就、滿足虛榮心和賺錢。在大後方的舒適生活更令人憤慨，因為知識的前線在此期間正危機四伏。與此同時，此有對於存有者的隱晦態度也有了變化。真理事件進入關鍵時期。希臘人在面對一切存有者的可疑性時，有著「**令人欽佩的毅力**」。在那裡，安全庇護性、對存有的信仰以及對世界的信任，都在發揮著作用。但是由於「**上帝已死**」，這種對於存在的信仰已經消失。然而在大後方卻鮮少有人注意到。若不是革命，這個波瀾壯闊的突圍的臨到，人們仍然在「**過時的表象文化**」裡安逸度日，直到「**在瘋狂和毀滅**」中瓦解（R, 19）。

在這場革命中發生了什麼事？

海德格幻想著，尼采主張的「上帝已死」憑著這場革命真正地被理解，整個民族有意識地接受「**現在的人在存有者當中的被遺棄**」（R, 13）。它克服了尼采在《查拉圖斯特拉如是說》（*Also sprach Zarathustra*）裡所謂「最後的人」（注38）的演變階段，他們自身中不再有「混沌」（Chaos），也因此無法再誕生「明星」，他們滿足於眼前安逸的「幸福」，並且「離開難以生存的地方」，他們滿足於自己「白天和夜晚的小小歡愉」，並且為他們的「健康」感到自豪。

對海德格來說，國家社會主義革命是在失去神的世界裡「誕生一顆明星」（尼采語）。[277] 這就是為什麼海德格竭盡所能地推動其形上學的黑暗浪漫主義，以賦予事件意想不到的深度。

學生、黨內高層、教授、政要，部長官員和部門負責人連同他們的妻子，他們滿心崇拜地聆聽海德格的演講，好像他們屬於形上學突擊隊，動身進入「**存有者的超越力量裡對於此有威脅最嚴峻**」的地區。而海德格本人則是突擊隊的隊長。隊長在黑暗中衝鋒陷陣，深入不再有隊友駐守的地方；他們「**完全沒有掩護，暴露在隱蔽者和不確定當中**」，並以此證明他們有「**獨立行動的力量**」（R, 14）。

無疑的，講者想提升自己和聽眾的價值。他們同屬突襲隊，屬於最大膽的小隊。講者本人，隊長，也許更大膽一些，因為他要證明或至少主張有「**獨立行動的力量**」。

一切都環繞著危險，這時候，一個簡單的事實消失了：如果不屬於這不祥的革命突擊隊，則是更加危險的事。

[278]

但是海德格面臨著什麼樣的危險？是當康德要求人們「要有勇氣運用你自己的知性」時面臨的危險嗎？獨立思考需要勇氣，因為這麼做，就是要放棄構成共識的成見提供的保護和便利。

海德格的演講沒有冒這個險。即便事後人們在宴會上耳語，他仍然會講述他的「私人國家社會主義」，這並不影響他仍然「屬於國家社會主義」。這次演講並未使他被排除在外。

這是知識的危險嗎？正如叔本華把真正的哲學家和伊底帕斯（Oedipus）進行比較時的絕妙說法，「啟蒙運動追尋著它自己可怕的命運，堅持不懈地探究，儘管它隱約知道這個答案會為它招致可怕的事情」。（注39）叔本華以這個「可怕的事情」指涉那在探問生命意義的人們眼前敞開的形上學深淵。

海德格也面臨著這樣的深淵，他稱之為「**現在的人在存有者當中的被遺棄**」。但是這種意義下的遺棄經驗，唯有在個人作為個體時才有辦法經歷和思考它，並被排除在集體的意義連結之外。當整個民族都開始「**進軍**」了，如何談論這種遺棄呢？

實際上，海德格把這場革命解釋成從錯誤的安慰和舒適的意義確定的洞穴中的集體突圍。民族變成屬己的，它站起來並提出令人不安的存有問題：為什麼有某物存在，而不是一片虛無呢？它並沒有在知識裡屈從此有的力量——「**自然**、**歷史**、**語言**；**民族**、**風俗**、**國家**；**詩歌**、**思想**、**信仰**；**疾病**、**瘋狂**、**死亡**；**法律**、**經濟**、**科技**」（R, 14）——它們並沒有提供究竟的支撐點，而是通往黑暗、未知和冒險。

以這種方式行動的人，得到的不是使他擺脫日常勞煩的思想世界。海德格對於這種逃避現實只是嗤之以鼻。對於「**存有者有疑問**」的人並沒有退縮，而是勇敢向前，受到進擊的精神鼓舞。重要的不是去思考彼岸的某物，重點是「**要有所作為**」。這就是海德格翻譯希臘文「實現」（energeia）的方式。

[279] 海德格想重回希臘哲學的開端，卻又不想沉迷於靜觀的理念——柏拉圖的太陽。他將那些掃到一旁，並且聲稱他比希臘人更了解他們自己。他說，希臘意義下的「**理論只出現在當存有者靠近或處於困境的情感中**」（R, 12）。這恰恰不是柏拉圖洞穴譬喻的意義所在。意義在於從洞穴中的困境獲得自由。海德格設定了一個自相矛盾的目標：他想要柏拉圖式的「站出」（Ekstase），卻不想要柏拉圖理型的天空。他想逃出洞穴，卻不要洞穴彼岸之處的信仰。此有應該受無盡的情感影響，而不被嚮往無限的情感所支配。

一九三〇年，湯瑪斯．曼警告了「古物爆炸」的危險。海德格的演講中也包含這種危險的古物，就在他所談及的三種服務中，「**勞動服務**、**國防服務**、**知識服務**」，主導中世紀社會想像的「三大秩序」的古老形象於此處再現：農民、戰士、教士。這個秩序在中世紀的定義是：人們假定神之家有三個層級，在地上有人禱告、有人戰鬥，並且有人工作；這三者合而為一，而且不容分開；每個工作都以另外兩個工作的功能為基礎，所有人共同分享幫助

（拉昂主教阿達貝語）（Adalbert von Laon）。（注40）

在中世紀的「三大秩序」當中，教士把社會結構和天堂連結起來。他們確保屬靈能量在塵世中流轉不息。在海德格那裡，教士的位置則由哲學家取代，或是更精確的說是哲學，哲學掌控它的時代。但是以前的天堂，現在則成了遮蔽存有者的黑暗，「**世界的不確定性**」；新的神父實際上成為「**虛無的總管**」，並且可能比戰士們還要大膽。他們不再擁有來自天上引導大地的福音，但卻仍然閃爍著古老教士權力的黯淡餘輝，這種權力以前僅僅建立在偉大無形的超越事物之上。

海德格以教士身分參政，並且為了給威瑪共和的致命一擊而公開發言。十五年前，在共和國建立之初，馬克斯・韋伯在慕尼黑的演講「學術作為一種志業」要求知識份子要忍受「世界的除魅」。在這個情境下，韋伯也回顧了柏拉圖洞穴喻裡的「美妙的景象」。但是這僅是一種憂傷的回憶，因為對韋伯來說，他已經無可挽回地失去了柏拉圖那種嚴格知識和豐富意義之間的統一。看不到偉大的救贖，洞穴的出口，韋伯並且警告人們提防「講壇先知」有意重新魅化造成的混亂。

海德格也不認同「講壇先知」。但是到處都有「講壇先知」。

[280] 一九二七年夏天，海德格在演講課中首次談到柏拉圖的洞穴喻，他把從洞穴裡的解放描述為一個過程，這個過程是「**以完全的冷靜以及客觀問題的完全除魅去實行的**」（GA 24,

404）。

但是海德格現在昂首挺胸，令人生畏的發言，這位沒有福音的教士，形上學的突擊隊長，被國旗和軍旗包圍著。在柏拉圖演講課中，他夢想自己是個拯救者，釋放洞穴中的囚犯，並且引導他們走出洞穴。現在，他注意到洞穴居民已經在前進。他只要走在他們前面就行了。

注1：H. Mörchen, *Aufzeichnungen*。

注2：M. Müller, *Martin Heidegger, Ein Philosoph und die Politik*, 193。

注3：致漢佩爾的信（未出版）。

注4：M. Müller, *Martin Heidegger, Ein Philosoph und die Politik*, 198。

注5：引自：J. u. R. Becker (Hg.), *Hitlers Machtergreifung*, 311。

注6：引自：同前揭。

注7：S. Haffner, *Von Bismarck zu Hitler*, 219。

注8：引自：J. u. R. Becker (Hg.), *Hitlers Machtergreifung*, 307。

注9：引自：同前揭：308。

注10：引自：G. Picht, *Die Macht des Denkens*, 199。

注11：G. Benn, *Werke* Bd. 4, 246。

注12：K. Jaspers, *Philosophische Autobiographie*, 101。

注13：同前揭。

注14：B. Martin (Hg.), *Martin Heidegger und das "Dritte Reich"*, 180。

注15：同前揭：頁181。

注16：H. Arendt, *Elemente und Ursprünge totaler Herrschaft*, 528。

注17：同前揭：頁532。

注18：引自：J. C. Fest, *Hitler*, 525。

注19：B. Martin (Hg.), *Martin Heidegger und das "Dritte Reich"*, 202。

注20：K. Jaspers, *Philosophische Autobiographie*, 101。

注21：B. Martin (Hg.), *Martin Heidegger und das "Dritte Reich"*, 177。

注22：同前揭：頁178。

注23：同前揭。

注24：E. Krieck, *Volk und Werden*, 328ff。

注25：同前揭。

注26：引自：T. Laugstien, *Philosophieverhältnisse im deutschen Faschismus*, 45。

注27：引自：同前揭：頁41。

注28：引自：同前揭，頁47。

注29：B. Martin (Hg.), *Martin Heidegger und das "Dritte Reich"*, 165。

注30：H. Tietjen, *Verstrickung und Widerstand*。

注31：H. Ott, *Martin Heidegger. Unterwegs zu seiner Biographie*, 142。

注32：H. Tietjen, *Verstrickung und Widerstand*。

注33：H. Ott, *Martin Heidegger. Unterwegs zu seiner Biographie*, 165。

注34：同前揭，頁166。

注35：B. Martin (Hg.), *Martin Heidegger und das "Dritte Reich"*, 166。

注36：引自：V. Farías, *Heidegger und der Nationalsozialismus*, 121。

注37：H. Ott, *Martin Heidegger. Unterwegs zu seiner Biographie*, 149。

注38：F. Nietzsche, *Also sprach Zarathustra*, Sämtliche Werke Bd. 4, 20。

注39：A. Schopenhauer, *Der Briefwechsel mit Goethe*, 15。

注40：引自：U. Haß, *Militante Pastorale*, 31。

第十四章
VIERZEHNTES KAPITEL

校長致詞及其影響

大學改革

海德格是反猶主義嗎？

海德格的革命活動

與六八運動相似

為人民服務

科學營

[281] **「校長致詞被置若罔聞，而且在校長就職典禮之後就被人們遺忘……人們走在幾十年的學術政治老路上，」**一九四五年海德格在為自己辯護的文章《事實與思想》（*Tatsachen und Gedanken*）裡寫道（R, 34）。

事實上，演講並沒有那麼快就被遺忘。在納粹時期，它曾經發行兩個單行本，並在黨的報刊中受到讚揚。《基爾日報》一九三八年一篇回顧納粹科學政策的文章裡寫道：「就像貝姆勒一樣，海德格在他的校長致詞中，以一種激進的英雄態度規定了科學的本質。」（注1）

直接的反應更加熱烈。地方新聞和國家報紙報導說，那次演講是個重大的開創性事件。納粹學生團體的刊物警告要提防許多學者的投機主義，他們只是表面上迎合新的局勢，並且強調海德格的校長致詞是個例外；這個演講真實表達了覺醒和革命的精神。即使一九三四年《民族發展》（*Volk im Werden*）雜誌當時的主編恩斯特．克里克是海德格的死對頭，仍然刊登了一篇海因里希．波恩坎（Heinrich Bornkamm）的文章，文章中寫道：「就我看來，當今眾多大學改革的文章中，弗萊堡校長海德格的致詞裡提供了最重要的方法。」（注2）

那些非官方的報章雜誌反應也很正面。後來信仰道教的奧根．赫立格爾（Eugen Herrigel）（《射藝中的禪宗》〔*Zen in der Kunst des Bogenschießens*〕的作者）稱這場致詞為「經
[282] 典文本」，《柏林股票交易報》（*Berliner Börsenzeitung*）寫道：「很少有校長致詞可以既迷人而又有約束力。」（注3）

然而還是有些人聽完致詞不知所措。卡爾．洛維特談到校長致詞的直接影響時說，人們不知道現在是應該要學習先蘇哲學或是應該加入衝鋒隊。因此當代的評論家也喜愛引用那些可以輕易附會到納粹原則的言論，像是海德格的「三大服務」綱領：勞動服務、國防服務和知識服務。

持批評態度的國外評論家大多不可置信，有些人感到吃驚。《新蘇黎世報》寫道：「海德格的致詞，不管人們讀三遍還是四遍，仍然是一種無底深淵、破壞性的虛無主義的說法，即使是對民族的血與土地的承諾，也無法消除那種虛無。」（注4）貝尼德托．克羅齊（Benedetto Croce）在一九三三年九月九日寫給卡爾．沃斯勒（Karl Vossler）的一封信裡寫道：「我終於讀完海德格致詞的全文，既愚蠢又諂媚。他的哲學思想迅速崛起，我並不感到驚訝：空洞和普泛的東西總是會成功的。但是它不會產生任何東西。我也相信，他在政治上也不會產生任何影響：但是他侮辱了哲學，也是對政治的傷害，至少對未來的政治是一種傷害。」（注5）

雅斯培的反應令人吃驚。他在一九三三年八月二十三日寫信給海德格說：「感謝您的校長致詞……您於對早期希臘文化的偉人進路，如同嶄新且自明的真理再次觸動了我。在這點上，您的立場與尼采一致，但是差別在於，人們希望您有朝一日能在哲學詮釋中實現您所說的。您的致詞會因此可信可靠。我說的不是風格和豐富程度，在這點上——在我看來——這個致詞是當前支撐學術意志的唯一文獻。致詞中有些內容對我來說有點不自然，其中的語句對我也顯得空洞，對於您哲學的信任並不會受這個致詞順應時勢的特性影響。總而言之，我很高興有人能在講演中觸及真正的界限和起源。」（BwHJ, 155）

[283]

在寫這封信兩個月之前，是海德格最後一次拜訪雅斯培。那時海德格接受納粹學生團體邀約，發表了關於「新帝國的大學」的演講，他們邀請他加入對抗保守派教授、特別是沒有一體化的校長韋利・安德烈亞斯（Willy Andreas）的陣營。他顯然成功了。其中一位參加者，歷史學家格德・特倫巴赫（Gerd Tellenbach）在回憶錄中說：「我聽到一位熱中於煽動性言論的人對另一位說：安德烈亞斯一定會……用子彈射穿頭部。」（注6）事實上，海德格以相當好戰的姿態登場，他宣稱傳統大學已經死亡，以強硬的話語「**拋棄人文主義的基督教勸誡，並且號召為國家工作。談論到求知欲望的冒險，以及唯有強悍的人才能奮不顧身地打贏這場戰役。無法挺過戰爭的人，就只能躺下來**」（S, 75）。

教授們盛裝出席這次致詞，報章雜誌也大肆宣傳。海德格身著青年聯盟運動的服裝，短褲和翻領襯衫。雅斯培在回憶錄中說：「我坐在前排邊緣，雙腿並攏，手放在口袋，一動也不動。」（注7）

在後來的私下對話中，海德格顯得相當「陶醉」，他感覺身上散發出某種山雨欲來的氣息。

然而，在兩個月後，雅斯培還是盛讚校長致詞。他在個人筆記裡解釋自己的舉止，他想「往最好的方面」解釋這場致詞，以維持和海德格的聯繫，但是實際上他相當厭惡海德格「陌生、且難以忍受的低級」言行。（注8）

雅斯培對於校長致詞的贊同，不僅是如他後來所強調的策略意義。他們兩人之間仍然存在著重要的共同點，令人吃驚的是，在納粹大學改革方面也是如此。雅斯培在一九三三年八月二十三日的信中認為巴登邦教育部頒布的新大學章程是「傑出的措施」，其核心為引入領袖原則和剝奪大學機構的權力。他認為「新章程是正確的」。大學的「偉大時代」早就結束了，因此必須有個新的開端。

[284]

雅斯培在一九三三年夏天曾經為大學改革擬定了論題。這個論題必須通過海德堡的講師們的評議。雅斯培在前一次拜訪時跟海德格報告了此事，希望論題能促使政府部門和雅斯培聯繫。對於此事，雅斯培草擬了一封信，聲明自己的改革理念和政府的原則並不「衝突」，而是「一體的」。（注9）雅斯培最終還是放棄了他的提案。他隨著提案卷宗附上一頁理由：「未經詢問，我無能為之，因為我被告知，我被視為黨外人士和猶太婦女的丈夫，只能忍耐且不能被信任。」（BwHJ, 260）

一九四六年，雅斯培在大學改革文章中的基礎「論題」裡描繪了大學解體的景象。在診斷中，他和海德格的觀點一致。他提到若干明顯的缺失：專業學科被分割、日益增加的學術

[285]

行政、片面的職業導向、越來越繁雜的行政管理、整體教學水準下降、學習自由的濫用，其中「和自由相關的事務是：廢除淘汰不適任者的制度」。在當前的情況，一九三三年夏天，可能是個「永遠不會再有的機會」，「全權掌控大學的人，以決斷性的命令，克服一切障礙和枷鎖，他得到意識到當時處境的青年以及以往漠不關心的人的堅決支持」。如果現在不果斷行動，大學將走向「最終死亡」。（注10）

雅斯培的改革計畫的具體細節為：取消對研究的管制、廢除課程計畫和形式證明，以加強執行單位的責任心來簡化行政管理。校長和系主任不應再依靠多數決。雅斯培想採取領袖原則，但條件是，負責任的決策者必須確實承擔責任且在必要時可以被罷免。這是防止濫用領袖原則的保障措施。時間將檢驗巴登大學的新章程是否奏效。無論如何，他都希望新建立的「貴族政治原則」可以成功，雅斯培在一九三三年八月二十三日寫給海德格的信裡這樣寫道（BwHJ, 156）。

一九三三年夏天，雅斯培贊同海德格的信念，唯有當權者聽取有聲望學者的意見，才能隨著納粹革命在大學實施理性改革。雅斯培更希望以自己的方式「參與」。他甚至對勞動役和軍訓課的概念做了讓步。對他來說，它們屬於「總體的現實」，它與「此有的基礎和整個民族」有關。但雅斯培明確反對政治至上。「世界上除了真正知識閃耀的光輝之外，沒有任何其他權威能夠規定研究和教學目標。」（注11）

[286]

但是海德格還沒有透露不同的訊息。在校長致詞中，他並沒有從政治中汲取出科學精神，相反的，他是以正確理解哲學問題的態度為基礎投入政治。但是，就政治運動參與的情韻和類型而言，雅斯培和海德格之間有著淵壤之別。雅斯培為這種「精神的貴族政治」辯護，海德格則想粉碎它。海德格在最後一次談話中對雅斯培說，哲學教授這麼多，根本是胡鬧，兩三個就足夠了。

一九三三年四月，海德格寫信給雅斯培，對於海德格來說，一切取決於在「**新的現實**」裡為哲學找到「**合適的位置**」，並幫助它「**化為言語**」，而對他來說，此時的新現實就是納粹革命。但是雅斯培想要保護不受政治影響的純粹哲學語言。他驚恐地看著海德格如何把他著迷的權力解釋成形上學式的此有力量。但是他也感覺到，在海德格的政治活動中，總有著一股哲學的狂怒在運作。這點使雅斯培相當著迷。他想要知道，這個「**新現實**」何以在海德格那裡獲得這種哲學的衝擊力和意義。因此才有他對海德格校長致詞的不祥評論：「但願有朝一日，您能在哲學詮釋中實現您所說的。」（BwHJ, 155）

事實上，在校長選舉後，早在巴登大學改革正式確立領袖原則之前，海德格就把領袖原則引進弗萊堡。他數月不召開學術評議會，藉此掏空評議會的權力。他以尖銳的命令口吻撰寫大學和各系的通知和公告。海德格，這個在第一次世界大戰中前線經驗有限的人，卻熱中於在校內貫徹軍事思想。他委託前護衛艦上尉史蒂勒（Stieler）教授比照軍官團相關規定，訂

[287]

定教師榮譽制度。海德格在教授遴選會議方面老練嫻熟，現在他想結束薪資津貼、教席設備費，廢除市場和經濟競爭的精神。因此在榮譽制度草案中表示：「我們要在我們之間建立一種真正的團隊情誼和真正的社會主義，並且不斷發展之，直到同事之間看不到為此有鬥爭的競爭者。」（注12）

在海德格批准的這份草案裡，還包含以下字句：「我們希望清除組織中的卑劣份子，並且預防未來腐敗墮落的風氣。」（注13）

在這情況下，海德格想以「卑劣份子」指稱專業和品格條件不足的人，但是對於納粹革命來說，那當然主要是指猶太人和政治反對派。海德格一定知道這點。

三月初，衝鋒隊就已經在弗萊堡宣傳抵制猶太商店，並且散播猶太律師和醫生的名單。納粹學生團體開始呼籲抵制猶太教授。四月七日通過了《職業公務員制度重建法》，所有一九一八年後受雇的「非雅利安人」都被解除公職。然而，一天之前在弗萊堡，帝國委員會專使羅伯特．華格納宣布更嚴格的命令：為了解雇猶太公務員，而把他們都暫時停職，即使他們是在一九一八年之前就職的。由於這個命令，胡賽爾於一九三三年四月十四日被停職。此時海德格還沒有上任。四月底，由於《職業公務員制度重建法》，華格納的命令被撤銷，胡賽爾的停職令也必須被撤銷。這屬於現任新校長的職務範圍。海德格在執行這個任務時加上了個人的表態。他讓艾弗里德贈花給胡賽爾。胡賽爾認為停職是他生命中的「嚴重侮辱」，

[288]

覺得它傷害了自己的民族情感，而在一封信裡寫道：「我認為我不是最壞的德國人（在舊的風格和意義下），我的家充滿真正的民族情感，我的孩子們在戰爭期間都自願上戰場……或者在軍醫院服務，他們都證實了民族情感。」（注14）

花束和問候並不能改變胡賽爾對海德格的失望。一九三三年五月四日，他寫給學生迪特里希・曼克（Dietrich Mahnke）的一封信，認為海德格「非常戲劇性的」入黨是「這個假定的哲學情誼的結束」。在過去幾年間，「海德格的反猶太主義傾向越來越明顯——包含崇拜他的猶太學生團體和在系上的人」。（注15）

海德格是反猶太主義嗎？

他不是在納粹意識形態的瘋狂體系意義下的反猶太主義。值得注意的是，無論是在他的演講課、哲學著作、甚至是政治演講和傳單裡，都看不到反猶太主義和種族主義的言論。例如說，海德格在五月節之前的通告中裡「**把慶祝德國民族建立新的精神世界描述為一項盛事**」，他不想排除任何想要參加活動的人。海德格的納粹主義是決斷主義式的。對他來說，重要的不是出身，而是決斷。用他的術語是這麼說的：不該由人的「**被拋性**」去評斷人，而應由其「**籌畫**」去評斷。在這方面，如果其成就獲得海德格認同的話，海德格甚至可以幫助陷入困境的猶太同事。當古典語言學教授愛德華・弗蘭克爾（Eduard Fraenkel）和物理化學教授格奧爾格・馮・赫維西（Georg von Hevesey）因猶太人身分而被解聘時，海德格就寫信給教育部試圖阻止。在其中，他有策略的論述：兩位猶太教授在科學界公認有非比尋常的名望，如果把他們解職，會傷害這所享受到國際的「**邊境大學**」。除此之外，他們都是**高貴的猶太人**，是值得效仿的楷模。（注16）「**在人為判斷可及的範圍內**」，他可以擔保他們的行為無可指摘。即使有海德格的呈文，弗蘭克爾還是被解聘了，赫維西則暫時獲准留任。

海德格還為了他的猶太助理維爾納．布羅克（Werner Brock）挺身而出。他雖然不能讓他留在大學裡，卻還是幫助他在劍橋獲得獎學金。

在一九四五年後，海德格表明他曾經聲援猶太學者，並在就職幾天後承擔著和納粹學生團體起衝突的風險，因為他禁止在大學中張貼「反對非德國精神」的反猶宣傳。

這些舉止證明了海德格對於粗暴和意識形態的反猶太主義抱持保留態度。

一九三三年初，鄂蘭在流亡之前寫信給海德格。艾丁格說，她聽到了關於海德格的報導，「這是真的嗎？他不讓猶太人參加研討課、不跟猶太同事……打招呼，拒絕猶太博士生且表現得像個反猶太主義者？」（艾丁格語）（注17）海德格以憤怒的語氣回覆，這是一九五〇年之前海德格給鄂蘭的最後一封信。艾丁格說，「他依序列舉了他給予猶太人的幫助，從對猶太學生的開放態度開始，儘管那會影響他自己的工作，仍然慷慨撥冗協助……誰會在身處困境時來找他？猶太人。誰堅持急著要談他的論文？猶太人。誰寄給他巨幅的著作要他馬上評論？猶太人。誰尋求他的幫助以獲得補助？猶太人。」（艾丁格語）（注18）

[289]

除了海德格列舉的職務上對猶太人的幫助之外，他的答辯顯示，「實際上他把他的德國同事和學生區分為猶太人和非猶太人。」（艾丁格語）（注19）他的辯護也讓人感覺他認為猶太人在大學中是個干擾。從一封一九八九年的信裡發現，海德格於一九二九年十月二十日寫給「德國科學臨時學會」（一個獎學金組織）代理主席維克多・施瓦爾（Victor Schwörer）的信中透露，海德格有在學術圈中流行的「競爭性反猶太主義」（Konkurrenzantisemitismus）（哈夫納〔Sebastian Haffner〕語）。（注20）海德格說：「**這裡涉及了……刻不容緩的省思，我們面臨一個抉擇，要讓真正的根基力量和教育者重返我們的德國精神生命，或是在廣義或狹義上屈服於日益增長的猶太化。**」（注21）

這種「競爭性的反猶太主義」本質上並不接受猶太人的民族同化，而是持續把他們當作一個特殊的群體，並且反對他們在文化裡的主導地位，因為他們在文化的主導地位和總人口比例不相符。馬克斯・繆勒說，在這個意義下，海德格在一九三三年前的一次對話中指出，「原先內科只有兩位猶太醫生，現在這個科別只能找到兩位非猶太人。這讓他有點生氣。」（注22）

因此難怪儘管海德格為了受到解聘威脅的猶太同事挺身而出，卻承認教育部「職業公務員制度重建法的重要性」。（注23）

在文化領域上，「競爭性的反猶太主義」通常包含一種特殊的「猶太精神」。但是海德格沒有這種人們要提防的「猶太精神」。他一直反對這種「精神上的」反猶太主義。在一九三〇年代中期的演講課裡，他為斯賓諾莎辯護，並且主張說，如果他的哲學是猶太人的哲學，那麼從萊布尼茲到黑格爾的整個哲學都是猶太人哲學。這個對「精神的」反猶太主義的反駁令人吃驚，因為和法國的理性主義、英國的功利主義和美國的技術狂熱相比，海德格平時喜愛強調德國在哲學中的地位。但是海德格與他的戰友和對手克里克和貝姆勒不同，他在哲學上從不區分「德國人」和「猶太人」。

一九四五年，雅斯培被要求為海德格的反猶太主義提出專家意見，他的評論是，海德格在一九二〇年代不是反猶太主義，接著繼續說：「他不單是在這個問題上有所保留。我不得不假定，在其他情況下，他也是違背他的良心和品味而主張反猶太主義。」（注24）

無論如何，他的反猶太主義行為並不是加入納粹革命的動機。但是納粹的反猶太主義很早就顯露出來的殘暴本性，並沒有阻止他參加運動。他不支持這些行動，但是他容忍了這些行動。一九三三年夏天，納粹學生攻佔學生聯誼會的房子並且採取暴力行動，以至於檢察機關不得不著手調查，並且向海德格校長詢問情況。海德格拒絕提供任何進一步的消息，理由是，參與突襲的不只是學生（見：V. Farías, 172）。海德格庇護了暴民，他認為那是革命所致。

[290]

伊麗莎白·布洛赫曼是半個猶太人，依《職業公務員制度重建法》被解雇，她寫了一封

［291］

求助信給海德格，他承諾要在柏林為女友挺身而出——但是毫無結果——，即使是在完全沒有戰略考量的個人關係中，他也沒有對於這個措施表達不滿。他對布洛赫曼表示遺憾，好像她遭遇了意外。他從沒想過他的行為和集體的革命行動是掛鉤的，而且找上了他的女友，她絕望地寫信給他：「日子十分艱難，我無法想像會遭到這種打擊。也許過去我太過天真，我安全地生活在精神和情感深切的歸屬感中，以致於一開始毫無防備且絕望。」（一九三三年四月十八日，BwHB, 64）海德格回覆她說：「**我時時刻刻都準備為您的願望和需求效勞。**」（一九三三年十月十六日，BwHB, 77）

漢娜・鄂蘭、伊麗莎白・布洛赫曼以及卡爾・洛維特，這些海德格周圍親近的人，都必須離開德國，但是這也不影響他在這個期間和納粹的「**共同願望**」。他覺得自己屬於那個運動，即使他的家鄉建立了第一個集中營、猶太學生遭到殘暴的襲擊，城裡發佈了第一份流放名單。而海德格第一次對官方政策提出謹慎的批評時，並不是因為他對反猶太主義的不當行徑表示不滿，而是由於對舊資產階級勢力的讓步。

一九三三年，鄂蘭聽說海德格和他的猶太同事和猶太學生撇清關係，海德格在寫給鄂蘭的回信裡否認傳聞，但是此事在接下來的幾個月確實發生了。從他擔任校長那一刻起，他就不再和猶太同事往來，他的猶太博士生也沒有繼續博士研究。他把他們推給系上同事。「海德格希望他的猶太學生繼續攻讀博士，但不是在他門下。」（馬克斯・繆勒語）（注25）他曾對他的朋友，私人學者威廉·斯基拉奇（Wilhelm Szilasi）說：「**在現在的情況下，我們必須斷絕聯繫。**」（注26）

海德格也斷絕了與胡賽爾的聯繫。儘管說他禁止他年老的老師和朋友參加研討課是個不符事實的謠言。但是海德格也並沒有想辦法改善胡賽爾日益孤立的情況。和胡賽爾保持聯繫的是海德格的同事，天主教教席的馬丁·何內克（Martin Honecker），他透過「信差」馬克斯·繆勒定期向胡賽爾致上「來自哲學研討課上最誠摯的問候」，並且向他報告學院裡的情況。「他在我眼裡如同一位『智者』，因為他對日常的問題不感興趣，當時的政治局勢不斷威脅著身為猶太人的他以及他的猶太妻子。但是他對於威脅似乎一無所知，或是並不想了解。」（馬克斯·繆勒語）（注27）胡賽爾對於學院的事不太感興趣，但一直想聽到關於海德格的事。對於一九三三年的背叛，他不再耿耿於懷，對於海德格的態度也再度趨於緩和。他對馬克斯·繆勒說：「在我的圈子裡，他是所有人才中最有天賦的。」（注28）

［292］一九三八年，胡賽爾孤獨地辭世，並且於四月二十九日火化，除了格哈德·李特（Gerhard Ritter）之外，沒有任何哲學系的人在場。因病在床的海德格也沒有去弔唁。當晚經濟學家卡爾·迪爾（Karl Diehl）在一個小型的同事聚會上，發表了對於胡賽爾的悼詞。迪爾習慣把這個圈子叫作「正派的系所」。（注29）

一九四〇年代初期，海德格在出版商的壓力下撤回胡賽爾在《存有與時間》扉頁的獻

[293] 詞。但是仍保留藏在註腳中的致謝。

回到一九三三年。

我們回憶一下：在校長致詞中，海德格描繪了一個時代斷裂的場景，這是人類史上第二個開端。所有人都被邀請到存有史上的巨人戰爭中，成為見證人和共同行動者。但是就他而言，結果只不過是對抗大學教授的鬥爭。海德格後來對雅斯培表示說：「**我當時在『作夢』並且基本上只想著浮現在我眼前的『那所』大學。**」（一九五〇年四月八日，BwHJ, 200）

這場為一所「新」大學的鬥爭和一九六七年的學生運動有些類似。海德格突顯青年運動的風格，作為「**行進中**」的革命學生的先鋒。海德格身著皮褲和翻領襯衫，對抗戴著手籠身著長袍的上層階級。海德格利用系上的納粹學生代表對抗正教授，並支持助理的獨立性。這是抱有一絲希望的私人講師們的時刻。海德格特別請其他工作人員提出建議。

海德格並沒有像雅斯培後來所說的狂妄到認為「他可以領導元首」，但是在大學政治領域，他在對抗教授統治的鬥爭當中確實爭取領導的位置。在一九三三年六月「高校協會」的會議上，以海德格為首的納粹高校教師黨派說服舊的協會委員辭職。在隨後的校長會議上，海德格主張解散協會。此外弗萊堡還要宣布把大學當作納粹革命的「郊區」。（注30）若是如此，海德格實際上就會成為德國大學的某種領袖人物。他有那種野心，但是無法獲得其它校長的認同。納粹黨派的成員在抗議中離開會議。由於海德格的行動在國家層次上並未取得預

[294]

期的成果，因此他希望至少在地區範圍內實現一個典範。現在無可爭議的是，一九三三年夏天，海德格積極參與巴登大學改革的起草工作，改革於八月二十一日生效，這使巴登率先在大學中實行領袖原則。

對海德格來說，剝奪教授的治理權力，意味著繼續他對抗資產階級理想主義和實證主義專業科學的新時代精神的鬥爭。這種衝動在一九六七年的學生運動裡再度出現。當時海德格挑戰的對象，在一九六七年被學生稱為「專業的白癡」。一九六七年的批評是：市民社會把對於科學的興趣教導成對於社會的漠不關心。海德格也談到科學對於整個社會的責任，儘管換句話說：**「為德意志民族建立新的精神世界將是德國大學最重要的任務。這是最崇高且最有意義的國家工作。」**（注31）

一九六七年學生運動的理想是所謂的「消除體力與腦力勞動之間的區別」。這也是海德格的理想。在一九三三年十一月二十五日的入學典禮上，他以「德國學生作為勞動者」為題發表演說。海德格的表述和榮格在一九三二年發表的文章《勞動者》相似，海德格直接和狂妄自大的知識份子論戰。學生不應為私人用途和職業而積累精神的寶藏，而應自問如何以自己的研究和知識造福人民。「**這樣的服務為真正團隊情誼的本源提供了基本經驗。**」學生應謙虛地把自己的學業理解為勞動，但是也要真正動手勞動：幫助收割、在弗萊堡郊區幫助改良土壤、幫助城市廚房以及幫助任何需要之處。海德格說：「**國家社會主義國家是勞動者國

家，」每個學生都應該以自己的研究和知識在自己的位置上「**值勤**」。

奇怪的是，像海德格這樣的人，一直想使真正的科學和哲學精神擺脫實用和直接的實踐取向的種種考量，現在卻在談論為了國家目的而把科學工具化。海德格過去諷刺哲學的價值取向為資產階級理想主義的沒落，現在卻把國家自我主張的價值擺在前面，在哲學的認證下，以這個價值之名，要求為「**最極端的情況做準備**」以及「**堅持到最後的團隊情誼**」。所有這些，特別是在一九三三年十一月十一日在萊比錫「為阿道夫·希特勒舉行的德國科學大會」，都和哲學基本原則有關，該原則作為所有存有的「**原初要求，保存並拯救其屬己的本質**」（S, 149）。

海德格為人民服務。一九三四年初，納粹黨公布了失業者社會整合計畫。失業者被分派到大學接受「國家政治」的進修。在那裡，「體力勞動者」接受「腦力勞動者」指導。海德格推動一九六七年所稱的「基本薪資」計畫。他在六百名工人面前致開幕詞。

首先，海德格使聚集在他面前的工人明白他們聚集在他面前意味著什麼。他們聚集在此，就已經是在為「**我們人民新未來的建設**」服務。（注32）很遺憾他們現在失業，對海德格來說是有利的機會，可以把他們的困境描述為「**沒有此有的能力**」（nicht daseinsfähig），小心地提及第一哲學的術語。唯有當他們能為國家和全體人民服務，他們才具有「**此有的能力**」。因此，創造就業機會便是民族國家的首要任務。次要任務是：創造知識。「**我們人民**

[295]

中的每個工人都必須知道，他站在他所站之處是基於什麼原因以及為了什麼目的。」唯有如此，個人才能根植於人民整體和人民的命運。由於海德格無法任由失業者面對人民同胞所需要的知識形式，即存有者整體的問題性，由於他不想那些被拋到工作之外的人注意到自身的被拋性，所以他必須提供並準備具體的東西。人們從演講裡察覺海德格的困難。他想不出正確的事。因此他談到必須了解的，「**人民應該如何分工……在納粹國家中的德國民族正在遭遇著什麼……未來民族機體復甦意味著什麼……城市化為德國人帶來了什麼……**」透過這樣的知識，聚集在這裡的失業者就能成為「**清晰果斷的德國人**」。大學的學者能夠幫助他們。學者樂意這麼做。因為他們知道，唯有他們把知識傳授給工人，他們才能成為民族同志。體力和腦力的統一才是真正的現實。「**在真正的知識創造當中創造工作的意志，必定是內在的良知以及永不動搖的信念。**」但這個信念是以「**我們元首卓越的意志**」為基礎。海德格以「**勝利萬歲！**」結束了他的演說。

一九三三年十一月三十日，海德格在對杜賓根學生團體的演講當中描述成「**為了新現實而戰**」的過程，就如同藝術品的創造。早該離開傳統的大學了，它只是「**空洞國家的空洞島嶼**」。鬥爭的人處於正在形成的作品內。他感受此有的充實並且在「**他的國家中成為民族真理的共同擁有者**」。

民族共同體的神祕主義已經了哲學的出神。孤獨思考著問題的哲學可以暫時退位。但是

[296]

當然整體仍是哲學的事務，因為納粹運動在哲學上使海德格著迷，並且使其他人也跟著著迷。當時一位被迷惑的人說：「當海德格說話時，彷彿撥雲見日，豁然開朗。」（注33）

一個海德格特別懷有雄心壯志的項目是「科學營」。早在一九三三年六月十日在柏林「德國學生團體科學事務處」的訓練會議上，海德格就報告過這個想法。它是童軍營和柏拉圖學院的混合體。在一段時間內，在大自然中一起生活、一起工作、一起思考。同時，科學要再度「**喚醒自然和歷史的生活現實性**」，克服基督教「**徒勞的意識形態**和**實證主義的販賣事實**」。（注34）參與者可以向新的此有力量敞開心胸。計畫是如此。於一九三三年十月四日至十日在托特瑙山上小屋的山腳下實施。全體從大學出發。第一次嘗試時，海德格從講師和學生群中挑選了一個小組，並寫下指令：「**步行抵達目的地……穿衝鋒隊和納粹黨衛軍制服，可能的話，著鋼盔制服配戴臂章**。」日程：早上六點起床，晚間十點歸營。「**實際的營地工作在省思為德意志精神未來高校而戰的途徑和手段**。」（注35）海德格為工作小組和課程預先準備的主題，都是涉及大學事務、學會組織、納粹高校改革和領袖原則等等。但是海德格寫道，重要的是，透過「**營地共同體**」，喚醒當前革命的「**基本情韻和基本態度**」。海德格想帶領一群年輕人到寧靜的托特瑙山上生起篝火、揮旗號召、用餐、談話、彈琴歌唱，當他預告這個計畫時，好像是要深入敵境並且冒險犯難：「**這個營地的成功取決於新勇氣的強度……忠誠、犧牲和服務意志的決心……**」這個行動唯一的危險是海德格自己出醜，對於早就超過營地活動年齡的人來說，這並不比平常的營地生活強多少。一位參與者，海因里希·布爾（Heinrich Buhr）報告說，海德格在篝火晚會上發表了令人印象深刻的演說，透過基督教對抗「世界貶值、蔑視世界以及世界聯盟」，並誇耀「關於此有的不安全性的偉大高尚的知識」。（注36）後來成為牧師的布爾想起了榮格的《冒險的心》。對於有些激情的人，這是個令他們滿意的活動，但是在那裡堅持並不需要勇氣。那裡很浪漫，卻並不危險。海德格的忠實追隨者和來自海德堡主張設立軍隊對抗青年聯盟並且擁護激進反猶太主義的衝鋒隊學生團體之間的陰謀，引發了不滿的情緒。一九四五年，為了政治清查過程，海德格在其答辯書裡
[297] 說那是個嚴重的政治衝突。他寫道：「**海德堡團體受命炸毀營地**。」

在爭論期間，海德格的追隨者，施塔德爾曼（Stadelmann）講師聽從海德格的指令離開了營地。胡果·奧托發現了斯塔德爾曼和海德格談論此事的往來書信。人們的印象是，一位騎士和他的侍從之間發生了極具戲劇化的事情，堅持忠誠、犧牲、背叛、陰險，悔恨和悔悟。海德格寫道，可能沒有人可以通過「**營地的試煉**」，但是每個人都「**強烈意識到革命尚未結束**。**大學革命的目標是衝鋒隊學生**」。（注37）因為海德格提早要他脫離行動而顯然受到傷害的施塔德爾曼寫道：我從來沒有像在托特瑙山那樣清楚意識到我屬於革命的陣營……我將遵守紀律——但是我當時更希望相信有追隨的可能。」海德格回答說：「**我知道我必須重新獲得您的追隨，這對我來說是相當重要的事**。」

在這裡明顯起了作用的此有力量，是兄弟會和漂鳥運動的那種力量。但是海德格成功搭起了一個舞台，在這個舞台上，陰謀詭計和群體動力之間的緊張關係像某種「**重大成就**」，——如海德格在校長致詞中所說——它「**正在風暴之中**」。海德格成為他置入現實中的意義的囚徒。

當他不再想參與人民整體共同藝術品的創作，而又轉向藝術和哲學作品時，他重獲了思考的自由敏捷。相較於在政治現實中的海德格，在這類作品裡，海德格更可以「解讀」。唯有在哲學和哲學安排的現實中，海德格才有在家的感覺。以現實政治的方式「**參與**」革命運動，對他來說是一種對自身的苛求。他很快撤回到相對安全的哲學思考領域。

注1：引自：V. Farías, *Heidegger und der Nationalsozialismus*, 167。
注2：引自：同前揭：頁165。
注3：引自：同前揭。
注4：引自：同前揭：頁167。
注5：引自：同前揭。
注6：引自：同前揭：頁201。

注7：K. Jaspers, *Philosophische Autobiographie*, 102。

注8：K. Jaspers, *Notizen zur Martin Heidegger*, 182。

注9：BwHJ, Anmerkung, 260。

注10：引自：同前揭：頁159ff。

注11：同前揭：頁260。

注12：引自：H. Ott, *Martin Heidegger. Unterwegs zu seiner Biographie*, 152。

注13：引自：同前揭。

注14：引自：同前揭：頁171。

注15：引自：同前揭。

注16：引自：同前揭：頁178。

注17：Ettinger, 42。

注18：同前揭：頁42。

注19：同前揭：頁43。

注20：S. Haffner, *Anmerkung zu Hitler*, 91。

注21：DIE ZEIT, Nr. 52 (22. 12. 1989), 由Ulrich Sieg公開。

注22：M. Müller, *Martin Heidegger, Ein Philosoph und die Politik*, 204。

注23：引自：H. Ott, *Martin Heidegger. Unterwegs zu seiner Biographie*, 199。

注24：BeHJ, 271。

注25：M. Müller, *Martin Heidegger, Ein Philosoph und die Politik*, 205。

注26：引自：同前揭。

注27：M. Müller, *Erinnerungen an Husserl*, 37。

注28：同前揭：頁38。

注29：H. Ott, Edmund *Husserl und die Universität Freiburg*, 102。

注30：V. Farías, *Heidegger und der Nationalsozialismus*, 212。

注31：H. Ott, *Martin Heidegger. Unterwegs zu seiner Biographie*, 165。

注32：V. Farías, *Heidegger und der Nationalsozialismus*, 185ff。

注33：引自：同前揭：頁203。

注34：H. Ott, *Martin Heidegger. Unterwegs zu seiner Biographie*, 216。

注35：引自：同前揭：頁218。

注36：H. Buhr, *Der weltliche Theologe*, 53。

注37：H. Ott, *Martin Heidegger. Unterwegs zu seiner Biographie*, 221f。

第十五章
FÜNFZEHNTES KAPITEL

哲學與政治之間的捷徑

單數的人和複數的人

差異性消失

沒有差異的存有學

第二次獲聘柏林大學

海德格為運動的純粹性而戰

革命家作為告密者

[298] 海德格曾說，哲學必須掌握其時代。

在嘗試實現這個主張的過程中，他從支柱中扯下他的基礎存有學。

我們回想一下：在《存有與時間》中，他在一個根本的層次上描述人類的此有，甚至比個人的生命籌畫的種種歷史差異與對立更加根本。在一九三〇年代初期，演講課中分析的無聊和憂懼的情韻都和「在世存有」有關，而無關於在特定情境下個人此有的境遇感。

儘管海德格偶爾會論及共在（das Mit-Sein），但他的思想總只著眼於單數的人：人（der Mensch），此有，甚至人面對的東西或所處的地方，也都是單數：世界、存有者、存有。

但在人和巨大的整體——存有、精神和歷史——之間，還有另一個領域，在「此間」（Dazwischen）有複數的人，許多彼此有差異的人，追求不同利益，在行動中相遇，並從而創造出所謂的政治現實。這個領域，其存有學意義在於個別的多樣性和差異性，這整個領域消失在海德格的此有背景中。此有只有兩種，屬己的和非屬己的，「**自我和常人**」。當然，海德格不會否認個別此有的籌畫各自不同，但是對他來說，這種差異性不是積極的挑戰，他並[299] 不認為那是存在的基本條件。我們必定是生活在這樣的事實中：被不同的人包圍，我們不理解或太理解的人，我們所愛所恨的人，對我們無關緊要或是神祕莫測的人，我們和他們隔著深淵或毫無間隔，這種關聯的各種可能性構成的整體宇宙，海德格毫不關心，也並沒有納入他的存在者裡。身為存有學的差異（Die ontologische Differenz）的發明者，海德格從未想要發展一個差異的存有學。存有學的差異意味著：存有者和存有的區分。差異的存有學意味：接受因為共同生活而產生的人際差異、困難和機會對於哲學的挑戰。

在哲學傳統中，這種神祕化由來已久，在人出現的地方人總被談論。在哲學的舞台上表演的是，神與人、我與世界，「思考的我」（ego cogito）和「擴延物」（res extensa），以及現在的海德格那裡的此有和存有。海德格關於「**此有**」的談論，就透過語言的暗示假設了一切是「**此有**」的東西的同一性。海德格說，此有「**被拉出到**（hinausgehalten）**存有者整體中**」。但是個別此有會首先被拉出到其他此有的人的世界裡。

海德格沒有考慮人類世界根本的多元性，而迴避了集體單數：人民。這種人民的單數被置於自我存有的存在理想底下，這種理想「屬己地」在被拋回自身的個別者身上被發展。一九三三年十一月十一日在萊比錫舉行的「為希特勒舉行的德國科學大會」中，海德格明確地把「**對於所有此有的原初要求**（Urforderung），**即保存並拯救其屬己的本質**」，交付給人民，人民必須「**保存並拯救其屬己的本質**」。他們受到什麼威脅？凡爾賽條約的屈辱、當時德國領土的分割以及戰爭的賠償。哪個組織認可了這種不公正的事？國際聯盟。這就是為什麼希特勒主張退出國際聯盟是正確的，而人民也以公投（和統一名單的德國國會選舉合併舉行）事後同意之。海德格以其從個人轉移到人民的屬己性哲學，為這個政治手段賦予了更高的隆重意義：「**此有的原初要求**」。

[300]

一九三三年十一月的演講應用了民族的基礎存有學。一九三四年夏天的邏輯學演講課中（至今只出版了殘缺的筆記），海德格明確反思了從「**向來屬我性**」（Je-meinigkeit）到「向來屬我們」（Jeunsrigkeit）的轉變。他說：「**自己**（Selbst）**並不是我**（Ich）的**最好的規定**。」「我們自己」（Wir-selbst）才是可靠的基礎。在關心「我自己」時，個人失去了腳下的地基，「**他迷失在『自己』當中**」，因為他在錯誤的地方尋找自己，即在空的我中尋找自己。唯有在我們當中才找得到，但也不是每個人群的聚集（「**保齡球俱樂部、匪徒幫派**」）都是這種「**我們**」。在「**我們**」的層次上，也有屬己性和非屬己性的區別。非屬己的「我們」是「**常人**」，屬己的「我們」是人民，他們會主張他們自己就像是一個人一樣。因此，「**人民整體是大規模的人**」（L, 26ff）。

《存有與時間》的屬己性的心境是孤獨。但是當人民成為此有的集體單數時，這種孤獨感就會消失在人民的不祥的統一性中。但是海德格不想放棄存在者的心境，因此他選擇了一個可以展現出決定性孤獨的整體人民的舞台。在其他人民當中，德國人民是孤獨的。孤獨透過革命而闖入「**存有者整體**」的不確定性中。我們在校長致詞中聽過這個論點：人民走到查拉圖斯特拉的空曠天空下，突圍的共同體為了大膽地在無意義的地方建立意義，他們劃分陣營、追隨者和聯盟。德意志的人民和形上學的人民。

漢娜・鄂蘭發展出真正的政治思想，這也是對海德格的回應：它源於不同的「共存」

（Zusammen-Sein）和「相互共存」（Miteinander-Sein），（注1）並且反對以靈知（gnostisch）的方式深入大量的歷史事件，或是自我吹捧成擁有自動機制和邏輯的「屬己」歷史，這個屬己的歷史不會有現實歷史的混亂，因為現實的歷史只是由無數縱橫交錯的歷史構成的。

海德格沒有尋求政治思想，而只是找到了這種歷史的靈知（Geschichtsgnosis）。若是他有注意到他缺少了政治概念，那或許還算差強人意。他不是對政治冷漠的，而是沒有注意到這點，而且他把歷史的靈知和政治思想混為一談，這使得他這幾個月中的政治行為讓人相當尷尬。如果他以歷史靈知論者繼續講述他的「屬己」歷史，而不企圖開展「政治」，就會像過去那樣依舊是個哲學的藝術家；但是他想被政治牽引，成為哲學的政治家。在他站在夏至篝火（Sonnwendfeuer）對著激動的聽眾呼喊：「一**天天過去，日照越來越短。但是我們攻破即將來臨的黑暗的勇氣日益增加。我們絕不會在戰鬥中盲目，火焰指引我們、照亮我們，為我們指向前進之路！點燃火焰，讓熱血沸騰吧！**」[301]

弗萊堡大多數教授都認為這位校長已經變成瘋狂激進的空想家。有時人們也覺得他有趣，並且講述他的故事，有些學生如何在前述的哲學講師以及前護衛艦上尉史蒂勒的指導下，在磚場的土坑裡用木製步槍訓練，以及海德格如何在車中行駛當中跳出車外。高個子史蒂勒（他身高二〇二公分）站在矮小的海德格面前，以標準軍事禮儀進行彙報，而戰時僅在郵政監檢站和前線軍事氣象站服役過的海德格，像指揮官一樣聽取接受報告。這就是海德格的戰鬥場面。

一九三三年九月，海德格又獲聘到柏林大學，十月獲聘到慕尼黑大學。法里亞斯對其背景進行了調查：兩次聘任明顯都是不顧當時系上教職員的反對而宣布的。在柏林，貝姆勒特別強調他對海德格的支持，並且在審查報告裡說他是「哲學天才」。（注2）同時在和慕尼黑交涉的海德格指出，柏林承諾他一個「**負有特殊政治使命**」的教授職位，他想知道，慕尼黑是否會依據他的願望「**改組大學體系**」。他的決定會依據他在哪裡以及如何為「**阿道夫・希特勒盡可能地效力**」。（注3）反對海德格的來自兩方面：保守派教授認為海德格缺少「積極」的教學內容，在克里克和煙施（Jaensch）那樣「死硬派」納粹思想家眼前，海德格欠缺對於納粹世界觀的承諾。

[302]

在應聘柏林和慕尼黑的背後，流傳著一份海德格於馬堡時期的同事、心理學家煙施的審查報告。他說海德格是個「危險的精神分裂症者」（注4），那份文件形同「精神病理學的病歷」。海德格的思想核心是猶太式的，「猶太法典的詭辯形式」，因此對猶太人特別有吸引力。海德格巧妙地將把的「存在哲學」運用到「納粹主義的趨勢」。一年後，當海德格談論納粹講師學院的管理時，煙施寫了第二份報告。他警告人們提防海德格「精神分裂的胡扯」，他善於以「各種意義的假象包圍平庸的事物」。（注5）海德格是個「澈頭澈尾的革命家」，人們可以預期到，如果有一天我們的革命陷入停滯，海德格「可能不再站在我們這

［303］

邊」，而會「改變顏色」。自稱納粹運動「官方」哲學家的克里克說海德格的立場是「形上學的虛無主義」。不同於煙施，克里克在一九三四年把他的評論刊登在他主編的刊物《民族發展》裡：「海德格的世界觀基調是由操心和憂懼的概念決定的，這兩者都會走向虛無。這種哲學的意義顯然是無神論和形上學的虛無主義，在我們這裡，那通常是猶太作家的主張，因此，它是瓦解和分裂德國人的催化劑。在《存有與時間》中，海德格有意識地對『日常性』進行哲學思考，它無關人民與國家、種族以及我們納粹世界觀的所有價值。在校長致詞中……突然聽見英雄主義的內容，那只是為了迎合一九三三年的潮流，和《存有與時間》（一九二七年）和《何謂形上學？》（一九三一年）裡關於操心、憂懼與虛無的基本態度大相逕庭。」（注6）

納粹當局的多元中心主義，也對於科學政治和意識形態領域產生影響。巴伐利亞和柏林教育部的人們因為海德格的國際聲譽而希望能得到他。他們想要一個顯赫的招牌，卻忽略了黨團中大部分人對海德格「私人的」納粹主義不理解，或甚至有不可靠的印象。克里克甚至懷疑，海德格將革命與憂懼的虛無主義連結在一起，目的是最終將德國人民驅向「拯救教會的可憐人」。（注7）無論如何，海德格都不適合「為納粹運動建立精神和道德核心的任務」。（注8）

納粹黨種族政策辦公室負責人沃爾特・格羅斯（Walter Gross）也對海德格式的納粹主義

有想法，在一九三六年的一篇文章中得出結論說：「這位專業充足、並且在種族和政治上沒有污點的科學家……幾乎沒有任何對納粹主義有用的要素。」（注9）目前大學的「政治定位」是毫無意義的；最好是提升科學經濟技術的成效。格羅斯建議大學「去政治化」，以終結現在教授們「表演納粹主義」的「尷尬努力」。在這期間，納粹主義世界觀的發展和傳播最好交給相關的黨派，黨派必須保證由近十年來「意識形態無可挑剔的」新生代科學家接任。

在納粹主義意識形態權力中心當中，海德格被視作「表演納粹主義」的人。一九三四年夏末，黨內討論讓海德格負責成立納粹講師學院，該學院是為年輕科學家訓練世界觀的單位，格羅斯也強力警告羅森伯格辦公室要提防海德格。格羅斯提到了煙施和克里克的審查報告，也引證海德格在弗萊堡的「活動」的不利內部報告。（注10）

儘管有這些反對意見，慕尼黑和柏林還是對海德格發出了聘書。最終，海德格拒絕了兩校的聘請。對於他的拒聘，正式且對內部的說法是，弗萊堡的大學改革仍然需要他，並且也還沒有找到合適的人選接任校長一職。一九三三年九月十九日，他寫信給布洛赫曼說：「**如果我離開，弗萊堡的一切都會垮台**。」（BwHB, 73）

[304] 但是在弗萊堡大學的人們不這麼看。大多數教授都希望海德格最好今天就離職，而不是明天。因為人們不喜歡他在公告、號令、警告時作威作福的語氣；最重要的是，大多數教職員都準備好迎接新的政治形勢，但是教學和研究不應再受到這種情況影響。讓教授們特別生

[305]

氣的是，研討課和演講課因為衝鋒隊和學生團體的軍訓課和勞動役而取消。但是海德格卻很重視這類活動，只要那是帝國衝鋒隊高等教育辦公室規畫的。海德格任命的法律系主任埃里克．沃爾夫（Erik Wolf）特別積極嘗試以海德格的思想改革法律教學工作，為軍訓課和勞動役騰出更多時間，此舉遭受保守派教授的強力抵制。沃爾夫精疲力盡，他想在一九三三十二月七日放棄，並且向海德格提出辭職。他承受精神上的痛苦，懷疑自己是適任的人選，但是他恭敬地寫信給海德格說：「校長閣下，相較於其他人，您必更能判斷努力之所以失敗的深層原因，」是由於「個人的無能」或是「同事的阻撓」。（注11）海德格不接受他的辭職：**「這是由於新的法規和當前鬥爭的局勢所致，您擁有我最高的信任，卻未獲得系上的信任。」**（注12）海德格認為自己有義務支持他忠實但不安全的追隨著，也因此他在聖誕假期警告抵制的教職員說：**「自從我上任那天起，明確的原因和實際上只能逐步實現的目標，是透過納粹國家的力量和要求，對於科學教育進行根本的改革。只是根據『當今局勢』，選擇和編排演講課教材的這種調整不僅是不夠的，更會使學生和講師對於真正的任務視而不見。學生停課，講師釋出的時間必須用來思考演講課和練習內容的改造……由大學變革真正的共同渴望產生的鬥爭和對立，對我來說，比起盡可能的使那些從來沒做些什麼又只想掩蓋至今一切的同事都滿意，鬥爭和對立更加正本清源。對於任何能為大學整體帶來進步的微小幫助，我都由衷感謝。但是對於各科系和個別講師工作的評估，我僅視合作未來可見的效力而定。**

[306]

唯有對於未來堅定的意志，才能給予當前的努力意義和支持。無論在哪個位置的個人都不重要。我們人民在他們的國家裡的命運就是一切。」（注13）

海德格威脅說，他會據此「**評估**」不願接受的人。這可能有很多意思，包括向上級舉發、免職或甚至是關押。但是涉及勞動役和軍訓課的方面，海德格卻處於劣勢，因為在此同時，主管的黨派機關有個主流的趨勢，那就是讓教學工作恢復正常。

海德格在他後來的答辯書裡聲稱，卡爾斯魯爾的部會出於政治原因而要求沃爾夫和莫倫多夫辭去系主任職務，他無法保護他們，特別是因為莫倫多夫是社會民主黨的，他也因而辭職了。根據奧托和法里亞斯的調查，這個說法根本不可靠。海德格並不是因為和社會民主黨掛鉤而辭職，而是因為黨派政治在他看來還不夠革命性。海德格後來主張說，他並不是要捍衛大學（universitas）的西方精神，而是要捍衛革命，對抗學術保守主義和資產階級的現實政治，他們只對於大學在經濟和技術方面的實用價值感興趣而已。因此，在一九三三年十一月三十日在杜賓根的演講中，他宣告說：「**德國大學的革命不僅沒有結束，甚至還沒開始。**」（注14）因此，在四月十二日教育部建議他以系上「並非完全空穴來風的擔憂」為由把艾瑞克．沃爾夫解雇，接著他便在一九三四年四月二十三日辭去校長職務，而完全沒提及莫倫多夫。教育部並沒有承認說，（海德格）「**整個德國的此有改革**」的革命主義在大學裡太偏激了。

[307]

因此，海德格辭去校長職務，為革命運動的純粹性而奮戰，他的理解是：在「上帝死後」復興歐洲精神。

他捍衛革命運動的純粹性，也反對特別是在弗萊堡的強大教會趨勢。一九三四年初，在海德格的同意下，地方黨務辦公室首先停止天主教學生團體「里普利亞」（Ripuaria）的活動，但是由於期間簽訂了教約協定（Konkordat）而再次獲准活動，海德格憤怒地寫信給「德國學生會」的領袖奧斯卡．斯特貝爾（Oskar Stäbel）說：「**天主教這種公開的勝利絕不能容忍，尤其是在這裡。目前無法想像對整個工作有多大傷害。我知道當地的局勢和力量的細節……人們一直不清楚天主教的伎倆。總有一天會自食惡果。**」（注15）

天主教在弗萊堡擁有龐大的組織和精神上的影響力，對於努力想擺脫其天主教出身的海德格來說，那是「**整個德國此有轉型**」不容小覷的阻礙。所以在科學營時，他也猛烈攻擊教會代表的基督教。他說，那裡充斥著如假包換的不敬神，因為人們把神當作安逸和膽怯的人的生命保障。然而他的形上學革命追求的卻是剛健、勇敢和果決。

海德格對天主教的強烈批評，卻無法進入想要和傳統勢力協商的黨派辦公室。

海德格為革命運動的純粹性而戰，還包括在兩起事件裡告發了政治異己。

馬克斯．韋伯的姪子愛德華．鮑姆加登（Eduard Baumgarten）在美國開始學術生涯，他著手研究美國的實用主義哲學。他和海德格在一九二〇年代於弗萊堡結交為朋友，海德格甚至成為鮑姆加登的女兒的教父。兩人在哲學上意見分歧，但是都能夠友好地解決。鮑姆加登搬到哥廷根，他在那裡得到一個美國研究的教職。由於他的課程很轟動，於一九三三年獲得有考試許可的講師職位。在政治上他也願意配合，並且申請加入衝鋒隊和納粹講師團體。在這個關頭，海德格介入了。一九三三年十二月十六日，他寫信給納粹講師團體說：「**就其家庭和思想背景而言，鮑姆加登博士來自馬克斯・韋伯周圍的海德堡自由民主派知識份子圈。在此期間，他絕不是納粹黨……鮑姆加登在我這裡並不得志，可是他和以前在哥廷根任職而被解聘的猶太人弗蘭克爾（Fränkel）過從甚密。我推測鮑姆加登是透過這個途徑在哥廷根落腳的……目前，我認為接受他加入衝鋒隊和講師團體都不合適。鮑姆加登特別能言善道。無論如何，在哲學領域上，我認為他是一個虛有其表的人。**」（注16）

海德格在公開演講當中總是一再警告人們要提防那些只是表面上附和新情勢的人。對鮑姆加登的事提出警告，完全是由於他的革命主義。海德格撰寫的這份審查報告被哥廷根的講師團領袖認為「充滿仇恨」，並且以「不適用」歸檔。在黨的幫助下，鮑姆加登繼續他的職業生涯。後來他擔任科尼斯堡哲學研討課的負責人，地方團體的義務領導人，羅森伯格辦公室會邀請他參加工作會議。

雅斯培於一九三五年透過瑪麗安妮・韋伯（Marianne Weber）獲悉這份報告。此事他終身難以忘懷，這是他生命中「最深刻的經歷」之一。（注17）「馬克斯・韋伯周圍的海德堡自由

[308]

民主派知識份子圈」的嘲諷，必然也打擊了他。但是讓雅斯培感到更不堪的是，他以前一直不認為海德格是反猶太主義者，但是海德格卻以反猶太主義的手段抹黑不受歡迎的學者。雅斯培感到驚恐，但是此時他更畏懼海德格，因此不敢直接和聊到此事。直到一九四五年底，肅清委員會（在海德格的建議下）要求雅斯培提出一份報告，雅斯培才把鮑姆加登案公諸於眾。

關於化學教授，（一九五三年）諾貝爾獎得獎者赫曼・施陶丁格（Hermann Staudinger）的情況，胡果・奧托找到相關文件並重建其過程。一九三三年九月二十九日，巴登高校負責人費勒（Fehrle）拜訪弗萊堡——根據新的大學章程，海德格被任命為領導和校長——海德格告知負責人說，施陶丁格在政治上有不可靠的嫌疑。費勒立即著手調查，事情緊急，因為根據《職業公務員制度重建法》提起訴訟的最後期限是在一九三三年九月三十日。海德格在夏天已經開始調查施陶丁格，對施陶丁格的指控主要是第一次世界大戰期間的事。施陶丁格自一九一二年以來，一直是蘇黎世工業大學的教授，但仍是德國公民。由於健康因素，他最初並未被徵召入伍。在戰爭年間，他發表了和平主義的文章，呼籲對於政治進行反思，因為戰爭的技術發展威脅了人類整體。一九一七年，他中請瑞士公民身分。在當時德國關於他的歸檔資料中，他被懷疑洩漏化學領域戰爭上的重要知識給敵國勢力。這個嫌疑後來被排除了，但是在一九一九年五月的檔案中增加了一條附註，認為施陶丁格在戰爭時期的態度「嚴重損

[309]

害德國在國外的聲譽」。（注18）施陶丁格於一九二五年獲聘到弗萊堡任職，此事再度被議論，但是由於施陶丁格在此期間已經成為舉世聞名的學術權威，民族保守主義派的教授也不再有意見。

於是海德格發動調查，目的是要解雇施陶丁格。蓋世太保彙整了檔案，並於一九三四年二月六日呈交給海德格徵求表態。海德格逐項列舉指控：向敵國洩漏化學製程的嫌疑；施陶丁格在「**祖國最困難的時候**」申請瑞士公民身分，而且未經德國同意入籍瑞士；他公開宣稱「**永遠不會以武器或以其它服務支持他的祖國**」。罪證已經相當充足。海德格寫道：「**應該考慮解聘而非退休**。」因為施陶丁格現在「**假裝自己是民族起義百分之一百一十的朋友**」，所以介入更加緊迫。（注19）

如同鮑姆加登的狀況，海德格現在主要是要緝捕所謂的機會主義者。海德格的熱情被鼓舞，因為他不信任國家和專業科學之間的實用主義聯盟。如果「**無根的**」專業科學因為有利於政治而再度受到重視，那麼在他看來，「**整個德國的此有轉型必然失敗**」。因此他掀起反對施陶丁格的運動，此人現在正盡一切力量在證明自己的研究對民族覺醒有多麼重要。在痛苦的偵訊的那個禮拜，施陶丁格發表了一篇文章，強調化學對於新德國爭取自給自足的意義，同時對「**國家革命**」表達他「**由衷的喜悅**」（注20）。由於黨內高層干預，他沒有被解聘。「**考量到他的研究在國外享有的地位**」（注21），海德格也退讓了，在一九三四年三月五

[310]

日，建議讓施陶丁格退休而非解聘。但是海德格也未能實現這個建議。透過複雜的安排，施陶丁格被獲准留任。

這段故事還有餘波盪漾。海德格在一九三八年發表以「透過形上學建立近代世界觀」（Die Begründung des Neuzeitlichen Weltbildes durch die Metaphysik）為題的演講，批評現代科學的技術主義，剛好納粹機關刊物《阿勒曼尼人》也刊登了一篇文章，對比於專業科學實際上「極其重要」的工作，以海德格為例，說明這種工作的無用性（一位「沒有人理解並且教授虛無……」的哲學家）。（注22）這裡指的重要工作顯示於文章下方的廣告：施陶丁格教授公佈了演講主題：「四年計畫與化學」。

海德格於一九四五年十二月十五日對肅清委員會的答辯書裡提到此事。但是對於告發施陶丁格一事隻字未提。也許海德格對於舉發的事默不作聲，不僅是因為不想加重罪責。可能對他來說，他所做的根本不是告發。他覺得自己屬於革命運動，而防止革命覺醒中的機會主義者，也是他致力要做的事。他不能容忍這些人混入革命運動並且從中獲利。對海德格來說，施陶丁格就是這種科學家，只要對他們個人來說值得，他們能服務於任何目的，他們追求的只是「**無風險的工作的平靜安逸**」。

歷史的諷刺的地方在於：實際上為政權提供巨大貢獻的，不是像海德格這樣的哲學家，而是「對政治冷漠」的專家們。有一段時間，海德格想以他的革命想像為體系服務，然而實際上對那個體系有裨益的，卻是那些專家們。

注1：H. Arendt, *Was ist Politik?*, 9。

注2：V. Farías, *Heidegger und der Nationalsozialismus*, 227。

注3：引自：同前揭：頁228。

注4：引自：同前揭：頁232。

注5：引自：同前揭：頁275。

注6：引自：G. Schneeberger, *Nachlese zu Heidegger*, 225。

注7：V. Farías, *Heidegger und der Nationalsozialismus*, 234。

注8：引自：T. Laugstien, *Philosophieverhältnisse im deutschen Faschismus*, 49。

注9：引自：同前揭：頁88。

注10：L. Poliakov/J. Wulf (Hg.), *Das Dritte Reich und seine Denker*, 548。

注11：H. Ott, *Martin Heidegger. Unterwegs zu seiner Biographie*, 228。

注12：同前揭。

注13：A. Schwan, *Politische Philosophie im Denken Heideggers*, 219。

注14：B. Martin (Hg.), *Martin Heidegger und das "Dritte Reich"*, 179。

注15：引自：V. Farías, *Heidegger und der Nationalsozialismus*, 247。

注16：同前揭，頁283。

注17：K. Jaspers, *Notizen zur Martin Heidegger*, 15。

注18：H. Ott, *Martin Heidegger. Unterwegs zu seiner Biographie*, 203。

注19：引自：同前揭：頁205。

注20：引自：同前揭：頁207。

注21：引自：同前揭：頁208。

注22：引自：同前揭：頁212。

第十六章
SECHZEHNTES KAPITEL

當我們思考時，我們在哪裡？

柏林的托特瑙山：講師學院計畫

告別政治活動

「我將講授邏輯學……」

海德格選擇了他的英雄：從希特勒到賀德林

「世界的黑暗」和真正存在的納粹主義

[311]

當我們思考時，我們到底在哪裡？

贊諾芬（Xenophon）講述了一則關於蘇格拉底的軼聞佳話。他曾參加伯羅奔尼撒戰爭，是個勇敢的士兵，但是有一次，在部隊行進中，他突然陷入沉思停下腳步，就在那裡站了一整天，神遊物外，忘了地點，忘了自身處境。他突然想到什麼或突然發現了什麼他該思考的事，便脫離了他的現實。他陷在思考的力量之下，思考把他領到無所有之鄉（Nirgendwo），以不尋常的方式棲身。這個思考的無所有之鄉，就是中斷日常事件、卻引人入勝的他方（Anderswo）。就我們對蘇格拉底的了解，這個精神上的他方的經驗，是戰勝死亡恐懼的前提。涵泳在思考裡的蘇格拉底變成一個難勝者。他們能夠殺死他的肉體，但是他的精神卻會繼續存活。他擺脫此有的鬥爭。當亞里斯多德讚揚哲學的無處不在且不在任何地方時，他想到的就是蘇格拉底，四周自然運行不息，他站在那裡一動也不動，陷入沉思；「不需要裝備，也不需要特定場地……在大地之上，只要有人致力於思考，他就會獲得真理，好像真理就在那裡」。（注1）

但是蘇格拉底也是城邦的哲學家，雅典市場廣場的哲學家。在那裡，他想和他的他方，與他的哲學的「不在場性」一起在場。哲學既是無場域的（ortlos），同時也是有場域的（ortsgebunden）。

現在，海德格是一位場域特別明確的哲學家，在他政治活躍的時期，他以激昂的語言進

[312]

入戰場，對抗所謂「**軟弱無力和無根的**」（bodenlos）思考。但是現在他注意到，他想立足的新革命現實的基礎正在動搖。當他和柏林商談聘任的問題時，他寫信給布洛赫曼說：「**一切都是無根的。當我再度離開柏林，我感到心情輕鬆。**」（一九三三年九月十九日，BwHB, 74）

在這封信中，海德格談到了他的進退維谷。「**一方面：我……認為只需要知道一件事，我們必須為偉大的精神轉變做準備，並開創這個轉變。另一方面：我目前……離我的工作很遠，儘管我每天都感覺日常行動……推擠過來。**」

要將他推回哪裡？

他的思考場域是可以確定的。一個虛構的以及一個真實的，一個是在哲學的希臘，以及另一個在鄉間，更具體的說是托特瑙山。

海德格想透過納粹革命實現希臘夢，尼采早在半個世紀前就說過：

「德國哲學整體……是迄今為止……最澈底的一種鄉愁……人們再也無處為家，最後人們想要回到任何可以棲身之所，因為人們想在那裡棲身獨處：而那就是希臘世界！但是通往那裡的所有橋樑恰巧都斷裂了，除了概念搭建的彩虹！……當然：人們必須非常細膩、非常輕巧、非常纖瘦，才能跨過這座橋！但是多麼幸運，它已經在精神性的意志中，在近乎無實體的意志中……人們想透過神學家回到希臘……德國哲學是復興的意志，……發掘古代哲學，尤其是先蘇哲學家——所有希臘神廟裡埋藏的最深處！……我們一天一天越來越希臘化，一開始，在概念和價值評估中，如同模仿希臘的幽靈，多麼廉價：但有朝一日，希望也有希臘化的軀體！」（注2）

如果我們所知，海德格想在社會性身體上回歸希臘文化：革命作為「**希臘哲學覺醒的**」原初「**力量**」之恢復（校長致詞）。

[313]

另一處：在鄉間，托特瑙山。在黑森林山顛，海德格感覺自己鄰近他的希臘夢，從那裡下山到政治平原，他能從那裡得到某些東西，因為那裡正處於動盪，「**一切偉大的事物皆處於風暴中**」。

在他從事政治活動的幾個月中，海德格必定經歷了痛苦，他無法如願把兩個世界連接在一起：他在其中生活的世界，以及他在其中思考的世界。一九三四年三月，海德格的廣播演講遭到許多攻擊。演講中包含公開拒絕柏林大學的聘任：「創造性的地景：為什麼我們留在鄉間？」（Schöpfersiche Landschaft: Warum bleiben wir in der Provinz?）人們經常只想要看到意識形態化的家鄉浪漫主義和農民浪漫主義。但是海德格以他的方式提供了單純的經驗，但對他來說，那是非常本質性的經驗：「**我的所有工作……都是由這些山丘和農民構成的世界擔負和引領的。有時山上的工作會因為山下長時間的談判、演講、會談和教學工作而中斷。但是一旦我回到山上，在小屋中此有的最初幾個小時，所有先前的問題的整個世界，便以我離**

開它時的模樣向我襲來。我會直接進入工作的規律運作中，基本上我無法掌控其隱藏的規律。」（D, 11）

海德格注意到並且承認，他生活和思考的世界都在托特瑙山的小屋，實際上也只有在那裡，兩個世界才能達成一致。唯有在「**小屋的此有裡，先前的問題的整個世界**」，也就是這個希臘開端的重現，才變成活生生的現實；正如海德格習慣說的，那個世界唯有在那裡才會「**在場**」（anwesen）。這就是為什麼在他任職校長失敗之後，再度回到他思想的「**場域性**」（Ortschaft），他也感到心情輕鬆。有一次沃爾夫岡・沙德瓦爾特在街上偶遇海德格，他挖苦地問道：「從敘拉古回來嗎？」眾所周知，柏拉圖曾經想在敘拉古實現他的烏托邦，卻差一點成了奴隸。

一九三四年四月二十三日，海德格辭去校長職務，他放棄了政治上引人注目的職位，但是在此期間仍堅持自己的計畫，也就是在新的革命現實中為哲學創造適合的位置（致雅斯培，一九三三年三月十日，BwHJ, 150）。但由於他不想再離開他的思考重新找到的「**場域
[314] 性**」，所以他別無選擇，只好嘗試移植這個「**場域性**」，像他哲學的蝸牛殼一樣，把它帶在身邊。他之所以拒絕柏林的聘任，因為那裡是「無根的」，但是一九三四年夏天，他提出在柏林成立講師學院的想法，並表示如果可能實現這些想法，他願意到柏林去。他的計畫歸根究柢是在柏林的中心建立一種哲學家的隱修院，一個托特瑙山式的庇護所。

早在一九三三年秋天，海德格就開始與柏林協商此事。講師學院的計畫是由柏林黨團和當時的科學與教育部發起的。當時的設想是一個政治培訓機構，所有未來會成為教授的年輕學者都必須經過培訓；目標當然是在意識形態上確立民族世界觀的方向。任教資格（venia legendi）的授予必須以講師學院結業為前提，也因此大學被排除在外。政黨辦公室診斷了納粹弊端，學者中的「多數人口」都乖乖服從，但「幾乎沒有……對納粹主義更有用的份子」，為其補救並創造必要條件，必須在十年左右的時間中培養「在世界觀方面無可挑剔的」新生代科學家。（注3）黨內討論讓海德格作為學院的負責人。海德格草擬詳細的建議，並於一九三四年八月二十八日寄到柏林。它不該是一個學院，也不該是社會名流的俱樂部，也不該是一個政治社區大學，而應該是一個「**教育培訓的生活團體**」。他說那就像是修會一樣，這個修會以「**屬己的精神**」創造一種超越時代的「**有約束力的傳統**」。決定性的因素在於意在言外的影響力。因此教師「**是要以他們是什麼以及是誰來產生影響，而不是他們『談論』什麼以及關於什麼**」。教師和學生應該一起生活在由「**研究工作**、**休息**、**集中精神**、**競賽**、**體力勞動**、**行軍**、**運動和慶祝活動**」自然交替構成的日程中。也必須有「**真正的孤獨和集中精神**」的機會，因為為共同體所服務的，無法僅僅「**由共同體產生**」。外部的制度必須遷就孤獨性和共同體之間的變換：演講廳、有講台的餐廳、慶祝活動室，音樂室以及公用寢室。另一方面，個人也可以回到進行思考和默觀的「**小房間**」。圖書館的設施必須簡陋，只

[315]

設置必需品就好了，「**圖書館屬於學校，如同犁屬於農夫**」。學生應參與選書，以便學習「**對於文獻真實且根本的判斷**」。最後，海德格對這個科學修道院的核心思想做了總結：「**如果要克服現在科學領域裡極具影響力的『美國主義』，並且在未來避免它，那麼就要為科學改革提供由其內在必然性中發展出來的可能性。除了透過個別人格特性的特定影響外，它不曾發生也將不會發生。**」（注4）

[316] 海德格所設想的講師學院並沒有成立。幕後有陰謀詭計。羅森伯格辦公室和教育部受到其他黨部辦公室的警告。一九三四年二月十四日，克里克寫信給煙施說：「盛傳海德格想透過普魯士講師學院，把所有新生力量轉到普魯士高校。我看到一場災難。我請您為黨部高層提供一份關於此人、他的行為、他的哲學和他的德語的研究報告。」（注5）在海德格和慕尼黑和柏林商談聘任問題期間曾經插手干涉的煙施提出這樣的意見。其中表示說：「如果您希望我表達意見，我想以阿道夫・希特勒的一句話作為開頭，無論何時，希特勒都會承認健全理性的法則是最高權威。在國家生命決定性的時刻，與理性的矛盾必然且無可避免的會導致災難……如果任命頭腦最糊塗且最古怪的人擔任我們大學裡對下一代思想最重要的職位，這會與健全理性相互矛盾……正如我們在馬堡清楚看到的，任命一個如此怪異、思想昏昧、分裂、部分已（明顯）顯現精神分裂思想的人擔任我們學院新生代最高的教育者，在教育上將對學生（產生）破壞性的影響。」（注6）

儘管教育部駁回了這份報告，而對一個世界觀理事（Weltanschauungsfunktionär）更感興趣，海德格並因此被剔除在候選人名單之外。但是海德格作為政權意識形態的工具仍有利用價值。一九三四年五月，他被聘為「德國法學院」法律哲學委員會。委員會主席是帝國司法專員漢斯・法郎克（Hans Frank），他在開幕致詞中定義了該委員會的性質和任務。它應該以「種族、國家、領袖、鮮血、權威、信仰、土地、防禦、唯心論」的價值為新德意志法律奠定新的基礎，該委員會必須組織「納粹主義戰鬥委員會」。該委員會在威瑪的尼采檔案館（Nietzsche-Archive）舉行會議。海德格在這個委員會任職至一九三六年。關於他的貢獻我們一無所知。（注7）一九三五年，尤利烏斯・施特萊徹（Julius Streicher）被召入委員會。此事引發了極大的轟動，以致卡爾・洛維特於一九三六年在羅馬與海德格商談。經過幾番猶豫，海德格回答說：「關於施特萊徹無需多言，《衝鋒報》（*Der Stürmer*）只是個色情刊物。為什麼希特勒不擺脫這個連他也不理解的傢伙，他可能是害怕他吧。」（注8）

儘管海德格對於希特勒以及革命的必然性的信仰沒有動搖，但是他與政治卻漸行漸遠。他的哲學過去在尋找一位英雄，而且是一位政治英雄。現在他再度告別這個領域。哲學要被置於更深的地方，它要再度成為精神的基本事件，儘管它決定著政治，卻不為政治獻身。一九三六年關於謝林的演講課開始時，海德格說：「**很快的，拿破崙在艾爾福特（Erfurt）對歌德說的話，終將顯現它的虛妄：政治就是命運。不，精神就是命運，而且命運就是精神。**

而精神的本質則是自由。」（GA 42, 3）

[317] 在一九三四年夏季學期的演講課中，他已經宣布從政治返回精神的轉向。公告的課程主題是「國家與科學」。第一堂課時，各類人士翔集，達官顯貴、黨派名流、貴賓和同事們都齊聚一堂；學生反而佔少數。人們都很好奇，辭去校長後的海德格會說些什麼。當時這個演講課是社會大事。海德格穿過擁擠的講堂，身著棕色軍服的人佔了多數，他登上講台說，他改變主題了：「**我要講授邏輯學。邏輯學來自邏各斯**（Logos）。**赫拉克利特**（Heraklit）**曾說……**」這時候的海德格顯然準備重新潛入他的深邃之處，儘管他並沒有反對政治的言論，卻想要和它保持距離。開場白裡說明了他拒絕漫無邊際的世界觀談論以及資產階級科學以「邏輯」之名的形式化東西。「**邏輯是檢視對於存有基礎的提問，是疑問性的場域。**」（L, 2）在第二堂課時，講堂裡只坐著對哲學有興趣的人。

一年後，海德格寫信給雅斯培，回顧他辭去校長後的第一個學期，這是個困難的開始：「**對我來說這是……費力的摸索；直到幾個月前，我才重新接上一九三二年學期中斷的工作；但仍是斷斷續續，除此之外還有兩個問題，對於出身信仰的爭論以及校長職務上的挫敗——正是我真正想克服的問題。**」（一九三五年七月一日，BwHJ, 157）

在這個理解自己的宗教信仰以及政治動力的工作中，幫助他的是另一位英雄：賀德林（Hölderlin）。

[318]

一九三四年冬季學期，他開了關於賀德林的演講課。從此之後，賀德林就成了他思想永恆的座標點。海德格希望藉由賀德林找出我們欠缺的神性是什麼，以及我們天天從事的「政治」是什麼。海德格說，賀德林是「**我們人民歷史中的力量**」，但是這個力量尚未真正顯現。如果德國人民想要找到自己，這種情況就必須改變。海德格把他要協助的東西稱為「**在最高屬己性的意義下的『政治』，在這裡，任何有所求的人都不必談論『政治事務。』**」（GA39, 214）

海德格轉向這位詩人時，曾經有一段賀德林的復興。賀德林不再像世紀初以前那樣，只是個有趣的文學史裡的詩人，他還寫過一部奇特的書信小說《希培里翁》（*Hyperion*），而且也是古希臘文化的愛好者，在德國古典時期，有許多人是古希臘文化的愛好者。狄爾泰和尼采都極力推崇賀德林，但是他們都無法使德國大眾注意到他。直到第一次世界大戰前，格奧爾格圈以及海林格拉特（Norbert von Hellingrath）發現了賀德林晚期的作品並且評論之，才開始編輯他的全集。格奧爾格圈認為賀德林是「象徵主義」的創造性先驅，但不是藝術上的玩味，而是生存上的緊迫感。「彷彿拉開了神聖之物的帷幕，並呈現了無法言喻的東西」（注9），這就是一九二〇和三〇年代的賀德林熱潮的基調。馬克斯．科默雷爾（Max Kommerell）把賀德林列入「領袖詩人」之一；在賀德林那裡，人們和「德意志的力量源泉」相接。（注10）在青年運動中，賀德林被認為是因為德國而心力交瘁的天才。《希培里翁》的句子不斷被引用：「這樣的言詞冷酷嚴厲，但是我仍然要說，因為這是真理：我想不出有任何民族像德國這般分裂，你看到工匠，但沒有看到一個人，看到思想家，但沒有看到一個人，看到主人和僕人，青年和老練的人，但沒有看到一個人——這難道不像一個戰場，手、胳膊和肢體四散相疊，流出的鮮血滲入沙中？」（注11）

懷著對於新的生命整體性的渴望，對於一整個政治光譜的知識份子來說，賀德林是重要的典範人物，特別對於那些想要在詩句裡找尋神聖經驗的人來說更是如此。里爾克（Rilke）在他的詩作《致賀德林》（*An Hölderlin*）裡說：「啊，至高者所渴求的，你別無所求地放下／一磚一瓦：它矗立。即使它坍塌／也不使你迷誤。」（注12）

後來的精神失常，使賀德林的詩更具屬己性（Authentizität）；他發瘋了——難道不是因為他比其他人更深入生命當中危險而神祕的境域？

德國詩人：因對詩的力量而不能自已的詩人；新神的助產士，走私者和偉大的失敗者——這些形象是人們眼裡的賀德林，海德格從這裡接手。

[319]

他的賀德林評註有三個重點。在自己的「權力」政治失敗之後，重點便成了權力的本質和此有力量的階級。詩、思想和政治，三者之間的相互關係。

其次，海德格想在賀德林那裡找到一種我們欠缺的語言。他以賀德林證明我們欠缺了關於存有的語言（《諸神之夜》〔*Göttermacht*〕），以及可能克服這種缺憾的先驅。第三，他想經由賀德林這個媒介，這位「**詩作的詩人**」，了解自己的行動，思想的思想。他在賀德林身上看到他自己，特別是在他挫敗的時候。他間接描繪了自己的形象，他所看到的自己，以及他想被看待的模樣。

他在演講課裡評論了對兩首賀德林晚期的頌歌《日耳曼尼亞》（*Germanien*）和《萊茵河》（*Der Rhein*）。海德格引用了賀德林的一句格言，作為他整體詮釋的基本思想：「大多數時候，詩人在時代的開端或終點形成。伴隨著歌聲，人民拋卻童年的天空，進入行動的生活，進入文化的國度。伴隨著歌聲，他們回到了原初的生活。」（GA 39, 20）

海德格說，這是詩人的語言，在一個民族及其文化的各個時期中，一切都以詩人的語言「**顯現，然後我們用日常語言加以討論和商談**」。

那是對於詩人的詩句力量的恭維看法。詩人賦予民族同一性。就像荷馬和赫希奧德（Hesiod）一樣，把神帶給人民，並以此建立「**風俗和習慣**」。詩人是民族文化真正的發明者。因為賀德林在他的詩作中以詩的力量為題，所以海德格稱他為「**詩作的詩人**」。

現在海德格把詩作推動文化的行為和其他偉大的創舉連結在一起：哲學的揭露世界以及國家的建立。「**基本情韻，即一個民族此有的真理，最初是由詩人創建的。存有者如此被揭露的存有，透過思想家，被當作存有而理解，如此被理解的存有……，透過作為一個民族的人民而回到自身，被置於情韻化**（be-stimmt）**的歷史真理當中。這就國家創建者……如何創**

造國家。」（GA 39, 144）

[320] 詩、思想和政治有個共同之處，它們都可以成為磅礴強大的作品。關於賀德林，海德格說：「**也許有一天，我們不得不脫離日常性，進入詩的力量中，我們永遠無法如同我們離開它時那樣回到日常性中了。**」（GA 39, 22）

詩人、思想家和政治家成為他人的命運，因為他「**有創造力**」，透過某些東西進入世界，他們在自身周遭建立了「庭院」（Hof），庭院裡有種種新的此有關係和可見性。這種作品的創造，強大且神祕地站在存有者的地景裡，海德格稱之為**爭鬥**。在一年後開設的演講課《形上學導論》裡，他如此描述這種創造性的**爭鬥**：「**這場爭鬥首先籌畫且發展了聞所未聞、至今沒有談過或想過的東西。然後，由創作者、詩人、思想家和政治家進行這場爭鬥。他們以作品迎戰難以抵抗的統治，並且在作品裡捕捉在此同時開啟的世界。**」（EM, 47）

我們看到了海德格著迷於希特勒如何創建一個有創造性的國家。現在是關於賀德林的詩的**影響範圍**，就像納粹革命的影響範圍一樣。一九三三年十一月三十日，海德格在杜賓根關於「納粹國家裡的大學」的演講裡就提出警告，不要把**革命現實性**視為**手前的**東西或是單純**事實性的東西**。若是如此，人們就永遠沒辦法知道它是什麼。人們必須踏入這現實性的禁區，並且使自己轉變。這也適用於賀德林以及所有偉大的詩。革命的現實性會要求一個決斷，人們想要使自己處於**漩渦**之中，或是想要保持安全距離。賀德林的詩，只有有決斷的人才能領悟，然後對他們來說，如同政治或是思考，他的詩會成為一場革命性事件，即整個**此有的變革**。但是很少有人想要涉入這場冒險。海德格研究了安全距離的策略，所有這些策略，都只是要使自己不必臣服詩的權力命令。因為人們把詩理解為對於經驗和幻想的表現，有娛樂性並且有益於精神視域的擴展。或者詩作為意識形態的上層結構，是在美化或霧化現[321]實關係。或者是以下的想法（海德格引用納粹意識形態）：詩是民族不可或缺的生物功能（GA39, 27）。海德格譏諷說，消化也是民族必不可少的功能。這種做法逃避了現象的力量範圍，而只是從外部觀望，海德格稱為自由主義的基本立場。「**如果『自由主義』這個被濫用的名號能有些什麼，且必須有的，那就是這種思考方式。因為它從根本上且在自始便出自它所指和所思，使其所思所想成為其意味**（Meinen）**的純粹對象。**」（GA 39, 28）

對「自由主義」這個術語的獨特用法。它意味著無思、無感、或是在方法上拒絕屈從於某物的固執；人們想到事物「之上」、「之下」或是「之後」，但無論如何，都要避免被捲入「其中」。面對這種批評，海德格突然陷入一種境遇感，對賀德林來說，這就是《諸神之夜》的特徵。

賀德林說，儘管我們「今日的人」在科學知識的意義下是「經驗豐富的」，卻再也無法在其豐盈和生命性中感知事物、自然和人際關係。（注13）我們失去了「神」，這意味著「精神」離開了世界。我們向大自然屈服，「潛望鏡」穿透到宇宙最遠的地方，我們「倉促應

[322]

對」顯現的世界的「盛大崛起」。我們把自然和人類之間的「愛的連結」做成繩索，我們「譏笑」人和自然之間的界線。我們成為「狡猾的物種」，甚至自詡看得到「赤裸裸」的事物。因此，人們再「看」不到土地，「聽」不到鳥鳴，人與人之間的語言也「枯竭」了。這一切在賀德林那裡就是《諸神之夜》。這意味著人及世界境況的內在意義和影響力的喪失。

在賀德林的理解下，詩人必須把在此時消逝的世界以文字鮮活地表現出來。由於他只能回憶消逝的事物，他是個「貧瘠時代的詩人」。

對賀德林來說，神不是超越的領域，而是描繪了在人與人以及人與自然之間的關係裡，一種在人心裡改變了的真實性。一種對於世界開放的、成長的、冒險的、緊張的和清醒的生命，無論個別或是普遍皆然。那是對於「在世存有」的歡呼。

一九二〇年代的海德格，把賀德林的神叫作屬己性，現在又重新命名它：「**和存有的關係**」（der Bezug zum Seyn）。此有（海德格在《存有與時間》的解釋）總是已經處在和存有的關係當中。就連逃避到非屬己性中，也是屬於這個關係。當這個關係清楚地被把握，也就是「**屬己地**」體驗它，「**和存有的關係就變成『一個』和存有的關係**」。從現在起，當海德格指涉那種在這個意義下神聖化了的此有的**屬己**關係，他都會把存有寫成「Seyn」（「y」而不是「i」）。在此有當中向神開放，恰恰意味著：自身開放並勇往直前，直至屬己的深淵性（Abgründigkeit，無基性），直至世界的奇蹟。

人們可能認為，這種開放完全是個別的、決斷的此有的成就。在《存有與時間》的屬己性哲學中，這種個體面向其實也佔有主導地位，而在為整個民族打造神和神性的詩人英雄和思想家英雄的想像裡，這種個人主義也一直持存著。然而現在海德格更加強調歷史和集體的面向。有些歷史時代有益於這種存有關係，而有些時代使得這種存有（Seyn）關係變得滯礙難行。《諸神之夜》或如海德格所說的，**世界的昏暗**籠罩著整個時代。對海德格來說，賀德林之所以如此偉大，正是因為在時代的斷層之處，在舊的諸神消失、新的諸神還沒有臨到之際，身為個人，他既姍姍來遲卻又來得太早，而必須忍受失去的痛苦，並且不得不蒙受將來的暴力。「但是朋友！我們來遲了。即便諸神仍在，／但在頭頂上的另一個世界中……因為不脆弱的器皿並不總能承載他們」，所以在賀德林晚期的一首詩裡這麼說，海德格把這首詩和《宛若在假期……》（*Wie wenn an Feiertagen...*）裡的詩句連讀：「這是我們應得的，在神的風暴之下，／你們詩人！光著頭站立著，／用自己的手，把握父親的光和自己／歌聲籠罩／將天國的贈禮給予民族」（引自GA 39, 30）。

[323] 詩人的頭頂上「神的風暴」，海德格把這個意象解釋為：「**暴露於存有的超越力量**。」（GA 39, 31）並且引用賀德林於一八〇一年十二月四日在客居波爾多之前不久寫給朋友波林多夫（Böhlendorff）的信：「否則我可以為新的真理歡呼，一個關於我們或我們周圍事物的更好觀點，現在我擔心，最終我會像老坦塔羅斯（Tantalus）那樣，從神那裡得到太多，卻又

無法經受。」旅行回來之後，感到迷惘脫節的他寫道：「強大的元素，天空的火與人的寂靜……不斷打動我，人們複誦英雄的話，我可以說，阿波羅擊倒了我。」（致波林多夫，一八〇二年十一月）

海德格解釋說，賀德林勇敢前進，也許走得太遠，來到「**精神和歷史的此有的整體威脅發揮作用的領域**」（GA 39, 113）。當他周圍的人民都處於無困境性的困境（in der Not der Notlosigkeit），並因此不需要他們的詩人，那麼他就必須獨自承擔一切，不管是痛苦或巨大的幸福。賀德林生活於其中並且據以創作的基本情韻，還沒有在人民之間引起共鳴。這尚需「**調整。為了這場改變主導的情緒和負擔的情緒的爭鬥，必須犧牲初熟的果實。詩人在他們的傳說中預言了人民在其歷史中未來的存有，並且必然不被理會**」（GA 39, 146）。

海德格說：「**這就是那些詩人，**」但是他也是指：「那些思想家……」他並因此走到自畫像前。因為他想要以賀德林自況。他也對於「神的風暴」敞開自己，存有的閃電擊中了他，他也不得不操心人民的「**無困境的困境**」，他也創建了一個還沒有被真正接受的作品。海德格以雙關語引用「他們並不需要我」這句話，並接著談當前的革命：德國人還要忽視這個可怕的話語多久？「**如果他們的此有的巨變不能使他們明白，那麼他們究竟還能聽到什麼。**」（GA 39, 136）

再次的巨變，即納粹的覺醒的形上學革命。它應該真的就是這個瞬間，這位新「**存有**」

[324]

的「**創造者**」賀德林終於被聽見。賀德林在探險的路上領先人民，他「**再次大膽地和諸神在一起，以便創造一個歷史世界**」（GA 39, 221）。

海德格再次慶祝偉大的覺醒。如果說這是屬於賀德林的世界歷史的時刻，為什麼不也是海德格的時刻呢！但是在他任職校長挫敗之後，海德格知道，直接的政治行動、「**組織和管理活動，都與他無關了。他的任務是以另一個形上學為覺醒服務，即存有的一個新的根本經驗**」（GA 39, 195）。

半年後，海德格在《形上學導論》演講課中提到這個覺醒受到哪些世界歷史主要趨勢的威脅，並且因而陷入僵局。在這裡，他大膽涉足了當前時代哲學診斷的領域。在他思慮中心的是他所稱的「**精神的被剝奪**」（die Entmachtung des Geistes）（EM, 34）。

海德格表示，首先，精神被歸結為工具理性：「**智能**」（Intelligenz）。它只會「**計算和考慮既定的事物及其可能的變化和再製**」。其次，這種計算的「**智能**」服務於一種世界觀、一種意識形態的教條。在這個情況下，他說馬克思主義是技術狂熱，也是民族的種族主義。「**智能的工作只涉及物質的生產關係的規範和管理（正如馬克思主義）或一切……既有法則的合理秩序和解釋（正如實證主義），或是在民族群眾和種族的組織控制中**」（EM, 36）；無論如何，「**精神事件的力量**」喪失其自由的活動性和自我目的性的尊嚴。它同時也失去了對於存有之要求的「**開放性**」。經濟、技術和種族主義上的全面動員，造成了世界的黑暗，

[325] 對此，海德格以形式的轉變表述：「**諸神的消逝、大地的毀滅、人的群眾化，對一切創造性和自由的仇恨和猜疑。**」（EM, 29）

在這幅陰鬱的全景圖裡，海德格還描繪了一九三五年德國的現實情況。一九三三年，覺醒的精神受到威脅：外在威脅來自美國（技術動員）和俄羅斯（經濟動員）。「**在絕望的蒙蔽當中總是急於自尋滅亡的歐洲，如今處於來自俄羅斯和美國兩方的夾擊。以形上學的觀點來看，俄羅斯和美國是同樣的；失控的科技和尋常人的失根組織的絕望狂奔。當地球上最遠的角落在科技方面被征服，在經濟方面被剝奪，當任何地點、任何時間都可以快速完成任何事，……當時代只剩下快速、瞬間和同步性，而且作為歷史的時代從所有民族的此有當中消失，當拳擊手被認為是民族的偉人，當成千上萬的群眾聚集就是勝利——然後，還會一直有個宛如幽靈一般揮之不去的問題：為了什麼（Wozu）？到哪裡去（Wohin）？以及然後呢？**」（EM, 29）

但是覺醒的精神同樣也受到內部的威脅，那就是種族主義（**對一個民族的群眾和種族有組織的控制**）。

在納粹革命當中，他看到了對抗現代災難性發展的一股力量。對他而言，這就是「**這個運動的內在真理和偉大**」（EM, 152）。但是在一九三五年，他看到了危險，這個運動最佳的動力消失了，並成為「**失控的科技和尋常人的失根組織的絕望狂奔**」（EM, 28）的受害者。

[326]

在這種情況下，哲學家必須維護和捍衛革命覺醒的原初真理。他必須耐心武裝自己。「**哲學本質上是不合時宜的，因為它屬於少數事物其中之一，其命運在所屬的今天永遠無法找到直接的迴響，而且也永遠不被允許找到直接的迴響。**」（EM, 6）

但是海德格並沒有透露自己不久前受到想要引起「**直接迴響**」的誘惑。在哲學爭權失敗之後，海德格又回到孤獨的哲學當中，如同賀德林的榜樣，孤獨的哲學試圖單打獨鬥、驅除「**世界黑暗**」的時代「**危險**」。他從失敗的政治生涯學到了：「**對於真實事物的準備**」，並非一朝一夕能成就的。存有的開顯（Das Offenbarwerden des Seyns）偶然也會發生於哲學之中，在他的哲學裡，但是要使這個事件擴散至整個社會並且根本改造它，還要很長一段時間，因此，它仍是貧瘠的時代。「**在這樣的形上學匱乏之處**」，無論是賀德林或是海德格，思想家必須堅持，對還沒有到來的事念茲在茲。

海德格因而堅持自己的哲學幻想，但是他開始讓哲學擺脫納粹主義政治的糾纏。

對他來說，真正存在著的納粹主義漸漸走向背叛革命的體系，對他來說，該體系原本是形上學的革命，在民族共同體的基礎上的「**存有的開顯**」。海德格仍然認為自己是真正的國家社會主義者，如此，真正的國家社會主義者必須在貧瘠的時代成為思想家。

海德格充分利用他任職校長的挫敗：他把自己寫入他的存有的歷史中，他把自己寫成一個先驅，他來得太早，因此陷入危險，被時代粉碎且拋棄。他是賀德林的同夥。

注1：引自：H. Arendt, *Vom Leben des Geistes. Das Denken*, 196。

注2：F. Nietzsche, *Der Will zur Macht*, 297F。

注3：引自：T. Laugstien, *Philosophieverhältnisse im deutschen Faschismus*, 88。

注4：引自：V. Farías, *Heidegger und der Nationalsozialismus*, 273。

注5：引自：同前揭：頁274。

注6：引自：同前揭：頁276。

注7：引自：同前揭：頁278。

注8：K. Löwith, *Mein Leben in Deutschland*, 58。

注9：引自：E. Salin, *Hölderlin im Georgekreis*, 13。

注10：M. Kommerell, *Der Dichter als Führer in der deutschen Klassik*, 5。

注11：F. Hölderlin, *Sämtliche Werke und Briefe* Bd. I, 738。

注12：R. M. Rilke, *Werke* Bd. 2, 94。

注13：F. Hölderlin, *Hyperion*, *Werke* Bd. I。

第十七章

SIEBZEHNTES KAPITEL

世界觀以及全面動員的時代

海德格的撤退

關於真理棲於作品中

莊嚴的實用主義

國家奠基者、藝術家、哲學家

對權力思想的批評

尼采和海德格，誰克服誰？

在廣闊的海上建造木筏

[327] 在一九三二年十一月六日的最後一次自由選舉當中，納粹獲得了33.5%的支持。一九三三年三月五日的選舉，在國會縱火案、德國共產黨被排除在外、以及對其他反對派的大規模恐嚇之後，納粹黨仍然沒有獲得多數人民的支持。一九三三年十一月十二日國會選舉，只有一份統一名單，又同時舉行退出國際聯盟的公投，納粹黨獲得了92%的支持。這次選舉結果無疑無法反映出人民的心情：希特勒當時還沒有這麼高的認同。但在一九三〇年代後期，人們可以設想，總體看來，絕大多數人民都支持希特勒的政策。那並不是因為恐怖統治、一體化和恐嚇奏效，而是因為希特勒的政策在當時多數人的眼中是成功的。一九三九年四月二十八日，希特勒在一次重要的演講中對這些成功作了總結：「我克服了在德國的混亂局面，重建了秩序，大幅提升了我們國民經濟各個領域的生產……我已經成功把我們非常珍惜的七百萬民失業者全部重新安置到有用的生產中……我不僅使德國人在政治上團結，而且也使他們重新武裝起來，並且我繼續嘗試一頁一頁地撕毀那長達四四八條的條約，其中包含著任何人民和任何一個人都無法忍受的最卑劣的壓迫。我把一九一九年從我們手中搶走的地方還給帝
[328] 國。我讓上百萬和我們分離而深陷悲傷不幸的德國人回到家園，我恢復了德國生存空間千年歷史的統一性，並且我……努力做到這一切，沒有流一滴血，並且沒有使我的民族或其他民族蒙受戰爭之苦。我……二十一年前還只是民族的一個默默無聞的勞動者和士兵，我以自己的力量做到了。」（注1）

[329]

這些政績中的每個項目都得到海德格的支持。他贊同以獨裁方式實行的民族內部政治統一。作為威瑪民主的蔑視者，他並不認為排除政治異己是錯誤的。海德格也不反對領袖和效忠的原則。納粹政權讓許多人重返工作崗位，並且使他們重獲**此有的能力**（海德格在一九三四年二月的一次演講）。海德格認為，退出國際聯盟和單方面廢除凡爾賽條約，則是表達人民自我主張的意願，滿足了「**此有最原初的要求，保存並拯救其自身的本質**」。希特勒的兼併政策也得到他的支持，他認為「**有一千八百萬名德國人雖然屬於民族，但是由於他們住在帝國境外，因而不屬於帝國**」，是可忍孰不可忍。（注2）政權的內外政策，都和海德格從來沒有明確界定的政治思想相符。

一九三六年夏天，海德格在羅馬對卡爾．洛維特說，國家社會主義是「**為德國預先規畫好的道路**，人們**只要『堅持』下去就行了**」。（注3）但是現在這種贊同又降格為政治意見的表達。形上學的情感消失。這就是一些意見而已，國家社會主義實行了一個很好的政策——消除失業、社會安定，修訂《凡爾賽條約》等等。在此期間，他很清楚，誘使他進入政治舞台的形上學革命願景並未實現。如他在一九三五年七月一日寫給雅斯培的信說，當他「**費力地摸索**」，嘗試重新銜接上一九三二年學期「**中斷的工作**」，他越來越不隱藏他的見解，從現代走向新時代的突破，一直在孤獨的思想中，這個思想探索著現代巨大的動力，並從而追蹤其自身政治和哲學野心失敗的深層原因。當他把國家社會主義革命視為時代深處的一個突破，他顯然低估了這個動力。一九三五年至一九三八年之間，他致力於重新解釋的工作。在一九三五年的形上學演講課中，他證明國家社會主義的「**內在的真理及成就**」，並且認為這是在對抗現代世界。在接下來的幾年中，在探究現代計畫的無止盡層面時，他改變了他的視角，而且認為國家社會主義不再和現代世界衝突，而是現代世界特別一致的表現。他發現國家社會主義本身就是他要解決的問題本身。他認為國家社會主義是現代世界的瘋狂怒吼：技術的狂怒、統治和組織，即作為總動員的非屬己性。

但是海德格毫無畏懼地把後期的見解轉嫁到對於運動的早期評論。在一九五三年出版的一九三五年的形上學演講課相當成功。他在括弧中的解釋補充了對於這場運動的「**內在真理和成就**」的評論，這裡是指可怕的成就，即「**全球性技術和現代人類的運動**」。正如我們會看到的，那是海德格在形上學演講課之後開展出來的一個解釋：在尼采演講課裡，在他的祕密哲學隨筆《哲學論稿》（*Beiträge zur Philosophie*）裡，以及在「以形上學證明現代世界觀」（Die Begründung des neuzeitlichen Weltbildes durch die Metaphysik）的演講中，該演講在戰後以《世界觀的時代》（*Die Zeit des Weltbildes*）為題出版，這是海德格最有影響力的著作之一。

一九三五至一九三八年間，對於形上學革命沒有在政治上起作用，海德格感到失望，他試圖了解現代的主流力量；了解是什麼在困擾著他，以及人們如何擺脫它。

[330]

這是怎樣的一位摩洛神（Moloch）呀？❶——這個現代世界，在這個現代世界裡，海德格的政治和哲學希望破滅了，而這個現代世界使他再度尋求孤獨思考的庇護。

海德格在《世界觀的時代》中描繪了在總動員的種種想像底下的現代世界。他指的是恩斯特・榮格（Ernst Jünger），卻沒有明確地引用。機械技術、科學和研究共同構成了一個強大的系統，一個勞動和需求的系統。技術性思維不僅狹義地支配著研究和生產，更支配著人們對於自己、人們彼此之間以及自然的行為。人以技術的可支配性（Verfügbarkeit）概念來解釋自己。這也適用於藝術，藝術作為「藝術產品」，被嵌入現代的生產領域。文化被視為可以管理、計算、部屬和計畫的「價值」狀態。這些文化價值還包括宗教體驗和傳統，它們也被降級為整體的狀態保存的手段。透過這種對於超越者的工具化，達到了完全的「**除神化**」（Entgötterung，遠離諸神）的狀態（H, 47）。對海德格來說，現代是：機械技術、工具性科學、文化產業和除神化。但是這只是急性且明顯的症狀。基於形上學的基本立場，一個對於生活領域和行動起著決定性作用的對存有者整體的觀點。關於什麼被視為存有者以及什麼是對一切所做所為至關重要的一個決定。根據海德格的說法，這個基本立場是以人的蛻變為「主體」去定義的，對於這個主體，世界成為「客體」的總和，即可以掌控、使用、消耗、

❶ 譯注：冥界神，平時人們對他獻祭，危難時求助於他，並且以感恩祭回報。聖經裡稱「可憎的神摩洛」，在以色列，人們在欣嫩子谷行兒童祭，並且燒化供物，稱為「經火」。

[331]

拒絕或消除的現實和可能的對象。人站起身來，不再感到自己被嵌入一個世界，這個世界反而被他置入「**世界觀當中**」，成為他的對立者。「**人成了存有者的關係中項。**」（H, 86）難道人不一直是如此嗎？海德格說，不，過去並非如此，而作為沒落的懲罰，這將必再次改變。

過去並非如此：在古希臘。在這個演講中，海德格簡要地介紹了他對最初世界的生活方式的想像。對於古希臘文化（如果我們仍想有個未來，那麼也適用於我們的未來）：「**存有者是湧現者**（das Aufgehende）**與開放者**（das Sichöffnende），**通過覺知**（vernehmen），**作為在場者的東西，它越過作為在場者的人來到，即越過那因為覺知而對在場者開放的人而來到。存有者的存有，不是因為人以表象的意義觀看它……毋寧說，人是被存有者觀看的東西，是由在場的開放者聚集起來的東西。被存有者觀看，包含並扣留**（einbehalten）**在存有者的敞開之中，並且被它承載，在對立中來回並且以它的分裂為特徵：這是偉大的希臘時代裡的人的本質。**」（H, 88）

這個簡要的介紹不太清楚，還需要一些解釋。對於希臘思想而言，世界是個場景，在這個場景裡，人走進他的同類以及事物裡，在那裡行動、觀看，被處理以及被觀看。人的位置在兩個意義下是可見的地方：他呈現自身（並且唯有他在呈現自身時，他才是真實的，否則就是在私人洞穴裡的一個「白癡」），他也是本質，其他存有者對他展示自身的那個本質。

對於希臘思想而言，「現象」並不是存有的有殘陷的模態（defizienter Modus）。存有無非現象。唯有顯現的東西才存在。因此，對柏拉圖來說，最高的存有（也就是理型）始終是交付給觀看的。人被理解為一種本質，和其他世界分受觀看以及自我顯現的能力（Sich-zeigen-Können）。不只是人，世界整體也想要顯現；世界不僅被動地被觀看，不僅是作為我們觀看和把握的材料。在希臘思想中，世界也會對望。人特別純粹地表現宇宙的基本特徵，一切都趨向顯現（Erscheinen），並因此在主動和被動的意義下，人是可見性的最高點。也因此希臘人還創造了劇場，再次創造了世界的舞台。整個宇宙對希臘人來說都具有舞台特性。人是存有的敞開場所。

海德格堅信，在這些關係中，有個更豐富、更強大的存有，一個曠野。相對的，現代人則處於其籌畫的牢籠裡，他所遭遇的一切，他都經驗為偏離、事故和偶然。神祕、豐富、深淵，命運和恩典都從世界消失了。一旦存有者成為想像的對象，在某種程度上，存有者就喪失了存有（H, 99）。

[332] 海德格如此劃分存有的歷史：希臘文化在一個開放的舞台上演，舞台上，人和世界顯現，一起上演他們的悲劇和喜劇，意識到一直是神祕而隱蔽的存有的超越力量。在基督教時代，存有隱蔽在人們敬畏的神當中，在此同時，人們懷著好奇，期望在造物主和受造物之間尋找相似性和對應關係，最終陷溺於在自我創造中重演被造的野心。但是現代已經完全過渡

到了侵犯（Angriff）（H, 106）。「**在以技術組織的人類的全球化帝國主義當中，人類的主觀主義達到它的高峰，從此它安居在有組織的一致性層次，並在那裡安頓。這種一致性是對大地最完善的統治，科技統治著最保險的工具。**」（H, 109）

海德格接受並且翻轉了馬克斯・韋伯關於現代除魅世界的思想，談及我們對技術世界的**著迷**。現代歷史在這樣的迷魅裡運行。會有出路嗎？

一九三三年的海德格認為，集體爆發突破了現代鋼製牢籠，成為一個歷史現實。他在五年後表示，根本沒有徹底轉變的機會，此外，在政治層面上的徹底轉變也暫時不會到來。現在他認為革命及其後果，只是一直著迷於現代全面動員，而沒有自我批判地反思自己的投入。

他的診斷如下：現代正進入美國主義、共產主義和國家社會主義等世界強權之間最激烈的競爭階段。各自的「**基本立場**」壁壘分明，但是一切都是在技術魔咒的現代共同基礎上。「**為了這場鬥爭……對於一切計算、計畫和培育，人施以無限制的暴力。**」（H, 92）

「**計算**」代表美國主義，「**計畫**」代表共產主義，「**培育**」代表國家社會主義。

從現代評論家海德格的全球視野望去，他在其尼采演講課中把這種關係稱為「**實現了的**
[333] **無意義性的時代**」（N II, 9），正如阿多諾（Adorno）後來所說的（以另一個術語表達），這一切是個獨一無二的「命運糾纏」（Verhängniszusammenhang）。

長時間在黑暗中觀察，總會在其中看到些什麼。海德格試圖在黑暗（Finsternis）裡找出差異。儘管現代整體是個「**主體的起義**」，但還是有區別的，「**無論人受限專橫且恣意放任的自我，或是在社會中的我群，不管人是個人或是作為共同體，是共同體裡的人格**（Persönlichkeit）**或只是團體中的成員，國家、民族和人民或是現代人的普遍人性，人都意欲且必然已經是現代本質的主體**」（H, 90）。

海德格的偏好顯而易見。幾句話之後，他清楚談到在「**個人主義的意義下的主觀主義的流毒**（Unwesen，非本質、破壞）」。我們，「**共同體中的人格**」以及人民，是現代最被重視的主體存有形式。因此，他認可了他的政治活動，儘管不是在形上學革命的原初意義上，但是在現代普遍的流毒當中，總是比較好的選擇。但是不得已而為之的，當然並不是正確的事。

海德格必須預防誤解。這並不是在「**否定時代**」。一個堅持「**否定的權力主張**」的思考，會受限於被否定的東西，因而失去其開放的力量。這也和一個「**無歷史的**」神祕主義無關。思考對它開放的存有者的存有，並不是個無世界的神。正好相反：這種思考想重新取得一個視角，世界再次成為一個空間，海德格在一九三五年形上學演講課上說：「**每件事物、一棵樹、一座山、一棟房子、一聲鳥鳴，都不再微不足道且平凡。**」（EM, 20）

海德格在一九三五年首次發表的演講課「藝術作品的起源」（Der Ursprung des

[334]

Kunstwerkes）裡解釋了思考和藝術的毗鄰關係。他以梵谷的一幅畫為例，上頭畫了藝術家的舊鞋（海德格誤以為是農夫鞋），他描述了藝術如何使事物顯現，使它們不再「**漠不相關**」而「**平凡**」。藝術並不在描繪，而是使之可見。藝術置入作品中的東西，會聚集成一個屬己的世界，這個世界對於整個世界保持透明，但是建構世界的行動本身，則是可以被經驗的。因此，作品同時表現一種意義賦予的力量，透過這種力量，存有者變得更加存有。因此，海德格可以說，它是藝術的本質，「**藝術在存有者當中開闢了一片敞開的場所，在其敞開性當中，一切都不同於往常。**」（H, 58）

藝術品也是被製造的東西。海德格如何區分藝術的「被製造的存有」（Hergestelltsein）和《世界觀的時代》分析的「技術製造」？

為了指出差異，海德格引用了「**大地**」（Die Erde）的概念。大地是深不可測的、自給自足的自然。「**大地本質上是自我封閉的**」（Sich-verschließende）（H, 33）。「**科學技術的對象化**」想要深入探究自然，從中奪取自然運作的祕密。但是以這種方式，我們永遠都無法理解自然是什麼。自然的「在己持存」（In-sich-Bestehen），自成一格地迴避著我們。親身經驗這種「抽離」（Entzug），意味著開放地面對令人神往的封閉性，自然的「大地性」（Erdigkeit）。藝術別無他求。我們能確定石頭的重量，把有色光分析為振動；但是在這種規定中，重量的壓力和顏色的光並沒有被揭露。「**大地會在它自身瓦解每個深入探究。**」（H,

[335]

32）藝術使大地的「**不可被揭示的東西**」（H, 32）變得可見，它創造了任何觀念都無法觸及的東西；它開啟了一個空間，在其中，大地展現自身的「**自我封閉**」。藝術開顯了一個祕密，卻不碰觸它。藝術不僅呈現了一個世界，更形塑了對於世界的驚嘆、驚恐，歡呼和冷漠。海德格說，藝術把自身融入一個世界：它「**創造**」了一個世界，在一段時間可以抵抗普遍的「**世界抽離**」和「**世界崩壞**」。對他而言，這個建構世界的面向以及藝術特殊的力量特別重要。例如希臘神殿。對我們來說，它現在只是藝術史的文物，但是它曾經是個中心點，共同體的生活環繞著這個中心點組建，充滿了意義。「**神殿既結合又聚集了周圍各個人生道路和事務的統一性，在其中，生與死，災難與祝福，勝利和恥辱，堅持和沉淪——人類獲得了命運的形態。**」（H, 27）如此，神殿為人賦予了對於「**自身的展望**」（H, 28）。在這種有力的開顯當中，藝術作品建立了共同體的「**神**」、其最高的認證以及意義賦予的權威。因此，海德格也稱藝術為「**真理的棲身於作品中**」（H, 48）。從這個觀點出發，正如賀德林演講課，他把藝術、思考和「**國家建立**」的行動並列。

這裡涉及一個很莊嚴的實用主義，實用主義首先奠定了種種被創造的「真理」的歷史性：這種真理是有期限的。其次，「真理」不在任何地方，而只在作品之中。把「**真理置於作品之中，就是一個這樣的存有者的產生，而它此前不曾存在，此後也不會存在。**」（H, 48）

當海德格描述被創造的真理的原初力量時，人們注意到，一九三三年以納粹革命作為國家建造行動的總體藝術（Gesamtkunstwerk）方興未艾。「**安置於作品之中的真理遇見一種驚駭**（das Un-geheure），**同時顛覆了平凡的東西**（das Geheure）**以及人們認為平凡的東西。在作品中開顯的真理，是無法由至今為止的東西證明和推導出來的。至今為止的東西在其唯一的現實性中被作品駁倒。**」（H, 61）從海德格的觀點，這段話既適用於革命的政治性總體藝術，也適用於希臘神殿、索福克勒斯的悲劇，赫拉克利特的片簡或是賀德林的詩。每當涉及使人和現實的關係改變的創造活動，人都會獲得一個新的間隙，獲得一個和存有不同的關係。但每個建構活動都遵從著衰老和習慣的法則。開啟的東西再度關閉。這點海德格在政治革命時特別有所體悟。「**開始是最恐怖且最強大的。隨之而來的不是發展，而是變得淺薄，僅僅只是擴大，是對於開端的無法遵從，是貶值且浮誇。**」（EM, 119）因此，現代世界的最初突破陷入停滯，和詩結盟的思考，則保有一個對於和存有的完全不同的關係開放的「**間隙**」（H, 110）。這種完全不同的關係是什麼，海德格在《世界觀的時代》裡提出克服「**主** [336] **體存有**」的說法，更確切地說：是思想的轉化力量，「**人類的主體存有以前既不是歷史性的人唯一可能的開端性本質，以後也不會如此。**」（WB, 109）

但是海德格在這裡陷入相當大的困難：詩和思想都源自一個作品意志，克服主體存有應該以詩和思想去開啟。但是作品表達了高度行動主義的情韻性（Gestimmtheit）。詩人和思想家做了什麼？「**他們把整個作品拋向沛然莫可禦**（überwältigend）**的存在**（Walten），**並把因**

此開啟的世界固定於其中。」（EM, 47）海德格的作品意志不是一種明顯的主體的「**賦權**」嗎？權力意志也可以是主體的賦權，把作品意志和尼采的權力意志視為同一，這會難以理解嗎？兩人處理的不都是主體的抗議和主體的權力主張嗎？他們兩人診斷到的，不都是對於近代猖獗的虛無主義的主體的抗議和主體的權力主張嗎？

[337] 海德格在他的校長致詞中明確採用了尼采的「上帝已死」的診斷，他自知他和尼采的相近性。在《世界觀的時代》裡，他認為尼采身是個幾乎成功克服現代的思想家，但也僅僅只是幾乎。他總結了他自一九三六年以來的尼采演講課的思想：尼采陷在現代價值思想中。他想要克服的時代最終打敗了他，並腐化了他最卓越的思想。海德格想比尼采自己更了解尼采。他想在新的存有思想的道路上超過尼采。對此，他必須正視諸如貝姆勒之流的國家社會主義者對於尼采的評論。這種強硬的納粹理論家的評論絕非毫無爭議。克里克諷刺地警告說要提防尼采的影響：「總而言之：尼采反對社會主義、民族主義以及種族思想。如果人們不考慮這三個思想流派，那麼尼采也許是個傑出的納粹黨員。」（注4）

卡爾斯魯爾大學哲學教授亞瑟·德魯（Artbur Drews）在一九三四年談到尼采的復興時充滿憤慨。他說，尼采是「所有德國人的敵人」，主張「優秀歐洲人」的培育，認為猶太人是「民族融合的關鍵角色」。他又說尼采是個十足的個人主義者，對於「國家社會主義的基本原則：公共利益優先於個人利益」，他應該會不屑一顧。「如果人們要把尼采吹捧成納粹主義的哲學家，那會是讓人難以置信的事，因為他在幾乎所有方面都……和國家社會主義唱反調。」這種吹捧一再發生的「主要原因……可能是……，因為現在大多數談論尼采的人，在他『哲學』的蛋糕裡只挑選了『葡萄乾』，他格言式的寫作方式也使人們看不清楚他的思想脈絡。」（注5）

在其具有影響力的著作《尼采：哲學家與政治家》（*Nietzsche, der Philosoph und Politiker*, 1931）裡，貝姆勒展現了既要挑出「葡萄乾」又要關注特定的「思想脈絡」的傑出技巧。他利用權力意志的哲學和尼采以其時代的生物主義所做的試驗。生命力（Lebensmächte）的達爾文主義，優等種族和創造本能的理念，人類群體成為可塑的材料，以充滿生命力的決斷論廢除道德——從這些元素中，貝姆勒勾勒了他的尼采哲學，卻不能使用相同的永恆回歸（Wiederkunft des Gleichen）理論。「事實上，這種想法在尼采的體系裡毫不重要，」他寫道。（注6）貝姆勒想和尼采一起審判傳統形上學：沒有超感官的價值和理念世界，當然也沒有神，唯有一種驅力。貝姆勒只要極端化尼采的生理學解釋，就會推論出「種族」和「血」。

事實上，血和種族的神祕主義，是權力意志在生理學上的可能結果，海德格也這樣認為，但是和貝姆勒不同，海德格的推論是否定的：「**對尼采來說，主體性是身體的主體性，即情感的驅力，即權力意志。主體性的絕對本質必然發展成野獸的殘暴。在形上學的終結之**

［338］

處，有這麼一句話：人是殘暴的野獸（Homo est brutum bestiale）**。尼采所說的『金髮野獸』**（blone Bestie）**，並不是偶然的誇大其詞，而是對於一個脈絡的標記和關鍵字，但是他並沒有在這個脈絡裡看透其中歷史本質的關聯性。」**（N II, 200）

根據海德格的說法，對於「金髮野獸」的歌頌，是「**主體的反抗**」的虛無主義後果。

海德格本人被納粹理論家指責為「虛無主義」。如前所述，克里克於一九三四年寫道：「這種哲學的意義顯然是無神論和形上學的虛無主義，在我們這裡，那通常是猶太作家的主張，因此，它是瓦解和分裂德國人的催化劑。」（注7）在尼采演講課中，在尼采的信徒沒有注意到的情況下，海德格調轉槍口，試圖證明納粹思想家高唱的權力意志，並不是超越虛無主義，反而是成就了虛無主義。因此，尼采演講課成了對於種族主義和生物主義的腐敗形上學的正面攻擊。海德格承認說，對於他已經脫離了的統治意識形態而言，尼采還是有一部分的實用性。另一方面，他嘗試和尼采接上線，他把自己的思想說成是超越尼采——沿著尼采的足跡。

尼采想一舉擊潰傳統形上學，他以一個深刻的形上學命題為起點，用謝林的說法表達：「意志是原初存有。」（Wollen ist Ursein.）但尼采對於意志的理解和直到叔本華以前的傳統理解不同。意志不是欲望、麻木的衝動，而是「指揮的能力」（Befehlkönnen），一種讓存有生長的力量。「意志根本上是想要變得更剛健，想要生長。」

[339]

意志是提升生命力的意志。對尼采來說，唯有按照提升的邏輯，自我保存才有可能。單單具有自我保存力量的東西，還是會走向滅亡。只有提升、增強和擴展，才能自我保存。有生命的東西沒有超越的意義，卻有著內在的方向感：企求提升強度和成功。它試圖把他者整合到屬己的權力範圍和屬己的形體。有生命的東西透過征服（überwältigen）而存在（walten）。這是個充滿能量的過程，而且是「無意義的」，因為它沒有更高的目標。它因此就是虛無主義嗎？尼采藉著成就了虛無主義，而說他的學說是在超越虛無主義。

他想在形上學的意義賦予的悠久歷史裡揭露潛藏的虛無主義，藉此成就虛無主義。尼采認為，當某種東西能保存和增強自己的權力意志，或者抵抗強權，人們總是視之為「價值」。如此，在每個價值設定以及評價背後，都有著權力意志。「最高價值」也是如此：神、理念和超感官事物。但是長久以來，這種權力意志本身並不顯而易見。它把超人的本源歸因於「自製的東西」。人們認為他們發現了獨立的本質性，然而那只是他們用權力意志的力量虛構出來的。他們沒看出自己擁有創造價值的能量。顯然，相較於作案人和贈予者，他們更想當個受害者和受贈者——也許是出於對於自己的自由的畏懼。透過建立超感官的價值，加速了自己創造價值的能量的根本貶值。從超感官的東西出發，這個世界、身體和有限性都貶值了。人顯然欠缺了面對有限性的勇氣。在這種情況下，超感官的價值，為抵抗虛無和有限性的威脅而被創造出來，成為虛無主義的生命貶值力量。在理念的天空下，人不曾真

[340]

正來到世界上。尼采最終想使這理念的天空崩塌（這是成就虛無主義的），以此最終可以認識到什麼是「一直忠於大地」（這也是超越虛無主義）。

上帝已死，但麻木不仁的順從仍然存在，這就是尼采的診斷，他所說的「驚駭」（Ungeheure）正是要破除這種麻木不仁的順從，在於朝向對狄奧尼索斯式生活的陶醉以及歡愉的肯定的突破當中。尼采關注這個世界的成聖（Heiligung）。他想在那裡把自己和完全幻滅的虛無主義區分開來。現代虛無主義失去了彼岸世界，也沒有達到此岸世界。尼采卻想在藝術裡教導人們如何在失去當中有所得。以前追隨著彼岸世界的所有出神、喜悅，感覺的提升以及所有強度，都應該著眼於此岸世界的生命。保留超越的力量，但是轉向內在性。超越（Überschreiten）而「一直忠於大地」，這就是尼采對於超人、對於未來的人的要求。依照尼采的設計，超人沒有宗教，但不是失去宗教；而是他從宗教撤回到自身。因此，尼采關於永恆回歸的學說並不是厭世的。回歸的時間迴圈不應使事件陷入無意義性和徒勞，對尼采來說，回歸的思想應更加豐富；他的定言令式：你應該活在當下，希望自己對於這個當下的回歸毫無畏懼。從頭再來（Da capo）！

那麼現在輪到海德格：他追隨尼采對於觀念論的批評，也追隨他「一直忠於大地」。然而正是在這點上，他批評尼采說他的權力意志哲學並沒有一直忠於大地。對海德格來說，「一直忠於大地」意味著：超脫存有者的糾葛而不忘記存有。海德格認為，尼采從權力意志的原則出發，把一切都納入做價值判斷的人的範圍。和人有關的存有，以及人本身的存有，都完全被視作「價值」。存有被錯誤地併入他認為「有價值」的東西裡。尼采希望人們自我勉勵，站起身來。海德格說：由此而生的不僅是站起來，而是反抗；是技術和大眾的反抗，他們透過技術的支配，完全成為尼采所說的「最後的人」，他們在他們的居所裡「眨眼」，安排著他們的小幸福並且極度粗暴地對抗阻礙，以維護他們的安全和財產。面對當前的德國，海德格還說：「**人類踏入反抗，世界成為對象……大地自身只能作為進攻的對象自我開顯……自然到處都表現為……技術的對象**。」依照海德格的說法，一切在尼采那裡已奠定，因為在他那裡，存有只會從美學、理論、倫理和實踐價值的角度去觀看，因此會被錯過。對權力意志來說，世界只是「保存和提升的條件（Erhaltung-Steigerungsbedingungen）」的總體。

海德格問道：「**存有自身被提升為價值，那麼存有還能有比之更高的估價嗎？**」他給了答案：「**將存有作為一種價值進行評估時，權力意志所設立的條件已經貶值，通往存有經驗的道路也因此被忘卻**。」

[341] 現在我們知道，「**存有經驗**」並不意味著對一個更高的世界的經驗，而是對於現實世界的不可窮盡性的經驗，以及驚嘆於在它們中間以人開闢了一個「**敞開的場所**」，在那裡，自然睜開眼睛，並注意到它在那裡。在存有經驗中，人發現自己是個間隙。人沒有被束縛或捲入存有者中。他在事物中有個「間隙」（Spiel），如同輪子的輪轂必須有「齒隙」，它才能

轉動。海德格說，存有的問題最終是「**自由的問題**」。

存有經驗到處被遺忘，在個別或整個文化在和現實性往來的儀式中，理論、實踐、道德，當他們對自己的籌畫「**迷醉**」，並且不再意識到這種關係的相對性，因而失去了超越它的力量。我們的真理和文化如同易碎的木筏，漂流在時代「**巨大而隱蔽的洪流裡**」，而相對性便是由此而生。

存有不是個帶來拯救的某物，冷靜地說，存有是所有實踐的、可思考和不可思考的存有關係的邊界概念和總體概念。因此，海德格認為存有歷史是基本存有關係的一個歷史序列。在《世界觀的時代》裡，海德格勾勒了存有關係序列的草圖，人們也可以說是：文化範式（kultureller Paradigmen）。序列本身並沒有在它之外實現「更高的意義」。對海德格來說，它涉及的是一種可能性的遊戲。海德格後來在一篇文章中說：「**存有……沒有根基**（Grund），**它像深淵**（Abgrund，無基）**……思想躍進人的本質所在的間隙的那個曠野裡**。」

對海德格來說，對於可能的存有關係的無盡視域，存有的思考是保持開放的「遊戲」運動。因此人們不可以問海德格說，存有是什麼；這就像人們要求他定義那個本身就是所有定義的視域的東西。並且因為存有問題是視域的開啟，所以它的意義不在於回答。在尼采演講[342]課裡，對於要去回答對存有的提問的這個苛求，海德格其中一個回擊是這樣的：「**關於存有，它不是任何東西……**」這意味著：存有不是任何人們可以把握的東西。相對於確定的世界觀以及賦予可靠性的世界觀，它是全然的瓦解者（das schlechthin Auflösende）。對於存有的提問應該避免把世界當成世界觀。當海德格注意到，這個「存有」本身可能變成一個世界觀時，他就以有「y」的存有（Seyn）代替存有（Sein），有時他會先寫「存有」（Sein）再打個叉。

對海德格來說，尼采還是個世界觀的哲學家。

實際上，尼采的思想透過永恆回歸學說而特別生動鮮明。這種思想把時間看作一個圓圈，使得時間維度消失了；而且，儘管尼采沿襲了著赫拉克利特的「萬物流轉」，其實是想進一步思考時間。這可能正是尼采和海德格之間的對立之處：尼采在權力意志的動力裡思考時間，並且以永恆回歸把它重新導入存有的學說裡。但海德格卻堅持這個思想：存有的意義是時間。尼采把時間變為存有，海德格則把存有變成時間。

根據日本哲學家西田幾多郎的思考想像，宗教、意義和文化，是人在廣闊的海上建造的易碎木筏，亙古以來，人們都會在木筏上漂流一段時間。海德格想起了尼采，尼采在創作工作的魔咒當中，以及木筏完工的勝利感之中，忘記了潮汐和廣闊的海洋。那就是存有的遺忘（Seinsvergessenheit）。但是海德格本人卻想要眺望大海，因此對於存有的提問，他總是想起事物的搖擺（das Schaukeln der Dinge）。

但是卡爾．洛維特在對海德格的尼采演講課的批評當中指出，到底是海德格或是尼采的

[343] 思考的更加澈底開放，他們當中誰在全體性裡中尋求支點，這仍是有爭議的。畢竟對尼采而言，全面的「狄奧尼索斯式」生活不是可以負載萬物的根基，而是個深淵，它威脅著我們的「阿波羅式的」自我肯定。尼采可能會指責海德格在超越安全性的需求方面不夠澈底。也許他也只是把海德格的「存有」看作為我們提供保護和庇護的柏拉圖式的背後世界。

在討論永恆回歸的學說時，海德格指出，尼采保留了他最卓越的見解，因為他的某些想法仍然沒有「**開展的地方**」（N I, 264）。他引用尼采的話：「**當人們傳播知識，人們就不再那麼熱愛知識了**。」（N I, 265）

海德格評論了尼采的沉默，他充分理解他，以至於人們馬上注意到，海德格其實也是在為自己發言。「**如果我們對於尼采的知識僅限於尼采本人發表的著作，那我們永遠無法知道那些尼采已經知道、準備、不斷思考、卻有所保留的東西。直到看了遺稿，我們才有了清楚的想像**。」（N I, 266）

當海德格談到這裡時，他正在撰寫一份「**不曾公開**」的手稿，正在處理一個當時沒有到公開的時刻的思想：《哲學論稿》，副標題為：「論成己」（Vom Ereignis）。

注1：引自：S. Haffner, *Anmerkung zu Hitler*, 36。

注2：引自：V. Farías, *Heidegger und der Nationalsozialismus*, 186。

注3：K. Löwith, *Mein Leben in Deutschland*, 57。

注4：引自：W. Müller-Lauter, *Über den Umgang mit Nietzsche*, 845。

注5：引自：同前揭。

注6：A. Baeumler, *Nietzsche, der Philosoph und Politiker*, 80。

注7：引自：G. Schneeberger, *Nachlese zu Heidegger*, 225。

第十八章

ACHTZEHNTES KAPITEL

海德格的哲學日記：《哲學論稿》

海德格的哲學念珠

祈禱小豎琴

小升天

意味深長的沉默

[344]

一九三八年左右，海德格在存有思想的「公開」版本說：「**關於存有，它不是任何東西……**」當我們想直接把握存有時，存有就會抽離。因為我們所把握的任何東西，都因此成為某種存有者。那些我們傳送、劃分、拆解到我們的知識和價值的秩序裡的對象，都可以建立為標準，以普通名詞傳達。所有這些都不是存有，但是所有這些都存在，因為我們身處於和存有的關係裡。這個關係是開放的視域，在該視域中，我們和存有者相遇。對存有的提問並不是去尋找一個以前叫作神的最高存有者，而是要創造一個讓人們能夠經驗這個關係的距離。但是這種經驗卻轉化了。人們注意到，在面對這個世界時，他是「自由的」；他在其中找到一個「**間隙**」。

在尼采演講課裡有個暗示，讓我們切入海德格存有問題的另一個版本的軌道。「**當人在審視存有時受到這個束縛，他就會出離**（entrückt），**如此同時在自身以及存有之間延展**（erstreckt）**並且走出自己**（außer sich）。**這種超出自身**（Über-sich-hinweg-gehoben）**以及被存有自身的吸引，就是「愛欲」**（Eros）。」（N I, 226）

《哲學論稿》寫於一九三六年至一九三八年之間，當時並沒有打算出版，它是這個哲學性的愛欲的唯一文獻。海德格想從自身「**出離**」。透過什麼方式呢？透過自己的思考的操練（Exerzitien）。到哪裡去呢？如果人們想排除西方基督教裡關於神的想法，那就很難說。但是《哲學論稿》屢屢談到神，儘管是傳統還不認識的神。他源自存有思考。被認為自虛無創

[345] 造存有的神，在海德格那裡，也是自虛無中被造的。走出的思考（das ekstatische Denken）產出（hervorbringen，取出）了他。

在海德格的《哲學論稿》中，我們能看到他以一種概念的譫妄以及一種語句的連禱詞，把自己轉移到「另一個狀態」。《哲學論稿》是個發明關於神的新論述的實驗室。海德格拿自己做實驗，以弄清楚建立一個宗教而沒有實證的教義是否可行。首先，海德格依循創建宗教的經典模式：新的神的發明始於偶像的黃昏。假神必須退位，位置必須被清空。為了這個目的，海德格重複著我們現在熟知的現代思想的批評。這個批評導致神也成了理性或想像的可支配的對象。這些神的觀念在近代逐漸消失，最高善、「第一因」（prima causa）或歷史的意義，這些替代觀念取代了神的觀念。這一切都必須消失，因為這都屬於存有者的轄區；但是對於存有者來說，這些都必須「**拆除且推翻**」，「**存有**」才能開顯自身。

存有思想的操練以清空（Entleerung）開始。艾克哈特大師（Meister Eckhart）或雅各·波墨（Jakob Böhme）也想要如此體驗他們的神：神應該用祂的真實灌注空無的心。

哪個神來到海德格清空了的思考裡？海德格小心揭開了他的祕密。他寫道：「**讓我們大膽使用直接的詞語**，」然後：「**存有**（Seyn）**是諸神的顫動**（Erzitterung）。」（GA 65, 239）詞語。海德格能構想嗎？他用了幾百頁嘗試。如果一位神或是一個不管有沒有「y」的存有，都不可以開顯為「某物」，那麼就很難自我開顯。眾所周知，這種阻礙存有思想的表象思維（das vorstellende Denken）始於「某物是什麼」。在禁止拜偶像的猶太宗教裡，神無論如何都是個某物，自我（das Ich）對自己說：「我是我所是。」❶海德格的存有並不是超越的我性（transzendente Ichartigkeit）。它不是對立於此有的東西，而是在此有身上進行的東西。為了避免一個實體化了的神的觀念，海德格在使我們**顫動**的事件的意義下談論「**神動**」（das Göttern）。因此，他說的不是神（der Gott）或諸神（die Götter），而是「神動」。

[346]

當某物使我們「神動」，我們不僅顫動，而且滿溢著所有情韻：「**驚恐**、**壓抑**、**仁慈**、**歡欣和畏懼**。從**基本情韻的礦場裡**，**本質性的思維**」碰撞出其思想和語句。「**若是沒有基本情韻，那麼一切都只是概念和詞語之間被迫發出的碰撞聲**。」（GA 65, 21）。

海德格以他存有思考的語句填滿了每一頁，但是正如海德格本人強調的，這種基本情韻既罕見且短暫，因此這些語句通常不是出自情韻，正好相反，它們嘗試創造出這種情韻。這就是叛離了天主教的海德格熟悉的連禱詞的本質。《哲學論稿》就是他的玫瑰經。因此有著形式的重複，聽起來是僅有單音調的小豎琴，曲調不受小豎琴的影響和「**轉化**」。關鍵在於這個轉化力，語句的手搖風琴在其中發揮重要作用。因為不斷重複的語句不同於什麼也沒說的句子，而且在那些什麼也沒說的語句裡，沉默反而可以開展。但是海德格把「**靜默**」

❶譯注：「我是自有永有的。」

（Erschweigung）稱為「**哲學的『邏輯』**」，只要它想追隨存有（GA 65, 78）。因此，海德格在尼采演講課裡以查拉圖斯特拉為例說明的，對於無法領會的人，「**學說**」一定會變成了「**小豎琴**」（N I, 310）。這顯然又是在自況。小豎琴正是意蘊無限的「**沉默**」的方法。

海德格在《哲學論稿》的導論裡寫道：這裡沒有描述和解釋；「**在這裡，言說**（das Sagen）**和所說**（das zu Sagenden）」相對，「**而它本身就是存有的漫衍**（die Wesung des Seyns，存在之本現）」（GA 65, 4）。在海德格那裡，**存有**在說話，就像黑格爾的世界精神。大膽的主張只有在這個祕密筆記裡才毫無遮掩的表達出來。

但「**存有**」（Seyn）怎麼說話呢？以言說的信仰連禱詞，以對於「**存有真理的賦格**」的低吟，以及「**其本質的顫動**，和**諸神之神的神動內在性的仁慈**」（GA 65,4），以整個形上學式的達達主義，就其語義內容而言，它就是虛無。但是對於自身抽離的神，以及思考正在反
[347] 思其「**抽離**」的神，這並不是一個壞消息。由於海德格的《哲學論稿》直接談論存有，因此是承受著抽離現象的思考的表現。但是海德格學派已經不再有這種問題。在此期間，他們通常都枯竭了。

海德格破壞哲學傳統時，他的思想在《哲學論稿》中精確且強——也可能是因為在那裡他的思想有個可以把握的對象。但是在這種破壞之後產生以及應該產生的空虛則一直是空虛的。新的充實的成己（Ereignis）依然不見蹤影。

如果海德格可以退回到信仰，或許不至於更糟。但是他想要讓充實的成己從思考當中產生出來。他不再抱持一九二七年在馬堡的現象學和神學演講的立場。當時他以路德派的方式嚴格區分思想和信仰。信仰是無法支配的成己，神在其中闖入生命。思考只能確定那個闖入點。神的成己本身並不是思考的事。

但是海德格在《哲學論稿》裡要寫的，正是這個野心勃勃的計畫，要以思考為起點去經驗諸神的真實當下。但是因為神性事物不想在思考裡呈現清楚的形態，因此海德格只能使用了極少的資訊：「**向最後之神的接近就是沉默**」（GA 65, 12）。如同施洗者約翰，他指出將臨的神而且說自己是「**先行者**」。等待果陀在海德格的《哲學論稿》裡就已經開始了。

他把副標題命名為「論成己」。事實上有兩個成己（Ereignis，本有、事件、本現、本成、成己事件）。現代的成己，圖像時代、科技時代、組織時代、陰謀詭計的時代，簡言之：「**既成的無意義的時代**」。它是存有遺忘的命運糾纏，其前提甚至可以追溯到柏拉圖。第二個成己——現代的終結、轉向——已在海德格的存有思想中做好了準備。第一個成己是海德格討論的成己，因為他認為自己至少部分地擺脫了這個成己。他接著要談到的另一個成己預備了一個新的時代，不過暫時是個孤獨的成己，因此，海德格也嘗試一連串的頭韻，以成己開始，以孤獨（Einsamkeit）收尾：「**成己總是意指著『成為自己』**（Er-eignung）、**決斷**（Ent-scheidung）、**回答**（Ent-gegnung）、**撤除**（Ent-setzung）、**抽離**（Entzug）、**單純**

[348]

（Einfachheit）、**獨特**（Einzigkeit），**孤獨**（Einsamkeit）**的成己**（GA 65, 471）。」海德格以他孤獨的存有思想為起點去抓住神。「**成己及其『緣接』**（Erfügung）**在時空的深淵裡，是最後的神在其中把自己吊起來**（hängt）（**或落入**〔fängt〕，依據手稿有兩種解讀可能）**的網，為了把它扯破並在其獨特性裡結束，既是神性的，也是奇特的，也是所有存有者當中最陌生。**」（GA 65, 263）

海德格本人並沒有隱藏他的言談的古怪以及無意義。在他最得意的時候，他甚至可以嘲諷它。魏澤克（Carl Friedrich von Weizsäcker）有一次告訴他一個善良的東歐猶太人的故事，那個人總是坐在小酒館裡，人們問他為什麼，他說：「唉，因為我的妻子！」「她怎樣呢？」「唉，她就一直說……」「她說了什麼？」「這她倒是沒有說！」當海德格聽了這個故事，他說：「**就是這樣**。」（注1）

《哲學論稿》也是如此。整體章節劃分井然有序，儘管其中包含若干格言和殘篇。海德格不說是「劃分」（gliedern）而說是「**配置**」（fügen）。整體應該是一個賦格（Fuge）。一個賦格以兩個主音組成，兩個「成己」，它們相互組合又相互對立，並最終在光照存有的齊唱中漸漸止息。段落的次序標記相近的路徑。「**前瞻**」（Der Vorblick）一次展望了經由叢林達到林間空地的整段路程。「**回響**」（Der Anklang）的主題是存有遺忘裡的存有，也就是當下的存有。「**傳遞**」（Das Zuspiel）講述存有的回響和感知如何在西方形上學裡一直存在的故

[349]

事。「**跳躍**」（Der Sprung）是要觀察在決定性的一步之前，必須拋棄哪些自明性以及思考習慣，那不是一個步驟，而是冒險的跳躍。在「**建基**」（Die Gründung）中，海德格側重《存有與時間》裡的此有分析，自我詮釋把作品歸於人們跳躍並嘗試再度站穩的那一刻。在「**將來者**」（Die Zu-Künftigen）和「**最後的神**」（Der letzte Gott）的章節則發生了一種提升。在最後一章，「**存有**」（Das Seyn）再一次從上方俯瞰整體，看看人們走了多遠，爬了多高。

「**我們必須登上哪座高峰，才得以無拘束地俯瞰在本質困境中的人？**」（GA 65, 491）

在此期間，海德格已經很清楚了：國家社會主義沒辦法改變這個「**本質困境**」。相反的：它屬於「**陰謀詭計**」和現代的全面動員。除此之外，它還提供了「**最平庸的『心聲』以及醉酒體驗**」（GA 65, 67）。但是這種批評與整個時代有關。還有反對國家社會主義的精神和實踐的趨勢，也遭存有思考觀點拒絕。這個整體是不真的。無論不同的世界觀是否以自我為基礎，以我們為基礎，以無產階級為基礎，或是以人民為基礎，無論不同的世界觀是否想要把啟蒙的人文主義或傳統的基督教作為價值保護，無論不同的世界觀是民族主義、國際主義、革命者或是保守派，這些差異都微不足道，因為重點都是在於「**主體（人）正在湧向諸存有者的中心**」（GA 65, 443）。海德格稱這種「**人的自我立法**」為自由主義，並因此可以說民族主義生物學和種族主義是「**生物自由主義**」。在政治上看來，在存有思考的黑夜裡，所有的貓都是灰的。只海德格四周才是廓然分明的。海德格對立於世界的其他部分——在《哲學論稿》孤獨的對話中，他如此看待自己。

人們注意到，海德格不僅「從」存有思想的成己出發進行哲學思考，更常見的是「關於」自己，正如關於一個存有歷史事實的哲學思考。在他想像的舞台上，他看到自己扮演「**尋覓者**（Sucher）、**保存者**（Wahrer）**和守護者**（Wächter）」的角色（GA 65, 17）。他認為自己屬於「**具有面對孤獨最高的勇氣**」那個圈子，「**以思考存有的高貴**」（der Adel des Seyns）（GA 65, 11）。

他幻想著存有思考能如何透過建立聯盟逐漸滲透社會。在核心的圈子裡，只有少數人「**為存有者的領域預先建立那個處所和瞬間**」。在外圍圈子的，則是更多被偉大的「**個人**」魅力吸引並且矢志「**改造存有者**」的盟友。接著，會有許多人相互引薦，他們由於共同的歷史淵源而團結在一起，願意融入事物的新秩序裡。這個「**轉變**」要在所有寂靜中顯現，遠離「**世界歷史**」**的變革喧囂**（GA 65, 96）。海德格為自己描繪了一個「屬己的歷史」，這個歷史在隱蔽中運作，而他既是歷史的見證人，又是歷史的作者。

[350] 人們會在《哲學論稿》裡徒勞無功地尋找新秩序的具體形象。海德格選擇進入隱喻。給人民一個精神停留處所的偉大哲學，有如「**巍峨的山。它讓大地隆起，朝向它的母岩走去。作為基準點，它矗立著並構成每個視野**」（GA 65, 187）。

當海德格夢想他的哲學是群峰之間的高山，他是想使「**本質性的東西站出來**」，好讓平地的人可以把哲學的峻嶺當作座標定向，這證明了海德格在政治的權力陶醉之後，他的哲學思想仍然受到權力觀念的影響。一九二〇年代的海德格偏好完全不同的隱喻技巧。當時他想把石砌的思想建築「**變成流水**」。現在他卻想讓它巍峨聳立，還把自己的哲學寄於「**存有的山脈**」當中。

實際上，這和海德格一九三三年之前發展的哲學理念相當扞格不入。當時他關注一個思考自身自由而有限的流動，這個思考是由在世存有的事實當中橫空出世，照亮了此有一會兒，再度和此有一起消失。思考作為「成己」，如同此有本身，就是這麼偶然的事。然而這個山的隱喻清楚表明了，海德格在此期間想以他的哲學把自己寫入一個穩固的世界中。他想要分受那個超越他的偶然存在和歷史處境的東西。這走向巔峰的傾向，正好和他有限性的哲學背道而馳。澄明（Lichtung）的過程變成一個顯現的成己（einem epiphanischen Ereignis），一個領域在「成己」那裡出現，該領域以前被叫作「永恆者」或「超越者」。日復一日在草稿本上書寫，孤獨沉思的哲學家不想被他的思考束縛。他尋求連結，不再是政治運動上的連結，而是和存有歷史或存有命運的神祕精神連結。在存有想像的舞台上，偉大且持久的事情就要臨到，而且他就在其中。

當海德格盱衡大局且在其中反映自身，他個人日常生活關係，以及他在那幾年間的實際行動，就不再受到哲學界的關注。他不再像以前在哲學界裡呼風喚雨的時候那樣地自我審

[351]

查，至少在《哲學論稿》裡沒有。他思考存有遺忘的巨大流毒，卻無視於自己的偶然性，壓根兒沒有注意到它。他停駐在自身的盲區。他想以對存有的提問闡明世界關係，但是他和自己的關係卻一直沒有明朗。

海德格一直避免以對存有的提問回到自身的此有。儘管他在一九三五年七月一日寫給雅斯培的信裡承認說，他覺得肉中有兩根刺，而且使他很難去創作，一是「**和出身的信仰的論戰**」，一是**校長職務的挫敗**」，但是《哲學論稿》證明了他很清楚怎麼避免自己在存有歷史的戲劇裡扮演要角。哈伯瑪斯說這個過程是「**透過本質化的抽象**」，並且以此命中靶心。出身的信仰的喪失被吹噓成時代的命運，而校長職務的挫敗也美化為在和現代世界的狂潮對抗當中的光榮戰敗。

道德的自身審查，思想家在存有歷史舞台上認為自身審查是低聲下氣的事嗎？也許是他天主教出身的氣質，基督新教的那種良心譴責，對他而言總是很陌生的東西。為了把握整體的概念和思想的事物，他讓思考的事物和純粹的個人事物井水不犯河水。因此，他可以很奇怪地坐壁上觀，他曾經熱中的運動在他周遭的地方為非作歹，導致了對他來說無法忍受的後果：想一想漢娜．鄂蘭、伊麗莎白．布洛赫曼或胡賽爾的命運。

一九四五年之後，漢娜．鄂蘭和卡爾．雅斯培在他們的書信往來當中一致認為，海德格的道德感和他對於思考的熱情完全不成比例。雅斯培寫道：「人們能夠作為不潔淨的靈魂，

[352]

沒有察覺自己的不潔，而且沒有不斷滌淨它，而是茫然生活在污穢之中的靈魂——人們能在不真誠中看見最潔淨的東西嗎？……奇怪的是，他知道某些人們現在幾乎不會注意到的事。」（一九四九年九月一日）（注2）漢娜・鄂蘭回覆說：「您所說的不潔淨，我稱之為無性格（Charakterlosigkeit），但是在這個意義下，他本來就沒有性格，當然就沒有特別壞的性格。但是他以人們難以忘懷的激情活在一種深邃裡。」（一九四九年九月二十九日）（注3）

然而欠缺道德反思不僅是個性格的事實，而且還是個哲學問題。因為思想缺乏的，正是那種審慎（Besonnenheit），這個審慎會嚴肅對待海德格經常召喚的「**有限性**」。人們有罪責，這偶然的罪責也是對於思考的挑戰，這也都屬於有限性。在《哲學論稿》裡，自省和自身審查的優秀哲學傳統，並沒有它的位置。但是如此一來，「屬己存在」的理想就幻滅了：那就是此有對其自身的透視性（Durchsichtigkeit）。海德格著名的沉默也是一種內在的隱瞞（Verschweigen），幾乎是一種和自己作對的固執。對於存有的遺忘而言，這也有推波助瀾的意味。

海德格式的思考力量在兩種意義下忽略了他自己：一方面，這種思考對於平常人的思想視若無睹，另一方面，它則是完全征服了思考者。

皮希特記得，當時海德格被「意識」灌注，也就是「彷彿被思考的任務擊中」。有時他會感覺自己受到「他自己思考的東西」的「威脅」。（注4）另一位戰後結識海德格的時代見

[353]

證者，費舍巴尼可（Hans Fischer-Barnicol）寫道：「在我看來，思考像巫師一樣控制著這個老人。是思考在透過他說話。」（注5）海德格的兒子，赫曼・海德格（Hermann Heidegger）證實了這個印象。他說，父親經常對他說：「**思考在我裡頭思考。我無法阻擋。**」

海德格在給伊麗莎白・布洛赫曼的信裡也有類似的說法。一九三八年四月十二日，他對她談到他的寂寞。他沒有抱怨什麼，而認為那是處境的外在結果，他就是「**思考的命運**」，因此與眾不同。「**孤獨並不會產生且持存於所屬者的遠離，而存在於另一個真理的臨到當中，在獨立蒼茫的陌生處境以及唯一者**（Einzigen）**的襲擊當中。**」（BwHB, 91）

在寫這封信的時候，他在《哲學論稿》裡也寫下了以下的句子：「**存有**（Seyn）**是神的困境狀態**（Not-schaft），**在那個狀態中，他首先發現自己。但是為什麼是神？困境狀態是打哪裡來的？因為深淵的遮蔽？因為有個超越**（Über-treffung），**所以被超越的**（Über-troffnen）**一直是更高的東西。超越從何而來？深淵、基礎、存有？諸神的神性在於什麼？為什麼存有**（Seyn）**？因為神嗎？為什麼有神？因為存有**（Seyn）**嗎？**」（GA 65, 508）

就像尼采一樣，他走近偉大思想家沒有揭露的陌異性（Befremdlichkeit），而走出句子裡的那個「**陌生處境**」。「**我現在才學會，在所有偉大思想家的最陌異的地方體驗到他們真實的鄰近。這也有助於在自身中看見陌生並且充分發揮它，因為如果它成功，它顯然是那本質上成功的東西的起源。**」（致伊麗莎白・布洛赫曼，一九三七年四月十四日，BwHB, 90）

[354]

在寫給伊麗莎白・布洛赫曼的另一封信裡，海德格描述他在正式的教學活動和「**回到本己和屬己的東西**」之間來回搖擺，在正式教學活動中，他不得不對於可理解性作出讓步，因而陷入陌生的「**軌道**」（一九三五年十二月二十日，BwHB, 87）。對他來說，《哲學論稿》屬於這個本己（das Eigene）最內在的領域。但在此期間已經很清楚了，這裡涉及的不是思考的自我相遇，而是完全不同的事：此處存有的思想是主語的屬格（Genitivus subiectivus）的意義。不是他在思考存有，而是存有侵襲著他且透過他思考。他是介質的存在（Mediale Existenz）。海德格受盡折磨，但是也很幸運。值得注意的是，和其他著作相比，在《哲學論稿》中，海德格更常談到「**歡呼**」（Jubel）。

在「**歡呼**」中，我們也和存有相遇。憂懼、無聊和歡呼——因此，在《哲學論稿》中，它們成為存有經驗的聖三一。在「**歡呼**」中，此有成了那個世界和事物臨到的天空，當它們以讓人驚嘆的「如是」（Daß）顯現。為了保護此有的這個「**敞開的場所**」，思想必須撤回並且留心不要讓這種敞開被各種表象阻擋。思考應該放手並且靜止。但是海德格無法從意義豐富的沉默的這個弔詭裡找到出路。除此之外，那裡還有偉大思想家的傳統。整個山脈伸到空地。人們不必先清除嗎？在清除的工作中，他注意到那裡有大量沒有發現的寶藏在等著他。他就是這樣和那些「偉大者」獨往來。在潛心研究柏拉圖二十年之後，海德格在一九三〇年代末期對皮希特說：「**我必須對您承認一件事：柏拉圖式的思考結構對我來說全然晦澀**

不清。」（注6）

在一九三六年六月二十七日給布洛赫曼的信中，他描述自己進退維谷的處境：「**看起來，為了保護傳統而進行的鬥爭，已經使我們精疲力盡；既要創造自己的東西又要保存偉大的東西，兩者都超出了人類的力量。但是如果這種保存不是來自新的收穫，那麼它就不夠強大。這個迴圈沒有出口，並且會如此，自己的工作一下子顯得重要，一下子又無關緊要且愚蠢。**」（BwHB, 89）

在給雅斯培的信裡，他表現出拙劣的感覺。在一九三六年五月十六日，在中斷十年聯繫前的最後一封信中也是如此。他寫道，有鑑於偉大的哲學，「**個人的躁動不安顯得無關緊要，它只是權宜之計**」（BwHJ, 161）。

但是在給布洛赫曼的信、以及尤其是在《哲學論稿》中，海德格表現了另一種情韻：對於獲得巨大成功以及對其著作的高度重要性，他尤其會顯露興奮之情。然後他相信自己知道：「**另一個真理的到來**」已經在他身上發生。

注1：C. F. v Weizsäcker, *Begegnungen in vier Jahrzehnten*, 244。

注2：BwAJ, 177。

注3：同前揭，頁178。

注4：G. Picht, *Die Macht des Denkens*, 181。

注5：H. A. Fischer-Barnicol, *Spiegelungen-Vermittlungen*, 88。

注6：G. Picht, *Die Macht des Denkens*, 181。

第十九章
NEUNZEHNTES KAPITEL

海德格受到監視

一九三七年巴黎哲學大會

海德格憤怒

關於德法協議的想法

海德格和戰爭

「星球在燃燒」

思考和德國

[355]

「**外部事物的壓力減輕了**，」海德格在一九三七年四月十四日寫信給布洛赫曼（BwHB, 90）時如是說。

外部事物：狄爾泰的女婿格奧爾格．米施被迫從哥廷根教職退休的空缺，現在要填補上。一九三五年七月，哲學系把海德格列入聘任名單的第一順位。系主任簽署的審查報告說：「他將成為當前德國哲學的領袖之一……我們會獲得一位願意以國家社會主義世界觀工作的思想家。」（注1）

同時教育部知道，儘管海德格在重要的政治事務始終支持國家社會主義（外交政策、經濟、勞動服務、領袖原則），但是根本不能代表國家社會主義世界觀。因此教育部告訴哲學系要任命科尼斯堡的海澤（Heyse）教授接任米施。於是哲學系匆忙修改原先的建議名單以利於海澤。儘管海德格對於哥廷根大學不感興趣，對於順位的事卻還是覺得受到傷害。在哲學上，海澤只是海德格的追隨者——海澤說：「於是，在哲學和科學中再度開啟了存在（Existieren）的原初問題。這些問題源自於，人的此有被放逐到存有的原初力量。」（注2）他也是個一板一眼的、具有政治組織能力的國家社會主義者。他是高層指派的康德學會主席，該學會享譽國際，而且是世界上最大的哲學組織。海澤在一九三七年於巴黎國際哲學大會擔任德國代表團的團長。此事下文再說。

[356]

哥廷根聘任順位的事讓海德格更加感覺到他不再受到政界高層的喜愛。但是直到最後，海德格在政治權力機關裡還是一直有擁護者，否則就無法解釋柏林教育部在同年想要任命海德格為弗萊堡哲學系主任的事實。那件事無疾而終，是因為當時的弗萊堡校長反對：「海德格教授在其任職校長期間大抵上失去了弗萊堡同事的信任。巴登教務行政部門也覺得難以與他共事。」（注3）

即使對海德格哲學持保留態度的人越來越多，政府機關還是希望利用海德格的國際聲望。一九三五年十月，他被任命為新版尼采全集的編輯委員。海德格受邀出國演講，而且沒有受到什麼刁難。一九三六年初，他在蘇黎世演說，同年還有羅馬；一九四〇年代初，他本來要在西班牙、葡萄牙和義大利演講。他都準備好講稿，也公布了主題，但是演講延期太久，直到戰爭後期，演講的事終究未能實現。

一九三六年四月初，他應「義大利日耳曼研究所」的邀請前往羅馬。最初計畫在羅馬、帕多瓦（Padua）和米蘭舉行多場演講。但是海德格只選擇了羅馬，他在那裡住了十天，並且向大眾發表了關於賀德林和詩之本質的演說。藉由這次機會，他遇到了卡爾・洛維特，他雖然是政治流亡者，卻也應研究所之邀參加講座。洛維特在他的傳記裡提到和從前的老師的相遇。

演講結束後，海德格陪同洛維特夫婦到他們的小公寓，他「顯然對於我們貧困的設備感觸很深」。（注4）第二天早晨，他們出發到弗拉斯卡蒂（Frascati）和塔斯庫勒姆（Tusculum）出遊。陽光燦爛的一天，但是相當拘謹。尤其是艾弗里德，她一路上似乎很「尷尬」。海德格配戴黨徽。他「顯然沒有察覺到，如果他是要跟我度過一整天，『卐』字的位置並不適當」。海德格很友善，避免提到任何關於德國情況的事。洛維特正是因為這個情況而被驅[357]逐出境的，於是他談到了這點。他談及瑞士報紙上的論戰，也就是海德格在幾個禮拜前在蘇黎世演講引起的論戰。

大神學家卡爾・巴特（Karl Barth, 1886-1968）的弟弟海因里希・巴特（Heinrich Barth, 1890-1965），在一九三六年一月二十日在《新蘇黎世報》在關於「藝術作品演講」的報導中指出：「顯然我們必須為海德格在民主國家發言當成一種榮譽，畢竟他（至少有一段時間）被視為新德國的哲學的發言人。但是許多人還記得，海德格在《敬仰與友誼》（*Verehrung und Freundschaft*）裡把《存有與時間》獻給了猶太人胡賽爾，他的康德詮釋也和半個猶太人謝勒的懷念永遠綁在一起。一個在一九二七年，一個在一九二九年。一般而言，人不是英雄，也不是哲學家，儘管也有例外。因此不能要求人逆流而行；哲學不僅是知識，而且是智慧，唯有對於自己過去的某種承諾才能提高哲學的聲譽。」（注5）

當時還是講師的埃米爾・斯泰格（Emil Staiger）憤慨地回應說：巴特顯然並不喜歡海德格，於是發表了一篇「政治的通緝令」公開譴責他的哲學。但是海德格是和「黑格爾、康德、亞里斯多德和赫拉克利特並駕齊驅的人。而且當人們意識到這點，雖然總是對於海德格

[358]

的與會感到遺憾，當領域被混淆時，事情總是會很不堪聞問；但是正如人們不會因為對於普魯士反動派的印象而對於《精神現象學》大打折扣，它也不會影響人們對海德格的讚賞。」（注6）對此，巴特再度回應說：「透過深淵把哲學與人類、思想和存有分開」是無法接受的事。（注7）

在和海德格的談話裡，洛維特解釋說，他既不能認同巴特的政治攻擊，也不同意斯泰格的辯護；他認為，海德格「入黨支持國家社會主義是基於其哲學的本質」。（注8）海德格「毫無保留」地同意並且認為「他的『歷史性』的概念是其政治『投入』（Einsatz）的基礎」。

海德格意義下的「**歷史性**」，為行動的可能性開啟了有限的視域，如果哲學想要「**掌握其時代**」，那麼哲學也要在該視域中活動。如我們所知，海德格認為一九三三年的革命是擺脫現代「**陰謀詭計**」的命運糾纏的機會。儘管這時候他開始以不同的方式看待事物，可是仍然對洛維特堅持說，他還有沒有完全錯失重新開始的機會；「人們必須堅持得夠久。」他承認對於政治發展確實感到失望，但是立即歸咎於「知識份子」的躊躇不前，以至於原本承諾的變革和起義遲遲沒有行動。「如果這些紳士們不那麼文雅，以至於不能投身其中，情況可能會有所不同，但是我完全孤立無援。」（58）

海德格仍舊像從前一樣對希特勒著迷。對於所有令人髮指的事，正如許多其他人一樣，他的藉口是「如果領袖知道的話！情況會有所不同。」洛維特感到失望透頂，但是海德格的反應在他看來也很典型：「對德國人來說，想法激進而又對任何事實冷漠以對，那是再容易不過的事了。他們忽略所有個別事實，如此才有辦法更果斷地堅持其整體的概念，並且把『事』與『人』分開。」（58）

但是海德格「對於整體的概念」漸漸脫離日常政治和具體歷史。人可以看到，在他的演講裡上演的賀德林，在「**諸神的暗示以及人民的聲音之間，他是個被拋出者（ein Hinausgeworfener），被拋到諸神與人類之間**」（EH, 47）。這是諸神之夜，他們已經都逃走了，也都還沒有回來。這是個貧乏的時代，而且——海德格以為他的演講作結——要在黑夜的虛無裡和賀德林一起耐心等待，「因為一個脆弱的器皿沒辦法一直盛著他們，／人只是時或可以忍受神的豐富意蘊。／他們的夢想是人……」

在羅馬行之後，他寫信給雅斯培，談到那幾天的心情，特別是身為哲學家，海德格對於身處於「**貧乏時代的詩人**」賀德林特別心有戚戚焉：「**哲學沒有任何聲望可言，其實，我們**[359]**應視之為美好的狀態，因為現在正是要低調為哲學戰鬥的時候。**」（一九三六年五月十六日，BwHJ, 162）

羅馬觀眾專注傾聽賀德林演講，德國人的反應讓海德格感覺到有權勢的人不再尊敬他了。在希特勒青年團雜誌《意志和力量》裡，一個叫科尼策（Könitzer）博士的人寫道：「相較於海德格教授……青年以自己獨特的方式更加理解賀德林。」（注9）對於處於賀德林的「諸神之夜」的人，海德格的反應相當不平靜。感到屈辱的他寫信給另一個納粹出版機構的職員說：「**依據那位了不起的先生在《意志和力量》裡的論斷，我的賀德林文章和希特勒青年團格格不入，因此我不再指望這類『德國人』了。順道一提，一位五十五歲熟悉馬堡情況的領袖告訴我，這位K博士先生，在一九三三年夏天還以社會民主黨的身分在馬堡地區棲棲皇皇，現在卻成了人民觀察家當中的大人物。**」（注10）

在羅馬行之後，比希特勒青年團雜誌的批評更嚴重的事爆發了。一九三六年五月十四日，羅森伯格辦公室向慕尼黑納粹講師協會詢問「如何評價馬丁·海德格博士教授的為人」。（注11）

胡果·奧托研究了該事件的來龍去脈。依據他的研究，羅森伯格辦公室對海德格的不信任感日益加劇。煙施和克里克的審查報告開始發酵。海德格定期在博伊龍修道院演講的傳言也引起反感。人們懷疑海德格在耶穌會進行祕密煽動。因此當局致信講師協會說：「他（海德格）的哲學和經院哲學關係密切，奇怪的是，為什麼海德格在有些地方對於國家社會主義者還會產生不可忽視的影響。」（注12）

就在他們懷疑海德格暗地裡主張教權主義時，海德格在接連幾個博士和教授資格的考試過程（例如馬克斯·繆勒）裡，把他的信念記錄在審查報告中：「基督教」哲學終究是一塊

[360]

「**木鐵以及一個誤解**」。

無論如何，講師協會關於海德格的資訊都是這類的，以至於羅森伯格辦公室在一九三六年五月二十九日把檔案交給親衛隊國家安全局（Reichssicherheitshauptamt）的科學部門。於是國家安全局下令監視海德格。在《事實與思想》裡，海德格談到一九三七年夏季學期的研討課裡來了一個來自柏林的漢克（Hanke）博士，「**非常有才華而且共事時很有意思，一段時間之後，他要求個別談話**」。海德格說：「**他在談話中他對我承認說，他不能再對我隱瞞他為謝爾（Scheel）博士工作，當時謝爾主導國安局西南地區的事務。**」（R, 41）

如果我們懷疑說，海德格在尼采演講課批評了生物主義和種族主義的當下就知道自己被監視了，那麼這種情況下，我們不得不證明他的勇氣。當時演講課堂的聽眾也有這種感覺，但是他們更訝異於海德格比其他教授更明確地堅持行納粹禮。

海德格在《事實與思想》裡寫道，自一九三〇年代中期以來，黨內高層一直在阻礙且嘗試**排擠**他的哲學工作。例如說，政府部門極力阻止他參加一九三七年的巴黎國際笛卡兒研討會。可是法國會議主辦單位出面交涉，他才在最後一刻被要求加入德國代表團。「**整個過程這樣演變，使我無法與德國代表團一起前往巴黎。**」（R, 43）

但是法里亞斯在柏林文獻中心和波茨坦檔案館裡找到了相關檔案，證明海德格在一九三五年夏天就在巴黎為了代表德國參加該會議而做準備。海德格非常重視這次活動，因為笛卡

[361]

兒對他而言是現代哲學的奠基者，也是他的哲學瞄準的對象。這次巴黎的會議是個相互較勁的巨大競技場，想必讓他相當神往。他很樂意迎接挑戰。海德格有意發展一些思想，他後來於一九三八年六月九日在弗萊堡以「透過形上學奠基的現代世界觀」為題發表了那些思想（即《世界觀的時代》）。

海德格想去巴黎，但是——一開始只是徒勞的——等著德國對他的正式派任。德國的邀請函來得太晚了，對海德格來說太晚了。法里亞斯找到海德格在一九三七年七月十四日寫給弗萊堡校長的一封信，說明他為什麼現在不再願意倉促加入德國代表團：「**一年半前會議主席就向我個人發出邀請，當時我就通報國家教育部，並且附上建議，該會議也是笛卡兒的週年紀念，應該有助於認識主流的自由民主觀念，也應該提前指派胸有成竹而且有影響力的德國代表。因為這個建議並未得到回覆，我就沒有報告後來自巴黎的多次邀請。因為法國會議主辦單位的願望對我並不重要。唯一重要的是德國高層要不要在德國代表團裡看到我。**」（注13）海德格顯然覺得很受傷，因為德國當局並沒有立即就會議的籌備策略以及代表團的籌組和海德格聯絡。他可能以為自己會擔任代表團團長到巴黎開會。但是在一九三六年，政府和黨任命海澤為代表團團長。海澤在一九三六年八月的一份報告中描述了大會的目的：顯然笛卡兒的理性主義應被等同於哲學概念。如此「今日的德國哲學意志」會被排除在外，並被視作「偉大歐洲傳統的否定、對自然主義式的排他主義的表現、對精神的背棄」。（注14）對德國

「精神孤立」以及使法國成為「精神領導」，是這次活動的戰略目標。對此，必須以某些有影響力的東西來對抗。

代表團不僅必須有能力「代表德國國家社會主義的精神意志，而且要明顯發揮作用」，不僅需要強力抵制，而且還必須進攻。海澤寫道，這是「德國精神進軍歐洲地區的嘗試」。然而遺憾的是，在新德國僅有極為少數的哲學家能為德國哲學的「國際地位」而戰。海澤的建議名單為：海德格、施密特、貝姆勒。

［362］這個建議被採納，海澤也於一九三七年春季和當時拒絕參加的海德格聯繫上了。這使得他免於些尷尬。因為代表團的組成不僅是依據意識形態，更有種族的考量。大會指定的會議領導人胡賽爾因為「非雅利安人」而未獲批准接受邀請。德國當局合理地推測說，胡賽爾的參與會使「官方代表團失焦」（注15）；人們擔心胡賽爾「太受歡迎」，那會是對於德國代表團的示威。

代表團像軍人似的在巴黎登場，一些教授身著黨的制服。一家法國報紙感到驚訝，和早期國際哲學會議相比，德國代表顯然不是以「個人」身分出席，而是一個集體精神的代表。來自詩人和思想家國度的哲學，以封閉的形式行進，讓人感到相當不安。

於是海德格留在家裡，振筆書寫唯一一篇關於德法理解的文章。標題為《通向言談之途》（*Wege zur Aussprache*），收錄在文集《阿勒曼尼之國。關於民族與使命之書》

[363]

（*Alemannenland. Ein Buch von Volkstum und Sendung*），於一九三七年問世，那篇文章論及德法精神之間的衝突。

這本文集是由當時弗萊堡市長以及納粹刊物《阿勒曼尼人》的前祕書弗蘭茨・克爾伯（Franz Kerber）主編的，出版當時正值希特勒在非軍事化的萊茵地區提倡和法國和解。但是海德格的文章並不是為了這種宣傳的日常用途。正如佩策特的報導，海德格很樂意在朋友圈中朗讀這篇文章，「這篇文章似乎對他來說極其重要」，（注16）因而後來也被收入《思考經驗》（*Denkerfahrungen*）文集中。

文章關於法國與德國人民之間的相互理解。海德格並不停留在地緣政治、經濟或軍事衝突和分歧的問題上。「**現今的世界時刻**」賦予了「**創造歷史的西方民族**」一個最大的任務：「**拯救西方**」。民族之間不同的思想和文化風格的妥協適應和相互融合，並不能成功拯救西方，而唯有每個民族思考自身特有的東西，並在這個基礎上為拯救西方的認同做出自己的貢獻：在法國，笛卡兒主義佔主導地位，那是個理性支配「擴延物」的幻想。相對的，在德國，歷史性思考的主導更為顯著。這種對照並非原創，但是值得注意的是，海德格把它視為趨勢的分化，這種趨勢在西方的希臘原始場景裡還沒有區別和決定。柏拉圖的存有和赫拉克利特的萬物流轉，也就是理性主義和歷史性，當時在城邦的公共區域共同發聲影響，並獲得一個相對於「**亞洲**」的思想同一性，希臘被亞洲包圍，正如被海洋環繞的小島。在「**現在的**

世界處境」（Weltstunde）裡，什麼是「**亞洲**」呢？海德格沒有明確說出來，但是他展現的邏輯是這樣的：我們今日的亞洲並不是「未開化的野蠻人」，而是就像有如脫韁野馬的北美和俄羅斯一樣的現代世界。但是由於法國的笛卡兒主義是這個現代世界的新起源，因此法國和德國為了拯救西方的合作會是不對稱的。法國的理性主義不得不走進德國的歷史性學派，更精確地說，是走進海德格式的存有思考的學派。因為唯有從這種思考觀點出發，理性主義才能克服它的客觀性妄想，並開啟存有歷史的豐富性。結論是：德國思想對於法國思想的需要，和法國思想對於德國思想的需要並不相當。海德格友善的提醒也提到了這點，法國思想現在顯然已經注意到它所缺乏的：黑格爾、謝林、賀德林。它還有救。

[364] 沒有證據顯示海德格讀過法國康德學派朱利安．班達（Julien Benda）的哲學宣傳小冊子《知識人的背叛》（*La trahison des clercs*）。這本書於一九二七年在法國出版，立即引起轟動，它讀起來像是法國對海德格式的談話預先做出的回答。對於班達來說，知識份子的背叛正是始於他們順從於歷史的流沙，當他們背棄真理、正義和自由的精神價值，聽從本能、民族精神和直覺等非理性力量時。這些被定義為世俗教士的哲學和文學的「知識份子」，他們的任務是對抗各個時期的政治時代精神的侵害，保護人類的普世價值。否則還有誰能做，因為「一般人」必定會淪陷於世俗的行動和情感當中。嚴格的人文理性主義在這裡出現，對抗浪漫主義民族精神誘人的歌聲。班達說，自從康德死後，人們再也無法從德國思想當中學到任

何東西——人們只能告誡提防。班達引用了勒南（Renan）的一句話，聽起來像是對海德格的回答：「人既不屬於他的語言，也不屬於他的民族；他只屬於自己，因為他是自由的，這即是個道德本質。」（注17）班達堅信，誰要是把人類精神從它的普世故鄉被放逐出來，並使它成為人民爭論的對象，很快就會被那些號召「文化戰爭」的人擄走（98）。這正是海德格不樂見的。他想以自己的方式探究有益的毗鄰關係的可能性。**「長期相互傾聽的意願以及對於自身的使命的堅定勇氣」**（D, 21）都屬之。但是這並沒有改變什麼，對他而言，通向言談之途在某個點上必須做出抉擇，到底是笛卡兒式的理性主義或是歷史性的存有關係，何者更符合存有的開放性。不容許「**逃避最困難的任務：願意提供可判定性範圍**」（D, 20）。顯然，海德格認為他的思考能勝任這個任務。德國與法國在哲學事務上的相互理解，不是在什麼中點相會，而是在托特瑙山上。

［365］三年後，希特勒發動的戰爭如火如荼地展開。法國在一九四〇年戰敗。海德格在這年夏季學期尼采演講課裡提及歐洲虛無主義以及法國的投降，做出令人吃驚的結論：「**在這些日子裡，我們是神祕歷史法則的見證者，有一天，一個民族再也無法勝任從自身歷史產生的形上學，而且正是在形上學自身蛻變為無條件者（Unbedingte）的時刻……擁有裝甲車、飛機和通訊設備是不夠的；擁有能夠操作那類設備的人也是不夠的……需要的是一個從根本、從其特殊的基本本質上適應現代科技及其形上學真理的人，也就是讓技術本質完全統治自己，**

以操控具體技術過程和可能性。在尼采的形上學意義下，無條件的『機械式經濟學』（machinale Ökonomie）只有超人（der Über-mensch）才符合，反之：超人也需要這種無條件的『機械式經濟學』以建立對大地的無條件宰制。」（N II, 165/166）

就是說：德國證明了自己比笛卡兒式的法國更加笛卡兒主義。德國比法國更成功地實現了笛卡兒宰制「擴延物」的夢想，也就是對自然的技術掌握。「**全面動員**」（N II, 21），也就是整個社會和個人的技術和組織的整備，只有在德國才做得到。在這裡，所有結論都是得自現代形上學，根據這個形上學，「**存有**」只是「**被表象性**」（Vorgestelltheit）和「**被生產性**」（Hergestelltheit）。德國之所以辦得到，那是因為它——「**超人的**」——完全實現了現代世界的流毒。法國人是魔法師的學徒：他們啟動了一個他們無法「**勝任**」的過程。唯有在極權主義的希特勒，德國才養成了適應現代技術的人。在這裡，人顯然變成子彈。此外，順道一提，後來海德格混雜著驚恐和陶醉地談到，他的一位日本學生報名參加神風特攻隊。

一九三五年的形上學演講課中，海德格把俄羅斯和美國看作「**失控的科技絕望狂怒**」的前衛勢力（EM, 28）；現在他在這方面看到了德國遙遙領先。對於這點的隱隱然滿足的語調 [366] 是明確無誤的。這讓人想起亨利希・曼（Heinrich Mann）筆下的臣僕海斯林（Diederich Heßling），他被一板一眼的中尉狠狠教訓一頓，卻滿意地說：「我們大家沒有人仿效他！」海德格也是如此：德國之所以獲勝，是因為它比其他國家更有效地投身於技術的**流毒**，但是：我們沒有人仿效存有遺忘的龐大後果。

海德格的兒子，約爾格（Jörg）和赫曼（Hermann）應召入伍，一九四〇年被派到前線。年輕的傷兵、後送療養的士兵、年長的學生，坐滿了演講廳和研討室。女學生的比例增加。戰爭地區傳來的死亡和失蹤人數與日俱增。

一九四一年九月二十六日，海德格寫信給一個陣亡學生的母親說：「**我們生者很難以理解，許多如今仍以真誠的精神和虔誠的心犧牲自己生命的年輕德國人，如何經歷那最美好的命運。**」（注18）

陣亡者**最美好的命運**是什麼？是海德格對他的記憶嗎？大多數死者只有少數幾個親密的朋友，但是如果保存在哲學家的記憶中，海德格說，對於後代而言，他們會「**喚醒德國人內心深處對於精神和忠誠的呼喚**。」這場戰爭會因此得到什麼意義嗎？海德格不是在尼采演講課上說過，這場戰爭表現了存有的遺忘的「**權力意志**」嗎？

事實上，海德格在他的演講課中一再重述這點，並且說，在當前的歷史時刻，「**不存任何幻想地把人力資源用在對於權力意志無條件的賦權的能力**」（N II, 333），哲學有變成可有可無的東西危險。作為一種文化產物，哲學從公共領域中消失，因為它只是「**關於存有自身的說法**」（das Angesprochensein）（GA 54, 179）但是現在已經沒有時間理會這種說法了。戰爭的結果使德國的人們相信，「**屬於詩人和思想家的民族現在已經結束了**」（GA 54,

[367]

179）。那麼為這種戰爭的犧牲還有意義可言嗎？

從海德格的觀點看來，對此有兩個答案。第一個答案是眾所周知的，即生活實行的屬己性並不取決於整個環境的道德特性；重要的只在於人們的態度。在給那位母親的信中，海德格就是在這種意義下讚揚陣亡者的「**心靈之火**」以及「**對於本質事物的敬拜**」——不管在具體情況裡的意義是什麼。海德格也不很確定，因為他不知道那個年輕人死亡的具體情況。

第二個答案是：犧牲是有意義的，因為戰爭本身必須是有意義的，犧牲才會有意義。然而在這點上，海德格的判斷搖擺不定。一方面他認為戰爭是時代的權力意志的表現（他從來不覺得希特勒和德國有什麼責任），因此整個來說，是一個背離意義的現代總動員的事件。從這個角度看來，任何犧牲都是毫無意義的。但是隨著美國的參戰，他認為情況又有所改變。海德格在一九四二年夏天的賀德林演講課裡說：「**今天我們都知道，美國主義的英美世界已經決定要消滅歐洲，即毀滅故鄉，以及毀滅西方國家的源頭**。」（GA 53, 68）

但是這個「**西方國家**」究竟在哪裡？官方的德國不再是它的處所，因為在那裡，如同海德格一直強調的，「**機械式經濟**」以及把人的貶值為物質取得了勝利。

但還有「非官方」的德國，也就是想像的德國，一個賀德林所相信的德國。這個德國，其語言保存了哲學精神，除它之外就只有希臘如此。在一九四三年的赫拉克利特演講課裡，海德格說：「**星球在燃燒。人的本質一團混亂。只有德國人才能從事世界歷史的思考，他們**

找到並保存了『德國』。」（GA 55, 123）這個屬己的、被周遭背叛的西方德國，難道不是僅僅活在海德格的哲學裡嗎？

就是這樣了，儘管海德格不想和「**自我擴張的使命感**」扯上關係（GA 54, 114）。在戰爭的最後幾個月，他的哲學完全轉向了對於偉大建基者的追憶：賀德林、巴門尼德和赫拉克利特。在海德格那裡，思考和外在事件之間的差距越來越大。當事件趨向災難的終局，而且希[368]特勒政權對於猶太人的屠殺到達了恐怖的頂峰，海德格卻更加沉潛於「**開端的東西。西方開端的隱蔽精神，對於這種無開端的自我的破壞過程，甚至不投以輕蔑的眼神，而是泰然自若地在開端的靜謐當中等待著它的閃耀時刻**」（GA 53, 68）。

但是與一九三三年不同，海德格現在已經不再期待社會政治事件的「**開端**」。孤獨的詩歌和思考的偉大時刻才是「**歷史的轉折點**」。詩和思想還沒有在任何政治和社會運動裡尋求「**支持**」。海德格在一九四三年《何謂形上學？》的後記中寫道，「**本質性的思想關注著難以捉摸的東西的緩慢徵兆**」（WM, 51）。這種思考不會導致任何「**結果**」。只能希望也許在這裡或是那裡能夠「**點燃**」相似的思考，從而建構從當前「**世界遊戲**」（Weltspiel）中跳出來的祕密互助會。世界遊戲，海德格在一九四一年的一次演講課首次使用這個說法，意指巨大的苦難。當前的世界遊戲眼裡只有「**工人和士兵**」。有兩種方式能逃離這種「正常性」。其中一種海德格稱為冒險活動，影射恩斯特・榮格（Ernst Jünger）的說法：「**在這樣的時代，**

至今紛亂的世界，思想甦醒，現在只能喜好危險，在『冒險』中，才是人確保真實事物的方式，誰會對此感到吃驚呢。」（GA 51, 36）冒險家為存有遺忘塗上刺眼的顏色和蓬勃的活力。他投入現代機器當中，儘管機器會粉碎他。他不斷提高他的賭注，以從遊戲中獲得更多刺激。

對海德格來說，沉思思想的「**內立性**」（Inständigkeit，迫切性、刻不容緩）是另一種對抗作為命運糾纏的世界遊戲的方式。過去人們稱為沉思（Meditation），「沉思的生活」（Vita contemplativa），海德格並不想如此看待他自己的行動。這種內立性使得海德格更加靠近簡單生活。他在一九四三年的赫拉克利特演講課裡說，拿走現代人消遣和堅持的一切東西，「**電影、廣播、報紙、戲劇、音樂會、拳擊比賽、旅行**」（GA 55, 84），他將死於空
[369]
虛，因為他不再和單純的事物有關係。但是在沉思的思考裡，空虛成為「**憶起存有**」的機會（GA 55, 84）。甚至在戰火最猛烈時——整個星球都在燃燒時——海德格在情緒上預備好戰後哲學的偉大主題：泰然任之（die Gelassenheit）。

在戰爭當中泰然任之，歸功於對緊迫現實的無視。在前述的一九四三年《何謂形上學？》第四版後記裡，海德格寫下了那個晦澀難懂的句子：「**存有可能不伴隨存有者而漫衍。**」（daß das Sein wohl west ohne das Seiende）（WM, 46）在地獄開始的那年，海德格對存有者的思考已經走得很遠，以至於對他來說，存有已經成為某種它不曾是的東西：一個獨立

於存有者的參考值。在一九四九年的版本中，他撤回了那些異想天開的說法；他把「**可能**」（wohl）改成「**從未**」（nie），現在改成這個不再讓人暈眩的句子：「**存有從未不伴隨存有者而漫衍**。」（daß das Sein nie west ohne das Seiende.）

在艱難時代裡，存有以何種方式在場，海德格在賀德林於戰爭最後幾年的一篇文章中找到富有深意的說法：「**分裂的混亂**」（GA 4, 62）。深淵敞開，大地震動。

在同一時期，接續著賀德林，海德格對於施瓦本故鄉寫了讚美詩：母親蘇維恩（Suevien），鄰近「家園的爐灶」而居。爐灶守護一直保存著的餘燼，當火點燃時，空氣和光向著歡愉裡開啟……因此一個人曾很難離開鄰近的處所，當他不得不的時候（GA 4, 23）。

注1：引自：V. Farías, *Heidegger und der Nationalsozialismus*, 289。

注2：引自：同前揭：頁290。

注3：引自：同前揭：311。

注4：K. Löwith, *Mein Leben in Deutschland*, 58。

注5：H. Barth, *Vom Ursprung des Kunstwerks*, 265。

注6：E. Staiger, *Noch einmal Heidegger*, 269。

注7：同前揭。

注8：K. Löwith, *Mein Leben in Deutschland*, 57。

注9：引自：V. Farías, *Heidegger und der Nationalsozialismus*, 315。

注10：引自：同前揭。

注11：引自：H. Ott, *Martin Heidegger. Unterwegs zu seiner Biographie*, 253。

注12：引自：同前揭。

注13：引自：V. Farías, *Heidegger und der Nationalsozialismus*, 330。

注14：引自：同前揭：頁335。

注15：引自：同前揭。

注16：H. W. Petzet, *Auf einen Stern zugehen*, 47。

注17：J. Benda, *Der Verrat der Intellektuellen*, 125。

注18：引自：R. Mehring, *Heideggers Überlieferungsgeschick*, 91。

第二十章
ZWANZIGSTES KAPITEL

海德格參加國民突擊隊

弗萊堡被毀

驚恐的田園生活：威爾頓斯坦堡

海德格面對清查委員會

雅斯培的審查報告：「不自由、獨裁、封閉」

教學禁令

法國發現海德格

科耶夫、沙特和虛無

海德格讀沙特

錯過會面

拜訪大主教

崩潰以及在冬季森林中的恢復

[370] 一九四四年十一月二十七日夜裡，英國和美國的轟炸機聯隊摧毀了弗萊堡。不久之前，海德格隨同國民突擊隊撤退到亞爾薩斯（Elsaß），人們想在那裡阻止法軍越過萊茵河右岸。但是為時已晚。國民突擊隊無功而返，海德格也在其中。他是根據一九四四年十月十八日的領袖命令應召入伍的。那是最後一次徵召令，十六至六十歲間的所有男性；沒有人能豁免徵召，勞動能力是符合兵役的唯一判準。海德格有勞動力，因此符合兵役徵召。但並不是所有海德格的同事都被徵召。招募是由地方黨部負責。當時十分混亂。為了讓海德格脫離軍隊，哲學系到處奔走。以前的柏林威廉皇帝優生學研究所（Kaiser-Wilhelm-Instituts für Eugenik）惡名昭彰的所長，在弗萊堡退休了的歐根・費歇爾（Eugen Fischer），代表他們致信帝國教師聯盟的領袖謝爾。他請求免除海德格的兵役，並在信末寫道：「在德國亞爾薩斯地區，敵軍距離我們的城市不到五十公里，在這最艱難的時期，我們提出這個請求，證明我們對於德國學術未來的信念。」三個禮拜之後，謝爾回信說：「由於情勢不明朗，我無法為海德格做任何事。」其時這件事已經解決了。從國民突擊隊返回後，海德格向大學請假整理他的手稿，把
[371] 它送到梅斯基希附近安全的地方。在離開被轟炸得滿目瘡痍並且等待著盟軍進駐的弗萊堡之前，海德格拜訪了哲學家皮西特和他的妻子，她就是後來著名的鋼琴家艾克森菲爾（Edith Picht-Axenfeld）。海德格想請她再彈奏一些東西。皮西特夫人演奏了舒伯特的遺作「B大調奏鳴曲」。海德格望著皮西特說：這是我們無法以哲學做到的。在一九四四年十二月的這個

夜晚，海德格在皮希特的訪客留言本中記下：「**死亡並非沉沒。每個沉沒都隱蔽在升起當中。**」（注1）

海德格周圍發生的事，以及海德格要逃避的，是死亡或是沉沒？留言本裡沒有寫下答案。但是半年之後，一九四五年七月二十日，海德格在給魯道夫・斯塔德爾曼的信中回答了這個問題，斯塔德爾曼在科學營裡是他的「學徒」，現在杜賓根的系主任：「**現在所有人都在思考沉沒。因此我們德國人不能沉沒，因為我們還未湧現，況且我們才剛剛度過黑夜。**」（注2）

在逃離弗萊堡以及回到被法國佔領的城市之間的那半年，海德格過著驚恐的田園生活。整個冬天，他和他的弟弟弗利茲在梅斯基希一起整理他的手稿。當春天來臨，整個哲學系都搬了過來，或是說哲學系中倖存的人。在弗萊堡，人們決定把大學一部分疏散，梅斯基希附近的博伊龍的威爾頓斯坦堡（Burg Wildenstein）被選定為避難所。一九四五年三月，十位教授和三十個學生，其中大部分為女性，一部分步行，一部分騎自行車並且滿載著書籍，走進黑森林和上多瑙河，並在菲爾斯登堡（Fürstenberg）家族的城堡以及附近的萊貝廷根（Leibertingen）安頓下來。從梅斯基希到威爾頓斯坦堡，是海德格年輕時常走的小徑，現在他沿著這條小徑到城堡的小酒館，要去主持小型研討課，此時山谷裡的法國軍隊正朝著西格馬林根（Sigmaringen）方向推前，那是維琪政府餘黨逃亡的方向。五月底是割牧草的季節。

[372]

教授和學生幫忙農務；他們得到食物作為報酬。但是弗萊堡那裡沒有傳來什麼消息。人們只知道：城市被佔領了。幸運的是，弗萊堡周圍並沒有戰役。在下方的山谷中，博伊龍修道院旁搭建了野戰醫院；每天都有傷員到來。以前山裡強盜藏匿之處，在這期間成了研讀康德《純粹理性批判》、中世紀歷史和賀德林的場所。尤其是賀德林。賀德林在《伊斯特河》（*Ister*）裡歌頌上多瑙河說：「而人們稱之為伊斯特。／美麗地流淌於此。點燃成列的樹葉，／激起陣陣漣漪……」海德格常常詮釋這首詩，此次再次詮釋它。在此期間，賀德林成為他個人系譜學的組成部分。如前所述，他為一九四二年的伊斯特河演講課添加了（在出版的版本中未收錄的）評註說：「**也許詩人賀德林對一位思想家是命中註定的交流……在《伊斯特河》創作之時……根據檔案，思想家的祖父誕生於上多瑙河激流河畔、岩壁之下的羊圈（一個牧場的羊圈）裡。隱蔽的傳說歷史並不是偶然。一切都是命運。**」（注3）

從威爾頓斯坦堡放眼望去，人們可以看到多瑙河畔的老房子，海德格祖父誕生的那個羊圈就在那裡。

這特殊的夏季學期於六月二十四日在城堡裡中舉行結業典禮。附近的人都受到邀請，他們帶來食物。人們在庭院裡演出戲劇以及跳舞。三天後，海德格在薩克森邁寧（Sachsen-Meiningen）博恩哈德王子（Prinzen Bernhard）的森林小屋裡隆重登場——這是接下來幾年間的最後一次。他以一小段鋼琴演奏作為演講的序幕。海德格談論賀德林的一句話：「**我們的**

一切都專注於精神性的東西，我們為了富裕而變得貧窮。」

在當時被佔領的弗萊堡，法國軍事政府開始第一波的房屋徵用。「海德格在這座城市被視為納粹（他的校長致詞）。」（注4）在臨時市長檔案裡的這個短評，就足以在五月中把海德格在呂特布克四十七號的房子（am Rötebuck 47）列入「黑名單」中。還沒有決定的只是要在他家駐紮軍隊，或是海德格夫婦必須離開房子。他的藏書甚至有被徵收的威脅。艾弗里德·海德格在幾個禮拜前不得不和當局辛苦交涉，其後更提出抗議，請求等她的丈夫回來再執行徵用。

[373]

在海德格回來之前，她就收到臨時市長的通知，依據軍事政府為解決房荒問題的命令「首先徵用黨員的住宅」，而海德格無疑就是黨員。（注5）

當海德格於七月初從威爾頓斯坦堡回家時，情勢發生戲劇性的變化。剛剛他們還在城堡和森林小屋裡凝神聽他演講，幾天之後，他在弗萊堡就成了被告。部門的人暗示他說，他可以完全放棄他的藏書，因為未來他再也不會擁有藏書，也無法重操舊業。七月十六日，海德格寫信給市長，那是後來他的答辯書的第一份草稿。「**我嚴重抗議對於我個人以及我的工作的貶低。為什麼我不僅要受到住宅徵用的懲罰，又要被剝奪工作，而且在城市面前遭受詆毀——是的，我要對著全世界的大眾說？我從來沒有在黨內擔任公職，也沒有在黨內或其他支部從事什麼工作。如果有人想在我的校長致詞中找到什麼政治罪責，那麼我必須要求給我**

一個機會，答辯那些人或是對我的反對和指控，也就是說，我要知道對於我和我的公開活動有哪些指控。」（注6）

目前只涉及房屋和藏書。海德格還在職。但是法國軍事政府已經開始政治清查。想要確立自己是個獨立機構的大學，則試圖證明它有能力自清。一九四五年五月八日，校評會決議對於大學成員的政治過往的審查進行內部調查以及實施標準。報告中只會列舉重大活動，並且訂定三類標準：為保安處工作或告密；幹部活動；高級領導人員和代表職務（校長、系主任）。因此，對大學委員會來說，海德格必須承擔責任，也是理所當然的事。

[374]

法國軍事政府還沒有承認大學是獨立機構，因此不準備把清查程序交給大學委員會。法國聯絡官組成一個委員會，在軍事政府裡代表大學，並且負責實施調查。康斯坦丁·馮·迪澤（Constantin von Dietze）教授、格哈德·李特（Gerhard Ritter）和阿道夫·蘭佩（Adolf Lampe）都屬於這個「清查委員會」。三人都和七月二十日的密謀有所牽連，而且剛剛獲釋。此外還有神學家阿爾蓋爾（Allgeier）和植物學家腓特烈·厄爾克斯（Friedrich Oehlkers），後者是雅斯培的朋友，和雅斯培一樣，也和猶太女子結婚，他們在過去幾年當中都生活在極大的恐懼裡。於是，海德格必須在一九四五年七月二十三日對委員會提出第一次答辯。委員會對他很寬大。例如，格哈德·李特記錄說，他從和海德格密切往來的人那裡得知，自從羅姆政變（Röhm-Putsch）以來，海德格內心已經成為國家社會主義的反對者。委員會成員裡只有

[375]

阿道夫·蘭佩堅決反對海德格恢復名譽。古典經濟學家蘭佩曾經在海德格任職大學校長時吃了一些苦頭，因為海德格當時反對蘭佩的續聘案，理由是他在政治上不可靠。

在七月二十三日第一次接受委員會審訊之前，海德格就很清楚，他的辯護主要是針對蘭佩的控訴。因此他請求兩天之後和蘭佩私下對談。蘭佩為委員會做了詳盡的對話紀錄。為了防止「尷尬的局面」，並且消除人們對他持有偏見的懷疑，他首先聲明，他在一九三四年的遭遇並不會影響他的判斷。接著他引述了委員會的指控：首先，作為校長的他，以納粹政治宣傳的方式煽動學生聯盟；其次，海德格毫不妥協地貫徹執行領袖原則；第三，校長對於教職員的通告，蘭佩表示說，其內容應該說「嚴重損害了高校教師要求且維護的自主性」。（注7）由於海德格的國際聲譽，使得他的過失的影響範圍特別被放大，他以此對於「當時國家社會主義特別危險的發展趨勢推波助瀾」。針對蘭佩的指控，海德格設定一條自我辯護的戰線，在接下來幾年間，直到接受《明鏡周刊》採訪他，都一直堅持這條戰線。他支持國家社會主義，是因為他期望在新生的民族共同體情感的基礎上，期望它可以平衡種種社會對立。除此之外，共產主義的步步進逼也必須制止。被選為校長一事，他也「**相當抗拒**」，他之所以只任職一年，就是為了避免更不堪的事情（例如黨閥阿利（Aly）的選舉）發生。但是當時同事們並未注意到這點，因此不怎麼支持他。從一九三〇年代中期開始，他就公開（主要是在尼采演講課）批評國家社會主義的權力思想。對此，黨部也有相當的回應，他們派了特務到他的講堂上，並且阻撓他的出版著作。

對於海德格完全沒有歉意，蘭佩感到憤怒，要求他承擔「個人責任」。任何像海德格這樣貫徹領袖原則的人，現在都不容許以「暗中阻撓」和消極支持為由卸責。海德格後來對於體系的批評，蘭佩也認為不能作為「補償」；「唯有像他擔任校長的決心那樣，公開提出批評而不畏個人風險」，那才叫作補償。（注8）

海德格的答辯其實是出於恐懼。和他同樣被控訴的同事們，其中一位是弗萊堡的羅馬語系語言學家胡戈・腓特烈（Hugo Friedrich），他被法國逮捕入獄。他擔心自己也會有類似的下場，他的房子和藏書也會被充公。他的眼裡只有一個深淵，但不是他在政治上的錯誤的深淵，而是失去社會地位的威脅和喪失工作機會的深淵。他對蘭佩說：委員會的負面審查報告會使他「**被剝奪公民權**」。因此，他都是為了自衛和自我辯護。

[376]

海德格並沒有表現出任何罪惡感。但是他事實上也沒有什麼罪行。因為對他來說，情況就只是：他短暫地加入國家社會主義革命，因為他認為那是一場形上學的革命。當這場革命沒有兌現它的諾言——而革命到底對他應許了什麼，他從未清楚說明——，他便抽身去從事他的哲學工作，不管黨部是否批准。他沒有隱瞞他和體系的批判性距離，而在他的演講課裡表現出來，如果說大多數順從體系的科學家沒有罪責，那麼他的罪責就應該更加輕微了。他和這個體系的罪行有什麼關係？事實上，海德格對於他被究責感到很驚訝。正如他後來向雅斯培承認的（一九五〇年四月八日），他對於自己短暫的加入感到「**羞愧**」。不過他覺得那是因為他誤解、「**看錯了**」。他自己想要的覺醒、改革，在他看來，和現實政治後來的結果完全無關。在他基於哲學動機而投入政治之後，政治和哲學的領域再度分開，對他來說，他的哲學觀點現在似乎恢復了純潔性。他公開為自己的思考方式平反。因此他不覺得有罪，在法律上沒有，在道德上也沒有。

一九四五年八月，清查委員會對海德格的政治行為做了非常溫和的裁判，而和蘭佩的審查報告大相逕庭。儘管他最初為國家社會主義革命服務，「以德國教育界的觀點」為它辯護，從而使得「德國科學在政治變革中的自我主張」更加困難，但是自一九三四年之後，他就不再是「納粹」了。（注9）

委員會建議說：海德格應提前退休，但是他不能被免職。他應該保留教學資格，但是要脫離大學機構的事務。

但是校評會（不是法國軍事政府）反對這種溫和的裁決，它的理由是，如果海德格全身而退，那麼就不再有理由追究其他教職員了。因此，委員會被要求對於海德格案重啟調查。

[377] 到目前為止，海德格的辯護是要求完全恢復名譽。他想保留身為教職員的所有權利和義務。現在他意識到，大學為了獲得軍事政府的信任，顯然準備拿他殺一儆百。情勢對他越來越不利。因此，他表示說他準備要退休。他只想捍衛他的教學資格，當然還有他的退休金。

他建議徵詢卡爾．雅斯培的審查報告，希望他的報告能可以為他減輕罪責。但是雅斯培在一九四五年聖誕節期間撰寫的報告（胡果．奧托把它找出來）卻是適得其反。

起初雅斯培想要拒絕，但是後來他覺得自己有義務，尤其是在冬季學期，他正好有一門關於釐清罪責之必要性的演講課。如果海德格知道有這門課，他應該不會請雅斯培寫審查報告了。因為雅斯培也想到了海德格，當他說：「許多知識份子在一九三三年加入當局，想要當上領導人，並且在輿論和世界觀方面為新政權說話，他們後來受到壓迫而身不由己……他們覺得自己在納粹統治下痛苦不堪，覺得自己只是被叫來收拾殘局的。他們認為自己是反納粹主義者。這些年來，這些納粹知識份子有一種意識形態：他們在思想上為真理公正發聲，他們保存了德國精神的傳統，他們阻止破壞，個別地獎掖後進……作為成熟的人，在一九三三年有這樣的信念，它不僅源於政治上的錯誤，也根植於因為國家社會主義而加劇的此有感受，那麼除非最深層的重新澆鑄，這種信念是不會被滌清的。」（注10）

雅斯培和海德格之間的聯繫在一九三六年夏天就中斷了。一九三六年五月十六日的最後一封信中（也許根本沒有寄出去），雅斯培回覆海德格寄來賀德林的文章和評論：「請您理
[378] 解並同意我……沉默。我的靈魂無語；因為在這個世界上，我並不如您對自己的描寫的那樣，堅持哲學而『義無反顧』，而是……我默然無語。」（BwHJ, 162）

一九三七年，雅斯培被開除並且被禁止教學和出版。海德格對此沒有發表任何評論。在

接下來幾年內，猶太婦女格楚德．雅斯培（Gertrud Jaspers）必然是被驅逐的目標。對於這種情況，雅斯培夫婦一直隨身準備著毒藥膠囊。

在納粹政權統治的前幾年，雅斯培譴責自己，認為對海德格不夠坦率，沒有責備海德格的政治動作。為什麼他沒有那麼做，他在一九四八年三月一日那封沒有寄出的信裡說：「我之所以沒有那麼做，是因為不信任在國家恐怖主義裡任何沒有正面對我證明是真正朋友的人。我依循斯賓諾莎的謹慎以及柏拉圖的建議：在這種時刻藏身於暴風雨中……我……相對於您，自一九三三年以來一直承受著痛苦，直到在時代中習慣了這些事件，在一九三〇年代遭受更可怕的事物的衝擊，這種痛苦幾乎消失了。只留下遙遠的記憶，偶爾更會有新的訝異。」（BwHJ, 167）

一九四五年底，海德格陷入困境，於是直接找上了雅斯培，這使他感到失望，因為在解放之後，他一直等待著海德格的自清。但是什麼都沒有發生，一九四五年秋天，他寄給海德格一期他參與編輯的雜誌《轉變》（*Wandlung*），也沒有得到回應。

雅斯培在一九四八年（未寄出）的信裡談到他在一九四五年的審查報告：「在冷漠的話語裡，您無法察覺我的內心。我寫這封信的目的是讓不可避免的事情自然到來，並且在危險的處境當中幫助您脫困，讓您可以繼續工作。」（BwHJ, 167）

雅斯培想讓它到來的「不可避免之事」是：海德格既告發愛德華．鮑姆加登，卻也曾經

[379]

撰寫推薦書並且到處關說，幫助他的猶太助理布羅克博士逃到英國。委員會明確詢問雅斯培關於海德格的反猶主義的問題，雅斯培總結說：在一九二〇年代，海德格並不是反猶主義者，但是「在特定的情況下」，如鮑姆加登案證明的，他還是不由自主地涉入反猶主義。

雅斯培的審查報告李裡對校評會的決議而言的關鍵性說法是：「我們的處境，對年輕人的教育有著重責大任。應力求教學自由，但是現在還不宜立刻實施。對我而言，海德格思考方式的本質傾向於不自由、獨裁、封閉，這對於現在的教學會有災難性的影響。在我看來，思考方式比政治判斷更加重要，思考方式的侵略性可以輕易改變方向。只要在他身上沒有像在作品中那樣清晰可見的真正重生，我認為不能把這樣的老師介紹給毫無招架之力的年輕人。我們首先必須讓年輕人獨立思考。」（注11）

雅斯培的審查報告不怎麼著墨於海德格為了國家社會主義的外在活動，而是認為海德格的哲學思考方式對於德國必要的政治道德重建有害。

依據這份審查報告，校評會於一九四六年一月十九日決定，建議法國軍事政府撤銷教學資格，把海德格免職並且扣減其退休金。軍事政府在一九四六年底同意這個意見，甚至加強執行，自一九四七年起取消退休金。但這個加強的規定在一九四七年五月再度被撤銷。

如前所述，在採取這個強硬措施之前，在大學和法國軍事政府裡情勢驟變。在初秋時，海德格仍然指望他的裁決安全過關。因為此時法國軍事政府就算徵用了他的住宅，對他還算

[380]

是寬大；他被列為「**可任意處置的**」（disponibel），也就是罪行輕微而且很快就可以復職的情況。

但是反對海德格復職的人，主要是因為新聞和謠言而心生警惕，傳言指出有些法國知識份子要到弗萊堡和托特瑙山去朝聖。據聞，一九四五年十月海德格和沙特甚至有一場會面。海德格被官方要求在法國報紙上對德國的情勢發表評論。一切真實情況，我們後來會看到，無論如何，這些謠言馬上發酵。海德格的對手，特別是蘭佩，在十一月要求重新調查並且從重裁決。蘭佩的論點是：如果海德格相信那麼剛好是他被任命校長一職，「被允許發言澄清問題並且發號施令」，那麼他要不是認為他「以殘酷的權力行使把我們的大學推到國家社會主義的道路上」不算是什麼滔天大罪，就是海德格「對現實的盲目到了讓人恐懼的程度」。兩種情況都顯示這個哲學家應該要下台。（注12）

然而當時的情況是，當大學和法國軍事政府正要對海德格採取強硬措施時，海德格卻在法國文化舞台開始他的第二春。

海德格在法國的影響力始於一九三〇年代初，這和一個思潮有關，讓·瓦爾（Jean Wahl）和馬色爾（Gabriel Marcel）在一九二〇年代末期為這個思潮命名為「存在主義」。一九二九年，齊克果的著作新譯本在法國出版，讓·瓦爾接著定義了存在（Existenz）的概念如下：「存在，這意味著：選擇；充滿狂熱；生生不息；個體化和主體性；無止盡地操心自

己；知道自己是個罪人；面對神。」（注13）

和笛卡兒主義壁壘分明的兩個觀念，是一九三〇年代法國「新思維」的核心。一個是存在（Existenz）的觀念，它被理解為身體性、有限的、破碎的、被每個承載的基礎撕碎的存有。不論是笛卡兒的「理性」或是柏格森的「直覺」，都沒辦法開闢通往偉大的安全庇護（Geborgenheit）的道路。現實失去了它堅實穩固的意義，人類發現自己被拋入可能性之中，他必須在種種可能性當中選擇。這就是為什麼他也可能有罪責。如此，存在的觀念終結了對世界的泛理論（Panlogismus）的幻想。

存在的觀念和偶然的觀念連結在一起。從字面上看來，個別的人覺得自己是偶然事件的體現。他擁有特定的身體，並且因而落到特定的時空位置。對此，他無法支配，因而也無法支配大多數事情。總是在他可以自己做些什麼之前，就發生了某些無法支配的事情。偶然意味著：存在，也可能不存在。人們再也不會有更高的目標，如果他相信這點，就必須越過齊克果的深淵。

[381]

偶然存在的觀念自始便蘊含了對於自由概念的極端理解。對於基督徒所理解的存在，自由意味著在人心裡對抗神和絕對者而自己做決定的可能性。和祂斷絕關係。對於非基督徒所理解的存在，這種自由則是意味著被往外推到空無裡。

法國存在主義氛圍的發展——和前述的朱利安・班達大唱反調——，存有的神祕主義、聖恩決斷論、荒謬主義和虛無主義在反笛卡兒主義的領域匯集，而另一種精神力量也一起參與了這個發展：現象學。自一九二〇年代起，法國人發現了胡賽爾和謝勒。

存在主義懷疑人類生活和藝術裡具有任何先驗性保證的意義融貫性，現象學方法對於世界裡不同事物探究則是讓人耳目一新。現象學在法國作為一種藝術，一種有趣的注意力，用以彌補意義整體的破碎。現象學也使人得以在荒謬的世界裡獲致知識的幸福。卡繆（Camus）在《薛西弗斯的神話》（*Le Mythe de Sisyphe*）裡提到對於現象學的狂熱以及荒謬世界中的苦難之間有某種關聯：胡賽爾思想裡最吸引他的地方在於，他的思想放棄了在解釋當中的統一性原則（Einheitsprinzip），而以無規則的差異性描述世界。「思想是重新學習去觀看、去關注、去引導意識，是以普魯斯特（Proust）的方式，使每個想法、每個形象都成為一個受重視的場域。」（注14）❶

[382]

雷蒙・阿弘（Raymond Aron）曾在德國讀書並在那裡接觸了現象學。當他在一九三〇年代初向他的朋友沙特講述他現象學的「經驗」時，沙特像是觸電了一樣：他說，竟然有一種哲學能夠讓我們以哲學思考一切事物、這個杯子、我在杯中用以攪拌的湯匙、椅子、等我點餐的服務生？最初就只是這個現象學的傳聞，促使沙特為了在柏林研究胡賽爾而在一九三三

❶ 譯注：引文中譯見：《薛西弗斯的神話》，頁72，沈台訓譯，商周出版，2015。

年冬天前往柏林，然後他談及現象學：「幾個世紀以來，人們沒有在哲學裡感受過這種實在論的潮流。現象學家讓人重新沉浸在世界之中，他們讓人的恐懼、痛苦甚至是反抗重獲力量。」（注15）

在這種存在主義以及現象學的氛圍中，海德格的哲學在一九三〇年代初開始風起雲湧。一九三一年海德格的演講《論根基的本質》（*Vom Wesen des Grundes*）以及《何謂形上學？》在法國的哲學期刊中發表。這是第一批翻譯。接著是一九三八年的選集，其中包括《存有與時間》的兩個章節（關於操心以及死亡），《康德與形上學問題》其中的一章，以及關於賀德林和詩之本質的文章。

但是海德格之所以成為巴黎知識份子的祕密情報，並不是由於這些稀少的翻譯，而應歸功於流亡的俄羅斯人亞歷山大．科耶夫（Alexandre Kojève）在一九三四至一九三八年間傳奇性的黑格爾演講課。

羅傑．凱洛斯（Roger Caillois）後來也指出科耶夫「對整個世代絕對非凡的思想統治」。巴塔耶（Bataille）也記述說，每次遇到科耶夫，都使他「碎裂、粉碎、無數次的被殺害：窒息且被推倒在地」。對雷蒙．阿弘來說，科耶夫是他生命中遭遇的三位真正有思想的偉大人物之一，另外兩位是沙特和艾瑞克．魏爾（Eric Weil）。

科耶夫的原名是科葉夫尼科夫（Alexandre Wladimirowitsch Kojewnikow），他是名門望族

[383]

之後，在一九二〇年十月革命之後逃到德國。他靠販賣走私的家傳珠寶為生。他還收藏了他的叔叔瓦西里．康定斯基（Wassily Kandinsky）的畫作，那是很好的抵押品。他在海德堡讀書，並在雅斯培門下拿到博士學位，在那些年裡以「非存有者的哲學」為題撰寫了哲學日記。他的朋友亞歷山大．夸黑（Alexandre Koyré）也是流亡的俄羅斯人，在一九三〇年代初把他帶到巴黎。他和科耶夫結識，科耶夫和他的弟媳私通，誘拐了那個年輕女子，夸黑受弟弟委託，從誘拐者那裡奪回愛情的俘虜。但是夸黑第一次見到科耶夫時就留下深刻的印象，他承認說：「那女孩是對的。科耶夫比我兄弟好得多。」（注16）

科耶夫陷入財務困境，他在股市崩盤期間投資在乳酪品牌「笑牛」（La vache qui rit）的股票變成壁紙，因此在法國高等研究實踐學院（Ecole pratique des Hautes Etudes）講授黑格爾哲學的提議對他來說來得正是時候。

科耶夫是歐洲哲學的納博科夫（Nabokov）。他講述一種人們當時還沒有認識到的黑格爾：是海德格會搞混的一個黑格爾。

每個人都知道黑格爾的那句話，「凡現實的就是理性的。」（das Wirkliche ist vernünftig）黑格爾被認為是理性主義者。現在科耶夫要指出，黑格爾所做的事情無非是：在努力爭取承認（Anerkennung）的鬥爭當中，揭示理性的非理性根源。一個自我要求在其「如是存有」（So-sein）裡被一個他者承認。科耶夫研究了海德格的「**操心**」，並且接上黑格爾，使它成

[384]

為「對於承認的操心」。源於對承認的操心的歷史現實，是人們為了一些可笑的任務流血鬥爭：人們拿生命冒險，以修正邊界、保衛旗幟、為損害取得補償等等。黑格爾不必被翻轉，他已經站得很穩，並且正要穿越歷史的泥濘。理性的核心裡暗藏著偶然，這些偶然經常伴隨著流血事件。這就是歷史。

延續著黑格爾而且不離海德格，科耶夫問道：存有整體的意義是什麼？以海德格的方式，答案就呼之欲出：時間。發生的事物會衰老並有著它們的時間，時間的形式則和它們不同。唯有人能體驗，某物現在存在，不久後就不再，某些還沒有存在的東西現在進入存在。人是在存有中的敞開場所，活動場所，在那裡，存有轉入虛無，虛無轉入存有。

科耶夫的演講課中關於死亡與虛無的段落是最激動人心的。科耶夫說：現實性的整體包括「人的現實性或言說的現實性」，這意味著：「如果沒有人，存有會變得瘖啞；它會存在，但不會是真實的。」（注17）這個「揭露現實的言說」的前提是，人雖然屬於存有的緊密關聯，但同時也會被切斷、扯下。唯有如此，他才會迷誤。按照黑格爾的想法，科耶夫認為人是「在此有裡自我保存的迷誤，它持續存在於現實性中」（151），他接著以海德格的想法詮釋這句話：「因此人們也可以說，迷誤的人，是存有中虛無化的虛無。」人類的現實性的基礎和泉源是「虛無」，它將自己表現且彰顯為「否定的或是創造性的、自由的且有自我意識的行動」（267）。

最後科耶夫再次引用黑格爾：「人是這個黑夜，這個把一切都保存在其單純性中的虛無，無窮多表象的豐富……這是黑夜，自然的內在，於此存在著——純粹的自我……這個黑夜凝望著人，當人們四目相對，人們看見黑夜，令人恐懼的黑夜；世界的黑夜在人面前低垂。」（268）。

這些句子表達了從《存有與時間》到《存在與虛無》的過渡。

沙特沒有聽過科耶夫的課，但是他弄到了筆記。一九三三年冬季學期，他在柏林埋首研究胡賽爾和海德格，而幾乎沒有把納粹政權當一回事。

現象學之所以使沙特如此著迷，首先是它關注大量充滿誘惑卻又令人驚恐的事物的臨在；它再度引導至它的「在己之有」（An-sich-Sein）的恆久謎題面前。其次，相較之下，它使人們更加感受到意識內在的豐富性；使得「為己」（Für-sich）的整個世界再次顯現。第三，儘管不是很清楚，但是它似乎可望解決「在己」和「為己」的雙重存有學的內在對立。

自然事物以其壓倒性的、排除意義的臨在（Präsenz）展現出現象學的態度，

[385] 對於自然事物的「在己」，一九三〇年代末期的沙特在他的小說《嘔吐》（*La nausée*）裡寫出令人印象深刻的描述，這種描述很快成為偶然經驗的經典模式：「剛才我是在公園裡。一棵七葉樹的樹根恰好在我的長凳下面鑽進地底。我再記不起它是一條樹根。文字消失了，隨著它消失的是事物的意義、使用它們的方法和人們在它們表面追尋過的模糊痕跡。我垂下

頭，微彎著腰獨個兒坐在這團黑色、多結、絕對天然的物體前面，它使我感到害怕。之後，我得到這個啟示。」（注18）❷那個啟示的是：敘事者何昆丹（Roquentin）脫離任何脈絡以及意識賦予事物的意義而觀看事物，它們赤裸裸地在那裡。它們正是不知羞恥地在他面前裼袒裸裎，使他成為了「它們存在的證詞」。在這裡，存在意味著：純粹的手前性和偶然性。「本質是偶然性……沒有任何必然的存有能解釋存在：偶然性不是錯覺，不是人們可以消除的假象；它是絕對的，因此也是完全的無根基性。一切都是無根基的，這個公園、這座城市以及我自己。當人們意識到這點，就會噁心反胃。」（149）經驗在公園中面對著滲透了理性言語的存有。這場景是個文學上的安排，用科耶夫的話來說：「如果沒有人，存有會變得瘖啞；它會存在，但不會是真實的。」在直觀中被檢驗。敘事者會感覺到自己是眾多事物之一，降至植物的在己「我是七葉樹的根」。以他整個身體感受存有，沉重的、無法穿透的東西，倉皇地把他趕回意識的世界，回到為己的世界，以使他在那裡經驗到存有特殊的缺乏。沙特在《存在與虛無》中用科耶夫和海德格的方式說：「人是虛無據以進入世界中的存有。」（注19）

沙特認為這個一九四三年出版的偉大哲學著作，是以海德格基礎存有學為起點的延續。

❷譯注：引文中譯見：《嘔吐》（諾貝爾文學獎全集39），頁181，吳煦斌譯，遠景出版，1981。

[386]

海德格稱為「此有」的東西，沙特以黑格爾和科耶夫的術語叫作「為己」。人是這樣的本質，並非毫無疑問的止於存有之中，而必須是在棘手的情況中才能建立、籌畫和選擇他和存有的關係。人是現實的，而且尚待實現。他來到世界，而且必須不斷把自己重新帶到世界上。沙特說，意識作為有意識的存有，總是缺乏存有。人永遠無法像神或石頭一樣，在自己之中靜止。他的特徵是：超越（Transzendenz）。沙特當然並不是在超感官領域的意義下理解這個超越，而是關於自我超越，關於那個運動，在那個運動之中，自我不斷脫離自身，不斷領先自身，操煩、反思、把他者的日光吸收到自身裡。在這些分析中，很輕易能認出海德格關於存在性相的學說，「**被拋性**、**籌畫**、**操心**」。只是沙特具有一種更具穿透性地描述這些現象的本事。沙特也沿襲了海德格關於此有的時間性的論點。這是一條通向時間的特許途徑，它不允許人的存有停留在自己那裡。特許的途徑意味著：人在時間中不像魚在水中，人意識到時間，人產生了時間。沙特說，這種意識時間就是「虛無，作為瓦解的催化劑潛入整體之中」（287）。

這裡確實是《存有與時間》裡現象學式的此有分析的創造性延伸，這個延伸把在海德格那裡並不顯眼的「共在」（Mit-Sein）領域搬到中心位置。沙特換了個術語，導致後果嚴重的誤解以及論戰，海德格在一次機會首次表示認同後，便和沙特保持距離。沙特用了笛卡兒傳統意義下的「存在」這個術語。存在是某物的經驗的手前性存有，對立於其純粹的思想規定。而沙特是以海德格的「**手前性**」的意義使用這個概念。因此，人「存在」是指，他注意到他首先是個單純的手前物，而且不得不和他的手前性產生關係，那是他命運的一部分。他必須對此做些什麼，籌畫自身等等。在這個意義下，沙特在一九四六年的演講《存在主義是一種人文主義嗎？》裡說：存在先於本質。但是海德格在《存有與時間》裡的存在的概念剛[387]好不是指這種單純的手前性、事實性，而是及物動詞的「存在」，也就是一種自身關係；人並不是單純活著，他必須「過著」（führen）他的生活。可是海德格稱為存在的這個「自身關係」，當然也被沙特忽略了，這個現象的自身關係在他那裡稱為「為己」。就像海德格一樣，沙特也試圖克服和人相關的手前性形上學，只是他用了不同的術語。沙特像海德格一樣強調，關於人的言說總是有自我物化的危險。人並不是被關在封閉的存有球體裡，而是個走出去的生命。因此沙特把他的哲學理解為一種自由的現象學。正如海德格也認為人的真理能力是基於其自由。海德格在一九三五年的形上學演講課中說，真理無非就是自由。

沙特的著作《存在與虛無》是在納粹佔領法國期間撰寫和出版的。他以細膩敏銳的筆法鋪陳了一整個反極權主義的哲學。對極權思想來說，人是一個物。沙特在《論猶太人問題》（*Réflexions sur la question juive*）裡說，法西斯主義者是想要成為「堅不可摧的岩石、洶湧的洪流、毀滅性的閃電」的人，「他們想成為一切，唯獨沒有想要成為人」。他認為人的自由是一種元素，一切堅固的存有都在其中瓦解，沙特的哲學想重新將尊嚴歸還於人。在這個意義

［388］

下，這是一部神化虛無的作品，虛無被理解為虛無者的創造性力量。關鍵的是：對那否定一個人的東西說不。

一九四五年秋天，沙特的聲名已經遠播到法國以外，海德格的名聲也即將進入法國。海德格接待來自法國的訪客：後來成為電影導演的年輕的亞倫・雷奈（Alain Resnais）以及托沃尼基（Frédéric de Towarnicki）。

托沃尼基是萊茵河軍團的一名年輕士兵，是法國軍隊中的文化代表。他讀過海德格的《何謂形上學？》，決定要去弗萊堡探訪海德格。他的大膽計畫是：他想促成海德格和沙特的會面。托沃尼基訪談了海德格周圍的人，他們向他保證說，海德格曾經保護過猶太教師。他向沙特報告了這件事，才使沙特打消原本抗拒見面的念頭。而海德格這方面，他想要請托沃尼基協助他重新建立和法國的關係——他寫給索邦大學哲學系教授埃米爾・布雷希爾（Emile Brehier）的信一直沒有回音——但是他承認說，除了幾篇短文以外，他並不熟悉沙特的作品。托沃尼基把法文版的《存在與虛無》借給海德格看。海德格立刻開始閱讀。托沃尼基記述說，海德格在談話中顯示了他對沙特的表述能力印象深刻。他特別欣賞沙特對於滑雪進行哲學思考的段落。沙特選擇以它為例，說明「技術」澈底決定了對於世界的感知，例如一個薩伏伊人會依照法國的方式滑雪，對於山坡的體驗便與挪威人不同。「因為根據人們使用適合平緩山坡的挪威方式或是適合陡峭山坡的法國方式，同一個斜坡會顯得更陡峭或是更平緩。」（注20）根據莫興關於馬堡時期的記述，海德格也曾經考慮對於滑雪進行哲學思考，但是他至少在公開發表的著作中沒有這麼做。

海德格對於和沙特會面很感興趣。當然，他也希望這會使當時清查委員會正在進行的審查可以減輕罪責。

因此，托沃尼基得到了海德格和沙特兩方的首肯；他甚至想邀請卡繆參加這次會面，但是有鑒於海德格的校長致詞，卡繆拒絕參加。

會面最終沒有實現。首先是沒有旅行證件，計畫搭乘的火車也沒有車位，至少托沃尼基是這麼說的，他於一九三三年公開發表了海德格在一九四五年十月二十八日無法會面之後寫給沙特的信的法文翻譯。胡果．奧托找到了此信的副本。

[389] 海德格提到說他讀了沙特的著作。「**在這裡，我第一次遇到一位獨立的思想家，澈底經驗到我的思考的源頭活水。您的著作展現出一種對我的哲學如此直接的理解，那是我從來沒有遇過的事。**」（注21）海德格明確接受了沙特「**對於互為存在**（Für-einandersein）**的強調**」，也贊同沙特對於《存有與時間》的「**死亡分析**」的評論。（沙特則是反對說，海德格的朝向死亡的**先行**掩蓋了死亡的醜聞、其荒謬性和絕對的偶然。沙特說：死亡只能「奪走生命的所有意義」。）（注22）但是就算有些差異，也無法動搖海德格的願望，他寫信給沙特說：「**希**

望能和您一起讓思想自身可以被經驗為歷史的根本事件，並且讓現在的人回到和存有的原初關係當中。」他非常期待在巴登巴登（Baden-Baden）的會面，對於會面沒有實現感到遺憾。或許人們應該更積極迫切地促成此事。「**若是您這個冬天能夠來一趟，那就太好了。我們可以在我們的滑雪小屋中一起思考哲學，還可以從那裡開始在黑森林的滑雪之旅。**」海德格以熱情的要求結束他的信，其中描繪了存有思想的狄俄斯庫里兄弟（Dioskuren）❸的比喻，一個從虛無那裡著手，另一個從存有出發。「**要以最嚴肅的態度把握世界的瞬間，並以言語表達，超越一切黨派、潮流、學派路線，以喚醒關鍵性的經驗，看到存有的豐富如何隱藏於本質性的虛無中。**」

海德格認真地認可沙特，幾乎是欣賞沙特，並且因此希望與他共事，這顯示於一九四五年十月五日的個人筆記，收錄在《康德與形上學問題》的附錄。這段至今被大部分人忽略的筆記是：「**對沙特具有決定性的影響；自此才有人真的理解《存有與時間》**。」（K, 251）

沙特沒有造訪滑雪小屋。兩人直到一九五二年才在弗萊堡見面。然而這時候海德格已經在《人文主義書簡》（*Über den Humanismus*）裡公開批評沙特的存在主義。關於此事，下文會再談到。

❸ 譯注：一對兄弟喀斯特（Kastor）和波里丟克斯（Polydeukes），他們是守護神，會在戰爭和危難時幫助人類。這對焦不離孟的兄弟後來成為雙子星座（Gemini）。

[390]

德國和法國之間的邊界交往，最初並沒有減輕海德格的罪責，反而，如前所述，它讓了對海德格輕率復職的反對者心生警惕。

一九四五年底，當海德格知道情勢對他不利時，希望雅斯培的審查報告可以減輕他的罪責，他也探訪了一位早年的知己：弗萊堡大主教康拉德．格勒伯，他青年時的神師。

在納粹政權初期，格勒伯是「民族覺醒」的熱情支持者之一，並且極力促成政教條約。然而格勒伯後來改弦易轍，從教會保守派轉變為對在政治和意識形態上的體系反對者。在一九四五年後，他以權威人士身分出入法國軍事政府。海德格希望得到他的幫助，因此於一九四五年十二月到他的辦公室探訪他。根據馬克斯．繆勒的報告說，當時在辦公室的接待室上演了一幕戲。大主教的姊妹走進來說：「啊，馬丁又來我們這裡了！十二年沒過來了。」海德格尷尬地回答說：「瑪麗，**為此我已受到懲罰**。**我現在完了**。」（注23）在聖誕節期間，格勒伯為他擬了一封信給法國軍事政府。這封信一直沒有找到，但是格勒伯應該是在替海德格重返大學說情，由軍事政府員工的一封信可以得知，信裡說：「如果校長反對的話，那麼海德格恐怕很難回到大學。無論如何，我會盡全力，因為您（指格勒伯）推薦這位先生。」（注24）格勒伯的努力對大學的反對無法產生影響。但是對格勒伯來說，海德格的拜訪意味著鄭重道歉。一九四六年三月八日，他在為教宗庇護十二世的工作人員撰寫關於政治情勢的報告裡

[391]

寫道：「我過去的學生及同鄉，哲學家馬丁．海德格已經退休了，而且被禁止授課。我昨天從格布斯塔教授那裡聽說，他目前在巴登韋勒（Badenweiler）附近的豪斯巴登（Haus Baden）自我反省。他在剛出事的時候來找我，態度誠懇，我感到相當欣慰。我告訴他真相，他含淚接受了。我並沒有斷絕和他的關係，因為我希望他能有個屬靈轉變。」（注25）

事實上，海德格在一九四六年春天身心崩潰了，他到格布斯塔（Victor Freiherr von Gebsattel）那裡接受心理治療。格布斯塔是個醫生以及心理學家，是賓斯萬格（Binswanger）此有分析學派的成員，其心理分析路線受到海德格哲學的啟發，海德格後期的朋友梅達德．博斯（Medard Boss）也屬於這個學派。

關於海德格的崩潰以及在療養院治療期間的狀況，他自己的說法相當模糊。他告訴佩策特說，他是在一九四五年十二月（實際上可能是一九四六年二月）的「**審訊過程**」中崩潰。這時候醫學系的系主任貝林格（Beringer）來了，和他到巴登韋勒取找格布斯塔。「**他做了什麼？他首先和我一起穿過白雪皚皚的冬季森林，爬到布勞恩山（Blauen）。除此之外，他沒有做什麼。但是他把我當作一個人幫助我。三個禮拜後，我病癒回家了。**」（注26）

海德格恢復了健康，但是他還要寂寞一段時間，有些想在政治上保持清白的人，會認為避免和海德格接觸比較好。一位和海德格友好的同事，羅伯特．海斯（Robert Heiß）在一九四六年七月寫信給雅斯培，在這期間，顯然「海德格先生正在流亡；他可以說是自食惡

果」。（注27）

他吃了什麼惡果？他必須對於一九三三年的事件負責。但是：他的哲學種子很快就要再次剛健強勁地萌芽生長。

注1：G. Picht, *Die Macht des Denkens*, 205

注2：引自：H. Ott, *Martin Heidegger. Unterwegs zu seiner Biographie*, 22。

注3：引自：O. Pöggeler, *Heideggers politisches Selbstverständnis*, 41。

注4：引自：H. Ott, *Martin Heidegger. Unterwegs zu seiner Biographie*, 295。

注5：引自：同前揭。

注6：引自：同前揭：頁296。

注7：B. Martin (Hg.), *Martin Heidegger und das "Dritte Reich"*, 187。

注8：同前揭：頁188。

注9：引自：H. Ott, *Martin Heidegger. Unterwegs zu seiner Biographie*, 305。

注10：K. Jaspers, *Die Schuldfrage*, 46。

注11：引自：H. Ott, *Martin Heidegger. Unterwegs zu seiner Biographie*, 315。

注12：引自：同前揭：頁310。

注13：引自：B. Waldenfels, *Phänomenologie in Frankreich*, 24。

注14：A. Camus, *Der Mythos von Sisyphos*, 41。

注15：J. P. Sartre, *Die Transzendenz des Ego*, 91。

注16：引自：M. Lilla, *Das Ende der Philosophie*, 19。

注17：A. Kojève, *Hegel*, 152。

注18：J. P. Sartre, *Das Eckel*, 144。

注19：J. P. Sartre, *Das Sein und das Nichts*, 65。

注20：同前揭：頁885。

注21：FAZ 19.1.1994（另見：FAZ, 30.1.1993）。

注22：J. P. Sartre, *Das Sein und das Nichts*, 926。

注23：Max Müller, *Martin Heidegger, Ein Philosoph und die Politik*, 212。

注24：引自：H. Ott, *Martin Heidegger: Unterwegs zu seiner Biographie*, 320。

注25：引自：同前揭：頁323。

注26：H. W. Petzet, *Auf einen Stern zugehen*, 52。

注27：引自：H. Ott, *Martin Heidegger: Unterwegs zu seiner Biographie*, 319。

第二十一章
EINUNDZWANZIGSTES KAPITEL

當我們思考時，我們在做什麼？

回答沙特

人文主義書簡

人文主義的復興

高調

戰後德國的境遇感

從虛無的佔位到存有的牧人

海德格的自我詮釋：轉向

不作偶像，不管是人或神

[392] 當我們思考時，我究竟在做什麼？

我們思考，為了我們的行動做準備，並為了事後審視。我們在雙重意義下再三考慮。在這兩種情況下，思考都關聯於行動，但是思考本身是與行動不同的東西。然而因為思考和行動有關，所以思考在行動中有它的意義並且在其中自我實現，否則人們為什麼要思考？

但是一個以自身為目的的思考不是可以想像的嗎？一個不是以外在作用為目的的思考？一個透過自身而自我實現的思考？一個人極度身心疲憊，而且當一切結束時，他驚訝地揉了揉眼睛並且轉過身，也許有點不情願或鬆了一口氣，回到了所謂事實的土地上。霍夫曼（E. T. A. Hoffmann）講了一個務實而死板的人的故事，在聽完一首交響曲之後，他問了身旁深受感動的人：「先生，它向我們證明了什麼……？」真的有一種思考會提出這麼愚蠢的問題嗎？

海德格深信他的想法就是這類；**它不像科學以知識為取向，不會提出任何有用的生活經驗，不會解開任何世界之謎，不會直接賦予行動任何力量**（WHD, 161）。

相較於僅僅用於知識和行動，這種更加著重於思考能力的傾向，是怎樣的一種傾向呢？

海德格在《人文主義書簡》裡講述了亞里斯多德談到的赫拉克利特的軼事。一群陌生人去找到他，想看看思想家如何生活，以及他思考時的模樣。但是當他們見到他時，他在爐灶
[393] 旁取暖。「**他們訝異地站住，而他鼓勵躊躇不前的他們，叫他們進來，他說：『諸神也在這裡。』**」（ÜH, 45）

海德格把這段軼事解讀成關於思想之事的答覆。這是個平凡無奇的事件，有人覺得冷，就坐在烤爐邊取暖。諸神也在那裡，是說：諸神不僅在特定的區域和特定的行動當中，也在日常生活裡。但是只在人們特地思考生活的時候。思量某物，意味著歸還其尊嚴。諸神之所以在麵包坊裡，那是因為赫拉克利特把他們付諸言語。對海德格來說，這種「付諸言語」就意味著：思想。存有者從其隱蔽狀態（Verschlossenheit）被掏出來（herausgeholt），並且在語言的開放空間裡成為「存在」這回事（das "Es gibt"）。這就是思想的第一個面向。在烤爐旁取暖的赫拉克利特，暖和了起來，並以另外一種方式、以言語溫暖了陌生人。言語開啟並邀請陌生人。思想的第二個面向：它是傳達（Mitteilung），旨在和他者分享通過言語而開啟的情境。

當海德格在一九四六年的《人文主義書簡》裡思考思想，他個人正處於被人唾棄的情境。他突然想起赫拉克利特的軼事，因為那使他想到了自己的情況。因為他現在也過著貧困的生活。要是能有個可供取暖的烤爐就好了。在弗萊堡沒有燃料；托特瑙山的小屋周圍可以伐木，但是小屋需要維修；它再也沒辦法抵禦寒冬，又缺乏重建它的材料。海德格從初春到深秋都隱居於此。因為軍事政府的駐紮，在弗萊堡家裡的生活令人窒息。在黑森林山上的糧食供給也比較充裕。附近的農民都會提供幫助。

許多事讓他感到沮喪。被趕出大學的恥辱，翹首等待兩個仍然被俄羅斯俘虜的兒子回來。儘管處境使他沮喪，海德格的哲學思想在戰爭最後的幾年仍然有一種獨特的泰然自若的基本情韻。

[394] 他對那些羞辱他的措施的反應和其他人截然不同，例如卡爾・施密特。施密特是第三帝國的「御用法學家」，他和那個罪惡的體系更加牽扯不清，也受到更大的打擊。他也失去了工作，藏書被充公；他被關押了一年（一九四五年九月至一九四六年十月），並在紐倫堡審判期間再次被收押（一九四七年四月、五月）。他後來獲得不起訴處分，回到故鄉普萊騰堡（Plettenberg）。獲釋的時候，他和控方代表羅伯特・肯普納（Robert Kempner）有一段重要的對話。肯普納說：「您現在想要做什麼？」施密特說：「我要進入沉默的安全當中。」（注1）但這並不是一種泰然自若的沉默。正如一九四七年至一九五一年間的筆記（《語匯》〔Glossarium〕）所顯示的，施密特一直致力於自我辯解，他以令人尷尬的哀嘆抱怨自己的命運像是「被追捕的野獸」。他自比為利維坦肚子吐出來的先知約拿（Jonah）。他對「紐倫堡的控告者」憤怒地譏諷說：「危害人類罪是德國人犯下的。支持人性的惡行危害了德國人。這就是差異所在。」（注2）他特別鄙視那些勸人懺悔的牧師，他們參與了「懺悔牧師之間的鬧劇」。他拒絕忍受去納粹化的過程，理由是：「想要懺悔的人就去吧，去跟牧師說。」他以英雄式的沉默面對大眾，在筆記裡則抱怨人們奪走他聲音的共鳴空間，現在他必須「沒有喉嚨」地喊叫。但是他寫道，比起「自我折磨」，受折磨還是好一些。

[395]

海德格當然也不屬於這些「自我折磨者」。相反的，他認為自己是「山上的智者」，以全方位的視野俯瞰全局，描述現代的胡作非為，儘管國家社會主義的罪行也應被思考，但是他並沒有特別考慮它。海德格的態度也和貝姆勒不同，貝姆勒（在他的筆記裡）寫道：「我認為自己公開宣告自己『有罪』並不值得而且毫無意義。」但是他踏上內心的法庭，更加嚴厲地自我批判。貝姆勒分析自己如何迴避錯綜複雜而充滿矛盾的歷史困境，逃遁到民族、領袖、種族、歷史性使命的「絕對的」理念裡。他沒有試圖真正的「走近萬物」，反而以「遠眺」取得勝利並且扭曲現實。（注3）這是德國「落後於西方（與世隔絕）」的說法（160），貝姆勒在其他地方稱為「抽象成無規定者」（160）。人們必須在政治事務裡抵抗對於崇高的渴望。他為自己開了覺醒的療程處方，使他總算懂得尊重民主。民主就是「反崇高」。它對於未來沒有什麼遠大願景，因此它是「完全專注當下的」，在它之中，沒有歷史任務的確定性，而只有「或然性」的生活（174）。在這場災難的影響下，還有他個人的災難，貝姆勒開始了對他來說困難的一課，拋開形上學去思考政治。

海德格的思想既不像施密特那樣自憐又自以為是，也不像貝姆勒那樣具有政治性和自我批判性。

一九四五年之後，海德格首先發表的思想文獻就是《人文主義書簡》的文章，一九四六年以公開信的形式寫給讓·博弗雷（Jean Beaufret），他是海德格在戰後時期法國哲學界最重要的使徒。依據博弗雷本人的記述，他是在一九四四年六月四日諾曼第登入那天經歷了海德格的體驗：他第一次理解了海德格！對他來說，那是多麼幸福的時刻，就連對於法國即將來臨的解放的喜悅也相形失色。當法國人進駐到弗萊堡時，博弗雷請一名軍官轉交給海德格一封極為熱情的信。「是的，您使哲學本身果斷地擺脫陳腔濫調，並且得到其尊嚴的本質。」(注4) 於是，海德格邀請博弗雷來訪。一九四六年九月他去拜訪海德格，自此開始了兩人終身的緊密友誼。這個新關係的第一個成果，就是《人文主義書簡》。博弗雷向海德格問道：「以什麼方式可以使人文主義一詞重獲意義？」

[396]

海德格很樂意研究這個問題，這個問題使他有機會回答沙特幾個月前發表的、在德國也處處被討論的文章《存在主義是一種人文主義嗎？》。儘管他和沙特緣慳一面，海德格仍然試圖和沙特論辯。但是在一九四五年十月二十九日基於那篇文章而發表的演講之後，沙特的存在主義幾乎一夕之間成為歐洲狂熱崇拜的對象。演講在「中央大廳」舉行，聚集了一大群人，期待當晚宣布存在主義的通諭。當時的情況是這樣。人群擁擠、推擠、櫃台被佔據、椅子被損毀，沙特花了十五分鐘才開路走上講台。在太過激動、擁擠、興奮的大廳裡，他瀟灑地把手插在褲袋裡開始對人群逐句解說，讓人覺得這是有效且一槌定音的說法。這些簇擁在一起、相互推擠，悶得有點窒息的聽眾們，覺得他們正聽到今後不斷要被引用的語句。在這次演講之後，不僅在法國，幾乎沒有一天沒有提起或引用沙特和存在主義。幾個月前，沙特還表示說：「存在主義？我不知道那是什麼。我的哲學是存在哲學。」早在一九四五年十二月，就流傳著存在主義的通俗摘要說法。它是這麼說的：存在主義——那是什麼？回答：「投身其中，緊緊跟隨著人性，透過你的行動，不斷創造自己。」（注5）

沙特那個讓人容易記住的說法「存在先於本質」，應該會觸動某些人的生命感受，他們在被摧毀的德國裡，在戰的廢墟底下，想到要再度從那裡逃脫。拯救了自己存在的人，總是可以重新開始。基於這種理解，使得這個在哲學上難以捉摸的句子在戰後德國一舉成名。一九四六年末，艾瑞克．卡斯特納（Erich Kästner）離開戰俘營，回到一片斷垣殘壁的德勒斯登，他意識到（在一份報告中寫道），大多數的事都變得不再重要。「在幽暗的德國，人們覺得是本質構成了存在。」（注6）

[397]

在一九四五年十月二十九日的傳奇演講裡，沙特回答了人文主義在野蠻的過渡期裡的命運問題：根本不存在那種深植於我們的文明而可以信任的人文主義價值。我們只能在每個決斷的情境下重新發現並且實現它。存在主義把人放到自由以及相關的責任前面。因此存在主義並不是逃避現實的哲學，也不是悲觀主義、寂靜主義（Quietismus）、利己主義或絕望的哲學。那是一種投入的哲學（Philosophie des Engagements）。沙特使這種簡明扼要的說法廣為流傳，很快就席捲整個歐洲：「存在主義以行動去定義人；存在主義告訴人們，只有在行動之中才有希望，唯一讓人能生存的就是行動；個人投身他的生活，描繪他的樣貌，在這個樣貌之外一無所有；我們被離棄，沒有一句道歉。當我說，人被宣判為自由，我就是這個意思。」

法國和德國一樣，經歷了多年的野蠻和背叛，在一九四五年之後，人文主義及其復興和革新的問題，再度成為現實的問題——因此沙特和後來的海德格都認為應該加以探討。

有人指責說，在這個歷史性的時刻，他只是證明了文明的價值，團結、真理、自由，有多麼脆弱，在杌隉不安的局勢裡，他要個人自己決定道德規範的有效性，因而掏空了道德規範，對此，沙特反駁說：因為我們拒絕了神，就必須要有人來發明價值。人必須接受事物之本然。啟蒙運動在此期間清除了一切素樸性。我們從夢中醒來：發現自己處在一片空曠的天空下，再也不能信賴任何共同體。因此我們別無選擇，只能以我們的行動和個人把價值置入世界，並且捍衛其有效性，沒有上蒼的保佑、沒有神的熱情認證或是民族精神或普遍人性的理念。每個人都必須為自己發明「人性」，那意味著：「生命沒有任何先驗的意義。」（注7）生命的意義取決於每個個體，透過他的行動去選擇價值，賦予生命意義。個人的這種存在 [398] 的選擇，也開創了一種「人類共同體」的可能性。每一個這樣的選擇都是一個拋出、一種跨越的行為。沙特則是說「超越」（35）。人不會像完成了的現實而止於自身當中，他總是想要走出自身，而且必須實現自己。他實現的是他的超越。但是我們不應把這個超越理解為彼岸，而是人所能跨越自己的種種可能性的總和。超越並不是找到安穩的地方，而是折磨著人

[399]

的一種不安心的心。所以存在主義就是人文主義，因為「我們使人們想起，除了他自己沒有其他立法者，而且他必須在被遺棄當中為自己做決定；因為我們指出，人之所以實現其身而為人的本質，不是透過返回自身，而是總是在追求在他之外的目標，即這種或那種的解放，這種或那種特殊的實現。」（35）

和這個觀念相反，馬色爾（Gabriel Marcel），一個接受存在主義動機、並且在德國和沙特齊名的基督教人文主義者，他提醒我們說，沙特的超越仍然是空洞的。這不只是個哲學問題，更意味著讓人身陷社會政治的災難當中。他在《月刊》（*Monat*）的一篇文章《什麼是自由的人？》（一九五〇年九月）裡提出一個問題：在法西斯主義和史達林主義的極權主義體系中，如何建立起那種不自由？他的回答是：不自由會獲勝，那是因為世俗化到頭來只剩下內在世界的目的實現而已。人因此澈底且無保留地被引渡到世界裡，如此一來，對於人的陳義過高的超越世界整體的意圖，沒有別的辦法，只能宣告說內在世界目的是無條件的，並把它當作偶像。為我們在現實世界的對面開啟一個間隙的神，現在成了我們自己創造而反過來奴役我們的偶像。馬色爾談到「種族的偶像崇拜和階級的偶像崇拜」。（注8）馬色爾的基本原則是，「人唯有在和超越者有所連結的範圍內，才（可以）是自由的並且（可以）保有自由」（502），該原則使得「超越」發揮作用。在出走的與世隔絕的瞬間，我們可以體驗到那個超越。馬色爾像沙特一樣熱情地談論「創造性的創造力」，它不僅創造了人類文明；其動力還會傳遞下去，不僅要更多的生活，還要多於生活。只有當我們仍是兩個世界的公民，我們才能保存人類世界的人性。

其實馬色爾是想起了宗教的基本意義。超越是一種關係，使人們免除了彼此相濡以沫的負擔。以此，當他們在世界裡感覺陌異時，可以不再推卸相互之間的存有的匱乏，也不再彼此究責。他們不再擔心受怕地為自己的認同而爭鬥，因為他們可以相信，唯有神才真正認識他們。超越使得陌異的意識保持清醒，甚至是把它神聖化，據此幫助人來到世界。它不許人們以膚色和髮色入籍，並提醒人們，他只是有暫時居留權的過客。以此，超越鼓勵人承認他的無力、他的有限性、可能犯錯也可能犯罪。超越使人們可以和這個承認共處，在這個情況下，超越是可行性（Machbarkeit）的界限的屬靈答案。

對馬色爾而言，沙特的主張是不正確的：「除了人的自我性的全部之外，沒有任何其他世界萬有。」（35）如果真是如此，世界會是個地獄。人光是走出自己是不夠的，他必須走出自己並且走到不是自己而且永遠不可能是自己的事物那裡。他應該不僅想要實現，人們也必須幫助他再次發現他可以實現的向度。

在戰後幾年的德國，基督教人文主義者施耐德（Reinhold Schneider）或瓜迪尼（Romano Guardini）的論點和馬色爾相似。

施耐德自一九三八年以來就住在弗萊堡。在國家社會主義統治後期，他被控叛國罪。他

［400］

把自己的宗教看法、十四行詩和故事私底下抄寫了一千多份傳閱，還傳給了前線的士兵。施耐德在文章裡呼籲以宗教良知對抗暴行。即使在一九四五年後，他仍然堅持這個思想的基本特徵。他在一九四五年出版的《堅不可摧》（*Das Unzerstörbaren*）裡問道，沒有人必須為集體犯罪負責嗎？他的回答是：人們既不可以准許政治當權者免責，也不可以把所有責任都推給他們，而使個人免於自我反省。但是這種自我反省不應該變成只是隨隨便便地說：我們都有罪；如果嚴肅地看，人們會注意到，我們有多麼需要罪（Sünde）的經驗。當人的共同體走上犯罪之途，人們面對的罪責（Schuld）是什麼？這樣就不再有罪責了。當罪責在犯罪的社會化（Vergesellschaftung）裡消失，就只剩下在神面前的罪（Sünde）了。只有和神的關聯才使人得到救贖。這是施耐德從國家社會主義的災難中學到的一課。但是我們不能「建立」與神的關係。神不是我們的「籌畫」。施耐德無法提出任何改善方法，他手頭上沒有任何政治計畫；現在他只剩下對於可能會憐憫我們的歷史的信念。「歷史是神在前所未聞的深淵上架起的橋樑。我們必須走過橋。但是這座橋每天可能會加長一步之遙……我們走向另一個完全陌生的世界……歷史不會中斷，但是它的變化卻是看似在沒落……」（注9）

如同施耐德，瓜迪尼也想一睹沒落的餘暉。

瓜迪尼在一九四六年一度被認為是海德格教席的繼任者，以一九四七年冬季學期於杜賓根的演講課為基礎，他在一九五〇年出版了當時人手一冊的《現代的終結》（*Das Ende der*

［401］

Neuzeit）。

瓜迪尼認為，現代世界的開端在於認為自然是庇護的力量、人的主體性是自主的人格，文化則是自律的中間地帶。一切都從自然、文化和主體性當中獲得意義。我們見證了現代世界的終結，這些觀念也被遺忘了。自然失去了庇護的力量，變得陌生且危險。群眾壓倒了個人，在對文化的不安裡，對於舊有文化的信念也漸漸死去。極權主義體制就是對於這場危機的表現和回應，但是這個危機也是新開端的轉機。顯然，人首先必須失去自然和文化的財富，在這種「貧乏」（Armut）裡重新發現自己在神面前是個「赤裸」的人。也許「世俗化的迷霧」終究會散去，歷史會開始新的一天。

我們不能說，在災難之後的幾年間發聲的人文主義虛弱無力。雖然在個別問題上仍然有許多無奈和爭議，尤其是在政治重建的具體問題上，但是總的來說，為了從中得到對於新開端的熱情，人們普遍還是傾向西方世界。雅斯培在雜誌《轉變》（*Wandlung*）（一九四五年十一月）的發刊詞裡寫道：「我們活著就應該有意義。面對虛無，我們振作起來……如果我們沒有在絕望中憤怒，也沒有揮霍那些不能失去的東西，那麼我們無論如何都不會失去一切：對我們來說，歷史的基礎首先是在德國歷史的千年之中，然後是歐洲的歷史，最終是整個人類歷史。我們對著身而為人的人們敞開自己，因而深入這個基礎，深入既貼近又遙遠的記憶。」（注10）

對於懷疑時代的人來說，聽起來只是河漢斯言，重複著德國悲慘的苦難，如同普列斯納（Helmuth Plessner）於一九三五年在格羅寧根（Groningen）流亡期間的文章《從公民時代出發看德國精神的命運》（*Das Schicksal deutschen Geistes im Ausgang seiner bürgerlichen Epoche*）（該文在一九五九年以《遲來的國家》〔*Die verspätete Nation*〕為題出版）裡的診斷。德國，追隨著領袖直到終點，以忠誠代替了政治，如今又被劃分為佔領區並且由盟軍所統治，它也樂於擺脫政治上的自我究責，在這樣的一個德國中，哪裡看得到一種不迴避重大問題的政治推斷呢？心靈往往不是太高遠就是太深沉，不是在虛無之旁就是在神之旁，不是沒落就是湧現，哪裡可以找到一種和心靈平衡的思想呢？

和雅斯培共同發行《轉變》的史騰貝爾格（Dolf Sternberger）隨即表達了他對這種思想和政治的高調的不滿。他看到德國思想對於政治傲慢的舊習慣繼續存在的危險。把文化和思想理解為判然有別的領域，更和政治、經濟、技術和日常生活劃分畛域，那是大錯特錯。生活裡所有事物，思想和文化都必須注意要面對它們。對人類事務的照護和提升，這就是人文
[402] （Humanität）。他在一九五〇年的「文化自由會議」（Kongreß für Kulturelle Freiheit）上說，「如果我們能因此贏得某些文明，那麼我將在德國裡從容地放棄那些自稱為文化的東西。」「少一點「對於不定量的理想和高遠的價值的煙霧」，多一點平易近人的意義。「我們不要走向文化歧途：如果我們想要捍衛自由，就必須捍衛它的明確性、完備性及不可分割性，也就

是捍衛政治、個人以及思想自由。培育呵護自由吧！其他一切也將歸我們所有。」（379）（注11）

當然，史騰貝爾格也知道，在德國的土地上，自由的文化的問題必然爆發意見和綱領的論戰。無論是自由民主、社會主義或是資本主義，無論是走上第三條道路、以基督教價值或基進式多元主義。史騰貝爾格不得不反覆強調，這在德國並不是理所當然的：這種論戰也屬於文化的一部分，並不是意味著黨派之爭或歐洲的沒落。問題不在於這場爭執，而是「精神」自以為凌駕其上，並在湧現和沒落的意義下，再度沉醉於它的靈知式的絕望、對末日的沉迷以及對於人類黃昏的幻想。

[403] 當時在德國，思考的處境的確非常困難，思考從廣泛討論的山上下來，遭受複雜的具體情況的無理要求。例如，戰勝同盟國以紐倫堡大審和去納粹化措施在德國實施的審判，人們能接受嗎？這難道不會轉移了自己的歷史責任？在德國誰要來做出裁決呢？因為蘇聯這個邪惡的極權力量也參與其中，這個道德政治的實驗不是註定會失敗嗎？在法西斯主義失敗之後，人們該如何應對共產主義的新威脅？戰爭結束，新的戰爭危險正在醞釀中。解放與災難，一個是從哪裡開始，另一個又在哪裡結束？一個多數人民剛剛還在為領袖歡呼的民族，該如何建立民主結構呢？資本主義經濟菁英和科學菁英，他們以前支持了這個體系。民主公民的傳統還存在嗎？德國教育理想主義的復興能有所助益嗎？正如邁內克（Meinecke）所建

議的，回歸到歌德會是個解決方案嗎？依靠市場經濟的文明影響不是更好嗎？如果產品變得更加豐富，在真理中的道德淨化和生活問題不會得到解決嗎？如果哀悼會阻礙工作，為何要哀悼？民族應該哀悼的想法，難道不就只是漠視政治現實的幻想嗎？那是不當地把個人行為轉移到一個集體主體。

那些年的日常生活和現實政治，並沒有受到這些可疑的風暴迷惑，而是走上了在西方陣營實踐成功的道路，貨幣改革、西方陣營聯合、建立聯邦共和國和西方一體化，以方興未艾的冷戰為路標，標誌著這條路。以父權馴化的開放社會建立了起來。在整體不知所措的處境開始了艾德諾主政的國家的成功故事。

漢娜·鄂蘭在戰後第一次拜訪德國時，以對於一九五〇年的觀察揭露了這個關聯。她描述了人們如何穿梭於廢墟中，卻再度用有教堂、市場、公共建築和橋樑照片的明信片相互寫信，即使這些景象已經不再。情韻在漠不關心和麻木熟練的忙碌間擺盪，在小事上勤奮不倦，對於社會共同的政治命運漠不關心。「環繞著每個德國人的毀滅的現實，融入於苦思冥想但並未深根柢固的自憐中，然而當寬闊的街道建造了可能源自美國任何一條道路的醜陋低矮的建築，這種自憐很快就消散了。」（注12）鄂蘭問道，德國人對他們國家的愛變成什麼了？他們從廢墟中爬出來，抱怨世界的命運，當他們捱餓受凍時，他們說，這就是你們想要賜予我們的民主！有了「精神」，情況也沒有比較好。這裡也是以同樣的方式抗拒現實。

[404]

「知識份子的圈子裡充斥著模糊空洞的陳腔濫調，這些觀點早在人們適應德國現況之前就形成了：人們對四處蔓延的政治愚蠢行為感到窒息。」（50）鄂蘭認為某種德國的深思（Tiefsinn）也是這種「愚蠢行為」，這種深思認為戰爭、德國毀滅以及猶太人被屠殺的原因，不是納粹政權的行為，而是「導致亞當和夏娃被逐出伊甸園的事件」（45）。

在戰爭剛結束的情況下，海德格的《人文主義書簡》顯得像是不知所措的證明。當然其中也包含著鄂蘭觀察到的本質化了的「愚蠢行為」。因為雖然海德格不認為亞當和夏娃是種種惡果的起點，也不像阿多諾（Adorno）和霍克海默（Horkheimer）的《啟蒙的辯證》（*Dialektik der Aufklärung*）那樣歸究於奧德修斯，但是他還是認為源頭在於古代的柏拉圖及其追隨者。

這篇文章對政治毫無情感。海德格不再想要對於政治提出具體方針。自從校長職務的挫敗之後，他就戒除了這個習慣。

在政治上，海德格和湯瑪斯・曼一樣束手無策。一九四九年，湯瑪斯・曼在歌德年的演講中明確拒絕專業顧問的角色，並且卸下心防地承認說：「如果想像的避難所不是如此，如果想像不總是一再的，在每個冒險結束之後一再受到新的冒險和讓人興奮的試驗引誘，拾級而上地繼續講述、構造以及創作誘人的遊戲和消遣——我真不知道該怎麼活下去，更不用說

給他人什麼建議和教導。」（注13）

正如湯瑪斯．曼說「我只是個詩人」，海德格也說「我只是個哲學家」，嚴格來說，他甚至不想是那個哲學家，而「只」想當個思考者。思考的冒險和讓人興奮的試驗引誘著他，並誘使他「拾級而上地繼續下去」。如果他不能醉心於思考事務，那麼他也必定如湯瑪斯．曼所說的，「我真不知道該怎麼活下去，更不用說給他人什麼建議和教導。」

《人文主義書信簡》就是「拾級而上地繼續下去」的證明，也是對自身事務的總結。作為對於時代政治路線嘗試的干預，這篇文章當然顯得毫無助益。但是作為自己思考的概括和確定他當前位置的嘗試，作為視域的開拓，使我們文明中生命裡的特定問題得以明確顯現，以這些方面來看，這篇文章是海德格思考道路上偉大且極具影響力的文章。此外，海德格整個晚期的哲學也都在那裡頭。

[405]

海德格以他的書信間接回答了沙特，回答迫在眉睫的存在主義風氣問題，以及當前的人文主義復興。提醒一下：博弗雷問過：「以何種方式能使人文主義一詞重獲意義？」

沙特宣稱說，他的存在主義是一種新的人文主義，它在形上學無家可歸的情況下自己負起責任並且投入行動。海德格嘗試說明，為何人文主義本身就是人文主義的答案本身就是個難題，為什麼思考必須超越人文主義，為什麼思考只要專心投入思考自身以及思考的事物就夠了。

海德格從上述的最後一點，即以思考的事物以及投入為起點，延伸到人文主義的問題。那麼，什麼是思考？首先想到的是理論和實踐的區別和前後關係。首先是考慮、模型、假設、理論的籌畫，然後是在實踐中「實施」。如此理解的實踐是真正的行動，相反的，理論是一種嘗試的活動。在這種圖式裡，思想無關於外在於它的行動，它失去了它的尊嚴和價值，它變得微不足道。思想與行動之間的這種聯繫，相當於實用物的統治。當要求思考投入，就意味著它對於在政治、經濟和社會裡的特定實務的執行有用。實用性和贏得稱讚的投入也彰顯了思考的存在合理性。

[406]

海德格對於這種想法棄之不顧。他認為這種想法是對於思考的「**技術性詮釋**」（ÜH, 6）。這種想法是古老的，而且自柏拉圖時代以來，就是對於思考的巨大誘惑。它把自身理解為「**服務於行動和製作的思慮過程**」（ÜH, 6），而受到現實生活的苛求威脅，它虛弱無力，失去了自信。實踐性的要求對於哲學的恐嚇造成了災難性的影響。在和實踐上成功的科學的競爭時，哲學陷入必須證明其實用性的困境。哲學想要趕上那個從它那裡自立門戶的科學。哲學想「**與科學並駕齊驅**」（ÜH, 6），卻沒有注意到它只能迷失在科學裡或在裡頭沉淪。而之所以如此，並不是因為哲學是某種「更高等」或崇高的東西，而是因為它實際上是以平易近人的東西，任何先於科學觀點的經驗為起點的。當思考遠離這個起點，它就像在乾旱土地上的魚。海德格說：「**思考已經在乾旱的土地上很久了。**」（ÜH, 7）。但思考真正的位置在

[407]

哪裡呢？作為思考起點的這個平易近人的東西是什麼呢？

對海德格來說，要回到近在眼前的問題，首先就要回到《存有與時間》。他以前努力在那裡探問，對於此有來說，什麼是在世界上最貼近而開端的東西。研究的要點是：我們一開始並不會以準科學（quasiwissenschaftlich）的觀點去經驗我們自身和我們的世界。在這個意義下，世界並不是我們的「觀念」（Vorstellung），我們首先會經驗到的，其實是我們的在世存有（In-der-Welt-Sein）。這個「在當中的存有」（In-Sein）是最關鍵且最首要的。這種在情韻裡的「在當中的存有」，它會憂懼、無聊、操心、忙碌、迷茫、專注、走出。只有在這開端的「在當中的存有」的背景下才會發生某些事，像是，我們反思、形成某些觀念、從我們操煩和關涉的連續體中裡切割出「對象」。和「客體」對立的「主體」的存在，並不是基本經驗，而是次級的、抽象的成果。如果原初的「在當中的存有」是最貼近的，如果在這個貼近裡，生活的事物能夠完全融入它們的豐富性之中，如果思考的任務是去思考這種貼近性，就會產生矛盾的局勢。我們因為思考而失去了直接性，於是想要貼近這個直接性的思考，就有義務要拋開它自身的採取距離的傾向去思考。居於中介的思考，應該貼近直接物。但是這不會因此使它落到「乾旱的土地上」嗎？不會變成思考削弱思考嗎？這是個黑格爾「中介的直接性」（vermittelten Unmittelbarkeit）的死灰復燃嗎？它有可能回想起這個貼近性嗎？海德格簡明扼要地回答說：唯有思考在事物那裡「**中斷**」，才可以接近它。「**關於挫敗的哲學**」，是當前的趨勢，透過一道深淵而和不可或缺的東西、「**挫敗的思考**」分隔開來（ÜH, 34）。挫敗的思考並不是什麼災禍，人們會從中看到，人們正在正確的道路上。但是這條路通往哪裡？到貼近性裡。但是要在這個貼近裡尋找什麼呢？關於這個貼近，我們已經知道，它意味著最基本和最原初的「在當中的存有」。是否正因為科學「**匆匆掠過它**」，它才會那麼吸引人嗎？科學還沒有重要到事物因為被它忽略變得尊貴。習慣學術生活的海德格，不是在想像的競合中緊抓著科學嗎？他大驚小怪的存有學差異，也許只是在自戀地吹噓和科學化的哲學領域的區分吧？

當然，我們早就知道了，在這種「貼近」裡蘊藏著一個巨大的保證，一個承諾，它其實遠超過科學領域所能獲得的。那就是存有的經驗。

他以《存有與時間》找尋這種經驗及其表現，但是並未成功。「**對於『科學』以及『研究』的意圖**」（47）阻礙了他，並使他**迷誤**。儘管當時他並不想提出什麼科學人類學，他關心的是考慮最可疑之事、關心在諸存有者中敞開、作為敞開場所的人的此有。此有被理解為一個存有者可以進入言說的處所，並因此成為存有之處，也就是說：在它的神祕和「**抽離**」中，它變得明亮、可以遭遇、敞開。

事實上，海德格對存有做了此有分析；對他而言，此有是和自身（可能的）存有有關的
[408] 存有者。但是事與願違，他涉入此有太深。存有終究消失在此有的眼前。存在（Existenz）的

概念可以證明這點。海德格在《存有與時間》裡寫道：「**此有能這樣或那樣的關聯於存有，並總是以某種方式有所關聯，我們稱之為『存在』**。」（SuZ, 12）如此，「存有」的概念現在有了實現自身存有的特定意義。這就是為什麼海德格也在意圖和籌畫的意義下談論「**到某處的存有**」（Zu-Sein）。在這個意義下，這句話還意指，「**存在**（existentia）**相對於本質**（essentia）**的優先性**」（SuZ, 58），沙特基於這點，強調此有的籌畫特徵：「**存在先於本質**。」

但是由於海德格原意是要走出科學哲學的禁錮，於是賦予了存在概念一個不同的意義。它不再只是指涉本質的存有方式，與自身（可能的）存有關聯的那種本質，而是意味著存在在，現在他把它寫成「Ek-sistenz」：「**存有的站在林間空地，我名之為人的站出**（Ex-sistenz）。**這種存有的方式只適用於人**。」「站出」意味著忍受（Ausstehen），也是走出來（Ekstase）。我們都知道，自一九三〇年代以來，海德格喜歡引用賀德林的信，信中賀德林對他的朋友波倫多夫（Böhlendorff）吐露他如何被阿波羅的閃電擊中。

在最好的情況下，「存在」會做出決斷，而「站出」則意味著對於各種不同的降靈體驗開放。海德格著名的「**轉向**」（Kehre），這個大家都知道導致詮釋雪崩的轉向，應該如海德格所說的那樣「**簡單地看待**」。第一階段（直到《存有與時間》為止），他停留在此有之中，即想要實現存在的那個存有；第二階段，或者是轉向的通道，他想「走出」（字面意

[409]

義）一個存有，由存有去談論此有，佔有此有。轉向引起一系列的重新詮釋，由行動主義式的、由個別此有籌畫的可能性關係，轉向被動的、既予的、被動的方式的登記本。此有的「**被拋性**」變成他的「**命運**」，從對自身事物的**操煩**變成可以交付且信賴的「**庇護**」。從「**沉淪**」在世界上變成「**湧動**」（Andrang）。存有在諸多「**籌畫**」中，透過籌畫將自己「**拋出**」。

尋求貼近的存有思考，在那裡找到了某些東西，在尼采那裡，自然且不受保護的東西稱為：「真正感覺的瞬間」。

這個問題因此有答案了嗎，當思考的事物不僅對行動有用，思想的事物是什麼？這個問題得到了答覆。思想是個內在行動，透過思考且在思考過程中，在此有裡被開啟的另一種狀態。用海德格的話來說：「**思考是在世界中的一種改變：這種思考既非理論也非實踐。它發生於這種區分之前。這個思考，它的存在，就是對存有的懷念，除此之外無他……這種思考沒有成果。沒有影響。透過存在，它滿足於它的本質。**」（ÜH, 48）接下來是我們必須記住的句子，因為它包含了整個海德格晚期的哲學：這種思考，它在做什麼？「**它讓存有——存在。**」（ÜH, 48）

那麼它與人文主義有什麼關係？

國家社會主義以災難性的方式「損害」了人文主義，對於這個事實，海德格信心十足，

[410]

他正準備「提升」人文主義。在對於人的人文主義定義裡，無論是神律或自律的人文主義，都「**還沒有經驗到人真正的尊嚴**」（ÜH, 21）。他「反對」人文主義，並不是因為他支持野蠻，而是因為人文主義「**不夠重視人類**」（ÜH, 22）。那麼應該多麼重視呢？就像平時談論神時那麼重視。人作為存有的牧者，我們不該為他造偶像。人不是「被定位了的動物」（festgestellte Tiere）（尼采），不是可定影的對象，而是在豐富關係裡生活的本質，人需要道德關係，儘管這關係如此貧乏而且只和當下有關（ÜH, 43），但是這只是應急措施，這些關係是某種倒數第二個東西，我們不該認為思考會止於它們。思考會繼續推進，直到以它有生命力的熱情屬己地「**經驗到可靠的東西**。**存有的真理為一切行為提供了依靠**」（ÜH, 51）。

在這點上，海德格確實與沙特有很大的差別。沙特說：「人必須重新找到自己，並且堅信眼前沒有什麼東西能夠拯救他，即使有效證明了神的存在也是如此。」（注14）

儘管海德格也主張說「存有」並非神，也不是世界的基礎（ÜH, 22），但是這無法改變以下事實：存有經驗對於存有關係已做了準備，存有關係是一種信仰；專注、沉思、感恩、敬畏、泰然自若。神的整個作工範圍都在那裡，只是海德格對於這個神嚴格禁止拜偶像，這是既有的宗教不曾見的。「**林間空地**」屬於海德格的「神」。在「**林間空地**」遇到的存有者當中，人還不會經驗到神。當人們認為這個「**林間空地**」可以讓他們看見什麼而心存感激時，才有辦法與神相遇。

不管人們如何隨心所欲地翻轉它，終究只是重複謝林（Schelling）的美妙思想，他說自然在人之中張開了眼睛，並注意到它存在。人是存有的自我可見性（Selbstsichtbarkeit）的處所。「沒有人，存有就會瘖啞；存有會在那裡，但不會是真實的。」（科耶夫語）

隨之而來的是什麼？我們已經聽過了。是虛無。「**在一切中，透過思考的言說，似乎什麼都沒有發生**。」（ÜH, 52）但是：與世界的整體關係改變了。有不同的境遇感，會對世界投以不同的眼光。海德格在他的有生之年，以這種眼光，嘗試觀照技術、建築、居住、語言，並且，不管多麼棘手，嘗試觀照神。他不再把他的思考叫作「哲學」，而努力讓存有得以存在。

「**因為在這個思考裡，必須去思考某些簡單的東西，這就是為什麼難以把它視為哲學傳統下的觀念。但是困難並不在於耽溺於特別深刻的意義和形構複雜的概念，而是在於思考躲藏在退墮（Schritt-zurück）裡……**」（ÜH, 33）

注1：引自：P. Naock, Carl Schmitt, *Eine Biographie*, 246。

注2：同前揭：頁77。

注3：A. Baeumler, *Hitler und der Nationalsozialismus*, 172。

注4：引自：J. Altwegg (Hg.), *Heidegger in Frankreich – und zurück?*, 33。

注5：引自：A. Cohen-Solal, *Sartre*, 413。

注6：引自：H. Glaser, *Kleine Kulturgeschichte der Bundesrepublik*, 19。

注7：J. P. Sartre, *Ist der Existentialismus ein Humanismus?*, 34。

注8：*Der Monat*, Heft 24 (1950), 379。

注9：R. Schneider, *Das Unzerstörbare*, 12。

注10：引自：H. Glaser (Hg.), *Bundesrepublikanische Lesebuch*, 166f。

注11：*Der Monat*, Heft 22/23 (1950), 379。

注12：H. Arendt, *Besuch in Deutschland*, in: Dies., *Zur Zeit. Politische Essays*, 46。

注13：T. Mann, *Ansprache im Goethejahr*, in: Ders., *Das essayistische Werk*, Bs. 3, 313。

注14：J. P. Sartre, *Drei Essays*, 36。

第二十二章
ZWEIUNDZWANZIGSTES KAPITEL

戰後的馬丁・海德格、漢娜・鄂蘭和卡爾・雅斯培

一個關於個人和哲學的關係史

[411]

「這種扭曲令人難以忍受，他現在把一切當成《存有與時間》的解釋，這個事實就表示，一切會再次被扭曲。我讀了反駁人文主義的書信，也有很多問題，且有多處歧義，卻也是第一篇回到過去水準的文章。」（注1）在一九四九年九月二十九日給卡爾．雅斯培的一封信中，漢娜．鄂蘭如此評論海德格在戰後公開發表的第一篇文章。一九四五年深秋，她透過梅爾文．拉斯基（Melvin Lasky），再度和雅斯培取得聯繫。自從一九三八年以來，雅斯培和鄂蘭就再也沒有對方的消息。雅斯培在戰後的第一封信裡寫道，對於她的倖存的可能，他幾乎不抱任何希望。漢娜回覆說：「自從我得知，經歷了紛紛擾擾，您們二位平安脫離險境，在這個世界上，我再度有某種家鄉的感覺。」（58）他們都有浩劫餘生的感覺。她寫道，她仍是個無國籍的人，並且「完全不受尊敬」，她仍然認為，「現在唯有在社會的邊緣，人們才有機會合乎人類尊嚴地存在」（65）。對此她有所保留，因為在此期間，她在美國以政治評論家的身分著稱。她在紐約的生活相對簡樸，卻還是每個月寄送三個補給包裹給雅斯培夫婦。

戰後雅斯培突然變得「受人尊敬」。納粹時期的放逐使他一夕之間成為國家的良心，他起初難以忍受，覺得那是虛偽的阿諛逢迎。他不信任這種突如其來的名聲，對他來說，那很像一種「虛構的生活」（70），他想逃離這種生活，一九四八年夏天，他接受巴塞爾大學的聘請。

[412]

漢娜立刻和雅斯培恢復聯繫。但是沒有馬上聯絡海德格。在逃離德國的不久之前，她就得知海德格校長如何成為該體系的一員。她後來在美國聽到的似乎證明他依然故我。在流亡期間，漢娜幾乎沒辦法堅持把她和海德格連接在一起的那個「牢不可破的東西」。在政治上，她不得不把海德格當作她的迫害者，她怎麼能忠於他，而不放棄自己的一致性？她對海德格清算，以試圖掙脫他，直到第一次重逢，她才如釋重負地寫道：「這個晚上和這個早上是一生的證明。」(注2)

但是首先要在重逢前清算一下。

一九四六年初，鄂蘭在《黨派評論》(*Partisan Review*)中發表了《什麼是存在哲學》一文。那個冬天，存在主義的風潮也蔓延到美國。沙特正好在那裡，鄂蘭和他會面。她原本要對觀眾介紹這種思想態度扎實的哲學背景，在此之前，這種思想態度只是個流行口號而為人所知。沙特在美國的演講裡總是強調存在主義的社會參與。而鄂蘭則延伸了這個論點，德國版的存在主義始於謝林，經過尼采再到海德格，越來越強調個人作為真理的處所，而對立於虛妄的社會整體。直到雅斯培才克服了這種趨勢。她的描述中，海德格在是存在主義獨我論(Solipsismus)的巔峰。在海德格那裡，屬己的自我接管了神的遺產。慣常的「在世存有」意味著原初純粹性的喪失。「因此，在海德格眼裡的『墮落』(Abfall)，是基於人性的模式，人不是神，和同類一起生活在世界上。」(注3)對此，海德格顛倒了人的境況。人可能是任何東西，但是也許永遠不會是「屬己的自我」。依據鄂蘭的說法，只要拒絕「常人」的慣常世界，就是放棄了人的基礎。剩下的就是對自己的「虛無性」（Nichtigkeit）的空談（37），她表示，海德格使人們對於野蠻行為沒有抵抗力。在哲學上對於「人」（Menschheit）概念的否定難道不會成為對於人性（Menschlichkeit）的實際否定嗎？

[413] 鄂蘭把這篇文章寄送給雅斯培，她還是懷著面對以前的哲學教師的嚴厲批判的「兒時恐懼」。（注4）但是在鹽漬牛肉罐頭、奶粉和巧克力棒的包裹裡找到手稿的雅斯培相當「振奮」。他只對於鄂蘭在註腳裡談到海德格禁止胡賽爾進入哲學系的流言提出異議。「您報導的內容當然實質上為真，只是關於外在過程的描述不完全正確。」（79）雅斯培推測，海德格只是像其他校長一樣簽署了相關的公文。（如前所述，這也與實情不符。海德格其實是獲准通知胡賽爾說他撤銷了「暫時停職」的命令，因為他不屬於《職業公務員制度重建法》規範之列。）漢娜保留她的敘述，她認為海德格是個「潛在的兇手」（84），因為他的行為使胡賽爾心碎。對此，雅斯培表示說：「我完全贊同您對海德格的評論。」（99）

儘管表明了這樣的態度，鄂蘭和雅斯培並沒有和海德格「劃清界線」。儘管漢娜在兩年後反對她的朋友史騰貝爾格在《新評論》刊登海德格的《人文主義書簡》的計畫，但是當一九四九年九月一日，雅斯培告訴她說，他偶而會和海德格通信時，她寫道：「大家都知道，人們並不總是前後一致的，至少我不是，為此我很高興。」（178）

[414]

雅斯培為了撤銷海德格的教學禁令而到處奔走，也開始和海德格通信。一九四九年初，他寫信給弗萊堡大學校長格德・泰倫巴赫（Gerd Tellenbach）。「馬丁・海德格教授先生由於其哲學上的成就，被公認為世界上最重要的當代哲學家之一。在德國沒有人能超越他。他的哲學思考深不可測、涉及最深邃的問題，在他的著作裡只能間接地看到，使得他在哲學貧乏的世界裡成為鳳毛麟角的人物。」（注5）他認為他們應該保障海德格的工作，如果他願意的話，也要讓他安穩地教學。

一九四九年三月對於海德格的去納粹化審判，裁定他是「隨流者（Mitläufer）」。免於制裁」，弗萊堡大學又開始關於撤銷教學禁令的討論。一九四九年五月，校評會以險勝的多數決建議文化部讓海德格榮譽退休，並取消教學禁令。一九五一年冬季學期開始，海德格再度開設演講課。

一九四九年二月六日，在給海德格的第一封信中，雅斯培試探地問道，「我們彼此保持沉默」的狀態是否應該結束了。這當然是個艱難的冒險。「自從一九三三年以來，無止盡的悲痛，以及這個使我的德意志靈魂總是更加痛苦的當前狀態，無法使我們連結，而是讓我們沉默的分離。」儘管他們之間存在著「黑暗」，他們仍可以試看看，是否在私人和哲學上「我們之間還能說上些話」。雅斯培在信末寫道：「我問候您，像來自遙遠的過去，越過時代的深淵，執著於某個過去曾經有過而不可能是子虛烏有的東西。」（BwHJ, 170）

雅斯培的這封信一開始沒有寄達。但是海德格在六月就從羅伯特．海斯那裡得知，雅斯培有寫信給他。在沒看到這封信的情況下，海德格寫了一封短信，他不自然的語氣透露了他的忐忑不安。**「經歷了所有迷誤、混亂和短暫的不愉快，絲毫無損我與您的關係。」**在哪個層面上，這個關係應該繼續，或者應該重新開始呢？海德格暫時選擇崇高裡的共感。**「在日益加劇的世界困境裡，思考的守衛者屈指可數；儘管如此，他們必須不計後果對抗一切形式的獨斷論。世界大眾及其組織並不是人類命運自己做決定的處所。人不該談論孤獨。但是孤獨是，思想家和詩人在其之中根據人類能力接近存有的唯一處所。我在此處衷心問候您。」**（BwHJ, 171）。

在雅斯培簡潔地回覆裡毫不遮掩他的不信任：「您稱為存有敞開性的東西，我至今未能通達。您對我問候的『處所』——也許我不曾涉足過，我很樂意以驚奇和緊張接受您如此的問候。」（一九四九年七月十日，BwHJ, 176）

[415]

面對鄂蘭，雅斯培輕蔑地評論了這封信：「他完全處於存有的空想中，把存存有寫作『Seyn』。二十五年前，他把賭注押在『存在』上，完全扭曲了事實。現在他在押注在更本質的東西上……希望他不要再次扭曲事實。但是我很懷疑。作為一個不純粹靈魂，……能在不真誠中看見最純粹的東西嗎？」但是雅斯培很快收回了他嚴厲的評判並解釋說：「奇特的是，他知道現在幾乎沒有人注意到的東西，並且讓人有山雨欲來的壞兆頭印象。」（注6）

［416］

鄂蘭的評斷一樣搖擺不定。當雅斯培和海德格重新聯繫時，她感到高興，卻也認同了他的負面評判。「在托特瑙山上生活，咒罵文明，並且把存有寫作『Seyn』，實際上只是躲回他的老鼠洞，因為他正確地假定說，他只要在那裡迎接到滿心讚嘆的朝聖者就行了；為了到他面前而爬上一千兩百公尺，並不是容易的事。」（178）

一九四九年十一月，鄂蘭到歐洲客居了四個月，受到「歐洲猶太文化重建委員會」之託，她要審查和編目被納粹奪取的猶太文化寶藏的殘餘。在旅行期間，她首先於一九四九年十二月到巴塞爾（Basel）拜訪雅斯培夫婦。根據艾丁格的說法，對於漢娜懷著父愛的雅斯培，那時候才知道她和海德格之間的愛情故事。他說：「啊，這太令人震驚了。」（注7）他的反應讓漢娜鬆了一口氣。她原本還想像，雅斯培可能會用道德批判她或是感到吃味。兩人大肆談論起海德格，使得小心謹慎的雅斯培又有些不自在：「可憐的海德格，現在他的兩個最好的朋友坐在這裡透視他。」（注8）

漢娜的女性朋友希爾德．弗蘭克（Hilde Fränkel）在她動身之前不久問她，她比較期待去巴塞爾還是弗萊堡，漢娜回答說：「親愛的，對於弗萊堡的『期待』需要極大的勇氣，而我沒有那種勇氣。」（注9）

一九五〇一月三日，到弗萊堡的前幾天，她還寫信給布呂歇：「我還不知道是否會見到海德格……我把一切交給偶然。」（注10）

雅斯培把海德格最後的幾封信拿給她看，讓她心生反感：「真實與虛假交雜，或更確切的說，那是懦弱。」（注11）二月七日，漢娜到了弗萊堡，艾丁格依據往來的信件，重構了後來發生了什麼事：漢娜從旅館對海德格捎了一個訊息，接獲消息後，他隨即來到旅館。他交給服務台一封信。信中邀請她當晚到他家，信中也提及，在這段期間，艾弗里德已經知道了他們之間的愛情故事。顯然海德格也有點壓抑，因為一開始他想推遲會面。但是他把信件遞出之後，便要求客房服務通知鄂蘭。漢娜在兩天後寫給海德格的信中說：「當服務生說出你的名字……就好像時間突然靜止。我瞬間意識到，我本來對自己、對你和任何人都不願承認，對衝動的約束……仁慈地保護了我，使我不致於犯下唯一真正無法寬恕的不忠，並且毀了我的生活。但有一點您應該知道（因為我們並沒有太多以及太公開的往來），如果我真的做了，那僅僅是出於自負，也就是出於單純瘋狂的愚蠢。而沒有什麼理由可言。」（注12）根據艾丁格的說法，這裡的「理由」可能是指海德格的納粹過往，這個過往顯然無法阻止她與海德格會面。她所說的「自負」，可能是害怕再度被海德格迷惑。但是正如她在一九五〇年二月九日的信裡所說的，那種魔力已經再次開始。因為她對海德格所說的「一生的證明」（注13），在給弗蘭克的信中，她把這重新恢復的距離描述為一場悲劇。「已經過了二十五年，他已經十七年沒有見過我，對此，他毫無概念。」海德格站在她的房間裡，像是一隻「落水狗」。（注14）

[417]

海德格回家之後，期待著漢娜當晚的來訪，他們兩人會單獨度過那晚。漢娜在給布呂歇的信裡寫道：「在我看來，這是我們此生第一次交談。」（注15）漢娜覺得自己不再是個學生。她來自那個世界，她是個「有豐富經驗」、倖免於難的政治哲學家，剛完成了《極權主義的起源》，該書很快成為驚世之作。但是他們並沒有談論這個。艾丁格說，海德格談了他的政治糾葛，講述了當時那個「惡魔」如何控制他，抱怨他被人唾棄。漢娜面對一個剛愎自用、悔恨又痛苦的人；看起來需要她的幫助。她很願意拉他一把。她為海德格和美國的出版社洽談、處理合約、監督翻譯，寄送食物包裹、書籍和唱片。他寫給她深情的信，有時還會加一束凌風草，談到他的工作，描述窗外的景色，回憶她當時在馬堡時穿著的綠色連衣裙。而艾弗里德也總是會問候她。

海德格想藉這第一次會面建立一個三國同盟。依據艾丁格的說法，他告訴漢娜說，是艾弗里德鼓勵他恢復他們的友誼。拜訪的第二天，海德格安排了一個三人會面。兩天後，漢娜就這個情況寫信給海德格說：「我當時對（艾弗里德的）靠近的真誠和懇切感到震驚。」一一種「突然的緊密感」向她襲來。（注16）就這個情境，在她給布呂歇的信中則是完全不一樣的狀況：「今天早上又和他的妻子爭論，二十五年以來，或是自從她得知那件不愉快的事以來，她顯然讓他處在人間煉獄。而以到處說謊惡名昭彰的海德格，從他們三人的棘手對話可以看出來，在二十五年間，他顯然從來沒有否認那只是他生命裡的一段激情。恐怕只要我還

［418］

活著，那個女人就會想淹死所有猶太人。遺憾的是，她很愚蠢。」（注17）依照艾丁格的解釋，海德格對情況有著完全不同的體驗。對他來說，那不是爭吵，而是和解。在告別時，兩個女人互相擁抱，使他感動萬分。他也想立即把布呂歇拉進友好聯盟，並在路上熱烈問候漢娜。漢娜試圖澆熄海德格的熱情，並且提醒他說，她是由於他的關係才和艾弗里德往來的。她依循著以前的原則：「不使任何事情變得比原先更困難。我離開馬堡，僅僅是因為你的緣故。」（注18）

在三國同盟這一幕的兩天後，漢娜寫了第一封也是唯一的信給艾弗里德。她完成了這個特技，她建立新的密切關係，同時重建了必要的距離。她承認說：「您破解了魔咒，為此我衷心感謝您。」（注19）但是她對於過去的祕密往來並不感到內疚。對她來說，這段愛情故事的後果已經夠悲慘了，她寫道：「您看，當我離開馬堡時，我決定再也不愛任何男人，後來我結婚（君特．安德斯），無論是誰，都沒有愛情。」她受到足夠的懲罰了，所以請不要再譴責過去的事。關於當下，她的筆下宛如兩天前不曾有過那個擁抱的場面。「您從不掩飾您的心意，今天也是，對我也是如此。而現在的心意幾乎使對話無法進行，因為其他人會說什麼，已經事先被定型且（恕我直言）被分類好了：猶太的、德意志的、中國的。」（注20）

兩年後，一九五二年五月十九日，當鄂蘭再次來訪，這種三國同盟強迫的田園風光也消失殆盡了。漢娜寫信給布呂歇說：「那個女人因為嫉妒而失心瘋了，在過去幾年中，她顯然

[419]

一直希望他會忘記我，使她更加瘋狂。這是在一個他不在場的半反猶太的場景下對我表達的。所有的經驗都無法動搖這位女士的政治信念，並有著如此執拗、懷有惡意、充滿怨恨的愚蠢，人們可以明白他的遭遇……總而言之，在他面前行禮如儀的演戲，現在可以結束了，此後一切會變得更好。」（注21）漢娜堅持說：一切都是艾弗里德的錯。漢娜在和雅斯培通信裡談到的海德格的「不純粹」，對漢娜來說，都是和這個女人接觸造成的污染。

如果漢娜認為艾弗里德是海德格生命中的惡魔，她就錯了。事實上，對海德格來說，艾弗里德是個很好的妻子以及忠實的生活伴侶。在他還默默無聞的時候，她就嫁給他了。在海德格擔任講師期間，還得靠她在學校教書負擔家計。她是個解放的自信女人，是少數大學畢業的女性古典經濟學學者。當海德格離開天主教、聲勢下滑、戰後受到唾棄，她都全力支持著他。她張羅一切生計，使海德格得以安穩工作。托特瑙山的小屋是她建議建造的。的確，她比海德格更早加入國家社會主義。而海德格則是由於自己「權力迷醉」而加入的。婦女解放的思想對她起了重要作用。她期待國家社會主義革命可以推動婦女解放。但是和海德格不同的是，她更參與了種族主義和納粹運動的反猶太主義意識形態。她堅持說她加入國家社會主義的時間比她的丈夫長。鄰居都很害怕她，避免在她在場時對「體系」提出任何批評。一九四四年秋天，她在該地區成為一名激進份子，「以最惡劣的方式迫害哲林根的（Zähringen）婦女」並強迫「把生病和懷孕的婦女送去挖戰壕」，她令人厭惡。無論如何，

[420]

清查委員會的成員腓特烈・厄爾克斯（Friedrich Oehlkers）是這麼對雅斯培報告的。（注22）在「清查委員會」和去納粹化審判程中，艾弗里德顯然對於海德格是個額外的負擔。但是他本人卻把妻子當作擋箭牌，用以抵擋他認為敵對的環境。艾弗里德願意承擔這個角色。她沒有理想化她的丈夫，但是知道他對於「思考的事物」的熱情，並盡其所能地讓他能追求這個熱情。海德格承認這點，為此他一生都感激她。最讓他感動的是，她容忍他對孤獨的需求，同時又讓他有家的感覺。她承擔大部分的日常負擔以及養育孩子。對海德格而言，那是個合適的分工。在早年，他曾經幾度引發她的妒忌，因為海德格是個女人容易愛上的男人。曖昧的緋聞是家常便飯。但是即便是在與鄂蘭的關係當中，他都從未想和與艾弗里德分開。依據艾丁格的說法，無論如何，這個通信不會有任何其他結果。而現在漢娜再度出現在他的生活中，他夢想著三國同盟，讓他抓緊艾弗里德，並且重新贏得漢娜，也許不再作為情人，但是作為親愛的女朋友。但是這樣的三國同盟根本不可能，不管是艾弗里德或是漢娜都不想要這樣。嫉妒激起了艾弗里德所有的反猶太主義偏見。而對於漢娜來說，他們的婚姻就只是「暴民和菁英之間的聯盟」。

正如艾丁格所報導的，一九五二年漢娜在和海德格單獨度過的那個小時裡，再度被她的哲學家迷住了。海德格和她一起閱讀他演講課《何謂思考？》裡的幾個段落。她寫信給布呂歇說，在那個時分，她確切感覺到「一種基本的善意，一種總是會動搖我的親切感（很難以其他方式形容），只要他跟我在一起，所有容易影響他的、他真正無助且無力抵抗的東西都消失了。只要生產力持續，就不會有危險；我只是擔心他身上一再出現的消沉。我正試圖防止這種情況。也許當我再也不在他身旁時，他會記得。」（注23）

漢娜想像自己是「更好的那個」海德格的守護天使。她想要幫助他，保持他的生產力，布呂歇認同她的想法：「『何謂思考？』是對於神的偉大提問。那麼，幫助他提問吧。」（注24）

但是鄂蘭不僅幫助他提問，她還在哲學上幫助他回答。

根據艾丁格的說法，在一九六〇年的哲學巨作《人的條件》德文版問世時，她寄了一本給海德格，並且隨信寫道，「如果我年輕時沒有跟著你學習……」就不會有這個作品。「它直接誕生於馬堡最初的那段日子，這一切幾乎在各方面都要歸功於你。」（注25）

艾丁格在沒有寄出的另一張紙片上發現漢娜寫道：「《人的條件》／本書的獻詞空了下了。／我該如何題獻給你，／我的知己，／我忠於／且不忠於的，／兩者都在愛中。」（注26）

[421] 在哲學上，漢娜如何一直「忠於」她的老師呢？

漢娜追隨海德格，而和哲學思想傳統革命性地決裂，她堅持認為，人和世界的關係基本上不是認識的、理論性的，而是操煩的、行動性的，而這種行動同時是個開啟的事件，一個真理事件。對海德格和漢娜來說，海德格所謂**林間空地**的敞開是此有的內在目的。但是和漢娜不同的是，海德格把這種敞開性（Offenheit）和**公共領域**（Öffentlichkeit）區分開來。海德格在《存有與時間》中主張說：「**公共領域使一切黯淡，並使得遮蔽的東西冒充為熟知且可及的東西**。」（SuZ, 127）在公共領域中，此有往往會被「**常人**」統治：「**每個人都是他者，沒有人是他自己**。」（SuZ, 128）眾所周知，海德格這種以「**屬己性**」對抗這種公共領域。

如同海德格，鄂蘭也沿襲了這種敞開性的想法，但是她想要看到這個潛在的想法在公共領域裡實現。她並不指望它是基於個體和它自身的關係轉變，也就是說，不是海德格式的**屬己性**，而是基於多元性的意識，也就是認為我們的**在世存有**意味著，可以和「許多人」共同分享並且塑造一個世界。人們唯有認真對待多元性的經驗，才會有敞開性。一個誤以為自己是真實的思想而詆毀「眾人」，並且不接受多元性的挑戰，然而這種多元性是人的境況不可或缺的部分。這種思想不以複數談論人，而是以單數，對漢娜而言，這是哲學對於政治的背叛。如同海德格，漢娜也在古希臘尋找她的所指（Gemeinte）的原初場景。海德格找到的是他的柏拉圖的洞穴寓言，鄂蘭找到的是修昔底德（Thukydides）傳下來的希臘民主觀念：「在（他們）不斷重新開始的對話中，希臘人發現到，我們會以無限多的不同的立場去觀察我們共有的世界，而對應到有各種不同的觀點……希臘人學會了理解——並不是把彼此理解為個別的人，而是以他者的立場觀察同樣的世界，並且以不同且往往對立的觀點去看同樣的東

[422] 西。修昔底德在他的演說裡解釋了相互鬥爭的黨派的立場和利益，這場演說是活生生的證據，說明這些爭端具有極高的客觀性。」（注27）我們可以說，漢娜為柏拉圖洞穴中被束縛的人的**洞穴空談**（海德格）平反。對她來說，根本沒有柏拉圖式的完美真理之光或是海德格式的從存有者到更加存有的提升。只有對共同世界的多種觀點和可以處理這種多樣性的不同能力。影射海德格對於公共領域中的**閒談**（Gerede）的期期以為不可，鄂蘭在一九五九年於萊辛（Lessing）的演說中說：「如果人們不反覆地討論世界」，那麼世界就會是非人性的（unmenschlich）。（注28）

為世界賦予海德格也想要的那個敞開性的，不是屬己性，而是「與他人共同行動的精湛技藝」。（注29）

在真理的問題上，漢娜從海德格那裡學習了不少，而且更上層樓。她延續海德格把真理作為無蔽（Unverborgenheit）的想法，海德格認為真理事件主要在人和物自身的關係進行，而她則是在人與人之間發現真理發生。只有在人類共同生活的悲劇和喜劇裡，無蔽的真理概念對她而言才可信。真理的原初場景是在社會的競技場上演。鄂蘭說：「在行動和說話時，人們揭示自己是誰，主動展現其本質的個人特性，彷彿踏上世界的舞台。」（注30）

因為人與人之間的交往具有舞台的特性，因此顯現的整個世界也可以成為他們的舞台。只是因為他們能登台並表現自己，所以他們覺得自己與自然的關係也沒有不同，也想「展示」自己。甚至柏拉圖的朝向純粹理型的提升，也和顯現以及登台的集體遊戲密不可分，因為這些理念應該在哲學家的內在舞台被觀看。

[423]

鄂蘭所說的「世界」，意味著這個舞台式、社會的、敞開的空間。世界在人與人之間敞開，不該把它理解為一切事物、人及事件的總和，而是人們相遇、萬物對他們顯現的處所；最終，人們創造某種大於個人活動總和的結果。在告訴海德格說她要寄贈一本《人的條件》的信中，漢娜也提到了這種「居間」：「如果我們之間發生的是正當的——我指的是『居間』，既非你也非我——那麼我會問你，我可不可以把這本書題獻給你。」（注31）無論如何，漢娜感覺到，在這個關係當中，只有她對於海德格的全心奉獻，或者是他的自我主張，才是可能存在的。在這樣的關係中，他們之間的世界必須被燒毀。沒有自由相遇的空間，太多未做、未說以及未注意的東西。

鄂蘭在她的《人的條件》裡探討的問題是，這個「世界」如何保護這個「居間」（Dazwischen），以及世界如何在個人生活以及歷史的尺度下被摧毀。她區別了「勞動」、「生產」和「行動」。在這裡，她也沿襲了海德格，把在世存有設定為不同活動的各種階段，人們在不同階段多少會走向自由，從而創造敞開的預設。

依照鄂蘭的理解，「勞動」僅用於生物性的生計所需。在這裡，人建立了他和自然的物質交換。勞動和休息，勞動和消費按照一定節奏在交替，嚴格來說，它們沒有起點也沒有終點，並且就像出生和死亡一樣，包含在物種的生命週期當中。人在勞動中消費自然，並且在勞動中消耗他的生命。它不會產生持久的結果，勞動並不是真正的「建構世界」。

「生產」則不同。在這裡，產生手工或是藝術的的產品，都超出了單純的生活實用的範圍：它是不能直接被消費的對象。設備、建築、家具和藝術品等世代相傳的東西。一個物品持存得越久，它所要成就的活動就越具有「世界性」。生產過程是線性的，指向一個外在目標。因為被建立、設置、製造的東西，都要求它在世界有一席之地，然後，它們屬於人們為了在他們生活的半路上尋求支持、居所和關係創造的固定架構。這裡推動的不僅是生計，更有需要，在出生與死亡之間，為非永恆的此有創造持續的元素、超越時間的元素。這種需要也在此處推動著。

[424] 「行動」比「生產」更持續地把人從自然生長循環裡突顯出來。行動（Handeln）的希臘文是「praxis」，如同亞里斯多德定義的，行動是人類自由的自我表現和表達，而不同於「生產」，它的希臘文是「poiesis」。在行動中，人們展現自己、展示他們是誰，以及他們想做什麼和想成為什麼。行動是發生在人們之間不直接服務於勞動或生產的一切。行動構成了世界的劇場，因此在舞台、也就是世界上行動著的有：愛、嫉妒、政治、戰爭、對話、教育和友情的戲劇。唯有因為人是自由的，他們才能行動。各種交織的行動的多樣性，產生人類現實的混亂，因此，人類歷史並不遵循任何可預測的邏輯。歷史不是被「生產」的，也不是「勞

動過程」：它根本不是一個過程，而是透過行動的人互相衝突的多元性而產生的不連續事件。人類製造了機器，並用它們工作，但是不管是個人還是集體的歷史，都不是一部機器，儘管不乏把歷史轉變為機器的嘗試。海德格和他的存有歷史屈服於這種誘惑，要在時代的紛亂背後找到屬己的邏輯，鄂蘭在她的遺作《精神的生命》（*Vom Leben des Geistes*）的第二卷裡談到這個猜測。她把海德格列在「專業思想家」的那群人，他們不滿足於自由以及他們「必然的偶然性」，他們不想「為可疑的、自發性的善付出偶然性的代價」。（注32）

從「自然過程的觀點」和「似乎清楚規定著世界進程的自動過程」，行動看起來「像是一件奇怪的事情或一個奇蹟」。（注33）行動意味著，開創（Initiative）。開端（Initium）——開始（der Anfang）。

[425] 從大屠殺裡倖存的漢娜，在《人的條件》裡開展出了一種有開創能力的哲學的宏偉輪廓。這個哲學流露著她對於海德格的愛。當海德格走到她在馬堡的閣樓，他就藉著寫下了**朝向死亡的先行**而得到他的屬己性哲學。從死亡中逃脫的漢娜，像戀人一樣，以朝向開端的先行、有開創能力的哲學，補充回答了他。「拯救世界，也就是人類事務的領域，使其免於正常狀態的、『自然的』毀滅的神蹟，歸根究底，其實就是生命誕生的事實，就存有學而言，行動的能力正是植根於此。換言之，那是嶄新的人和嶄新的起點的誕生，是他們與生俱來的行動能力。」（167）

這是對海德格的死亡哲學令人印象深刻的回答，這種「出生的哲學」也知道憂懼的情韻，但是它更知道降生於世的喜悅。鄂蘭從有開創能力的哲學裡發展了她的民主概念。民主保障了每個人在相互共在當中有機會確立自己的開端；民主是個學習和不一致共同生活的艱鉅任務。因為如果我們想在一個共同的世界相遇，或甚至取得一致，便會經驗到我們每個人都是來自不同的起點，並會停在各自的終點。民主是藉由大家願意不斷重新討論共同生活的問題而承認了這種經驗。但是無論是個人或是集體的新開端，唯有具備兩個條件才可能：承諾和寬恕。我們透過行動開啟了我們無法負責的過程；我們設置於世界的，總是無法撤回而且不可預測的東西。「從不可逆性的困境——人沒辦法改變他所做的事，雖然他不知道也不可能知道他在做什麼——解脫出來的方法，就是寬恕的能力。」（231）❶

漢娜承諾自己，要堅持守著海德格。但是她之所以可以這麼做，只因為她有能力原諒他。

但是他一再為她帶來困擾。

一九五五年，鄂蘭返回德國時，她沒有去拜訪他。她在給布呂歇的信裡寫道：「我沒過去，似乎是海德格和我之間的默契。」（注34）鄂蘭應邀出席剛在德國出版的《極權主義的起

---

❶ 譯注：以上引文中譯見：《人的條件》，林宏濤譯，商周出版，2016。

[426]

源》的新書發表會。這時候她已經是個大明星了，她知道，如果她不能在百忙當中全心全意地關注海德格，他很快就會注意到。鄂蘭的德國行其實是個凱旋遊行。一位自豪的猶太女性回來了，她回顧本世紀的極權主義誘惑，尖銳地批判當時的德國官員。「自願潛入一個超人的、毀滅力量的過程中，似乎瓦解了社會中預定功能的所有連結，並且從毫無意義的平庸裡擺脫糾纏。極權主義對於這些人的吸引力一直在於……一種看起來矛盾的聚合物，『滌除』一切深思，一種完全獸性的行動，相信一種人類知性無法理解的壓倒性力量，相信一種完全殘暴的必然性。」（注35）

這種說法必然重重打擊了海德格。他可能只是翻看了這本書，那段關於「暴民和菁英之間的聯盟」（528）的引述，在公共領域裡引起軒然大波，當然海德格也不能漏掉那些段落。自從尼采演講課以來，他也同意那本書裡的基本思想——種種極權主義體系的相似性和可比較性。儘管如此，他必然尷尬地想起，戰爭剛結束時，他如何為國家社會主義辯解，認為他們試圖拯救西方免於共產主義的危險。漢娜這次沒有去找海德格，可能是因為她預期海德格會因為這本書而惱羞成怒。

一九六一年夏天，鄂蘭以記者身分參加了艾希曼（Eichmann）審判，她的報導在美國引起軒然大波，因為其中描述猶太組織也涉入其中，這一年鄂蘭再度來到德國。與此同時，她的哲學代表作《人的條件》也在那裡出版。她中途也在弗萊堡停留。「我寫信給海德格說，

［427］

我哪時會在哪裡，他可以找到我。但是他沒有回應，後來我也沒有留意，因為我甚至不知道他是否在城裡。」（注36）依據艾丁格的說法，她受邀參加弗萊堡法學教授凱瑟（Kaiser）的聚會，她提到想要見到學生時期就認識的奧伊根．芬克（Eugen Fink）。但是他「粗暴地」拒絕了邀請。她知道是海德格在暗地裡搞鬼，他唆使芬克因為她而拒絕邀請。

三個月後，她寫信給雅斯培說：「海德格，對，這是個很氣人的故事……我的解釋……是，在去年冬天我第一次寄給他一本我的書……我知道我的名字在公共領域出現、我寫書之類的，讓他難以忍受。我這一生好像都都在欺騙他，一直都是，假裝這些都不存在，假裝我連數到三都不會，除了對他自己的事情的解釋；因為當我表現出我可以數到三或甚至是數到四，他就很高興。現在這種欺騙對我來說突然變得無聊，我受到嚴厲的批評。有一瞬間我很生氣，但是現在我完全不氣了。我認為那是我活該，不管是欺騙或突然中止了這個遊戲。」（494）

過了五年，海德格再度寫信給鄂蘭，祝賀她六十歲生日。根據艾丁格的說法，隨信附了一張托特瑙山的風景明信片，以及一首以秋天為題的詩。

一九六六年初，由於亞歷山大．施萬（Alexander Schwan）出版了《海德格思想中的政治哲學》（*Politische Philosophie im Denken Heideggers*），《明鏡周刊》刊登了一篇關於海德格的國家社會主義的文章。鄂蘭和雅斯培書信往來。鄂蘭猜測「幕後操縱者」是「阿多諾的人」（670），對於《明鏡周刊》臆測說海德格因為他的猶太妻子而不再拜訪他，雅斯培則是為海德格辯護。雅斯培在一九六六年三月九日給鄂蘭的信中寫道：「事實上，對他來說，格楚德和我越來越不重要。」（665）「海德格並沒有計畫停止與我們聯繫。就是這麼回事。一九四五年之後，我沒有決定再也不要見他，事情就是這樣發生，並非有意為之。對我來說，似乎有點類似無意的。」（666）

[428]

然而：雅斯培和海德格之間還沒有結束。三年後，雅斯培去世時，他的筆記就放在桌上隨手可及之處。但是在一九四九和一九五〇年短暫恢復聯繫之後，雅斯培很長一段時間不再考慮持續和海德格通信或甚至是見面。

一九五〇年三月七日，海德格來信之後，雅斯培再次退卻。那是在漢娜首次拜訪後不久。她鼓勵海德格和雅斯培坦誠地談一談，海德格隨後寫信給雅斯培說：「**自從一九三三年後，我就沒有再去過您家，並非因為那裡住著一位猶太婦女，而是因為我感到羞愧。**」（BwHJ, 196）雅斯培以短信感謝他「坦白的解釋」，但是接著就是兩年的沉默。他終於在一九五二年七月二十四日回信，顯然完全不信任海德格的預言。海德格寫道，壞事還沒有結束，而且在這種「**無家可歸當中預備著降臨，也許在輕輕的吹拂中，我們會經驗到它最遙遠的暗示，並必須接住它，以留存給未來。**」（一九五〇年四月八日，BwHJ, 202/203）雅斯培

［429］

回覆說：「您信裡的這些句子預想虛構的，難道不是一種營造驚駭的幻覺的哲學，把自己和現實隔離，再次為極權主義的勝利做準備？」對於海德格所說的降臨，他評論說：「就我思想所能及，這是……迷惑了我們半世紀之久的一系列妄想中的單純妄想。」（一九五二年七月二十四日，BwHJ, 210）

在這封信之後，雅斯培和海德格只有在生日時以或長或短的信相互致賀。一九五六年，雅斯培在海德格獻給恩斯特．榮格的生日禮物《論存有問題》（*Aufsatz zur Seinfrage*）一文裡看到下面的句子：「**現在認為自己在形上學問題整體裡清楚洞察其類型和歷史並且遵從它的人，他應該，仍在光亮的空間活動思考著，有一天他會再反思，使他更清晰可見的光是從何而來。**」（W, 410）對此，雅斯培記述說：「在刻意選擇的語言轉向之後，很遺憾的，我的意思無疑是……這實在太醜惡了，對此我不再贅述。」（注37）那年，鄂蘭在訪德期間被雅斯培扯進一場關於海德格的「某種總結性評論會」。她對布呂歇說，雅斯培差不多是對她下了「關於海德格的最後通牒」。他要求她和海德格斷絕聯繫。「我被激怒了，並且表明說我不接受任何最後通牒。」（注38）

海德格沒有留下「有關雅斯培的筆記」。在兩人的關係中，海德格是主動追求的一方。雅斯培在海德格身上感覺到哲學的魅力，他一再陷入他的魅惑之中。在雅斯培身上，海德格就沒有類似的經驗。海德格在一九二〇年代初就第一次提到「**行動團體**」，以存在之名反對教授式的哲學。那也是海德格第一次談到友誼或甚至是愛。「**自從一九二三年九月，我與您以這種前提共存：您是我的朋友。這是在愛中能擔負一切的信仰。**」（一九二四年四月十七日，BwHJ, 46）兩人都努力經營友誼，卻幾乎不閱讀對方的著作。海德格唯一澈底鑽研的雅斯培的書，是他為了寫書評才讀的《世界觀的心理學》。但是雅斯培對於他的評論幾乎沒有任何回應。相較於海德格的作品，他還比較喜歡和海德格交談。在閱讀海德格的文章時，他經常注記說：「我不理解他。」到了一九五〇年代，雅斯培以贊同的態度記下洛維特的一句話：「事實上，沒有人能聲稱他清楚知道海德格講的存有是什麼、這個祕密是什麼。」（注39）

[430] 一九三二年，雅斯培在他的主要著作《哲學》（*Philosophie*）裡，也像海德格一樣，提出「存有的追尋」作為哲學最重要的任務。但是他追尋的是不同的存有，或更確切地說：他以不同的方式追尋存有。對雅斯培來說，存有是只能在自由的行動、在超越（Transzendieren）裡被經驗到的「統攝者」（das Umgreifende）。而「統攝者」也無法以哲學思想直接把握。

在一九五六年的筆記裡，雅斯培對比了他和海德格的立場。這是爭論了一生的簡要總結：「海德格：思想自身就是存有——來回地談論和提示，卻無法到達的東西。雅斯培：思想有存在者的關聯性——在沉思者的內在行動裡證明（準備要說出來）且在生活實踐中成為現實——它不會在哲學作品裡發生。」（注40）海德格也注意到了這個差異，他一九三六年冬季學期的尼采演講課裡也提到了（但是相關段落沒有收錄在雅斯培在世時出版的演講課作品裡）。對雅斯培來說，哲學基本上只是「**旨在以倫理闡明人的人格的一種妄想**」。雅斯培不再認真對待哲學知識。對他來說，哲學成了關於「**人類存在的道德心理學**」（GA 43, 26）。

雅斯培猜測說，海德格高估了思考，儘管有反對科學的論戰，可是他其實沒有脫離「科學哲學」的觀念。他過於堅持概念的嚴格性以及憑空想像施設的思想建築。雅斯培覺得《存有與時間》就是這類虛構的作品。在晚期的著作中，他注意到海德格和科學性的澈底決裂，卻也看到另一種極端，也就是語言的獨立性。語言自行其是，並且成為一種技巧，或者是一種存有的天啟，並且因而成為巫術。對於海德格的語言哲學，雅斯培一直抱持著懷疑態度。對雅斯培來說，語言不是存有之家，因為「存有」作為「統攝者」不適合任何牢籠，也不適合語言寬敞的牢籠。在一封給海德格的信中，雅斯培寫道：「在現實性中，透過行動、當下性、愛，語言在溝通中揚棄了自身。」（一九四九年七月十日，BwHJ, 179）

在雅斯培那裡，當哲學成了存在的內在行動，哲學就達到它的目的。雅斯培在海德格身上清楚注意到把哲學變成作品的意志。每個「作品」都強調了慣常生活的界線。在這種意義下，他自己的哲學並沒有在「作品」中結束，雅斯培很清楚，並且認為這對哲學有益。就此而論，他談到海德格時說：「從一開始，這就是一部特殊的哲學著作，保存了他的語言行為和主題，從慣常生活中界定和提取出來的特殊的東西……我的方式則有某種無界限的東

[431]

西……從思考方式來說，日常思考和哲學之間沒有區別，講台上的報告和生動的談話之間也沒有區別。」（注41）

然而，儘管有批判和界定，雅斯培仍然堅持說：在一個「哲學貧乏的世界」裡，海德格是個「獨特的人物」。

白髮蒼蒼的雅斯培在關於海德格的最後一則筆記裡寫道：「高山之巔，廣闊多岩的高原上，那個時代的哲學家經常在那裡相會。人們從那裡俯視覆滿白雪的山巒，以及更深處人們居住的山谷，天際遙遠的地平線。那裡的太陽和星星比任何其他地方都更明亮。空氣純淨，它吞噬了所有渾濁，如此清冽，它不容許任何煙霧升起，如此明亮，思考在一望無際的空間飛翔。進入山中並不困難。登高途中的人，為了經驗它究竟有多高，只要下定決心，一再在一段時間之後離開住所。哲學家在這裡展開令人驚嘆、無情的戰鬥。透過他們的思想、人類的思想相互抗衡的力量支配著他們……今日似乎無人再在此相會。但是在我看來，我似乎在永恆的思辨中徒勞的追尋，重要的人，我遇到了一位，除此之外別無他人。而這位是我有禮貌的敵人。因為我們所服務的力量是不相容的。很快的，我們似乎甚至不能交談。快樂變成了痛苦，成為一種獨特的絕望，好像錯過了一種幾乎要實現的可能性。我與海德格之間就是如此。」（注42）

注1：BwAJ, 178。

注2：引自：E. Ettinger, *Hannah Arendt-Martin Heidegger*, 86。

注3：H. Arendt, *Was ist Existenzphilosophie?*, 35。

注4：BwAJ, 73。

注5：引自：BwAJ, 275。

注6：BwAJ, 177。

注7：引自：E. Ettinger, *Hannah Arendt-Martin Heidegger*, 85。

注8：引自：E. Young-Bruehl, *Hannah Arendt*, 346。

注9：引自：同前揭。

注10：引自：E. Ettinger, *Hannah Arendt-Martin Heidegger*, 86。

注11：引自：同前揭。

注12：引自：同前揭：頁87。

注13：引自：同前揭：頁86。

注14：引自：E. Young-Bruehl, *Hannah Arendt*, 347。

注15：引自：同前揭。

注16：引自：E. Ettinger, *Hannah Arendt-Martin Heidegger*, 90。

注17：引自：同前揭：頁88。

注18：引自：同前揭：頁90。

注19：引自：同前揭：頁91。

注20：引自：同前揭。

注21：引自：同前揭：頁97。

注22：引自：H. Ott, *Martin Heidegger. Unterwegs zu seiner Biographie*, 135。

注23：引自：E. Ettinger, *Hannah Arendt-Martin Heidegger*, 98。

注24：引自：同前揭。

注25：引自：同前揭：頁122。

注26：引自：同前揭。

注27：引自：J. A. Barash, *Die Auslegung der "Öffentlichen Welt"*, 126。

注28：H. Arendt, *Menschen in finsteren Zeiten*, 41

注29：H. Arendt, *Freiheit und Politik*, 681。

注30：H. Arendt, *Vita activa*, 169。

注31：引自：E. Ettinger, *Hannah Arendt-Martin Heidegger*, 122。

注32：H. Arendt, *Vom Leben des Geistes. Das Wollen*, 189。

注33：H. Arendt, *Vita activa*, 242。

注34：引自：E. Ettinger, *Hannah Arendt-Martin Heidegger*, 113。

注35：H. Arendt, *Elemente und Ursprünge totaler Herrschaft*, 534。

注36：BwAJ, 484。

注37：K. Jaspers, *Notizen zur Martin Heidegger*, 189。

注38：引自：E. Ettinger, *Hannah Arendt-Martin Heidegger*, 118。

注39：K. Jaspers, Notizen zur Martin Heidegger, 82。

注40：同前揭：頁194。

注41：同前揭：頁140。

注42：同前揭：頁264。

第二十三章
DREIUNDZWANZIGSTES KAPITEL

另一個公共領域

海德格對科技的批判

集置與泰然任之

夢的處所

海德格在希臘

一個處所的夢：普羅旺斯萊托的研討課

梅達德・博斯在措利孔的研討課：此有分析療法

中學畢業考之夢

[432] 一九五〇年代初期，弗萊堡大學在商討關於海德格是否能作為（有教學資格的）榮譽教授重返社會，當時有一種呼聲，不僅摻雜著政治疑慮，甚至還有海德格究竟是不是個大眾哲學家或甚至是江湖騙子之類的問題。這個人在科學上值得尊敬嗎？他還有必要待在學術圈嗎？據聞，在畢勒高地（Bühlerhöhe）療養院的上流社會的女士先生們，在「布萊梅俱樂部」的船舶經紀人、商人和船長們，海德格都為他們發表演講。事實上，當時被大學論壇拒於門外的海德格另闢了一個公共領域。早在一九三〇年代初期，他就和布萊梅互通往來。布萊梅的富二代以及後來的文化歷史學家佩策特（Heinrich Wiegand Petzet）過去是海德格的學生，也一直是他的仰慕者，就是他居中牽線的。當時海德格在「俱樂部」半私人的圈子裡發表了「論真理本質」的演講。於是他和佩策特建立了友誼。佩策特的父親是個富裕的船舶經紀人，海德格曾經到他們在巴伐利亞州伊京（Icking）的避暑別墅作客。戰爭結束時，他也把部分手稿存放在那裡。一九四九年深秋，海德格應邀前往布萊梅。在一九四九年十二月一日和二日，以「觀如是者」（Einblick in das was ist）為主題，在新市政廳的壁爐大廳發表第一次巡迴演講（個別講題分別為：物（Das Ding）、集置（Das Gestell）、危險（Die Gefahr）、轉向 [433]（Die Kehre））。虔誠的聽眾聚集，市長主持開幕。海德格在開場白裡說：「**十九年前，我在這裡發表過一次演講，當時我談論的東西，直到現在才慢慢被理解和產生影響。當時我大膽冒險——而我今天想再冒險一次！**」（注1）

邀請海德格的漢薩同盟資產階級圈子，也被「敢於冒險」的自豪感激起情緒。因為海德格被禁止正式教學，因此人們有意反抗這種（他們認為的）不義和敵對行為，讓海德格在自由的城市裡自由地發言。這個巡迴演講是海德格在一九五〇年代的布萊梅八個系列講座中的第一個。貝恩問他的商人朋友厄爾策（F. W. Oelze），是什麼讓得海德格與布萊梅湊在一起的。布萊梅的「美善」社會成員厄爾策一定知道，他回答說：「對於他的投靠布萊梅，我是這麼解釋的，他在這裡，也許也只有在這裡，才會面對一個在大學城、公務員城和畢勒高地都不是多數的社會階層，富商、海外專家、航運大亨、造船廠長，對這些人來說，一個著名的思想家，就是個神話人物或神話中的英雄。」（注2）

海德格喜歡這種上流社會、自由派保守主義的環境。這些富商受過扎實的公民教育，多數受過文科教育，不受學術界學派意見影響。對他們來說，哲學是一種世俗的宗教信仰，他們認為在戰後的崩壞中，哲學是必要的，儘管在細節上，人們並不真的理解哲學。也許正因為如此，哲學才是必要的。令人敬畏的費解——這不就是崇高事物的特徵嗎？這個邀請是來自那些想要遍覽充滿異國情調的哲學風光而證明自己博學風雅的人們。就連佩策特也承認說，這裡的人並不是特別理解海德格，對佩策特來說，重要的是在他出身的地方和這位令人尊敬的哲學家之間建立橋樑。海德格選擇了這個論壇，要在這裡開始他晚期哲學的飛行計畫，在這裡，他感覺到自由的空氣。他在布萊梅第一次發表艱難且陌生的思考，關於「**集置**、**觀看**

[434]

（Einblick）**和閃現（Einblitz），關於由天、地、神、人構成的四合（Geviert）的鏡像遊戲**」的思考。在第一場演講幾天之後，埃貢．維埃塔（Egon Vieta）在一篇報導中說，這個城市可以為了海德格來到布萊梅「大膽冒險地發表他至今最大膽的思想」而感到自豪。（注3）

海德格找到的另一個論壇，則是在黑森林北部山上，巴登巴登的「畢勒高地」療養院。醫生施特魯曼（Gerhard Stroomann）在一九二〇年代初其以新藝術風格興建了療養院，那裡以前是一座賭場。施特魯曼就是湯瑪斯．曼（Thomas Mann）筆下的《魔山》裡的療養院長貝倫斯（Behrens）那樣的醫生。忙碌、專制，有療養醫生的魅力，他為來自歐洲各地的富有個案開設了一個療程，據說和「造物靈」往來會有療效。碰巧那些創造「思想」的人不僅受邀前來，更有來療養的。恩斯特．托勒爾（Ernst Toller）、亨利希．曼（Heinrich Mann）、卡爾．克雷尼（Karl Kerényi）都曾經在那裡療養，並且在一九二〇和三〇年代邀請了所有在思想界有名望的人。大戰後，施特魯曼延續著這個傳統。他在一九四九年設立了所謂「週三之夜」的講座，一直持續到一九五七年。越來越多的聽眾和媒體關注，討論當代重要的思想問題。科學家、藝術家、政治家都來演講，並且和聚集在這裡覺得自己是菁英的人們參與討論。如果說一九五〇年代「屬己性的行話」有個重要的處所，那應該就是「畢勒高地」。在施特魯曼關於海德格參與活動的記錄可見一斑：「海德格曾經……在畢勒高地發表過四次演說，而且聽眾每次都群情激動，人們蜂擁來聽他演講，他在講台的手采至今無人能比……誰

[435]

能抗拒他的思想和知識的爆發力？那個力量在每個字詞中創造性地揭露；還有更多沒有被發現的泉源。」有海德格在場的活動，總是「如同慶典，紅紅火火。詞語不作聲。但當討論時承擔著最大的責任，也包含著最終的危險。」（注4）「畢勒高地」那些擔負最高的責任和危險的的觀眾，有巴登巴登有名望的退休人士、產業資本家、銀行家、貴婦、高級官員、政治人物、外國的顯貴，還有少數因為衣著普通而特別顯眼的學生。海德格有時在那裡演講，有時和阿富汗文化部長討論抽象藝術和「設置」（einräumen）一詞的意義。還有一次討論詩和詩的節奏。海德格解釋說，生活和詩裡的節奏「從哪裡來以及到哪裡去的對立」（注5）。聽眾不解，要求他解釋一下。其中一位聽眾粗魯地喊道：「為什麼總是想要解釋一切！」對此海德格回應說：「這是個誤解——我們並非想解釋（er-klären），而是澄清（klären）！」討論熱烈進行了一陣子才逐漸平息。然後又響起一個呼聲：「現在可以有哪個女士講點什麼，好讓整個氣氛活絡起來嗎？」一陣尷尬的沉默。施特魯曼的祕書起身。她說，有一句印度格言說，「理解振動的祕密，就會理解一切。」另一位女士表示同意，詩人不能自己說出神的形象，但是他會編織面紗，可以揣測神在那底下的形象。現在大廳中又熱鬧起來，因為講這番話的女士相當有吸引力。「如果沒有藝術品，我們可以生存嗎？」有人喊道；另一個人回應說：「沒有藝術品，我可以活得很好。」第三個人說：「進入並跟上節奏。」現在談論的完全是達達主義，因為人們只需要胡說就行了。一陣熱絡和惱怒的騷動。然後下一個人登台。古斯塔法・格林德根斯（Gustaf Gründgens）和伊莉莎白・弗利肯希爾特（Elisabeth Flickenschildt）出現在講台上，概述「現代舞台」的主題。沒等到節目結束，海德格就離開了大廳。

一九五〇年代後期，「週三之夜」以第二天的早場做結尾。有一次海德格已經離開，但是他弟弟還在場。一位女士可能把弗里茨誤認作海德格，問了海德格對於毛澤東的看法。狡猾的弟弟說：毛子是老子的「底座」（Gestell，集置）。

那件事發生在海德格以「集置」指稱技術世界的說法在德國沸沸揚揚的時期。海德格在布萊梅首次使用這個說法。但是讓它聞名的，是一九五三年在巴伐利亞美術科學院（Bayerische Akademie der Schönen Künste）的「對技術的提問」（Die Frage nach der Technik）演講。

[436]

自一九五〇年代初以來，巴伐利亞學院一直邀請海德格來演講。這個邀請起初在慕尼黑引發爭議。在州議會進行辯論，部長洪德海默爾（Hundhammer）譴責學院說他們居然讓「以前受到納粹政權提拔」的海德格發表演說。（注6）學生們為了聽海德格演講，從維也納、法蘭克福和漢堡前往慕尼黑，康德學會，顯然是為了成員的心靈健康，宣布在同一個晚上舉行另一場演講。一九五〇年夏天，海德格差一點回絕了在慕尼黑的第一場演講。當時他們以電報請他擬定演講題目。由於筆誤「演講題目」（Vortragstitel）變成「演講風格」

[437]（Vortragsstil），海德格不得不認為，人們要求他要有個適當的「風格」以監控他。他憤憤不平地對佩策特寫道：「**慢慢超出限度了……除了這些行為之外，人們根本不信任我，不相信我會對學院發表什麼非常重要的東西。這樣的事，我在整個希特勒時期也沒有遇過。**」（注7）誤會澄清之後，海德格還是同意去慕尼黑，但他對佩策特說：「**這是一件矛盾的事，不過是對集置必要的犧牲。**」（注8）演講當晚，學院大廳湧進人潮。受邀的客人和未受邀的人擠在一起，他們坐在拉來的椅子上、台階上、窗台上，或擠在夾間或走廊上。海德格談了「物」（Das Ding），然後又談到世界的**四合**（Geviert der Welt），但是當海德格談起「**關於天、地、神、人的鏡像遊戲**」時，當時的國務祕書受不了了，憤怒地離開了大廳，辛苦地穿出人群。那是一九五〇年的夏天。三年後的演講是對於技術的提問。那天晚上，一九五〇年代慕尼黑的思想菁英都匯聚於此。漢斯．卡羅薩（Hans Carossa）、腓特烈．喬治．榮格（Friedrich Georg Jünger）、海森堡（Werner Heisenberg），恩斯特．榮格（Ernst Jünger）以及荷西．奧德嘉．賈塞特（José Ortega y Gasset）都到場。這或許是海德格在戰後德國最成功的一次演講。當海德格以他的名言「**因為提問是思考的信仰**」做結尾時，現場並沒有虔誠的靜默，而是起身鼓掌。人們認為海德格的上台演講是哲學的美聲詠歎調而為他鼓掌，因為他迎合了一九五〇年代人們樂於聽到的那種高調。

海德格關於技術的思想觸及了當時不再是祕密的時代的憂懼。他並不是唯一這麼想的人。實際上，在使人們認為政治即是命運的冷戰時期，呼聲越來越多也越來越清楚，他們批評寄託於政治的人是在自欺欺人，認為技術其實已經成了我們的命運。一個我們在政治上幾乎無法掌握的命運，特別是如果我們堅持傳統的政治概念，那無論是「計畫」或是「市場」的政治都無法掌握。那或許是一九五〇年代米歇爾利奇（Mitscherlich）所抱怨的「無力」，對於國家社會主義罪行的普遍共犯的無力「哀悼」，或許是以前讓人害怕的東西被驅散了，但是在當時，儘管有經濟奇蹟和建設的熱情，對於技術世界的未來仍令人不安。基督新教的學院舉辦無數次相關主題的研討會，該主題也不斷出現在政治家的主日演講，並且在雜誌上廣泛討論。在「反核」運動當中也看到直接的政治表達。對此也出版了幾本重要的書。戰後最初對於卡夫卡的評論主要也是以對於技術和管理世界的形上學批評為特點。一九五一年，君特・安德斯（Günther Anders）以他的文章《卡夫卡，贊成和反對》（*Kafka, pro und contra*）聞名於世，其中卡夫卡被描寫成一位詩人，對「物化世界的超越力量」感到震驚，並由他的震驚產生一種「神聖的」驚恐：他是個技術時代的神祕主義者。一九五三年，赫胥黎（Aldous Huxley）的《美麗新世界》（*Brave New World*）德文版問世，它是一九五〇年代的暢銷書。小說描述一個世界的恐怖景象，在那個世界裡，人們在試管中設計他們的幸福和職業：這個世界的命運不再是命運，組成一個極權主義的體系——完全沒有政治，只有技術。同年，阿爾弗雷德・韋伯（Alfred Weber）的《第三或第四階段的人》（*Der dritte oder der vierte Mensch*）出

[438]

版。此書造成了轟動，因為它以一種讓人感覺可靠的社會學和文化哲學語言描繪了機器人技術文明的恐怖景象。除此之外，該書讓讀者感覺自己是人類歷史裡第三個劃時代轉折階段的人。第一個階段是尼安德塔人，然後是部落和氏族歷史裡的原始人，最後是在歐洲發展出技術的高度文明。但是根據韋伯的說法，在這種配備精良的技術文明中，人類的心靈和思想逐漸萎縮。我們會無異於突變的社會發生（Soziogenese）。最後會有兩種類型的人：機器人功能的大腦，以及新原始人，他們活動於人造世界，有如在叢林裡，失去控制力、一無所知、恐懼。這樣的全景令人毛骨悚然，也因此具有娛樂價值。

同一年，一九五三年，腓特烈・喬治・榮格出版了《技術的完善》（*Die Perfektion der Technik*）一書。腓特烈在一九三〇年代回應他哥哥於一九三二年的著名文章《勞動者》時，就開展了他的理論。恩斯特提出一個論點，只要還沒有以人內在的技術化臻至「技術的完善」，技術世界就不得不顯現為一種陌生的外在力量。恩斯特・榮格夢想著看到「新人類」以「勞動者形象」實現。這類人在「冰冷的光之幾何」和「過熱金屬的白熱化」裡自在地活動（注9）。他反應迅速、冷酷、精準、敏捷，能夠適應技術的節奏。但是他仍然是機器的主人，因為他具有內在的技術性：他可以在技術上游刃有餘，如同尼采設想的「自由的人」，把「美德」當作「工具」來運用、支配和管理，完全依照意圖和目的「取下和重新接上」。（注10）根據恩斯特・榮格的說法，當「剩餘的最後一點舒適性」消失，當人們可以穿越他的

生活空間，像是「火山區或死寂的月球表面」，他們將不再感覺到失去什麼。那是個追尋冷酷的冒險之心。（注11）

我們都會在這種冷酷裡喪生，腓特烈回應了哥哥的說法，在此同時，恩斯特也不打算為技術辯護了，而成為技術反對者「林中人」（Waldgängern）的一員。腓特烈的主要論點是：技術不再只是現代人用於自身目的的一個「手段」、「工具」。因為技術已經裡裡外外地改變了人類，他們能自己設定的目的，都是在技術上已經被決定了的。工業生產也包括需求的生產。視、聽、言、行、反應方式，對時間和空間的經驗，透過汽車、電影和廣播，都發生了根本的變化。這個過程的自身動力，不再容許有任何技術性的對岸。技術文明的基本特徵不是人類對於人類的剝削，而是人對於大地的大規模剝削。工業主義從自然歷史裡發現累積的能量物質，並且消耗它，因而要承受著熵的命運：「技術整體以及由此演變出來的追求完善技術性的普遍工作計畫，這個工作計畫和普遍的機器連結，遵守熱力學定律，其耗損不亞於任何機器。」（注12）當技術支配一切，不再知道有什麼不可侵犯或神聖的東西，技術就破壞了行星的基礎。基礎仍然使一切都可以支配，大地上部分的居民仍享受著文明安逸的好處，並因此「技術完善」的代價似乎是適當的。但表象會騙人。腓特烈說：「承受重擔的不是開端，而是結尾。」（注13）

[439]

技術批評的卡珊德拉呼聲（Kassandrarufe）被其他人嘲笑。在《月刊》中有一篇標題為

[440]

〈在技術的恐怖房間中〉（Im Gruselkabinett der Technik）的文章闡述了這個論點，「惡」不在於技術，而在於人。技術不是惡的，而只有為技術設定的目的才有可能是「惡」的。人們應該注意提防技術的妖魔化，以及應該仔細研究「妖魔化的技術」。（注14）「在對技術的驚恐當中，現在是在更高的精神層次上，以更昇華的形式，重演了中世紀認為女人會變成女巫的迷信。」（注15）反對批評者說，對於技術的批評不願意接受時代的挑戰，並且拒絕發展出配合技術的倫理。如果我們有這種倫理，就不需要驚慌恐懼。反對批評的發言人馬克斯·本澤（Max Bense）說：「我們創造了一個世界，並且以古老的智慧努力證明世界的起源可以溯自悠久的傳統。但是現在我們無法以理論、精神，智性和理性去統治這個世界。如果欠缺關於它的理論，因而缺乏技術倫理的明晰性，也就是說，在這世界之中，我們不可能作出合適的倫理判斷……我們也許還在努力使這個世界更完美，卻無法為了這個世界而使這個世界的人更加完美。這就是我們的技術存在令人沮喪的現狀。」（注16）一九五六年，君特·安德斯在他的《人類的過時》（*Die Antiquiertheit des Menschen*）裡把本澤指出的在人類以及其所創造的技術之間的「分歧」叫作「普羅米修斯的羞慚」。人類在比自己更完美、更有影響力的產品面前覺得「羞慚」：例如原子彈，他再也無法想像它會產生什麼影響。對於技術的反思的核心就在於這個問題：人必須如同本澤所主張的去適應技術嗎？或是應該如同腓特烈·榮格和君特·安德斯所提出的，把技術重新連結到人的領域。

[441]

現在已經清楚：海德格一九五三年關於技術的演講，並不是這個領域上孤獨的哲學嘗試。他是在一場正在進行的辯論當中發言。當他把自己和技術的「工具性」概念區分開來，並且把技術理解為現代的在世存有的基本特徵，他所說的其實和腓特烈．榮格（以及後來的君特．安德斯）沒什麼兩樣。在榮格和安德斯眼裡，這個使人類世界轉變成技術宇宙的過程的起源是一片黑暗。而海德格則想要給它一點光。從他一九三〇年代的哲學裡，我們就知道他的論點，特別是《世界觀的時代》。技術的起源在於我們面對自然的方式。我們是否讓自然自己顯現——如同古希臘的真理（Aletheia）概念——，或是向自然強索（herausfordern）。海德格說，技術是一種「**解蔽**（Entbergen）**的方式**」（TK, 13）。主導著現代技術的解蔽，「**就其強索的意義下，有設置（Stellen）的特性**」（TK, 16）。環繞著「**強索**」的中心概念，海德格對於所有技術掠奪的方式分門別類。相對的概念則是在「任其產出」（Hervorkommenlassen）意義下的「**產出**」（Hervorbringen，產生、創作）（TK, 27）。米開朗基羅說過，雕像已經在石頭之中，人們必須把它從裡頭解放出來。人們也可以如此設想海德格所說的產出和讓它出來。對於這兩種看待自然的方式——強索以及任其產出——海德格在不久前的演講課「思考是什麼？」（Was Heisst Denken?）裡有個讓人難忘的描繪。一個人站在繁花盛開的樹之前。唯有以一種沒有科學看守而且沒有實用目的的眼光，才能真正體驗到它的繁盛。從科學的眼光去看，繁花盛開的體驗會被當作天真的東西而棄之不顧。海德格說，重要的「**不是終於丟下繁花盛開的樹，而是首次任其立於所立之處。為何我們說『終於』。因為在那之前，思考從未任其立於所立之處**」（WHD, 18）。我們不是讓自然產出，而是對它強索和進攻，「**使其在某種可計算、可確定的方式顯現自己，並且一直作為可以訂做的訊息系統。**」（TK, 22）。

「**訂做**」（Bestellen）是在「強索」之後第二個中心術語。被訂做的東西成為可支配的「**持存**」（Bestand）。一座橋能連結兩岸，且以拱形的姿勢尊重那條河。任由河流存有。但是水力發電站把水流改道或截彎取直，使水流成為一種持存。不是發電站建在水流之中，而是相反的，「**水流被建在電廠之中**」（TK, 15）。為了思索這裡發生的「**驚駭事件**」，海德格提到了被建在發電站中的「萊茵河」，以及在賀德林同名詩歌的「萊茵河」之間的對比。但是人們可以說，萊茵河仍然是風景裡的河流。可能吧。但是它是如何維持的？「**它只是在那裡訂做旅遊產業的旅行團可以訂做的參觀對象而已**」（TK, 16）。

[442] 科技的使用把自然轉化為現實或潛在的「**持存**」。為了不讓它傾倒，人們必須計算和規畫以確保持存。技術要求更多技術。技術的後果只能再次以技術手段去解決。人們對於自然強索，現在自然要求繼續下去——接受沒落的懲罰。如此這個迴圈閉合而成為存有遺忘的惡性循環。強索、持存、確保持存——海德格把這整個過程稱為「**集置**」（Gestell），這是他關於技術文明時代的術語，在其中，宛如控制論的控制迴路，萬物以反饋作用的方式彼此相關

聯。「**工業社會的存在基奠，就是把自身禁錮於自己的受造物當中。**」（TK, 19）

集置是人造物，但是我們失去了相對於它的自由。集置成了我們的命運。危險的是，集置裡的這種生活，可能成為不可替代的一度空間，因而消除了對於另一種世界相遇以及世界棲居的記憶。「**人面臨的威脅不僅來自有潛在致命影響的技術機器和設備。屬己的威脅已經進到人的本質之中。集置的宰制威脅著人們，人們有可能無法返回原初的解蔽，也沒辦法經驗那最初真理傳遞的訊息。**」（TK, 28）

我們已熟悉海德格的**源初的真理**。就是對事物投以自由、任其所是的眼光的真理。任樹木繁花盛開，或是在柏拉圖的洞穴中尋找陽光之路，在存有敞開的林間空地裡，存有者可以更加存有。海德格在《人文主義書簡》裡說：這是真理驚慌失措的中午時分。在這裡期待著，如果我們以不同的方式對於自然提問，自然會有不同的回答。海德格在《人文主義書簡》裡說：「**很有可能，自然把它的一個側面轉向透過人的技術掠奪，而它的本質就是隱覆在那個側面裡。**」（ÜH, 16）

但是海德格不滿足於看到，沉思的思考讓繁花盛開的樹木到處站立且存有，在思考中到處發生另一個在世存有，他更要把在思考裡中實現的態度投射到歷史裡。哲學家腦袋裡的轉向，變成了關於歷史轉向的推測。海德格為他的演說的劇碼找到一個華麗的終曲，使聽眾帶著莊嚴的感覺離去，他們聽到嚴肅卻又令人振奮的東西。海德格引用了賀德林的話：「有危

[443]

險之處，就有救贖……」

當然，考慮集置的命運糾纏的思考已經越出了一步，它開啟了一個間隙，在其中終於能看見到底是什麼怎麼回事。就這點看來，思考確實存在著一個「轉向」。這就是海德格於一九五五年在梅斯基希的一次演講中描述的**泰然任之**的態度：「**我們讓技術對象進入我們的日常世界，同時又讓它們在日常世界之外，即以自身為依據，物並非絕對者，而是依靠於更高的東西。我想用一句老話來說明這種對於技術世界既肯定又否定的態度：對事物的泰然任之。**」（G, 23）但是這個「**對於事物的泰然任之**」被理解為思考的轉向，但是這並沒辦法證明對於現實歷史轉向的推測的可信性。

對於缺乏可信性的指責，海德格回覆說，「可信性」是科技計算性思考的範疇；誰以「可信性」思考，他就仍舊在集置裡——就算只是試圖從裡頭找到出路。對海德格來說，技術問題根本沒有「可行」的解決方案。「**沒有人的計算和製作能出於自身並僅通過自身而改變當前世界現狀；不會的，就因為人的行為受到這個世界現狀影響且沉淪其中。人的行為如何能成為世界現狀的主人？**」（一九六三年十二月二十四日，BwHK, 59）轉折是命運的事件，或者根本不會到來。保羅對於基督再臨所說的話也適用於這個屬己的轉向：主的日子來到，好像夜間的賊一樣。「**危險的轉向突然發生。在轉向中，存有本質的林間空地突然自己照亮了起來。這種突然的自己照亮**（Sichlichten）**就是閃現**（Blitzen）。」（TK, 43）。

這是對於未來命運的夢想。與此不同的是，當海德格的一生隨著這種夢想飄流萍寄，並且終於闖到那個地方，那個對他來說夢想**「曾經存在也一直都在那裡」**的地方。

經過長時間的猶豫——梅達德．博斯、埃哈特．卡斯特納和讓．博弗雷鼓勵了他很多年——海德格在一九六二年和妻子一起去希臘旅行，這是妻子送他的禮物。他一直在那裡尋求的東西，他一再重複且在技術演講課中說：「**在歐洲命運的起點，技術在希臘登上它們解** [444] **蔽的巔峰。技術促成了諸神的臨現，照亮了神的命運和人的命運的對話。**」（TK, 34）

一九五五年，海德格第一次和卡斯特納一起計畫希臘之行。海德格和卡斯特納是在慕尼黑的技術演講相識的，後來一直維繫著友誼。但是在船票和火車票都送達的最後一刻，海德格取消了行程。五年後歷史重演。大家一起訂了票，也確定了旅行路線，海德格再次退縮。**「一直是如此，我可以思考關於『希臘』的一些事，而不必看到它。現在我必須思考，把在我的內在凝視之前的東西，以對應的言語把握。這個熟悉的地方早就是心神專注之所向。」**（一九六〇年二月二十一日，BwHK, 43）兩年後，一九六二年春天，海德格終於準備好，跨出「夢想的門檻」（卡斯特納語），踏上旅程。這次旅行的記錄，他以《棲居》（AUFENTHALTE）為題獻給妻子的七十歲生日。

在威尼斯一個陰雨綿綿的寒冷天氣裡，他在登船前再次懷疑，「**對於逃脫的諸神的國度的種種設想，會不會只是單純的臆想，是否必然會證明思考之路只是歧途。**」（A, 3）海德格

[445]

知道這有點危險。希臘會像威尼斯那樣迎接他嗎？一個**死去的歷史客體**，以及一個**觀光產業的掠奪物**？經過兩日的夜間航行，科孚島（Korfu），古代的凱法利尼亞島（Kephallenia）在清晨出現。那應該是費阿刻斯人（Phäaken, Phaeacians）的土地嗎？海德格在上層甲板把《奧德賽》第六卷又讀了一遍，並沒有找到任何相符之處。預期中的東西並沒有出現。一切都更像義大利的風景。奧德修斯的故鄉伊薩卡島（Ithaka）也沒有觸動他。海德格懷疑，為了尋求「**希臘的源初的東西**」而探索希臘是不是正確之舉；這不會破壞「**直接經驗**」嗎（A, 5）？船停泊在海上，在一個陽光明媚的春天早晨，他們乘坐巴士前往奧林匹亞。一個樸實的村莊，街道旁是建到一半的美國旅遊飯店。海德格為最壞的情況做好了準備。他的希臘是否只存在於他自己「**專斷的想像**」（A, 8）？在奧林匹亞的廢墟上，早晨夜鶯鳴唱，「**毀壞的柱石**」仍然「**支撐聳立著**」。這個世界慢慢滲透了他。中午時分，大家在樹下草地上休息，十分寂靜。現在他注意到，真的可能會到來：「**對牧神潘恩（Pan）來臨時刻的一點預感**」。下一站是邁錫尼（Mykene）地區。它看起來「**像是唯一可以舉辦慶典的競技場**」。（A, 12）小丘上曾是宙斯神廟的三座石柱：「**在廣闊的大地上，它們像一張不可見的琴的三根弦，也許凡人聽不到，風正奏著哀悼的樂曲——諸神逃離的餘音**。」（A, 12）海德格開始沉浸在自己的元素中。船靠近小亞細亞沿海的希臘群島。是羅德島（Rhodos），也是玫瑰島（Roseninsel）。海德格沒有上岸，「**重新的思考正在要求我對它心神專注**」（A, 16）。希臘的元素不得不和

[446]

「**亞洲的**」元素搏鬥，這完全是根據當前的爭論要求的。我們現在面臨著技術的挑戰。向希臘人學習——難道是不意味著，要經受自己當前的挑戰的考驗？對希臘的懷念難道不是一種「**逃避現實的做法**」，背叛了希臘對於當下的開放精神？「『**至少**』**看起來是如此**。」（A, 16）海德格以此暫時結束了這個觀察。這時候他們停靠在提洛島（Delos）。島嶼的名稱已說明了一切，它的意思是：「**敞開、顯現**」（A, 19）。那天陽光燦爛，岸邊婦女們把販售的繽紛紡織品和刺繡擺在地上——一個「**歡愉的景象**」。除此之外，島上幾乎沒有人，但是到處是神廟和古代建築的廢墟。一切都訴說著以前偉大開端的被遮蔽。穿越過雜草叢生的母岩，斷垣殘壁，在吹拂的風裡登上辛薩斯山（Kynthos）崎嶇的山頂。現在偉大的時刻到來了。山脈、天空、大海，環繞著島嶼升起，在光中展現自己。「**在它們之中顯現的是什麼？**」它們向哪裡招手示意？它們「**讓這樣或那樣的在場者顯現出來**」，藉此向可見性的慶典招手（A, 21）。在提洛島的高峰，環顧廣闊的大海和散佈的島嶼，海德格慶祝他終於到達他歌頌的土地。為什麼恰恰是提洛島？從描述中，人們只能隱約感覺這個地方以先前發生過別的事情。也許只是名字的魔力，或者是海德格無法提供更清楚的訊息？他小心地談論神的在場，卻又有所保留，想要避免**泛神論的模糊**。他使用了我們已經認識的真理發生的形式，但不是概述思考過的內容，而是指出這些思考原本的處所。他放棄了「**以單純的描述性敘述把握所見**」（A, 5），並為了表達他出神的幸福感而選擇了這樣的說法：「**看似被表象者實現了自身，充**

滿著在場性，充滿著那以照亮希臘人而現在總算在場的東西。」（A, 21）

他們的旅程繼續前往雅典，清晨，在大批遊客到來之前到達雅典衛城，再到德爾菲（Delphi），聖地擠滿了人，不是參與「**思考的慶典**」（A, 32），只是不斷拍照。他們失去了他們的記憶，失去「**懷念**」的能力。

提洛島的體驗是難忘的亮點。半年後，海德格從弗萊堡寫信給卡斯特納說：「**我時常『在』那個島上。**」但是：「**對此幾乎沒有對應的言詞。**」剩下的就是：在懷念中保存「**對於純粹在場的驚訝**」。（一九六二年八月二十三日，BwHK, 51）

那是第一次拜訪夢想之地，後來在一九六四、一九六六和一九六七年陸續再訪。

在這些年中，海德格發現了普羅旺斯，他的第二個希臘。一九五五年在諾曼地瑟里西拉薩爾（Cerisy-la-Salle）舉行的會議之後，他透過博弗雷認識了法國詩人雷內・夏爾（René Char）。他不僅是詩人，也以反抗運動的黨派領袖聞名，兩人相識之後很快成為朋友。用他自己的話，夏爾的詩是「強行軍至不可言說」，而且一再探訪他心愛的家鄉普羅旺斯的景象。他邀請海德格到他在沃克呂茲（Vaucluse）地區萊托（Le Thor）附近的家中。博弗雷與海德格約定，在萊托拜訪的期間，為少數朋友以及親炙於博弗雷的學生圈開一個小型的研討課。那個學生圈裡包括費迪耶（Fédier）和瓦岑（Vezin），瓦岑後來把《存有與時間》譯為法

[447]

文。研討課於一九六六年、一九六八年和一九六九年舉行。成為固定的儀式。上午人們坐在門前梧桐樹下，伴隨著蟬鳴，討論赫拉克利特或是黑格爾的話：「一隻破襪子勝過一隻補過的襪子。自我意識則非如此。」❶談論希臘命運的概念，或是（在一九六九年）談到馬克思的費爾巴哈第十一條提綱：「哲學家僅是以不同方式解釋世界。可是重要的是去改變世界。」在這些早晨裡，搖曳樹影之下，人們取得共識：我們必須如此解釋世界，我們終於能夠再度珍惜它。討論有記錄，即使有時風會吹散紙張。他們會再蒐集起來一起編輯。其中一次記錄以這句話開始：「在這裡，斜坡上的橄欖樹從我們面前延伸到遠處看不到隆河的平原，在橄欖樹旁，我們再度開始（赫拉克利特的）的第二斷簡。德爾菲的山脈坐臥在我們身後。這是勒班克（Rebanque）的風景。找到通往那裡道路的人，是諸神的客人。」（VS, 13）❷

下午大家出發去附近郊遊，往亞維農（Avignon），到沃克呂茲的葡萄園，首先是去聖維克多（Sainte-Victoire）的塞尚（Cezanne）山脈。海德格喜歡這條通往採石場的路，從比貝穆斯（Bibémus）到那個轉彎處之後，整個聖維克多山脈驀地清晰可見。海德格說，這是塞尚的

❶ 譯注：黑格爾原本的句子是：「一隻補過的襪子勝過破襪子……，」海德格在演講裡故意把它講反了。後來在《思考是什麼？》裡引述的這句話則是正確的。

❷ 譯注：赫拉克利特的第二斷簡是：「因此應當遵從那人人共有的東西。可是『邏各斯』雖是人人共有的，多數人卻不加理會地生活著，好像他們有一種獨特的智慧似的。」

[448]

路，「**這條路從頭至尾以它的方式對應於我個人的思想路線**」（注17）。海德格可以坐在石塊上望著群山好一會兒。塞尚曾在此處說過：「這是世界平衡的瞬間」。當然朋友們也會想起蘇格拉底沉浸在思想裡數個鐘頭不動如山的故事。傍晚，他們再與雷內・夏爾同坐，海德格說，在夏爾的言行中，古希臘在他身上重生了。為此，夏爾感謝海德格再次開展對於詩本質的視野：這是「世界最好的境地」。（注18）每次回程，他都給哲學家滿懷的植物，他花園中的薰衣草和鼠尾草、百里香、鄉村的藥草，以及橄欖油和蜂蜜。

其中一位朋友寫道：「實際上，要去描繪這些閃耀日子的情韻是不可能的，與會者尊敬且崇拜海德格，他們所有人都被這種革命思想的歷史意義深深感動；和老師的往來也輕鬆友好——簡言之：南方的光亮，這難忘時日的從容歡愉。」（VS, 147）

一九六〇年代下半葉，在梅達德・博斯位於措利孔（Zollikon）的家裡的研討課，也進入了成果豐碩且密集的階段。上課的有醫生和心理治療師，博斯的學生和同事，博斯在蘇黎世大學附屬醫院精神科執教，人稱「伯格霍茲里」（Burghölzli），以前是卡爾・古斯塔夫・榮格（C. G. Jung）的工作地點。在戰爭期間，博斯是瑞士軍隊山地部隊的軍醫。他需要做的事情很少，為了排遣無聊，他研讀了《存有與時間》。他漸漸發現，這部作品提出一種對於人類存在及其世界的前所未聞的見解（ZS, VIII），這個見解對於心理治療很有幫助。一九四七年，他寫了第一封信給海德格，海德格友善地回覆並請求「一**小包巧克力**」。一九四九年，博斯第一次到托特瑙山。從書信往來發展為真摯的友誼。海德格對於和這位看來理解他的思想的醫生的聯繫有很高的期望。博斯記述說：「海德格看到這樣的可能性，即他的哲學不僅限於哲學家的書房，而可能使許多人受益且尤其是需要幫助的人。」（ZS, X）一九五九年開始了一系列的研討課，並於一九六九年結束。最初，參加者有一種感覺，「像是一個火星人和一群地球人初次相遇，並且想與他們交流。」（ZS, XII）海德格很有耐心，不斷重新解釋他的「基本原理」，此有意味著向世界開放。在研討課的第一堂課中，海德格在黑板上畫了一個半圓，表示對於世界的原初開放。在這些研討課上，海德格首次嘗試借助《存有與時間》的此有分析的基本概念理解精神疾病。他詳細討論病史。主要的提問是，敞開的世界關係是否受到損害，以及受到何種程度的損害。敞開的世界關係意味著：忍受當下，而不是逃遁到未來或是過去。海德格指責佛洛伊德的心理分析，認為他建構患者的早期經歷，使得這個當下的關聯更加複雜。此外，敞開的世界關係還意味著：保護人與物於其中顯現的那個間隙。例如，躁鬱症的人並不了解這種自由、開放的面對面（Gegenüber），他不能任由事物或他人侵入他所在的時空；它們不是離他太遠就是離他太近：他吞噬了它們卻被它們所吞噬——或它們消失於一個巨大的內在和外在的空無之中。他再也無法領會和把握世界對他說的話。他不可能與物和人保持一定距離的貼近。欠缺讓自己以及他人存有的泰然任之。海德格不斷回到這點，大部分精神疾病都在字面意義下被理解為一種「存在活動」的障礙：無法

[449]

「忍受」（Aus-stehen，站出去）敞開的世界關係。對海德格來說，疾病和正常之間沒有任何斷裂。所以他只用了幾句談論關於躁鬱症或憂鬱症的事，就開始談笛卡兒和現代普遍的「**世界的暗夜**」。對躁症者來說，世界似乎是某種人必須奪取、征服和吞噬的東西，對海德格來說，在躁症的行為裡，習以為常的近代權力意志被驅使至病態的高峰。措利孔的研討課涉及兩點：個人的精神疾病和現代文明的病理學。在個別的精神錯亂中，海德格認識到了近代的瘋狂狀態。

海德格和博斯結交朋友，但是並沒有把他當作治療師。但是他仍向他吐露據說是他唯一反覆夢見的夢。他夢見自己必須像從前那樣，一再地在同一個老師面前完成中學畢業考。博斯記述說，「當他（海德格）可以在清醒的思考裡就『成己』的角度去經驗『存有』，他就總算脫離這個刻板印象的夢了。」（ZS, 308）

注1：引自：H. W. Petzet, *Auf einem Stern zugehen*, 62。

注2：G. Benn, *Briefe an F. W. Oelze*, Bd. 2, 342。

注3：引自：H. W. Petzet, *Auf einem Stern zugehen*, 62。

注4：引自：同前揭，頁71。

注5：引自：同前揭：頁72ff。

注6：引自：同前揭：頁78。

注7：引自：同前揭：頁77。

注8：引自：同前揭：頁75。

注9：E. Jünger, *Der Arbeiter*, 173。

注10：F. Nietzsche, *Sämtliche Werke*, Bd. 2, 20。

注11：E. Jünger, *Der Arbeiter*, 173。

注12：F. G. Jünger, *Die Perfektion der Technik*, 354。

注13：同前揭：頁157。

注14：J. G. Leithäuser, *Im Gruselkabinett der Technik*, 475。

注15：同前揭：頁478。

注16：M. Bense, *Technische Existenz*, 202。

注17：引自：. W. Petzet, *Auf einem Stern zugehen*, 151。

注18：R. Char, *Eindrücke von früher*, 75。

第二十四章

VIERUNDZWANZIGSTES KAPITEL

卡珊德拉的呼聲

阿多諾和海德格

阿莫爾巴赫和田間小路

屬己性的行話到一九六〇年代屬己的行話

關於奧斯威辛的談論和沉默

《明鏡周刊》的訪問

保羅・策蘭在弗萊堡和托特瑙山

[450] 一九六五年，電台播放了一場傳奇性的對話，其中一位扮演大審判官，另一位扮演人道主義者。大審判官是蓋倫，他的對手是阿多諾。蓋倫說：「阿多諾先生，您當然會再度在此處看到『成熟』（Mündigkeit）的問題。您真的相信，人們擔負著我們以前經歷過的基本問題、反覆的思考、影響甚深的生命錯誤，而因為我們嘗試靠自己，就應該期望所有人能做到嗎？我很想知道。」阿多諾說：「對此，我想簡單地說：是的！我有一個對於客觀的幸福和客觀的絕望的想法，而且我想說的是，只要可以卸責，不要求他們負全責以及自我決定，那麼他們在這個世界上的安好和幸福也是假象。這個假象有一天會破滅。如果破滅了，那會有可怕的後果。」蓋倫反駁說，這雖然是很好的想法，但是可惜僅僅適用於烏托邦式的人類學。阿多諾回答說：人們對於卸責的需求並非如蓋倫所說，是一個人類學上的自然常數，而是人類對於以社會制度加諸其身的責任的反應。面對責任，他們卻是在導致「災難」的力量那裡尋求庇護。這種「對侵略者的認同」必須被打破。蓋倫以如下的回答結束了辯論：「阿多諾先生，……儘管我感覺我們在深層的前提上是一致的，但是這給我危險的印象，那就是您會讓人們對於劫後餘生感到不滿。」（注1）

[451] 整體是虛妄不實的，雙方都持這個立場。而這也是海德格的立場。蓋倫說，最好的情況是，人們幫助人類，使他們可以「經得起批評、不受異議影響」地做他們的事，可以不必反覆思考而遇到整體的災難性狀態。阿多諾說，不，以解放之名，我們必須鼓勵他們進行反

思，使他們注意到他們的處境有多麼不堪。一個人出於高度反思的理由而想讓人類免於反思——因為他看到人們對於現狀別無選擇；另一個人則想要求他們反思，儘管他們只能想起尷尬的救贖希望，正如他們保存於兒時經驗、詩歌中、音樂中，和「墜落瞬間的形上學」中的那些。

值得注意的是，像蓋倫、阿多諾和海德格這樣的哲學家都會同意，從整體看來，人類的處境是災難性的。但是對這個災難缺乏戒備。人們和它和平共存。對阿多諾來說，這是人雙重異化的結果：他們異化，並且失去了對於異化的意識。對蓋倫來說，文明無非是人類可以倖存的狀態裡的災難。對海德格來說，「**集置**」是人類無法掌握的「**命運**」。技術世界的基本問題無法在技術上解決。海德格說：「**只有神能幫助我們**。」

卡珊德拉們在惡劣前景的高山上對著以精明幹練和「堅持下去」宰制著的低地呼喊出她們黑暗的預言。

一九五〇年代和六〇年初，關於災難的討論甚囂塵上，這種討論與對於建築的熱情、富足生活和小確幸的樂觀主義和平共存。文化批評的聲音以憂鬱的小調為繁榮的聯邦共和國蓬勃的發展伴奏。阿多諾、蓋倫和海德格都屬於這個聲部的合唱團。

他們以不同的方式參與這個他們同時批評的流毒。蓋倫想以智性的手段保護社會防範知識份子的侵害；阿多諾則描繪了資本主義異化的恐怖景象並加以研究，以恢復「社會研究

[452]

所」的聲譽，這是受曼內斯曼（Mannesmann）執行董事會委託，對於企業內部關係進行的研究；海德格則是以激昂的言語駁斥那些批評技術的激昂言語。

時代評論家海德格和阿多諾都有類似遭遇：人們聽他的演說，宛如聽一個藝術性的神諭。不僅是科學系所，藝術學院也對海德格相當著迷，就像後來追隨阿多諾那樣。如果不想成為政治性的或是讓宗教人士很敏感的根本批判，就不得不在美學上被接受。一九五七年，柏林美術學院商討是否要招聘海德格，多數人同意格楚德·馮·萊福特（Gertrud von le Fort）的話，她說必須把海德格的作品視為「偉大的詩歌」來解讀。（注2）這種回應並不會令海德格感覺不愉快，因為對他來說，思考和詩越來越靠近，並一起使他脫離時代的混亂。**「牧羊人隱居於被摧殘的大地的八荒九垓之外，只有這片荒地依舊確定是人類所支配的。」**

早在一九二〇年代，海德格的影響就不限於大學了，現在更加不限於此，儘管一九五〇年代有大量的教授以及想要成為正教授的人都會引用海德格的學說。德國教席大規模的海德格化，對大師做瑣碎的研究，對於「拋」和「被拋」做索然無味的觀察，把海德格宏偉的「無聊哲學」變成無聊的哲學，他更引發了經院哲學裡關於存在者的位階的爭論。但是所有這些都不是使海德格成為一九五〇和六〇年代初期的思想大師的原因。年輕的哈伯瑪斯在《法蘭克福匯報》（*Frankfurter Allgemeine Zeitung*）為海德格七十歲生日所寫的一篇文章裡描述這位哲學家的影響，他特別提到在整個德國，尤其在寧靜的鄉間的「平信徒學院」（注3）。

[453]

那是個專門蒐集海德格的名言的信仰圈子。幾年後，阿多諾在他的《屬己性的行話》（*Jargon der Eigentlichkeit*）裡把海德格的影響模式歸結為：「屬己性的內部運作是理性裡的非理性。」（注4）作為體系內部關係研究者，阿多諾一定知道這點。「在德國，人們說著屬己性的行話，寫的就更多了，這是社會化選擇的標記，高貴和親切合而為一；低等語言被當作高等語言。不僅從基督新教學院的哲學和神學延伸到教育學、社區大學和青年協會，更成了經濟和行政管理的代表人物的高等說法。當行話充斥在對於人類深層感觸的矯揉造作裡，它就如同它所否定的世界一樣標準化了。」（9）事實上，海德格哲學裡的活動布景和術語部分，很適合慷慨激昂的演說而又無損學術聲譽。例如談到死亡時，在存在者的生死事大和想要證明自己對死亡不陌生的哲學的博學多聞之間，人們可以選擇一條中間路線。對於談到神會感到尷尬、又不想放棄匿名信仰的人而言，他可以把手伸到「存有」，無論是「Seyn」或是「Sein」的存有。卡繆和沙特對於年輕人的意義，就如同海德格之於那些往往把僵化視作可靠的年長者。

在阿多諾那些年來對「德國意識形態」批判的眼光看來，屬己性的行話和關鍵字的提供者海德格更是危險：那些說法透露了有教養者的心態裡的法西斯主義。阿多諾從一些聽起來無害的說法開始，像是「使命、召喚、相遇、真正的談話、陳述、關切、責任」，根據阿多諾的說法，這些字詞在披沙揀金的文脈裡足以上演「詞語的升天」（13）。聽見召喚、選擇相遇，表達關切且不畏懼責任，證明他是負有更高使命的人，因為他有更高的嚮往。他也是溫柔的超人，凌駕於被管理的世界的運作之上。行話把會做生意的人美化成被揀選者。屬己的人證明了全心全意執行的能力，他演奏著「精神的烏利澤風琴」（18）。

《屬己性的行話》於一九六〇年代中期出版，它要和過時的時代精神算帳。那是路德維希・艾哈德（Ludwig Erhard）擔任聯邦總理的年代。莊嚴的行話盛行於父權式的艾德諾時代，但是阿多諾的作品問世時，一種新的務實精神來臨了。「多功能大廳」取代了「會面室」，徒步區佔領了城市，在建築上，碉堡建築和監獄建築大獲全勝。人們發現赤裸事實的魅力，在哲學裡，也在性用品店裡，並且再不久，揭露、批判式的批判和追根究底的探問，會主導話語世界。

[454]

行話的技術，就是讓所說的話聽起來「好像在訴說比所指內容更高級的東西」（11）。但是阿多諾的文章看起來有時候也是如此，只不過不是上演升天的戲碼，而是下地獄。阿多諾天馬行空的意圖還包括他對於法西斯主義的懷疑，這種懷疑使得他的診斷不但讓人看不出哪裡有危險，反而顯得可笑。例如，阿多諾注意到海德格關於死亡章節裡的仔細分段：「納粹黨衛軍法令和存在哲學中，死亡作為主題而被討論；官僚主義被當作飛馬、甚至是末日神駒被騎乘。」（74）在另一處，阿多諾把海德格當成一個謹小慎微的哲學家：「以時興的屬己性之名，就連一個真正的迫害者，也可以提出各種存有學的補償要求。」（105）不過這只是阿多諾的批判的預備工作。阿多諾想在海德格式的基礎存有學內部尋找法西斯主義的跡

[455]

象。阿多諾在他的哲學代表作《否定辯證法》（*Negative Dialektik*）（「屬己性的行話」的概念也適用於這本書）裡寫道，存有學，特別是海德格的存有學，「是準備要批准一個他律的、不必對著意識辯解的秩序」，而這個準備也會變成體系。

一九五九年，阿多諾聲明說：「我認為國家社會主義在民主中的殘餘是個潛在的威脅，因為它是模仿反民主的法西斯主義傾向。」（注5）他特別提及以下事實，冷戰的反共主義提供法西斯的野蠻思想一個藏身之處。他只要以對抗「赤潮」的西方保衛者自居，以此和國家社會主義的反布爾什維克主義傳統掛鉤就行了。艾德諾時代的這種反共主義在也有種族主義色彩的「恐俄」的混亂當中漁利，並且喚醒獨裁甚或沙文主義的情緒。為了加強對抗東方的戰線，一九五〇年代，國家社會主義菁英的權利恢復以及社會復歸相當順利地推進。艾德諾一再要求廢除把「人分為兩種階級」的區分，即區分政治上無可挑剔的和政治上有污點的人。早在一九五一年五月就通過了一項法案，重新開放了「從犯」進入公務員體系。此外，一九五二年通過《忠誠義務法》，把「納粹政權受迫害者聯合會」裡有共產主義嫌疑的成員撤銷公職。反猶太主義也受到鼓舞。和霍克海默（Horkheimer）一起從流亡地返回法蘭克福大學的阿多諾，對此特別有感觸。一九五三年，他被聘任至「哲學和社會學特聘教席」，官方稱為「平反教席」（Wiedergutmachungslehrstuhl），這是一個容易招致譏謗的頭銜。阿多諾想獲得和自己學術成就相當的正教授職位，卻一直未能實現。一九五六年，法蘭克福終於討論了關於阿多諾的正教授任命，東方研究的教授李希特（Hellmut Richter）也不假思索地談起「走後門」（注6）。在法蘭克福，只要有霍克海默的提攜而且是個猶太人，就能夠平步青雲。那並非唯一的說法。雪上加霜的是，霍克海默作為前任校長以及系主任，其位置相當穩固，可是由於猖獗的「仇恨猶太人者」，使得他於一九五六年請求提前退休。阿多諾和霍克海默不得不再次經歷猶太人們的老經驗，即使他們躋身特權階級，仍然受到社會污名且容易受到傷害。沙特在他的《猶太人問題觀察》（*Réflexions sur la question juive*）裡總結了這種經驗：「他當了部長，也是猶太人部長，他既是閣下，也是賤民。」（注7）阿多諾在一九五〇年和一九六〇年初期「容易受到傷害」，也是由於他的馬克思主義的背景。《時代周報》（*Die Zeit*）在一九五五年將阿多諾描述為「無階級社會的宣傳家」。（注8）

儘管如此：當阿多諾認為海德格哲學有法西斯主義的餘緒，並不僅是因為他在海德格那裡看到艾德諾時代精神的中庸之道。還有其他因素，即敵對的關係在哲學上危險的近似性。阿多諾對於哲學家也有懷有敵意，哲學家從事著「千年哲學」（philosophia perennis），彷彿
[456] 哲學精神的偉大對手，社會學和精神分析，從來不存在似的。這種無知的態度使阿多諾憤怒，阿多諾自己則直率地把這種除魅的精神力量視為己任——對抗他自己所承受的哲學愛欲。海德格根本不在乎這種「科學的」現代性現狀，甚至鄙視它，阿多諾譴責海德格是「褊狹心態」。就歷史哲學的角度看來，阿多諾很清楚哪些事情「不再可行」，他放棄採取堅定

的哲學立場。他對哲學的熱情只在於細膩的不斷反思，以及——藝術。他們都認為藝術是哲學的庇護所，那是他們兩人的另一個共通點。阿多諾並不羨慕海德格的步履艱難，蹦蹦跳跳對他來說更加自然，但是他可能還是羨慕海德格，居然對於自己不加遮掩的形上學活動不感到羞恥。阿多諾寫道：「如果知道羞恥的話，是不會直接表達其形上學意圖的；敢這麼做的人，應該是沉浸於歡愉的誤解。」（注9）如此一來，阿多諾成為哲學面紗舞的大師。一九五〇年代中期，馬庫色想要把他的《愛欲與文明》（*Eros und Zivilisation*）（後來蘇坎普出版社〔Suhrkamp-Kultur〕下了一個吸引人的標題《驅力結構和社會》〔*Triebstruktur und Gesellschaft*〕）作為《社會研究期刊》（*Zeitschrift für Sozialforschung*）的特刊出版，阿多諾寫信給馬庫色說：「某種直言不諱和『直接性』」（注10）令他感到不快。習慣趕走霍克海默身旁的爭寵者的阿多諾，阻止了該書在研究所系列刊物當中出版。馬庫色不可原諒的錯誤，在於他洩漏了批判理論內部的祕密：一個成功的文化奠基於把性欲解放為愛欲。無論如何，阿多諾也只能在各種各樣的吹毛求疵的保護下屈從於他的「形上學意圖」。

如前所述，在各方面，阿多諾真正關心的——那就是「行話」所要說的——和海德格所關心的其實很相近。他很清楚這點。一九四九年，他敦促霍克海默在《月刊》評論海德格剛出版的書《林中路》（*Holzwege*）。他在寫給霍克海默的信裡說，海德格的「《林中路》的路數和我們相去不遠」。（注11）

[457]

阿多諾和海德格為現代做了類似的病症診斷。海德格談到了**近代主體的起義**，世界成為**陰謀詭計**的對象，這個過程的結果回擊到主體，也就是主體只能把自己理解為事物當中的事物。霍克海默和阿多諾的《啟蒙辯證法》裡也有類似的基本思想：近代人施加於自然的暴力，會反過來對抗人的內在本性。「人們越是要藉由破壞自然以阻斷自然衝動，就越是深陷其中。而此即歐洲文明的軌跡。」（注12）❶在海德格那裡：世界成為可支配的對象，為生產服務的觀念和表象。阿多諾和霍克海默則談到「主體的覺醒」，這是「以承認權力作為一切關係的原則」為代價換來的，並且：為「擴大權力」，人們「異化他們執掌大權的東西」（15）。對阿多諾來說，這種異化了資產階級世界的權力原則，最終導致了對猶太人施以工業謀殺的暴行。阿多諾說：「種族屠殺是絕對的整合，在人被視為相同、被磨平……直至他們……被連根拔除。」（注13）海德格在一九四九年布萊梅的演講裡宣布：「**農業現在是機械化的食品工業，基本上與屍體和毒氣室的生產相同**」，後來當這個說法為人所知時，讓對於阿多諾類似想法並不反感的那些人相當不滿。海德格的說法只是在阿多諾的那個定言令式的意義下的：人必須如此調整思想和行動，使「奧斯威辛（Auschwitz）集中營的事件不再重演，類似的事件不再發生」。（358）海德格把他的存有思考理解為克服現代導致災難的權力

❶譯注：引文中譯見：《啟蒙的辯證》，頁36，林宏濤譯，商周出版，2008。

意志。這種存有思考和阿多諾在「非同一性的思想」標題的尋索相去不遠。阿多諾認為「非同一性的思想」是一種讓事物和人擁有自身獨特性的價值的思想，並且不以「同一」強加於它們以及規定它們。未被異化，也就是未被同一化的知識「想表達的是，某物是什麼，而同一的思想表達的是，某物屬於什麼，是什麼東西的樣本或是代表，而那些東西都並非其本身」。（152）

[458]

阿多諾的「非同一性思想」在海德格那裡則是一種敞開的思考，在這種思考當中，存有者可以不被扭曲地開顯自身。但是阿多諾不信任這種存有思考。他提起老套的非理性主義的指責：「在每個思考裡中、在思考活動裡，都有主客體的區別，如果沒有主客體的區別，思考就沒有一席之地。因此海德格的真理時刻被剷平成世界觀的非理性主義。」（92）阿多諾讚賞海德格的「真理時刻」，這意味著他拒絕屈從於實證論預備好的「事實」，拒絕放棄對於存有學和形上學的需求。阿多諾也知道並同意，「對於絕對者的知識的康德式裁決的渴望，不應就此了結」（69）。海德格以莊嚴的虔誠進行超越活動，而阿多諾則是導演了否定辯證法的劇碼，藉由否定其否定，辯證法仍忠於形上學。因此，阿多諾可以把這個辯證法叫作「渴望的超越」（Transzendenz der Sehnsucht）的一個工具。（注14）兩者的差別不在於方向，而在於行動方式。但是和海德格的貼近激起了阿多諾自戀式的小分歧。他害怕祕密而可怕的形上學家的團結共同體。方向的相似：阿多諾也號召賀德林作為形上學的證人，他眺望南德，即

[459]

海德格生活的區域，如同眺望應許之地。在《關於詩歌與社會的演講》（*Rede über Lyrik und Gesellschaft*）中，阿多諾在詮釋莫里克（Mörike）之際說：「幸福應許的景象浮現，如同現在南德小鎮在適當的日子款待賓客，而且絲毫不遷就抒情詩和小鎮田園情景。」（注15）

在他（《否定辯證法》裡的）《對於形上學的沉思》的結尾處，阿多諾討論到現代可以從哪裡進入形上學的經驗。極目四望，我們再也找不到它；黑格爾透過歷史想像的精神之路，黑格爾仍然想像其所在的精神之路上，我們也未見其蹤影。那裡只有憂懼，沒有顯聖，沒有令人振奮的世界精神，只有黑暗的心。但形上學在哪裡活著？「在形上學墜落的時刻」，人如何和它「休戚與共」？阿多諾的回答是：「形上學經驗就是，不屑於在所謂宗教原初體驗裡提取形上學經驗的人，最有可能像普魯斯特那樣憶起某種幸福感，就像奧特巴赫（Otterbach）、瓦特巴赫（Watterbach），羅伊恩塔（Reuenthal）和蒙布倫（Monbrunn）等村莊名字給人的幸福感。人們相信，當人們到了那裡，就好像是在一種實現的狀態。」（366）

阿多諾在短篇隨筆《阿莫爾巴赫》（*Amorbach*）中描述了他找到消失了的形上學處所。他在歐登瓦德山區（Odenwald）的小鎮阿莫爾巴赫度過他的童年。他看到許多後來對他產生影響的動機（注16）都聚集於此。修道院的湖畔花園成了他的美的原型，「我在整體面前徒然地探問其根基」。老渡船越過美因河（Main）的聲音仍不時繚繞在耳邊，航向新河岸的聲響：人們如此從一個世界擺渡至另一世界。在小山上，他體驗到黃昏時山下不久前才有的電燈條地亮起——小心的練習，為後來在紐約和其他地方的現代性衝擊做準備。「我的小鎮對我保護備至，讓我對於和它完全對立的事情做好了準備。」（22）阿多諾走的阿莫爾巴赫小路，就像是海德格的「田間小路」；兩者既是關於真實的形上學經驗之處所，也是關於想像的形上學經驗之處所，出於記憶以及語言的召喚力量。海德格說：「**思考總不時反覆……走上穿過田野的田間小徑……環繞著田間小路生長茂密的一片貢獻著世界。如古老的閱讀和生活大師艾克哈特所說，語言中未被言說的東西是，神，唯有神。**」（D, 39）

對於在歐登瓦德得到形上學抒情風格的阿多諾來說，海德格的田間小路是廉價的「鄉土意識」。（注17）用海德格的話來說，生長意味著：「**敞開天空的遼闊，同時根植於大地的黑暗當中。**」（D, 38）立刻激起阿多諾對於法西斯主義的指責：那就是血與土地的意識形態。

人們有一種印象，海德格短暫的捲入國家社會主義，阿多諾認為那正是天性使然：如此，一貫極為謹慎的阿多諾拿著榔頭對於海德格進行哲學思考，並且和他保持距離，但是在思考上的距離卻沒有那麼遙遠。

隨著阿多諾站出來反駁海德格（在一九四五年後，兩人再未謀面，海德格也未再公開談[460]論過阿多諾），辯證法的行話所向披靡，直到一九七〇年代，這個勝利自詡為種種矯飾的真正行話。一九六〇年代中期，當馬庫色被一家報紙問到，他認為人們應該寫哪種書，他回答說：「我建議一個非常嚴肅的題目『沒有辯證法就完全不可行：論時代精神之病理學』。」

（注18）這種辯證法試圖以推理的方式超越現實的複雜性。超越的意志不僅源於對平庸的憂懼，也源於努力在普遍的「妄想關聯」（Verblendungszusammenhang）裡發現完全不同的東西，即成功生活的痕跡，而又不沉溺於黑格爾或馬克思式的辯證性進步概念的建議。批判理論是，「在不編織勝利幻想的情況下，繼承辯證法的遺產」（斯洛特狄克〔Sloterdijk〕語）的嘗試。（注19）但是儘管只是在言語的世界中，這種辯證法還是贏得了勝利。一種傲慢、斥責、帶著不可言說之祕密的氣勢，在美茵河南北邊界蔓延。例如，烏爾里希·梭內曼（Ulrich Sonnemann）撰寫了關於平庸之惡的文章，並強調「平庸知道什麼是真的，卻無法忍受它就在心裡，出於扭曲的良心的緊張關係，平庸不僅就是那個樣子，它也無法忍受自己的確定其虛無，它的存有就在於它的無法忍受自己，它的世界角色就同時表現在無法忍受真的事物，以及無法忍受這個無法忍受。」（注20）讓·阿梅里（Jean Améry）抨擊這句話，把它翻譯為「罪惡的平庸」，「滿足於陳腐思想的人，不但沒有摧毀它，反而由於不作為而成為真理的敵人。」（注21）

對阿多諾而言，辯證法的語言仍是最細膩的奇蹟——「知識的烏托邦就是以概念承載非概念的東西，而又不等同它們。」（阿多諾語）（注22）正如阿梅里所說的，它是一種「偽裝成過度清晰的模糊性」（注23），行話變得更加堅固且清晰，特別是當否定辯證法再度成為肯定、並在一九六八年左右開始時，漸漸發現一個接一個學術工作者、非壓抑性的愛欲、受限

[461]

的符碼、邊緣化的潛能，還有超越體系的、社會的解放的重建當中工人階級和主體……諸如此類的行話。在這個脈絡下，阿多諾的文藝的辯證法不再受歡迎。典範轉移朝向「操作主義」和「實踐的相關性」，在法蘭克福（不僅在那裡）引發了衝突：當學生佔領了社會學研究所時，驚嚇不已的阿多諾請求警方協助。一年後他去世了。人們可以想像這個事件有多麼讓他心碎。

那一年，海德格正在普羅旺斯尋求哲學的庇護的，這個期間，某些人把他視為施瓦本的道家，他們堅信，對於當時的大眾來說，海德格「已死了」。漢娜・鄂蘭在一九六九年為海德格八十歲生日所寫的深情文章，聽起來像是悼詞：「海德格的思想掀起的風暴——像是柏拉圖的著作在數千年後向我們迎面襲來——它不像是出自本世紀。它來自古老的年代，它留下的東西是完美的，如同所有完美的東西，都可以追溯回遠古。」（注24）

幾年前，又發生一次轟動的事件。一九六六年二月七日，針對亞歷山大・史汪的《海德格思想中的政治哲學》，《明鏡周刊》刊登一篇題為〈海德格：世界黑夜的午夜時分〉（Heidegger. Mitternacht einer Weltnacht）的文章，其中包含了一些錯誤的主張，例如，海德格禁止胡賽爾進入大學，以及海德格由於雅斯培的妻子是猶太人而中斷和雅斯培的往來。雅斯培對這篇文章感到憤怒，寫信給鄂蘭說：「在這樣的時刻，《明鏡周刊》又回到舊時惡劣的行徑。」（一九六六年三月九日，BwAJ, 655）鄂蘭也很氣阿多諾，但是實際上阿多諾和《明

［462］

鏡周刊》一九六六年那篇文章毫不相關。「儘管我無法證明，但是我十分確信幕後的操縱者是法蘭克福的阿多諾圈子的人。這很奇怪，而且越來越奇怪，自從事實證明（學生們發現），（半個猶太人，也是我所認識最噁心的人）阿多諾試圖參與『一體化』。多年來，他和霍克海默指控所有反對他們的人是反猶太主義，或以此威脅那些人。這真是個醜陋的社會。」（一九六六四月十八日，BwAJ, 670）

許多朋友和熟人都敦促海德格捍衛自己，抗議《明鏡周刊》的批評。卡斯特納在三月四日寫道：「沒有比此事更迫切的事了，我希望……您放棄堅持不為自己辯護的想法。您根本不知道，您到目前為止對此的鄙夷，令您的朋友們多麼煩惱。最有力的論點之一是，……當人們不出聲反駁誹謗，它就會成為事實。」（BwHK, 80）海德格寫了一個簡短的讀者投書致《明鏡周刊》，卡斯特納覺得那還不夠。他希望海德格能更詳盡且更強力地捍衛自己。他不久前才離開柏林藝術學院，因為他不想與鈞特．葛拉斯（Günter Grass）為伍，葛拉斯在他的小說《狗年月》（Hundejahre）的小插曲裡抨擊海德格。（好好聽著，狗：他生於梅斯基希。它座落於因河畔布勞瑙〔Braunau am Inn〕。他與另一隻在同樣的戴尖頂帽的年代裡被剪掉臍帶。他們互相虛構出對方。）（注25）卡斯特納發現《明鏡周刊》有興趣訪問海德格，並嘗試獲得海德格的同意。但海德格一開始拒絕了。「**如果《明鏡周刊》真的對我的想法感興趣，那麼奧格斯坦（Augstein）先生之前在本地大學冬季學期的演講裡就可以來拜訪我，就像他**

[463]

在巴塞爾演講結束時拜訪了雅斯培。」（一九六六年三月十一日，BwHK, 82）卡斯特納仍不放棄。他在三月二十一日寫道：「沒有人喜愛《明鏡周刊》的語氣，也沒有人會高估它的水準。但是我認為我們不該低估目前吹來的這股順風，奧格斯坦先生對於葛拉斯的憤怒和嘲諷對我們有利。我聽說，……奧格斯坦先生最討厭對於現代科學的崇拜，深刻的懷疑論是他最喜歡的思想。我看不到任何不歡迎此次來訪的理由。」（BwHK, 82）

他們之所以能夠會談，那是因為《明鏡周刊》的編輯同意海德格開出的條件：在海德格在世其間不發表這篇採訪。《明鏡周刊》的訪談於一九六六年九月二十三日在海德格弗萊堡的家中進行。除了海德格、奧格斯坦，《明鏡周刊》的編輯格奧爾格・沃爾夫（Georg Wolf）以及女攝影師迪尼・梅勒・馬爾科維奇（Digne Meller Markovic）之外，佩策特作為海德格沉默的「證人」也在場。佩策特記述說，奧格斯坦在訪談開始前不久就對海德格坦承說，在「著名思想家」面前，他「非常害怕」。（注26）如此，起先他預想會是「提問暴君」的奧格斯坦，馬上變得很友善。海德格也很興奮。他在書房門口等待訪客。佩策特說：「我有點吃驚，當我看到海德格時，注意到他處於過度緊張的狀態……太陽穴和前額的血管冒起，激動的情緒使眼球也有些凸出。」（注27）

人們注意到奧格斯坦「非常害怕」，特別是在談話開始時。小心翼翼、支支吾吾，非常謹慎地處理這個「燙手山芋」：「海德格教授先生，我們一再看到，您的哲學著作被您生命中歷時不長的事件陰影掩蓋，而這些事件從未被澄清，因為您要麼是過於自信，要麼是您認為不宜對此發表意見。」（注28）海德格預想到對談會環繞在他和國家社會主義的糾葛。

當奧格斯坦急著想結束這個話題，好談論海德格對於現代的哲學解釋，尤其是他的技術哲學時，海德格感到更加驚訝。當他們引述校長就職致詞或是施拉格特紀念會的演講，以及面對海德格參與焚書或是和胡賽爾關係的傳聞時，奧格斯坦和沃爾夫一再道歉。提問者小心地定義海德格的涉入，海德格自己則提出更強烈的說法。奧格斯坦和沃爾夫提供海德格一種解釋，即在他擔任校長期間，他不得不說了一些「經過刪改（ad usum Delphini）的東西」。與此相反，海德格卻強調**「『經過刪改』的說法沒辦法說明什麼。當時我相信，與國家社會主義的交流可以開闢一條新的且唯一可能的改革之路。」**（87）但這個版本仍不夠「強大」。因為：對他來說，「**改革**」——就他當時的理解——不是與國家社會主義的往來，而是國家社會主義革命本身。他也並未談及，他把這個改革理解為特殊事件、形上學的革命以及「**整個德國乃至整個歐洲的此有的變革**」。他也未談及他身陷權力迷醉，他想捍衛革命活
[464] 動的純潔性，也因此成為告密者，因為他想讓革命走得更遠，他和國家社會主義當局以及他的同事發生衝突，並使得校長的職務遭到挫敗。與此相反，他給人的印象是他的涉入是為了某種抵抗。他強調在一九三三年之前，他對於政治的冷漠態度，認為任職校長是為了避免更不堪的事情發生，也就是由納粹幹部接管大學的校務。簡而言之，海德格在這次訪談裡隱瞞

了他曾經是國家社會主義革命者，也避談促使他走上此途的哲學動力。

他一方面把自己在納粹時期的角色說成實際上無害的，另一方面卻不想如同許多戰後的德國人那樣，扮演「改過自新的民主人士」的角色。在談到「**技術不斷把人從大地那裡拉扯出來，並且要把人連根拔起**」（98）的問題時，海德格指出國家社會主義最初是想對抗這種發展，但後來自身卻成為這種發展的動力。海德格承認涉及這個問題時的不知所措，即「**如何將一個政治體制以及哪種政治體制分配給現今技術時代……我不相信，這個體制該是民主制度**」（96）。談到這裡時，海德格說：「**唯有一位神還能拯救我們。**」（99）海德格死後，一九七六年該訪談即是以此標題發表於《明鏡周刊》。❷

對談原本應結束關於海德格加入納粹的討論，卻又不得不重新引發討論。因為海德格為自己辯護，就像大多數「有責者」所做的那樣，對於這些人，卡爾・施密特在他的《語匯》裡刻薄地指出，他們發現他們的加入是一種抵抗的形式。一般而言，常人所做的事，在屬己性的哲學家那裡留下不值得尊重的印象，哲學家會要求有決斷的此有也要有面對責任的勇氣。但責任不僅止於個人的意圖範圍，也及於非故意的行為結果。但是海德格應該承擔國家社會主義的共同責任嗎？他並沒有真正涉入任何可怕的罪行，甚至在思想上也沒有共同的前

❷ 譯注：《明鏡周刊》的這篇訪談見：《寫過二十世紀：奧格斯坦和他的明鏡周刊》，呂永馨譯，商周出版，2005。

[465]

提。海德格從來不是個種族主義者。

海德格的沉默，對此有許多的談論。人們對他有什麼期望？一九四七年八月二十八日，馬庫色寫信給海德格，期望他可以「發言」，期望海德格可以擺脫對於國家社會主義的「認同感」，他希望他「公開表明」他的「改變和轉型」。（注29）海德格回信指出，他已經在國家社會主義時期（在他的演講課中）公開了他的轉變，對他來說，在一九四五年表態收回以前的信念，那是不可能的事，因為他不想和那些「納粹支持者」蛇鼠一窩，那些人為了戰後生涯而拚命為自己脫罪，以最噁心的方式表現他們思想的轉變。

大眾要求他應該把和謀殺數百萬猶太人的行為劃清界線，海德格感覺這個要求相當嚴重。也就是說，他不得不默認大眾的判斷，以為他是大屠殺的同謀。他的自尊心他要他拒絕這個無理的要求。

海德格拒絕證明自己不是大屠殺的潛在同謀，這並不表示他拒絕「對奧斯威辛集中營進行思考」的挑戰。當海德格談到關於近代權力意志的誤用，也就是自然和人成為其「**陰謀詭計**」的唯一材料，他總是明示或暗示地意指著奧斯威辛集中營。對於他——以及阿多諾——來說，奧斯威辛集中營是現代典型的罪行。

如果人們認為海德格對於現代性的批評也是對於奧斯威辛集中營的哲學思考，那麼很清楚，海德格的沉默問題並不在於他對奧斯威辛集中營的沉默。他在哲學上的沉默是在其他事

[466]

情方面：對於他自己，對於哲學家被權力誘惑的事，他保持沉默。如同思想史裡屢見不鮮的事，他也沒有提出一個問題：當我思考時，我究竟是誰？思考者擁有想法，但是有時也會反過來：思想擁有一個思考者。思考的那個「誰」變了。思考著偉大事件的人，會很容易陷入一種認為自己就是個偉大事件的誘惑；他想和存有相應並且關注存有如何在歷史裡出現，但是並未注意到他自身是如何出現的。個人的偶然性消失在思考著的自我及其偉大的關係當中。存有學的遠眺使得存有者（ontisch）的貼近者變得模糊。因為對於自身、對於受限於時代的矛盾，對於傳記式的隨機特性、以及對特異性，他都缺乏認識。認識自身的偶然性的人，很少會把自己和在思考當中的自我的主角混為一談，而且讓個人的小故事混進偉大的歷史當中。簡言之，對自身的認識可以抵擋權力的誘惑。

海德格的沉默在與保羅・策蘭的相遇裡再次發揮作用。抒情詩人策蘭於一九二〇年出生在切爾諾夫策（Czernowitz）。他僥倖逃出殺死了他雙親的滅絕營（Vernichtungslagern），自一九四八年以來在巴黎生活。他找到了特別是通往海德格晚期哲學的入口。哲學家奧托・博格勒（Otto Pöggeler）說，策蘭對著他為海德格後期艱澀的語言辯護，並於一九五七年想把他的詩《紋影》（*Schlieren*）寄給海德格，該詩後來發表於《語言柵欄》（*Sprachgitter*）。這首詩談的是一隻眼睛，那隻眼睛的傷痕展開了世界，並且保留了記憶：「眼中的紋影：保存下來的是／一枚透過黑暗留存的印記。」也許這首詩是努力爭取連結的記號，那個連結仍掛念著把策蘭和海德格兩者分開的「傷痕」。我們無法確定策蘭是否真的寄出了這首詩。在對於海德格的多次深入討論之後，博格勒問策蘭是否會把他關於海德格的著作題獻給他。策蘭「很為難地」拒絕了。（注30）他必須堅持，「在和海德格交換意見之前，他的名字不會海德格的名字連在一起」。儘管如此，策蘭澈底地研讀了海德格的作品，他在手裡的那本《存有與時間》裡密密麻麻地寫了許多評論，他熟知海德格對於賀德林、特拉克爾（Trakl）和里爾克的解釋。在詩作《廣板》（*Largo*）裡，他談到了「荒野緩步貼近」。自一九五〇年代以來，海德格就一直密切關注策蘭的作品。一九六七年夏天，德語文學家格哈特．鮑曼（Gerhart Baumann）在弗萊堡和策蘭一起準備朗誦會時，他寫信通知了海德格，海德格回信說：「**我想結識策蘭已經很久了。他以最遠的距離站在前面，而且十分深居簡出。我知道他** [467] **的一切，也了解他所要擺脫的嚴重危機，就一人所能及……若能讓策蘭看看黑森林，那會十分有益。**」（注31）

一九六七年七月二十四日，在弗萊堡大學的大禮堂，策蘭面對他人生中最多的聽眾。到場的聽眾有一千多人。其中包含坐在前排的海德格。在此之前，海德格去了各家書店，要求他們把策蘭的詩集陳列在櫥窗最醒目的位置。於是。詩人在第一次遊覽這座城市時，在各家書店都看見到自己的詩集，他在朗誦會前一小時，在飯店大廳遇見一些熟人，愉快地分享了此事。海德格當時也在場，並未提到他的熱心幫助。海德格和策蘭的第一次會面出現了下述

[468]

的場景。經過一段激動人心的對談，有人表示希望能拍照。策蘭跳了起來並且解釋說他不想和海德格同框。海德格泰然處之，他從容轉身對鮑曼說：「**他不想，——那麼我們就不要拍**。」（62）策蘭離開了一陣子，當他回來時，表示不再反對和海德格合照。但是第一次的拒絕產生了影響，沒有人再提起這個建議。現在策蘭被他的行為影響，並且試圖收回造成的傷害。朗誦會之後，大家又一起喝了杯酒。海德格提議翌日清晨開車去黑森林，參觀沼澤土以及托特瑙山的小屋。就這麼約定了。海德格還沒來得及出發，和鮑曼一起落在後頭的策蘭，又推翻了剛才同意的事，也對於該建議心存疑慮。他解釋說，他覺得和一個無法忘記其過去的人在一起，對他來說很困難。鮑曼說：「不舒服的感覺迅速提升為拒絕。」鮑曼提醒策蘭說，他曾經表示想和海德格見面並與他聚會。策蘭並未試圖要化解矛盾。計畫不變。另一方面，海德格的著作和個人令他印象深刻。他感覺自己受到吸引，並且為此責怪自己。他想要貼近，又禁止自己靠近。翌日，策蘭還是到托特瑙山郊遊。他和海德格在小屋中度過了一個上午。我們不知道他們談了些什麼。策蘭在小屋的留言本裡寫道：「眺望泉星（Brunnenstern），希望把心中將臨的言語，寫入小屋簿子上。」（注32）

「將臨的言語」可能有很多含意。策蘭在期待海德格認罪，而為海德格沒有供認而失望嗎？鮑曼說，策蘭一點也不失望。幾個小時之後，鮑曼在旅館遇到他們兩位：「我驚喜地發現，詩人和思想家心情都很愉悅。他們描述了過去幾個小時的事，也特別提到『小屋』之行。策蘭身上的一切沉重都消散了」。（注33）次日，策蘭興致高昂地動身前往法蘭克福。瑪麗・路易斯・卡施尼茨（Marie Luise Kaschnitz）在那裡意外地遇見了完全不同的策蘭。她對朋友們說：「弗萊堡的人對他做了什麼，他在那裡發生了什麼事；都要認不出他了。」（72）在這種高昂的情緒中，策蘭在一九六七年八月一日寫了《托特瑙山》（*Todtnauberg*）：金車菊；小米草，所飲之泉／上有泉星，／／小屋／中／／寫入簿本中／誰人之名／先於我？——，／希冀／的行句寫入簿本中，今日／形上學降臨，心中／思想／將臨（不／躊躇地到來）／的言語……

「將臨的言語」也回應了海德格的形上學降臨、海德格的將臨之神，以及可能導致轉向的《走向語言之途》（*Unterwegs zur Sprache*）。無論如何，「將臨的言語」不僅僅是海德格在政治上贖罪言語。

一九六八年，策蘭寄給海德格那首詩的第一個版本，那句話原本是「不躊躇地將臨的言語」（Ungesäumt kommendes Wort）。一九七〇年在詩集《光之逼迫》（*Lichtzwang*）裡，策蘭刪除了在括弧中對於「不躊躇地到來」的言語的明顯希望。

在此期間，兩人有多次會面以及書信往來。關係友好。一九七〇年夏天，海德格想要邀請策蘭遊覽賀德林在上多瑙河的家鄉風景。他已經做好了準備。但是再也無法成行。一九七〇年春天，策蘭在巴黎自殺。

[469]

與策蘭的態度相反，海德格對策蘭積極、關注，時而親切關懷。最後一次會面是在一九七〇年的濯足節，再次發生了一個小衝突。策蘭朗誦詩，人們對此進行討論。海德格十分專心地傾聽朗誦，在會後甚至可以逐字逐句地覆誦。然而，在談話過程中，策蘭指責他漫不經心。他們情緒低落。鮑曼陪同海德格回家。在花園門前分別時，海德格「激動」地對鮑曼說：「策蘭病了——沒救了。」（注34）

策蘭到底對海德格有什麼期望？可能策蘭自己也不知道。海德格的**林間空地**對他來說是個承諾，他等待著兌現。也許策蘭的《光之逼迫》包含著急切的答案。

注1：引自：R. Wiggerhaus, *Die Frankfurter Schule*, 653。

注2：引自：BwHK, 32。

注3：J. Habermas, *Philosophisch-politische Profile*, 73。

注4：Th. W. Adorno, *Jargon der Eigentlichkeit*, 43。

注5：Th. W. Adorno, *Eingriffe. Neun kritische Modelle*, 126。

注6：另見：R. Wiggerhaus, *Die Frankfurter Schule*, 521。

注7：J. P. Sartre, *Drei Essays*, 149。

注8：引自：R. Wiggerhaus, *Die Frankfurter Schule*, 568。
注9：Th. W. Adorno, *Notizen zur Literatur II*, 7。
注10：引自：R. Wiggerhaus, *Die Frankfurter Schule*, 555。
注11：引自：同前揭：658。
注12：Th. W. Adorno/ M. Horkheimer, *Dialektik der Aufkläirung*, 15。
注13：Th. W. *Negative Dialektik*, 355。
注14：Th. W. Adorno, *Kirkegaard. Konstruktion des Ästhetischen*, 251。
注15：Th. W. Adorno, *Notizen zur Literatur I*, 93。
注16：Th. W. Adorno, *Ohne Leitbild. Parva Ästhetica*, 20。
注17：Th. W. Adorno, *Jargon der Eigentlichkeit*, 47。
注18：引自：J. Améry, *Jargon der Dialektik*, 598。
注19：P. Sloterdijk, *Kritik der Zynischen Vernunft*, 687。
注20：引自：J. Améry, *Jargon der Dialektik*, 604。
注21：引自：同前揭：605。
注22：Th. W. *Negative Dialektik*, 21。
注23：引自：J. Améry, *Jargon der Dialektik*, 600。
注24：H. Arendt, *Martin Heidegger ist achtzig Jahre alt*. In: *Menschen in finsteren Zeiten*, 184。

注25：G. Grass, *Hundejahre*, 330。

注26：H. W. Petzet, *Auf einen Stern zugehen*, 103。

注27：同前揭。

注28：DAS SPIEGEL-Interview, in: G. Neske/E. Kettering (Hg.), *Antwort. Martin Heidegger im Gespräch*, 81。

注29：引自：V. Farías, *Martin Heidegger und der Nationalismus*, 373。

注30：O. Pöggeler, *Der Denkweg Martin Heideggers*, 340。

注31：引自：G. Baumann, *Erinnerung an Paul Celan*, 60。

注32：O. Pöggeler, *Spur des Wortes. Zur Lyrik Paul Celans*, 259。

注33：G. Baumann, *Erinnerung an Paul Celan*, 70。

注34：同前揭：80。

第二十五章

FÜNFUNDZWANZIGSTES KAPITEL

晚年

再一次漢娜

海德格與法蘭斯・貝肯鮑爾

樹葉、重擔、終曲

什麼不會被遺忘

存有問題和存有的意義

兩則禪的故事

橋

紋身

鵰鴞

死亡

回到梅斯基希的天空下

[470] 在羅特布克路四十七號門鈴旁，有一張小卡片寫著：「訪客時間為五點後。」來訪者眾多，海德格必須保留自己的工作時間。佩策特想起一個有趣的事件，某個週日下午，一個南美大家庭前來要求入內，支支吾吾地表達唯一的願望：「只要看看海德格先生（法語）。」（注1）海德格出現了，一家人驚奇地注視這個神奇的動物，然後頻頻鞠躬，不發一語地離去。被邀請至海德格工作室的參訪者——這是一個殊榮——，必須走上搖晃的木頭樓梯到二樓，工作室的門在一個巨大的家庭櫥櫃旁敞開著。因為四面是書櫃而比較暗的房間，光線由長滿春藤的窗戶透入。窗前是書桌。從窗戶那裡望出去，能看到策林格古堡廢墟（Zähringer Burgruine）的塔樓。書桌旁是一張皮革扶手椅，這裡坐過幾的世代的訪客，布爾特曼、雅斯培，沙特和奧格斯坦。書桌上堆疊著手稿的資料夾，弗里茨．海德格親切地戲稱為「馬丁的調車場」。

一九六七年，鄂蘭再度坐在這間房間，時隔十五年的第一次。自從一九五二年的最後一次拜訪，他們只有書信往來。一九六六年，鄂蘭六十歲生日時，海德格寄了一首詩《秋》（HERBST）給她。漢娜在其中聽見了輓歌的旋律，那是晚年的情韻。她想再見一次邁入八十歲的海德格；生日的問候，她視為一種鼓勵。在多年分歧之後再次的和解。漢娜和艾弗里
[471] 德決定兩人以名字相稱。兩年後，一九六九年八月，海德格八十歲生日前不久，鄂蘭偕同丈夫布呂歐來訪。情韻真摯而輕鬆。漢娜少抽點煙就更好了！艾弗里德在他們走後，不得不通

風多日。根據艾丁格的說法，海德格贈了一本書，題詞是：「**獻給漢娜和海因里希——馬丁和艾弗里德。**」（注2）他們計畫翌年四人再同聚。但是布呂歇在一九七〇年十月就逝世了。鄂蘭把她最後的幾年奉獻給她的偉大著作《精神的生命：思考；意願；判斷》（*Vom Leben des Geistes : Das Denken - Das Wollen - Das Urteilen*）。那裡所開展出的思想，比任何其他作品都更接近海德格。她的結論是，海德格使哲學重新「獲得思想，對於他分受了『赤裸的如是』（nackte Daß），他表達了感謝」。（注3）她和海德格的聯繫不再中斷。她每年都會拜訪他，並且大力奔走海德格著作在美國的出版和翻譯。海德格很感激她的幫助，他寫道，沒有人比她更了解他的想法。

艾丁格還報導了以下的特殊插曲：由於那時候爬樓梯已經很吃力，於是要在住家的花園中修建一個平層的小屋作為養老小屋。為了籌措修建經費，海德格想要出售《存有與時間》的手稿，賣給基金會、圖書館或是私人收藏家。一九六九年四月，艾弗里德就此事徵詢了漢娜的建議。能夠開價多少？在哪裡能獲得高的價格？在美國或在德國？漢娜立刻詢問專家，他們表示，最高售價是在德州大學，肯定能賣到大約十萬馬克。

但是最後《存有與時間》的手稿並沒有到新世界的德州，而是留在歐洲：馬爾巴赫（Marbach）的席勒文學檔案館（Schiller-Literaturarchiv）表示有興趣購買。最終海德格所有手稿都移至那裡。花園小屋建好了，搬遷時漢娜送了花。海德格能夠保持他一貫的生活節奏。

[472]

上午工作，午餐後休息，然後再工作到黃昏；他經常散步到山坡上一間餐館「獵人小屋」（Jägerhäusle），那裡可以眺望整個城市。他喜歡在那裡與熟人和朋友相聚，喝個「四分之一升」。每到春天和秋天，他會在梅斯基希和弟弟一起住一陣子。在十一月十一日的聖馬丁日，海德格總會坐在教堂前排，他自幼時擔任敲鐘男孩的教堂合唱團座位。梅斯基希的人重視他的出現，即使有些人從小就認識他，現在面對這位戴著巴斯克帽的知名教授也有些拘謹。一名後來只當了清潔女工的小學女同學有一次遇到他，不知道該如何稱呼他，應該用慣常的「你」或聽起來客套的「您」呢，她感到不知所措，就用了海德格式的「常人」（Man），因為她對他說：「人也在嗎？（Isch me au do ? / Ist man auch da ?）」海德格生日時，在城市宴會廳舉行慶祝活動。一位瑞士音樂家以「h-e-d-e-g-g-e」為動機音型作了一首海德格進行曲，梅斯基希的城市樂隊把這首進行曲排到他們隆重場合的演奏曲目。先知在家鄉無人尊敬，這句話在梅斯基希並不適用，海德格在一九五九年被授予榮譽公民身分。

海德格現在是地方上受人尊敬的老先生，以前在他身上的苛刻和嚴厲也變得柔和了。他也會去鄰居那裡看歐洲盃足球大賽的電視轉播。一九六〇年代初期，漢堡體育俱樂部（Hamburger SV）對上巴塞隆納足球俱樂部（FC Barcelona）的那場傳奇比賽，海德格激動到打翻了他的茶杯。當時弗萊堡劇院經理在火車上遇到他，他想和海德格談論文學和舞台，但是事與願違，因為海德格仍然沉浸在國際足球賽事的鮮明印象中，更想談論關於法蘭斯・貝肯鮑爾（Franz Beckenbauer）的事。貝肯鮑爾精湛的控球令他讚歎不已——他試圖使驚訝的聽眾明白貝肯鮑爾高超的球技。他說貝肯鮑爾是天才球員，並且誇讚他在比賽中的無懈可擊。海德格相信自己能做出專業判斷，他在梅斯基希不僅敲過鐘，也踢過左邊鋒。

［473］

在海德格生命中的最後幾年，他主要致力於整理他的作品全集。實際上，他原本想把他的全集命名為《**道路**》（Wege），但是最後還是叫作《著作》（Werke）。

叔本華（Artbur Schopenhauer）在臨終時曾說：「人類從我這裡學到一些不會遺忘的東西。」從海德格那裡，則沒有類似的話流傳下來。他沒有在世界觀或倫理學的意義下創造出建設性的哲學。海德格的思考沒有「結果」，像萊布尼茲、康德或叔本華哲學裡的那種「結果」。海德格熱愛提問，而不是回答。因此，對他而言，提問是「**思考的信仰**」，因為它開啟了新的視域，就像宗教在它還有生命力的時候，拓寬視域並且使在其中顯現的東西神聖化。對海德格來說，在他哲學生涯中都在追問，特別有開顯力量的一個問題是：對存有的提問。這個提問的意義即是在林間空地裡保持敞開、移動，搬動，在那裡，「此」的驚奇突然被歸還給自明的事物；人把自己經驗為處所，某些東西破裂之處，自然睜開眼並且注意到，它在那裡，那裡有諸存有者當中的一個敞開的場所、林間空地，而且此處可能有對於一切存在的感激之情。存有的問題隱藏著對於歡呼的準備。在海德格那裡，對存有的提問意味著照亮此有，如同船隻起錨自由航向大海。而歷史卻是悲傷的諷刺，在海德格的理解和繼受當

[474]

中，存有的提問大抵上失去了這種開放和光照的特性，並且嚇阻、糾結、侷限了思考。大多數時候，存有的提問宛如禪宗公案裡的弟子。長期以來苦思冥想，如何從細頸瓶中取出長大的鵝，而且既不殺死動物也不損毀瓶子。絞盡腦汁的弟子到大師面前，請求問題的答案。大師轉身離去片刻，然後猛的拍手並且高喊學生的名字。「我在這。大師！」學生回覆。「你看，鵝在外面！」對於存有問題的意義大概就是如此。❶

關於存有的意義，也就是在存有的提問中探問的內容，有一句美麗的禪學格言，相當切合海德格的思想。它說，在習禪之前，人們見山是山，見水是水。對禪的真理達到了某種內在洞見，他見山不是山，見水不是水。但是當他頓悟，見山又是山，見水又是水。

一九二〇年代的海德格喜愛抽象表述的「**形式指示**」（formale Anzeige）。高達美說，當時許多學生覺得這些說法很困難，因為他們必須在某種抽象的層次上猜測它的意義，海德格如此學生解釋這個說法：它意味著「遍嚐並且充實」（Auskosten und Erfüllen）」。（注4）指示和指示的動作有個距離，並且要求被指示者自己去看。他必須以熟稔的現象學方式觀看「所指」，並以自己的直觀「充實」那個所指。他充實了那個所指，他便遍嚐了所要看的東西。但是如前所述，人必須自己去看。

❶ 譯注：「宣州刺史陸亘大夫問南泉：古人瓶中養一鵝，鵝漸長大，出瓶不得。如今不得毀瓶，不得損鵝，和尚怎麼生出得？泉召：大夫！陸應諾。泉曰：出也！陸從此開解，即禮謝。」

有一次，在一封給雅斯培的信中，海德格說自己是個博物館的看守者，把窗簾拉至一邊，以使偉大哲學作品可以被看得更清楚，他所想的是對於自己的行動的謙虛說法。因為，實際上他想幫助人們觀入生活（而不僅是哲學），就像是第一次看見一樣。對海德格來說，當在世此有出乎意料的、而且因而是壓倒性的臨到時，啟蒙運動就是曙光的恢復。那就是海德格的開端的豐沛情懷：遮蔽者（Verdeckende）、習以為常者（Gewohnte）、變為抽象者（Abstraktgewordene）、僵化者（Erstarrte）——這些都要毀壞。那麼什麼東西應該開顯出來？無非是環繞我們的事物，而且不使我們感到窒息的，我們此有的這個「此」。我們也必須嚐出它充實它。海德格的哲學從來沒有停止這種讓人去看（Sehenlassen）的練習。如同禪學故事中的山和水，也可以是橋。海德格對此有個精闢的說法（VA, 146）。

[475] 我們過橋時不怎麼需要思考橋。望著橋下深淵，就能使我們感到恐懼，它讓人感覺到此有的風險，它顯示虛無，我們正在虛無之上保持平衡。橋橫跨深淵。兩端穩固地靠在大地之上。它繼承著我們所依靠的大地之支撐，以承擔的姿態。於是自己的籌畫、自己的動力，就可以渡橋。架橋於深淵之上，聳入天空的敞開。座落於大地的橋，不僅連結了兩岸，更把我們拉到空地，並且為我們提供支撐。海德格說：在凡人的渡橋當中，橋連結了大地和天空。古老的橋樑建築中，架橋的冒險行動，這種在天地之間露天站立和行走的有風險的樂趣，仍被特別描述和歌頌：以在橋上的聖像，橋上的聖者，只會鼓舞信心，我們在其中發現生命的

恩賜、在天地之間的曠野，以及對於護送渡橋的感激之情。

這是詩意的幻想或隱喻？不。海德格的此有分析只有一個企圖，我們之所以是會造橋的生物，那是因為橋可以讓我們經驗到曠野、距離，尤其是深淵——關於自身、自身周圍、自身之中——，並因此知道，生命意味著：渡過深淵並且在渡橋當中堅持下去。如此，此有是個存有，看著自身而且把自身送到對岸——從橋的一端到另一端。這裡的重點是：只有當我們踏上橋，它才在我們腳下生長。

這個討論先到此為止。

晚期的海德格提出了一些其他好玩的、黑暗的、阿拉伯風的思索，那些思索也許可以思考，但是幾乎不能看到：「**作為單純相互信任而成己的鏡像遊戲，四合**（Vierung）**漫衍著**（west）。**四合作為世界的世界化而漫衍。世界的鏡像遊戲是成己**（Ereignis）**的圓舞曲。**」（VA, 173）人們不應嘲笑它，也不必陷入錯誤的深思裡。這些句子就像在梅爾維爾（Melville）的小說《白鯨記》（Moby Dick）裡的鯨槍手魁魁格（Queequeg）的刺青。這位魁魁格是來自南海的虔誠野人，整個天地起源的神祕學說，一部神祕文獻，都刻在他的身上，
[476] 自那時起，他本人就是他不知道如何破譯的文獻，「儘管他為此付出心血」。（注5）所有人，包括魁魁格本人都知道，皮膚上書寫的這些訊息，終究是無法破解的。當魁魁格感覺到自己末日將近，他請造船工人幫他做一口棺材，並且把在他身上的圖騰都刻在棺木上。

在海德格的宏偉全集裡，許多令人困惑的部分，就像在解讀刻在南海野人棺木上的東西一樣。

鄂蘭於一九七五年十二月四日去世。海德格從容鎮定、泰然自若地為自己的死亡做準備。童年玩伴卡爾．費歇爾（Karl Fischer）祝賀海德格八十六歲生日，也是最後一個生日，海德格回答說：「**親愛的卡爾，……我現在時常回想起我們青少年的時代，還有你父母的家，露台上有許多動物，其中還有一隻。**」（注6）

日暮低垂，他看到黎明破曉。人們可以設想，海德格再次清楚看到了這隻鵰鴞。這隻鳥起飛的時刻已經來臨。也許此時海德格也想起了，「有一次費歇爾對我說過的場景：小馬丁有一把很長的佩劍，因此他把它拖在身後。那不是鐵製的，而是鋼製的。」費歇爾說：「他當時就是首領。」一直懷著一起敲鐘那段時日的讚賞之情。

一九七五年冬天，佩策特最後一次拜訪海德格：「一如既往，我必須向他講述許多事情；他認真提問，對人和事，對經驗和工作——思慮清晰開闊，一如往常。到了深夜，我想離開時，海德格夫人已經離開房間，我在大門旁再次轉身。那個白髮蒼蒼的老人看著我，舉起手，我聽見他輕聲說：『是的，佩策特，將至盡頭了。』那是他最後一次以眼神對我致意。」（注7）

一九七六年一月，海德格請求和他梅斯基希的同鄉，弗萊堡神學教授本哈德．魏爾特

（Bernhard Welte）談話，並且告訴他，將至的那個時候，他想要埋葬在他們共同的家鄉梅斯基希的教堂墓地。他請求以教堂儀式舉行喪禮，並請魏爾特在他墓前致詞。在兩人間最後一次談話中，談到死亡的貼近也包含家鄉的貼近的經驗。魏爾特記述，「艾克哈特式的思想也
[477] 迴盪在房內，神等同於虛無。」（注8）五月二十四日，海德格逝世前兩天，他再次寫信給魏爾特；祝賀神學家獲授梅斯基希榮譽公民。賀詞是海德格最後的親筆書寫：「**共同的家鄉梅斯基希的新榮譽公民，本哈德．魏爾特，今天老人誠摯的祝賀……這榮譽的日子歡欣熱鬧。所有與會者的沉思精神一致。因為我們亟需沉思，在技術化、形式化的世界文明時代，是否以及如何還能擁有故鄉。**」（D, 187）

五月二十六日，早晨神清氣爽的醒來後，不久後海德格再度入睡並逝世。

喪禮於五月二十八日在梅斯基希舉行。海德格重返教會的懷抱了嗎？馬克斯．繆勒說，海德格在散步時，當他到教堂和禮拜堂時總會蘸聖水，並行屈膝禮。有一次他問海德格，他已經遠離教會的教條，這麼做豈不是自相矛盾。對此海德格回答說：「**人們必須在歷史意義下思考。在眾多人禱告之處，神性的東西以某種特殊的方式靠近。**」（注9）

以什麼結尾呢？

最好是以這句話作結語，一九二八年，海德格在馬克斯．謝勒過世時，於演講課開始前講的話：

「哲學之路再一次復歸黑暗。」（注10）

注1：H. W. Petzet, *Auf einen Stern zugehen*, 198。

注2：引自：E. Ettinger, *Hannah Arendt-Martin Heidegger*, 130。

注3：H. Arendt, *Vom Leben des Geistes. Das Wollen*, 176。

注4：H. –G. Gadamer, *Der eine Weg Martin Heideggers*. In: Ders., *Gesammelte Werke*, Bd. 3, 429。

注5：H. Melville, *Moby-Dick*, 388。

注6：*Der Zauberer von Meßkirch. Ein Film vom Rüdiger Safranski und Ulrich Boehm*。

注7：H. W. Petzet, *Auf einen Stern zugehen*, 230。

注8：B. Welte, *Erinnerung an ein spates Gespräch*, 251。

注9：Max Muller, *Martin Heidegger, Ein Philosoph und die Politik*. Gespräch, 213。

注10：H. –G. Gadamer, *Philosophische Lehrjahre*, 78。

略語表

所使用的版本和參考文獻以如下縮寫形式引用：

Martin Heidegger, Gesamtausgabe. Ausgabe letzter Hand. (Betreuung : Hermann Heidegger) Vittorio Klostermann Verlag, Frankfurt a. M. = GA I ff.

馬丁・海德格的個別出版品：

A《棲居》

M. H., *Aufenthalte*. - (Klostermann) Frankfurt a. M. 1989

BZ《時間的概念》

M. H., *Der Begriff der Zeit*. - (Niemeyer) Tübingen 1989

D《思想經歷》

M. H., *Denkerfahrungen*. - (Klostermann) Frankfurt a. M. 1983

DJ《對亞里斯多德之現象學解釋》

M. H., *Phänomenologische Interpretationen zu Aristoteles*. (*Anzeige der hermeneutischen Situation*). In : *Dilthey-Jahrbuch für Philosophie und Geschichte der Geisteswissenschaften*. Band 6. - Göttingen 1989

EH《賀德林詩的闡釋》

M. H., E*rläuterungen zu Hölderlins Dichtung*. - (Klostermann) Frankfurt a. M. 1981

EM《形上學導論》

M. H., *Einführung in die Metaphysik*. - (Niemeyer) Tübingen 1987

FS《早期著作》

M. H., *Frühe Schriften*. - (Klostermann) Frankfurt a. M. 1972

G《泰然任之》

M. H., *Gelassenheit*. - (Neske) Pfullingen 1985

H《林中路》

M. H., *Holzwege*. - (Klostermann) Frankfurt a. M. 1950

HK《藝術的起源與思考的規定》

M. H., *Die Herkunft der Kunst und die Bestimmung des Denkens*. In : Petra Jaeger und Rudolf Lüthe (Hg.), *Distanz und Nähe. Reflexionen und Analysen zur Kunst der Gegenwart*. - Würzburg 1983

K《康德與形上學問題》

M. H., *Kant und das Problem der Metaphysik*. - (Klostermann) Frankfurt a.M. 1991

L《一九三四年夏季學期演講課》

M. H., *Logik. Vorlesung Sommersemester 1934・Nachschrift einer Unbekannten*. Hg. Victor Farías. - Madrid 1991

N I, II《尼采卷一、二》

M. H., *Nietzsche. Band I, 2*. - (Neske) Pfullingen 1961

R《德國大學的自我主張》

M. H., *Die Selbstbehauptung der deutschen Universität. Das Rektorat*. -(Klostermann) Frankfurt a. M. 1983

SuZ《存有與時間》

M. H., *Sein und Zeit*. - (Niemeyer) Tübingen 1963

TK《技術與轉向》

M. H., *Die Technik und die Kehre*. - (Neske) Pfullingen 1962

ÜH《人文主義書簡》

M. H., *Über den Humanismus*. - (Klostermann) Frankfurt a. M. 1981

VA《演講與論文》

M. H., *Vorträge und Aufsätze*. - (Neske) Pfullingen 1985

VS《四堂研討課》

M. H., *Vier Seminare*. - (Klostermann) Frankfurt a. M. 1977

W《路標》

M. H., *Wegmarken*. - (Klostermann) Frankfurt a. M. 1978

WM《何謂形上學？》

M. H., *Was ist Metaphysik?* - (Klostermann) Frankfurt a. M. 1986

WW《論真理的本質》

M. H., *Vom Wesen der Wahrheit*. - (Klostermann) Frankfurt a. M. 1986

WHD《思考是什麼？》

M. H., *Was heißt Denken ?* - (Niemeyer) Tübingen 1984

Z《通向思考之事》

M. H., *Zur Sache des Denkens*. - (Niemeyer) Tübingen 1969

ZS《措利孔研討課》

M. H., *Zollikoner Seminare*. - (Klostermann) Frankfurt a. M. 1987

BwHB《海德格與伊麗莎白・布洛赫曼的書信往返集》

Martin Heidegger/Elisabeth Blochmann, *Briefwechsel*. Herausgegeben von Joachim W. Storck. - Marbach 1989

BwHJ《海德格與卡爾・雅斯培的書信往返集》

Martin Heidegger/KarlJaspers, *Briefwechsel*. Herausgegeben von Walter Biemel und Hans Saner - Frankfurt a. M.-München 1990

BwHK《海德格與埃哈特・卡斯特納的書信往返集》

Martin Heidegger/Erhart Kästner, *Briefwechsel*. Herausgegeben von Heinrich Wiegand Petzet. - Frankfurt a. M. 1986

S《海德格拾遺》

Guido Schneeberger, *Nachlese zu Heidegger. Dokumente zu seinem Leben und Denken*. - Bern 1962

BwAJ《漢娜・鄂蘭與卡爾・雅斯培的書信往返集》

Hannah Arendt/Karl Jaspers, *Briefwechsel*. Herausgegeben von Lotte Köhler und Hans Saner. - München 1985

年表

一八八九年

九月二十六日，海德格出生，父親為腓特烈・海德格（Friedrich Heidegger）（7. 8. 1851-2. 5. 1924）為一名桶匠並且是梅斯基希教堂執事，母親為約漢娜・海德格，原名約漢娜・肯普夫（Johanna Kempf）（21. 3. 1858-3. 5. 1927）。

一九〇三至〇六年

在康斯坦茲念文科中學。獎學金生。住在天主教寄宿學校，康拉德書院，為牧師生涯做準備。

一九〇六至〇九年

在弗萊堡念文科中學和大主教寄宿學校。

一九〇九年

九月三十日海德格在費爾德喀希的堤希斯（福拉爾貝格）（Vorarlberg）加入了基督會修道士見習。十月十三日因心臟病被解除資格。

一九〇九至一一年

在弗萊堡學習神學和哲學。在天主教刊物上發表反現代主義文章。

一九一一至一三年

中斷神職人員培訓，危機。在弗萊堡學習哲學、人文科學和自然科學。海德格得到天主教哲學獎學金。與恩斯特・拉斯洛夫斯基結識。胡賽爾研究。邏輯學作為生命彼岸的價值。

一九一三年

以《心理主義中的判斷理論》為題獲得博士學位。

一九一五年

教職論文：《董思高的範疇和意義學說》。

一九一五至一八年

應召入伍（有限制的符合兵役資格，郵政監檢站和氣象服務）。

一九一七年

與艾弗里德・佩特里結婚

一九一九年

兒子約爾格（Jörg）出生

一九一九年

與天主教體系決裂

一九二〇年

兒子赫曼（Hermann）出生

一九一八五至二三年

海德格在弗萊堡跟隨胡賽爾擔任講師以及助理。與伊麗莎白・布洛赫曼的結識。

一九二〇年

開始與卡爾・雅斯培的友誼。

一九二二年

海德格對亞里斯多德的解釋在馬堡造成轟動。在托特瑙山上建小屋。

一九二三年

海德格的存有學演講課奠定他「哲學的祕密國王」的名聲

一九二三年

受聘至馬堡。搬到托特瑙山上的小屋。與布爾特曼結識。

一九二四年

開始與漢娜・鄂蘭的戀愛事件。

一九二五年

漢娜・鄂蘭離開馬堡。

一九二七年

《存有與時間》。

一九二八年

到弗萊堡接任胡賽爾的職位。

一九二九年

就職演說《何謂形上學？》三月：達佛斯高校課程演講。與恩斯特・卡西勒辯論。

一九二九年

形上學基本概念演講課。

一九三〇年

第一次拒絕柏林的聘請。

一九三一年

除夕夜在小屋：海德格受國家社會主義感動。

一九三三年

校長選舉。五月一日：加入國家社會主義德意志工人黨。五月二十七日校長就職演說。組織科學營。在萊比錫、海德堡、杜賓根宣傳活動。海德格參與巴登大學改革（引入領袖原則）。十月：第二次拒絕柏林的聘請。夏天：最後一次拜訪卡爾・雅斯培。

一九三四年

由於校內教職員爭吵不斷，政府和黨辦意見分歧，海德格於四月辭去校長職務。夏天：草擬柏林講師學院計畫。

一九三六年

結束與雅斯培的通信。在蘇黎世演講：《藝術作品的起源》。在羅馬演講：《賀德林與詩作之本質》。與卡爾・洛維特相遇。

一九三六至四〇年

在尼采演講課上多次批判國家社會主義的權力思想。受蓋世太保監視。

一九三六至三八年

撰寫後來發表的《哲學論稿》（論成己）。

一九三七年

海德格拒絕參加巴黎哲學大會。

一九四四年

十一月：參加國民突擊隊。

一九四五年

一月至二月：在梅斯基希整理手稿，並移至安全的地方。

一九四五年

四至六月。哲學系轉移至威爾頓斯坦堡（博伊龍，上多瑙河）。七月：海德格受清查委員會審查。對哲學有興趣的法國佔領軍與海德格建立了聯繫。與沙特的會面計畫失敗。與沙特聯繫。開始與讓・博弗雷的友誼。

一九四六年

雅斯培的審查報告。海德格得到教學禁令（直到一九四九年）。開始與梅達德・博斯的友誼。致博弗雷的信，《人文主義書簡》。

一九四九年

十二月：對布萊梅俱樂部的四場演講（物；集置；危險；轉向）。

一九五〇年

在畢勒高地和在巴伐利亞美術科學院重複演講。

一九五〇年

二月：漢娜・鄂蘭拜訪海德格。恢復通信以及恢復友誼。也與卡爾・雅斯培再次恢復通信。

一九五一年

海德格再度開始教學活動。

一九五二年

漢娜・鄂蘭第二次拜訪。

一九五三年

在慕尼黑學院演講：對技術的提問。海德格開始戰後生涯。與埃哈特・卡斯特納結識。

一九五五年

在梅斯基希康拉丁・克羅采慶典上演講：《泰然任之》。在瑟里西拉薩爾演講。

一九五七年

在普羅旺斯艾克斯演講。認識雷內・夏爾。

一九五九年

與梅達德・博斯開始在措利孔的研討課。

一九五九年

九月二十七日獲授梅斯基希榮譽公民身分。

一九六二年

第一次去希臘旅行。

一九六四年

阿多諾針對海德格的《屬己性的行話》出版。

一九六六年

第一場萊托的研討課。研討課於一九六八年、一九六九年和一九七三年在策林格繼續舉行。

一九六六年

《明鏡周刊》訪談。（海德格逝世後發表）

一九六七年

漢娜．鄂蘭拜訪海德格。自此她每年都會拜訪他。

一九七五年

海德格全集第一卷出版。

一九七六年

海德格於五月二十六日逝世且於五月二十八日安葬於梅斯基希。

馬丁・海德格文獻索引

（頁碼見內文上方原書頁碼）

演講錄：

著作：

人名索引

參考文獻

Theodor W. Adorno, *Eingriffe. Neun kritische Modelle.* - Frankfurt a. M. 1963
Ders., *Jargon der Eigentlichkeit*- Frankfurt a. M. 1964
Ders., *Kierkegaard. Konstruktion des Ästhetischen.* - Frankfurt a. M. 1974
Ders., *Negative Dialektik.* - Frankfurt a. M. 1966
Ders., *Noten zur Literatur* I. - Frankfurt a. M. 1965
Ders., *Noten zur Literatur* II. - Frankfurt a. M. 1965
Ders., *Ohne Leitbild. Parva Ästhetica.* - Frankfurt a. M. 1967
Ders. / *Max Horkheimer, Dialektik der Aufklärung.* - Frankfurt a. M. 1969
Jean Améry, *Jargon der Dialektik.* - In : H. Glaser (Hg.), *Bundesrepublikanisches Lesebuch*
Jürg Altwegg(Hg.), *Die Heidegger Kontroverse.* - Frankfurt a. M. 1988
Ders., *Heidegger in Frankreich - und zurück* ? - In: Ders. (Hg.), *Die Heidegger Kontroverse*
Hannah Arendt, *Eichmann in Jerusalem. Ein Bericht von der Banalität des Bösen.* - München 1986
Dies., *Elemente und Ursprünge totaler Herrschaft.* - München 1986
Dies., *Freiheit und Politik.* - In: Die neue Rundschau 69 (1958)
Dies., *Martin Heidegger ist achtzig Jahre alt.* - In: G. Neske / E. Kettering (Hg.), *Antwort. Martin Heidegger im Gespräch*
Dies., *Menschen in finsteren Zeiten.* - München 1983
Dies., *Rahel Varnhagen.* – Frankfurt a. M. 1975
Dies., *Vita activa oder Vom tätigen Leben.* - München 1981
Dies., *Vom Leben des Geistes. Das Denken.* - München 1989
Dies., *Vom Leben des Geistes. Das Wollen.* - München 1989
Dies., *Was ist Existenzphilosophie?* - Frankfurt a. M. 1990

Dies., *Was ist Politik?* - München 1993

Dies., *Zur Zeit. Politische Essays*. - Berlin 1986

Alfred Baeumler, *Hitler und der Nationalsozialismus*. Aufzeichnungen von 1945 - 1947 · - In : *Der Pfahl. Jahrbuch aus dem Niemandsland zwischen Kunst und Wissenschaft*. - München 1991

Ders., *Nietzsche, der Philosoph und Politiker*. - Berlin 1931

Hugo Ball, *Die Flucht aus der Zeit*. - Zürich 1992

Jeffrey Andrew Barash, *Die Auslegung der >öffentlichen Welt< als politisches Problem*. - In: D. Papenfuss/ O. Pöggeler (Hg.), *Zur philosophischen Aktualität Heideggers*, Bd. 2

Karl Barth, *Römerbrief*. - Zürich 1984 (1922)

Gerhart Baumann, *Erinnerungen an Paul Celan*. - Frankfurt a. M. 1992

Josef und Ruth Becker (Hg.), *Hitlers Machtergreifung. Dokumente vom Machtantritt Hitlers*. - München 1983

Julien Benda, *Der Verrat der Intellektuellen*. - Frankfurt a. M. / Berlin 1983

Walter Benjamin, *Das Passagen-Werk. Gesammelte Schriften*, Bd. V,2. Frankfurt a. M. 1982

Gottfried Benn, *Briefe an F. W. Oelze*. 2 Bde. – Frankfurt a.M. 1982

Ders., *Werke*. 4 Bde. - Wiesbaden 1961

Max Bense, *Technische Existenz*. - Stuttgart 1950

Nikolaus Berdjajew, *Das neue Mittelalter*. - Darmstadt 1927

Walter Biernd/ Hans Saner(Hg.), *Briefwechsel Martin Heidegger-Karl Jaspers*. -Frankfurta. M./München 1990

Ernst Bloch, *Geist der Utopie*. - Frankfurt a. M. 1978

Ders., *Spuren*. - Frankfurt a. M. 1964

Otto Friedrich Bollnow, *Gespräche in Davos*. - In: G. Neske (Hg.), *Erinnerungan Martin Heidegger*

Carl Braig, *Was soll der Gebildete von dem Modernismus wissen?* - In: D. Thomä(Hg.), *Die Zeit des Selbst und die Zeit danach. Zur Kritik der TextgeschichteMartin Heideggers*

Luzia Braun, *Da-da-dasein. Fritz Heidegger: Holzwege zur Sprache*. - In: DIEZEITNr.39vom22.9.1989

Carl Christian Bry, *Verkappte Religionen.* - Nördlingen 1988

Arnold von Buggenhagen, *Philosophische Autobiographie.* - Meisenheim 1975 Heinrich Buhr, *Der weltliche Theologe.* - In: G. Neske (Hg.), *Erinnerung an Martin Heidegger*

Albert Camus, *Der Mythos von Sisyphos.* - Reinbek b. Harnburg 1959

René Char, *Eindrücke von früher.* - In: G. Neske (Hg.), *Erinnerung an Martin Heidegger*

Anne Cohen-Solal, *Sartre.* - Reinbek b. Harnburg 1988

Günther Dehn, *Die alte Zeit, die vorigen Jahre. Lebenserinnerungen.* – München1962

Wilhelm Dilthey, *Der Aufbau der geschichtlichen Welt in den Geisteswissenschaften.* – Frankfurta,M. 1981

Elisabeth Endres, *Edith Stein,* - München 1987

Elzbieta Ettinger, *Hannah Arendt - Martin Heidegger. Eine Geschichte* München 1995

Walter Falk, *Literatur vor dem ersten Weltkrieg.* - In: A. Nitschke u. a. (Hg.), *Jahrhundertwende,* Bd. I

Victor Farías, *Heidegger und der Nationalsozialismus.* - Frankfurt a. M. 1987 Joachim C. Fest, *Hitler.* - Frankfurt a. M. 1973

Sigmund Freud, *Werke.* Studienausgabe. 10 Bde. u. Ergänzungsband. Frankfurta.M. 1969

Hans-Georg Gadamer, *Philosophische Lehrjahre.* - Frankfurt a. M. 1977

Ders., *Martin Heidegger und die Marburger Theologie.* - In: O. Pöggeler (Hg.), *Heidegger. Perspektiven zur Deutung seines Werkes*

Ders., *Hegel-Husserl-Heidegger.* - Tübingen 1987

Arnold Gehlen, *Studien zur Anthropologie und Soziologie.* - Neuwied 1963 Annemarie Gethmann-Siefert / Otto Pöggeler (Hg.), *Heidegger und die praktische Philosophie.* - Frankfurt a. M. 1988

Hermann Glaser (Hg.), *Bundesrepublikanisches Lesebuch. Drei Jahrzehnte geistiger Auseinandersetzung.* - München I978

Ders.; *Kleine Kulturgeschichte der Bundesrepublik.* - München 1991

Ders.; *Sigmund Freuds Zwanzigstes Jahrhundert.* - München 1976

Günter Grass, *Hundejahre.* - Neuwied 1979

Conrad Gröber, *Der Altkatholizismus in Meßkirch.* - Freiburg 1934

Jürgen Habermas, *Philosophisch-politische Profile.* - Frankfurt a. M. 1987

Sebastian Haffner, *Anmerkungen zu Hitler.* - Frankfurt a. M. 1981
Ders., *Von Bismarck zu Hitler.* - München 1987
Ulrike Haß, *Militante Pastorale. Zur Literatur der antimodernen Bewegung.* -München 1993
Werner Heisenberg, *Das Naturbild der heutigen Physik.* - Harnburg 1955
Armin Hermann, *»Auf eine höhere Stufe des Daseins erheben« Naturwissenschaft und Technik.* - In: A. Nitschke u. a. (Hg.), *Jahrhundertwende*, Bd. I, 312
Friedrich Hölderlin, *Sämtliche Werke und Briefe.* 2 Bde. Hg. von G. Mieth. -München 1970
Hugo von Hofmannsthal, *Gesammelte Werke in zehn Bänden.* - Frankfurt a. M. 1979
Edmund Husserl, *Cartesianische Meditationen und Pariser Vorträge.* Husserliana Bd. I. - Den Haag 1950
Ders., *Ideen zu einer reinen Phänomenologie und phänomenologischen Philosophie.* Bd. I. - Halle 1928
Ders., *Die Konstitution der geistigen Welt.* - Harnburg 1984
Ders., *Die Krisis der empirischen Wissenschaften und die transzendentale Phänomenologie.* - Harnburg 1977
Ders., *Philosophie als strenge Wissenschaft.* - Frankfurt a. M. 1965
William James, *Der Wille zum Glauben.* - In: Ekkehard Martens (Hg.), *Texte der Philosophie des Pragmatismus.* - Stuttgart 1975
Karl Jaspers, *Notizen zu Martin Heidegger.* - München 1978
Ders., *Philosophische Autobiographie.* - München 1984
Ders.,*Die Schuldfrage.* -München 1987
Ernst Jünger, *Der Arbeiter.* - Stuttgart 1981
F. G. Jünger, *Die Perfektion der Technik.* - Frankfurt a. M. 1953
Wilhelm Kiefer, *Schwäbisches und alemannisches Land.* - Weißenhorn 1975
Lotte Köhler / Hans Saner (Hg.), *Briefwechsel Hannah Arendt-Karl Jaspers.* -München 1985
Alexandre Kojève, *Hegel.* - Frankfurt a. M. 1988
Max Kommerell, *Der Dichter als Führer in der deutschen Klassik.* Frankfurt a. M. 1942
Ernst Krieck, *Nationalpolitische Erziehung.* - Berlin 1933
Ders., *Volk im Werden.* - Berlin 1933

Christian Graf von Krockow, *Die Deutschen in ihrem Jahrhundert.* - Reinbek b.Harnburg 1990

Friedrich Albert Lange, *Geschichte des Materialismus.* - Frankfurt a. M. 1974

Thomas Laugstien, *Philosophieverhältnisse im deutschen Faschismus.* – Hamburg 1990

Joachim G. Leithäuser, *Im Gruselkabinett der Technik.* - In: Der Monat 29 (1959) Mark Lilla, *Das Ende der Philosophie.* - In: Merkur 514 (1992)

Ulrich Linse, *Barfüßige Propheten. Erlöser der zwanzigerJahre.* - Berlin 1983

Karl Löwith, *Mein Leben in Deutschland vor und nach 1933. Ein Bericht.* -Frankfurt a. M. 1989

Ludwig Marcuse, *Mein zwanzigstes Jahrhundert.* - Zürich 1975

Thomas Mann, *Betrachtungen eines Unpolitischen.* Frankfurt a. M. 1988

Ders., *Doktor Faustus.* - Frankfurt a. M. 1986

Ders., *Das essayistische Werk in acht Bänden.* - Frankfurt a. M. 1968

Bernd Martin (Hg.), *Martin Heidegger und das >Dritte Reich<.* - Darmstadt 1989 Reinhard Mehring, *Heideggers Überlieferungsgeschick.* - Würzburg 1992

Volker Meja / Nico Stehr (Hg.), *Der Streit um die Wissenssoziologie.* -Frankfurt a. M. 1982

Herman Melville, *Moby Dick.* - Harnburg 1984

Hermann Mörchen, *Aufzeichnungen* (unveröffentlicht)

Andreas Müller, *Der Scheinwerfer. Anekdoten und Geschichten um Fritz Heidegger.* - Meßkirch 1989

Max Müller, *Martin Heidegger. Ein Philosoph und die Politik.* - In: G. Neske /E. Kettering (Hg.), *Antwort. Martin Heidegger im Gespräch*

Ders., *Erinnerungen an Husserl.* - In: H. R. Sepp (Hg.), *Edmund Husserl und die Phänomenologische Bewegung*

Wolfgang Müller-Lauter, *Über den Umgang mit Nietzsche.* - In: *Sinn und Form* 1991, 5

Robert Musil, *Bücher und Literatur, Essays.* - Reinbek b. Harnburg 1982

Ders., *Der Mann ohne Eigenschaften.* – Hamburg 1960

Paul Natorp, *Philosophie und Pädagogik.* - Marburg 1909

Günther Neske(Hg.), *Erinnerung an Martin Heidegger.* - Pfullingen 1977

Ders. / Emil Kettering (Hg.), *Antwort. Martin Heidegger im Gespräch.* Pfullingen 1988

Friederieb Nietzsche, *Sämtliche Werke*. Kritische Studienausgabe. 15 Bde. -München 1980

Ders., *Der Wille zur Macht*. - Frankfurt a. M. 1992

August Nitschke u. a. (Hg.), *Jahrhundertwende. Der Aufbruch in die Moderne*. 2 Bde. - Reinbek b. Harnburg 1990

Paul Noack, *Carl Schmitt. Eine Biographie*. - Berlin 1993

Hugo Ott, *Martin Heidegger. Unterwegs zu seiner Biographie*. - Frankfurt a. M. /New York 1988

Ders., *Edmund Husserl und die Universität Freiburg*. - In: Hans R . Sepp (Hg.), *Edmund Husserl und die Phänomenologische Bewegung*

Dietrich Papenfuss / Otto Pöggeler (Hg.), *Zur philosophischen Aktualität Heideggers*. 3 Bde. - Frankfurt a. M. 1990f.

Heinrich Wiegand Petzet, *Auf einen Stern zugehen. Begegnungen mit Martin Heidegger*. - Frankfurt a. M. 1983

Georg Picht, *Die Macht des Denkens*. - In: G. Neske (Hg.), *Erinnerung an Martin Heidegger*

Platon, *Politeia. Werke in zehn Bänden*. - Frankfurt a. M. 1991, Bd. 5

Helmuth Plessner, *Macht und menschliche Natur*. - In: Ders., *Zwischen Philosophie und Gesellschaft*. - Frankfurt a. M. 1979

Ders., *Die Stufen des Organischen und der Mensch*. - Berlin 1975

Otto Pöggeler, *Der Denkweg Martin Heideggers*. - Pfullingen 1983 (Dritte
erweiterte Ausgabe 1990)

Ders. (Hg.), H*eidegger. Perspektiven zur Deutung seines Werkes*. – Königstein 1984

Ders., *Heideggers politisches Selbtverständnis*. - In: A. Gethmann-Siefert / O.Pöggeler (Hg.), *Heidegger und die praktische Philosophie*

Ders., *Spur des Wortes. Zur Lyrik Paul Celans*. - Freiburg 1986

Léon Poliakov/Joseph Wulf (Hg.), *Das Dritte Reich und seine Denker*. - Berlin 1959

Marcel Proust, *Auf der Suche nach der verlorenen Zeit*. - Frankfurt a. M. 1978 Walther Rathenau, *Zur Kritik der Zeit*. - Berlin 1912 (1925)

Stefan Reinhardt (Hg.), *Lesebuch. Weimarer Republik*. - Berlin 1982

Heinrich Rickert, *Kulturwissenschaft und Naturwissenschaft*. -Freiburg 1926
(1910)

Ders., *Die Philosophie des Lebens*. - Tübingen 1922

Rainer Maria Rilke, *Werke*. 6 Bde. - Frankfurt a. M. 1987

Fritz K. Ringer, *Die Gelehrten. Der Niedergang der deutschen Mandarine 1890-1933*. -München 1987

Heinrich Rombach, *Phänomenologie des gegenwärtigen Bewußtseins*. – Freiburg1980

Edgar Salin, *Hölderlin im Georgekreis*. - Godesberg 1950

Jean-Paul Sartre, *Der Ekel*. - Reinbek b. Hamburg 1993

Ders., *Ist der Existentialismus ein Humanismus?* - In: Ders., *Drei Essays*. Berlin 1977

Ders., *Das Sein und das Nichts*. - Reinbek b. Hambureg 1993

Ders., *Die Transzendenzdes Ego* (1936). – Reinbek b. Harnburg 1982

Max Scheler, *Der Genius des Krieges und der Deutsche Krieg*. - Leipzig 1915

Ders., *Die Stellung des Menschen im Kosmos*. - Bonn 1991

Ders.,V*om Umsturz der Werte*. -Bern 1955

Carl Schmitt, *Politische Romantik*. - Berlin 1925

Ders., *Politische Theologie*. - Berlin 1922

Guido Schneeberger, *Nachlese zu Heidegger. Dokumente zu seinem Leben und Denken*. - Bern 1962

Reinhold Schneider, De*r Unzerstörbare*. - Freiburg 1945

Arthur Schopenhauer, *Der Briefwechsel mit Goethe*. - Zürich 1992

Alexander Schwan, P*olitische Philosophie im Denken Heideggers*. – Opladen 1989

Hans Rainer Sepp (Hg.), *Edmund Husserl und die Phänomenologische Bewegung. Zeugnisse in Text und Bild*. - Freiburg 1988

Georg Simmel, *Philosophie des Geldes*. - Frankfurt a. M. 1989

Peter Sloterdijk, *Kritik der Zynischen Vernunft*. - Frankfurt a. M. 1983

Kurt Sontheimer, *Antidemokratisches Denken in der Weimarer Republik*. München 1978 (1992)

Oswald Spengler, *Der Mensch und die Technik. Beiträge zu einer Philosophie des Lebens*. - München 1931

Edith Stein, *Briefe an Roman Ingarden*. - Freiburg 1991

Dieter Thomä (Hg.), *Die Zeit des Selbst und die Zeit danach. Zur Kritik der Textgeschichte*

Martin Heideggers. - Frankfurt a. M. 1990

Hartmut Tietjen, *Verstrickung und Widerstand.* - (UnveröffentlichtesManuskript) 1989

Paul Tillich, *Die Sozialistische Entscheidung.* - In: *Werke,* Bd. 2. - Stuttgart 1962

Ferdinand Tönnies, *Gemeinschaft und Gesellschaft.* - Darmstadt 1991

Ernst Troeltsch, *Deutscher Geist und Westeuropa.* - Tübingen 1925

Bernhard Waldenfels, *Phänomenologie in Frankreich.* - Frankfurt a. M. 1983

Max Weber, *Der Beruf zur Politik.* - In: Ders., *Soziologie-Weltgeschichtliche Analysen-Politik.* - Stuttgart 1964

Bernhard Welte, Erinnerung an ein spätes Gespräch. - In: G. Neske (Hg.), Erinnerung an Martin Heidegger

Benno von Wiese, *Ich erzähle mein Leben.* - Frankfurt a. M. 1982

Rolf Wiggershaus, *Die Frankfurter Schule.* - München 1986

Wilhelm Wundt, *Sinnliche und übersinnliche Welt.* - Leipzig 1914

Elisabeth Young-Bruehl, *Hannah Arendt. Leben und Werk.* - Frankfurt a. M.1982

Heinz Zahrnt, *Die Sache mit Gott.* - München 1988

Stefan Zweig, *Die Welt von Gestern.* - Frankfurt a. M. 1977

相關文獻

Günther Anders, *Ketzereien.* - München 1991

Ders., *Kosmologische Humoresken.* - Frankfurt a. M. 1978

Karl-Otto Apel, *Transformation der Philosophie.* - Frankfurt a. M. 1991

Hans Blumenberg, *Lebenszeit und Weltzeit.* - Frankfurt a. M. 1986

Otto Friedrich Bollnow, *Existenzphilosophie.* - Stuttgart 1955

Ders., *Das Wesen der Stimmung.* - Frankfurt a. M. 1988

Walter Biemel, *Martin Heidegger.* - Reinbek b. Harnburg 1973

Medard Boss, *Psychoanalyse und Daseinsanalytik.* - München 1980

Pierre Bourdieu, *Die politische Ontologie Martin Heideggers.* - Frankfurt a. M.1976

Stefan Breuer, *Die Gesellschaft des Verschwindens. Von der Selbstzerstörung dertechnischen Zivilisation.* - Harnburg 1992

Rüdiger Bubner u. a. (Hg.), *Neue Hefte für Philosophie. Wirkungen Heideggers.* Heft 23. - Göttingen 1984

John D. Caputo, *The Mystical Elements in Heideggers Thought.* - Ohio 1978 Jacques Derrida, *Vom Geist. Heidegger und die Frage.* - Frankfurt a. M. 1988 Alexander Garcia Düttmann, D*as Gedächtnis des Denkens. Versuch über Heidegger und Adorno.* - Frankfurt a. M. 1991

Hans Ebeling, *Heidegger. Geschichte einer Täuschung.* - Würzburg 1990

Ders., *Martin Heidegger. Philosophie und Ideologie.* - Reinbek b. Harnburg 1991 NorbertElias, *Über die Zeit.* –Frankfurt a.M. 1984

Günter Figal, *Heidegger zur Einführung.* - Harnburg 1992

Ders., *Martin Heidegger. Phänomenologie der Freiheit.* - Frankfurt a. M. 1988

Kurt Fischer, *Abschied. Die Denkbewegung Martin Heideggers.* - Würzburg 1990 Luc Ferry

/ Alain Renaut, *Antihumanistisches Denken.* - München 1987
Forum für Philosophie, Bad Hornburg (Hg.), *Martin Heidegger: Innen- und Außenansichten.* - Frankfurt a.M. 1989
Manfred Frank, *Zeitbewußtsein.* - Pfullingen 1990
Winfried Pranzen, *Von der Existenzialontologie zur Seinsgeschichte.* -Meisenheim am Glan 1975
Hans-Georg Gadamer, *Wahrheit und Methode.* - Tübingen 1990
Jean Gebser, *Ursprung und Gegenwart.* - München 1973
Stanislav Grof, *Geburt, Tod und Transzendenz.* - Reinbek b. Harnburg 1985
Wolf-Dieter Gudopp, *Der junge Heidegger.* - Frankfurt a. M. 1983
Karl Heinz Haag, *Der Fortschritt in der Philosophie.* - Frankfurt a. M. 1985
Jürgen Habermas, *Der philosophische Diskurs der Moderne.* - Frankfurt a. M.1985
Ders., *Nachmetaphysisches Denken.* - Frankfurt a. M. 1988
Klaus Heinrich, *Versuch über die Schwierigkeit nein zu sagen.* - Frankfurt a. M. 1964
Hans-Peter Hempel, *Heideggers Weg aus der Gefahr.* - Meßkirch 1993
Ders., *Heidegger und Zen.* - Frankfurt a. M. 1987
Ders., *Natur und Geschichte. Der Jahrhundertdialog zwischen Heidegger und Heisenberg.* - Frankfurt a. M. 1990
Vittorio Hösle, *Die Krise der Gegenwart und die Verantwortung der Philosophie.* München 1990
Paul Hühnerfeld, *In Sachen Heidegger.* - Harnburg 1959
Christoph Jamme/ Karsten Harries (Hg.), *Martin Heidegger. Kunst-Politik -Technik. - München* 1992
Hans Jonas, *Gnosis und Spätantiker Geist.* - Göttingen 1988
Matthias Jung, *Das Denken des Seins und der Glaube an Gott.* - Würzburg 1990 Peter Kernper (Hg.), *Martin Heidegger-Faszination und Erschrecken. Die politische Dimension einer Philosophie.* - Frankfurt a. M. 1990
Emil Kettering, *Das Denken Martin Heideggers.* - Pfullingen 1987
Leszek Kolakowski, *Die Moderne auf der Anklagebank.* - Zürich 1991
Peter Koslowski, *Der Mythos der Moderne.* - München 1991

Helga Kuschbert-Tölle, *Martin Heidegger. Der letze Metaphysiker?* Königstein/Ts.1979
Philippe Lacoue-Labarthe, *Die Fiktion des Politischen. Heidegger, die Kunst und die Politik.* - Stuttgart 1990
Karl Leidlmair, *Künstliche Intelligenz und Heidegger. Über den Zwiespalt von Natur und Geist.* - München 1991
Theodor Lessing, *Geschichte als Sinngebung des Sinnlosen.* - München 1983
Karl Löwith, *Heidegger - Denker in dürftiger Zeit.* - Stuttgart 1984
Jean-François Lyotard, *Heidegger und die Juden.* - Wien 1988
Thomas H. Macho, *Todesmetaphern.* - Frankfurt a. M 1987
Herbert Marcuse, *Kultur und Gesellschaft.* - Frankfurt a. M. 1967
Ders., *Der eindimensionale Mensch.* - Neuwied 1967
Rainer Marten, *Denkkunst. Kritik der Ontologie.* - München 1989
Ders., *Heidegger lesen.* - München 1991
Reinhard Margreiter / Karl Leidirnair (Hg.), *Heidegger. Technik-EthikPolitik.* - Würzburg 1991
Werner Marx, *Gibt es auf Erden ein Maß?* - Frankfurt a. M. 1986
Ders., *Heidegger und die Tradition.* - Harnburg 1980
Barbara Merker, *Selbsttäuschung und Selbsterkenntnis. Zu Heideggers Transformation der Phänomenologie Husserls.* - Frankfurt a. M. 1988
Hermann Mörchen, *Adorno und Heidegger. Untersuchung einer philosophischen Kommunikationsverweigerung.* - Stuttgart 1981
Ders., *Macht und Herrschaft im Denken von Heidegger und Adorno.* – Stuttgart1980
Ernst Nolte, *Heidegger. Politik und Geschichte im Leben und Denken.* – Berlin1992
Hanspeter Padrutt, U*nd sie bewegt sich doch nicht. Parmenides im epochalen Winter.* - Zürich 1991
Georg Picht, *Glauben und Wissen.* - Stuttgart 1991
Helmuth Plessner, *Die Verspätete Nation.* - Frankfurt a. M. 1988
Otto Pöggeler, *Philosophie und Politik bei Heidegger.* - Freiburg 1972
Ders., *Neue Wege mit Heidegger.* - Freiburg 1992
Thomas Rentsch, *Martin Heidegger. Das Sein und der Tod.* - München 1989 Manfred

Riedel, *Für eine zweite Philosophie.* - Frankfurt a. M. 1988
Joachim Ritter, *Metaphysik und Politik.* - Frankfurt a. M. 1969
Richard Rorty, *Kontingenz, Ironie und Solidarität.* - Frankfurt a. M. 1969
Rüdiger Safranski, *Wieviel Wahrheit braucht der Mensch? Über das Denkbareund das Lebbare.* - München 1990
Richard Schaeffler, *Die Wechselbeziehung zwischen Philosophie und katholischer Theologie.* - Darmstadt 1980
Wolfgang Schirmacher, *Technik und Gelassenheit. Zeitkritik nach Heidegger.* -Freiburg 1983
Walter Schulz, *Philosophie in der veränderten Welt.* - Pfullingen 1984
Günter Seubold, *Heideggers Analyse der neuzeitlichen Technik.* - Freiburg 1986 Peter Sloterdijk, *Weltfremdheit.* - Frankfurt a.M. 1993
Manfred Sommer, *Lebenswelt und Zeitbewußtsein.* - Frankfurt a. M. 1990
Herbert Stachowiak (Hg.), *Pragmatik. Handbuch des Pragmatischen Denkens.* -Hamburg 1986
George Steiner, *Martin Heidegger. Eine Einführung.* - München 1989
Dolf Sternberger, *Über den Tod.* - Frankfurt a. M. 1981
Michael Theunissen, *Der Andere.* - Berlin 1977
Ders., *Negative Theologie der Zeit.* - Frankfurt a. M. 1991
Dieter Thomä, *Die Zeit des Selbst und die Zeit danach. Zur Textgeschichte Martin Heideggers.* - Frankfurt a. M. 1990
Ernst Tugendhat, *Philosophische Aufsätze.* - Frankfurt a. M. 1992
Silvio Vietta, *Heideggers Kritik am Nationalsozialismus und an der Technik.* Tübingen 1989
Elmar Weinmayr, *Einstellung. Die Metaphysik im Denken Martin Heideggers.* München 1991
Franz Josef Wetz, *Das nackte Daß. Zur Frage der Faktizität.* - Pfullingen 1990 Richard Wisser (Hg.), *Martin Heidegger - Unterwegs im Denken.* - Freiburg 1987

國家圖書館出版品預行編目資料

海德格：其人及其時代 / 呂迪格．薩弗蘭斯基（Rüdiger Safranski）著；
連品婷 譯. -- 初版. -- 臺北市：英屬蓋曼群島商家庭傳媒股份有限公司
城邦分公司發行, 2021.09
面； 公分
譯自：Ein Meister aus Deutschland. Heidegger und seine Zeit.
ISBN 978-626-7012-27-7（平裝）
1.海德格爾 (Heidegger, Martin, 1889-1976) 2.學術思想 3.哲學 4.傳記 5.德國
147.72 110011098

海德格：其人及其時代

原著書名 / Ein Meister aus Deutschland. Heidegger und seine Zeit.
作者 / 呂迪格．薩弗蘭斯基（Rüdiger Safranski）
譯者 / 連品婷
企劃選書 / 張詠翔
責任編輯 / 張詠翔、林宏濤

版權 / 黃淑敏、劉鎔慈
行銷業務 / 周丹蘋、賴正祐、周佑潔、黃崇華
總編輯 / 楊如玉
總經理 / 彭之琬
事業群總經理 / 黃淑貞
發行人 / 何飛鵬
法律顧問 / 元禾法律事務所 王子文律師
出版 / 商周出版
臺北市中山區民生東路二段141號9樓
電話：(02) 2500-7008 傳眞：(02) 2500-7759
E-mail：bwp.service@cite.com.tw
發行 / 英屬蓋曼群島商家庭傳媒股份有限公司城邦分公司
臺北市中山區民生東路二段141號2樓
書虫客服服務專線：(02) 2500-7718．(02) 2500-7719
24小時傳眞服務：(02) 2500-1990．(02) 2500-1991
服務時間：週一至週五09:30-12:00．13:30-17:00
郵撥帳號：19863813 戶名：書虫股份有限公司
E-mail：service@readingclub.com.tw
歡迎光臨城邦讀書花園 網址：www.cite.com.tw
香港發行所 / 城邦（香港）出版集團有限公司
香港灣仔駱克道193號東超商業中心1樓
電話：(852) 2508-6231 傳眞：(852) 2578-9337
E-mail：hkcite@biznetvigator.com
馬新發行所 / 城邦（馬新）出版集團 Cité (M) Sdn. Bhd.
41, Jalan Radin Anum, Bandar Baru Sri Petaling,
57000 Kuala Lumpur, Malaysia
電話：(603) 9057-8822 傳眞：(603) 9057-6622
E-mail：cite@cite.com.my

封面設計 / FE設計
排版 / 新鑫電腦排版工作室
印刷 / 韋懋實業有限公司
經銷商 / 聯合發行股份有限公司
電話：(02) 2917-8022 傳眞：(02) 2911-0053
地址：新北市231新店區寶橋路235巷6弄6號2樓

■2021年（民110）09月初版
定價 899 元

Printed in Taiwan
城邦讀書花園
www.cite.com.tw

ISBN 978-626-7012-27-7

廣	告	回	函
北區郵政管理登記證			
台北廣字第000791號			
郵資已付，免貼郵票			

104台北市民生東路二段141號2樓

英屬蓋曼群島商家庭傳媒股份有限公司　城邦分公司

請沿虛線對摺，謝謝！

商周出版

書號：BP6037　　**書名：**海德格：其人及其時代　　**編碼：**

請於此處用膠水黏貼

商周出版

讀者回函卡

感謝您購買我們出版的書籍！請費心填寫此回函卡，我們將不定期寄上城邦集團最新的出版訊息。

不定期好禮相贈！
立即加入：商周出版
Facebook 粉絲團

姓名：＿＿＿＿＿＿＿＿＿＿＿＿＿＿＿＿＿ 性別：☐男 ☐女

生日：西元＿＿＿＿＿＿年＿＿＿＿＿＿月＿＿＿＿＿＿日

地址：＿＿＿＿＿＿＿＿＿＿＿＿＿＿＿＿＿＿＿＿＿＿

聯絡電話：＿＿＿＿＿＿＿＿＿＿ 傳真：＿＿＿＿＿＿＿＿＿＿

E-mail：

學歷：☐ 1. 小學 ☐ 2. 國中 ☐ 3. 高中 ☐ 4. 大學 ☐ 5. 研究所以上

職業：☐ 1. 學生 ☐ 2. 軍公教 ☐ 3. 服務 ☐ 4. 金融 ☐ 5. 製造 ☐ 6. 資訊
☐ 7. 傳播 ☐ 8. 自由業 ☐ 9. 農漁牧 ☐ 10. 家管 ☐ 11. 退休
☐ 12. 其他＿＿＿＿＿＿＿＿＿＿＿＿＿＿＿＿

您從何種方式得知本書消息？

☐ 1. 書店 ☐ 2. 網路 ☐ 3. 報紙 ☐ 4. 雜誌 ☐ 5. 廣播 ☐ 6. 電視
☐ 7. 親友推薦 ☐ 8. 其他＿＿＿＿＿＿＿＿＿＿＿＿

您通常以何種方式購書？

☐ 1. 書店 ☐ 2. 網路 ☐ 3. 傳真訂購 ☐ 4. 郵局劃撥 ☐ 5. 其他＿＿＿＿

您喜歡閱讀那些類別的書籍？

☐ 1. 財經商業 ☐ 2. 自然科學 ☐ 3. 歷史 ☐ 4. 法律 ☐ 5. 文學
☐ 6. 休閒旅遊 ☐ 7. 小說 ☐ 8. 人物傳記 ☐ 9. 生活、勵志 ☐ 10. 其他

對我們的建議：＿＿＿＿＿＿＿＿＿＿＿＿＿＿＿＿＿＿＿＿＿＿＿
＿＿＿＿＿＿＿＿＿＿＿＿＿＿＿＿＿＿＿＿＿＿＿＿＿＿＿＿＿＿
＿＿＿＿＿＿＿＿＿＿＿＿＿＿＿＿＿＿＿＿＿＿＿＿＿＿＿＿＿＿

請於此處用膠水黏貼